English-Lao
Lao-English

Word to Word® Bilingual Dictionary

Compiled by:
C. Sesma, M.A.

Translated by:
Southanom Keola

BilingualDictionaries.com
WordtoWord.com

Lao Word to Word® Bilingual Dictionary
1st Edition © Copyright 2011

All rights reserved. No part of this book may be reproduced or transmitted in any form or by any means.

Published in the USA by:

Bilingual Dictionaries, Inc.
PO Box 1154
Murrieta, CA 92564
T: (951) 296-2445 • F: (951) 296-9911
E: support@bilingualdictionaries.com

BilingualDictionaries.com
WordtoWord.com

ISBN13: 978-0-933146-54-9

Print 110810

Table of Contents

Publisher	4
Word to Word®	5
List of Irregular Verbs	6-8
English - Lao	9-170
Lao - English	171-308
Information	309-312

Publisher

Bilingual Dictionaries, Inc. was established in 1994. We are committed to providing schools, libraries and educators with a great selection of bilingual materials for students. Along with bilingual dictionaries we also publish ESL workbooks and children's bilingual picture dictionaries.

The first Word to Word® bilingual dictionary was published in 2008. The Word to Word® series now has over 40 editions with languages from around the world. For more information regarding any of our publications please visit us online.

BilingualDictionaries.com
WordtoWord.com

Word to Word®

Our series provides ELL students from different native language backgrounds a standardized selection of bilingual dictionaries. The Word to Word® series is designed to create an approved resource that adheres to the guidelines set by school districts and states.

Sesma's Lao Word to Word® Bilingual Dictionary was created specifically with students in mind to be used for reference and testing. This dictionary contains approximately 18,500 entries targeting common words used in the English language.

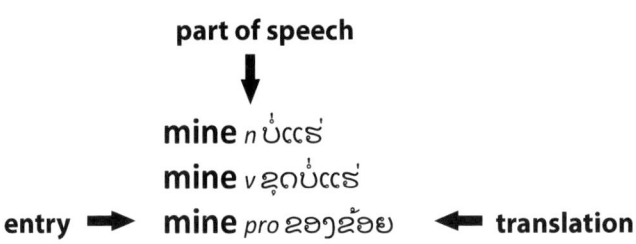

entry: Our selection of English vocabulary includes common words found in everyday conversation at home and school.

part of speech: The part of speech is necessary to ensure the translation is appropriate. Entries can be spelled the same but have different translations and meanings depending on the part of speech.

translation: Our translation is "Word to Word" meaning no foul language and no definitions or explanations. Purely the most simple common accurate translation.

List of Irregular Verbs

present - past - past participle

arise - arose - arisen
awake - awoke - awoken, awaked
be - was - been
bear - bore - borne
beat - beat - beaten
become - became - become
begin - began - begun
behold - beheld - beheld
bend - bent - bent
beseech - besought - besought
bet - bet - betted
bid - bade (bid) - bidden (bid)
bind - bound - bound
bite - bit - bitten
bleed - bled - bled
blow - blew - blown
break - broke - broken
breed - bred - bred
bring - brought - brought
build - built - built
burn - burnt - burnt *
burst - burst - burst
buy - bought - bought
cast - cast - cast
catch - caught - caught
choose - chose - chosen
cling - clung - clung
come - came - come
cost - cost - cost
creep - crept - crept
cut - cut - cut

deal - dealt - dealt
dig - dug - dug
do - did - done
draw - drew - drawn
dream - dreamt - dreamed
drink - drank - drunk
drive - drove - driven
dwell - dwelt - dwelt
eat - ate - eaten
fall - fell - fallen
feed - fed - fed
feel - felt - felt
fight - fought - fought
find - found - found
flee - fled - fled
fling - flung - flung
fly - flew - flown
forebear - forbore - forborne
forbid - forbade - forbidden
forecast - forecast - forecast
forget - forgot - forgotten
forgive - forgave - forgiven
forego - forewent - foregone
foresee - foresaw - foreseen
foretell - foretold - foretold
forget - forgot - forgotten
forsake - forsook - forsaken
freeze - froze - frozen
get - got - gotten
give - gave - given
go - went - gone
grind - ground - ground
grow - grew - grown

List of Irregular Verbs

hang - hung * - hung *
have - had - had
hear - heard - heard
hide - hid - hidden
hit - hit - hit
hold - held - held
hurt - hurt - hurt
hit - hit - hit
hold - held - held
keep - kept - kept
kneel - knelt * - knelt *
know - knew - known
lay - laid - laid
lead - led - led
lean - leant * - leant *
leap - lept * - lept *
learn - learnt * - learnt *
leave - left - left
lend - lent - lent
let - let - let
lie - lay - lain
light - lit * - lit *
lose - lost - lost
make - made - made
mean - meant - meant
meet - met - met
mistake - mistook - mistaken
must - had to - had to
pay - paid - paid
plead - pleaded - pled
prove - proved - proven
put - put - put
quit - quit * - quit *

read - read - read
rid - rid - rid
ride - rode - ridden
ring - rang - rung
rise - rose - risen
run - ran - run
saw - sawed - sawn
say - said - said
see - saw - seen
seek - sought - sought
sell - sold - sold
send - sent - sent
set - set - set
sew - sewed - sewn
shake - shook - shaken
shear - sheared - shorn
shed - shed - shed
shine - shone - shone
shoot - shot - shot
show - showed - shown
shrink - shrank - shrunk
shut - shut - shut
sing - sang - sung
sink - sank - sunk
sit - sat - sat
slay - slew - slain
sleep - sleep - slept
slide - slid - slid
sling - slung - slung
smell - smelt * - smelt *
sow - sowed - sown *
speak - spoke - spoken
speed - sped * - sped *

List of Irregular Verbs

spell - spelt * - spelt *
spend - spent - spent
spill - spilt * - spilt *
spin - spun - spun
spit - spat - spat
split - split - split
spread - spread - spread
spring - sprang - sprung
stand - stood - stood
steal - stole - stolen
stick - stuck - stuck
sting - stung - stung
stink - stank - stunk
stride - strode - stridden
strike - struck - struck (stricken)
strive - strove - striven
swear - swore - sworn
sweep - swept - swept
swell - swelled - swollen *
swim - swam - swum

take - took - taken
teach - taught - taught
tear - tore - torn
tell - told - told
think - thought - thought
throw - threw - thrown
thrust - thrust - thrust
tread - trod - trodden
wake - woke - woken
wear - wore - worn
weave - wove * - woven *
wed - wed * - wed *
weep - wept - wept
win - won - won
wind - wound - wound
wring - wrung - wrung
write - wrote - written

Those tenses with an * also have regular forms.

English-Lao

Abbreviations

a - article
n - noun
e - exclamation
pro - pronoun
adj - adjective
adv - adverb
v - verb
iv - irregular verb
pre - preposition
c - conjunction

a *a* ເອ, ໜຶ່ງ
abandon *v* ປະຖິ້ມ
abandonment *n* ການປະລະ
abbey *n* ໂບດ
abbey *n* ວັດ
abbot *n* ເຈົ້າອາວາດວັດ
abbreviate *v* ຫຍໍ້
abbreviation *n* ການຫຍໍ້
abdomen *n* ທ້ອງ
abduct *v* ບອງຂ້າ, ລັກພາຕົວ
abduction *n* ການລັກພາຕົວ
aberration *n* ຄວາມຜິດປົກກະຕິ
abhor *v* ຊັງ, ຄຽດຊັງ
abide by *v* ປະຕິບັດຕາມ
ability *n* ຄວາມສາມາດ
ablaze *adj* ໃໝ້, ກຳລັງໃໝ້
able *adj* ສາມາດ
abnormal *adj* ຜິດປົກກະຕິ
aboard *adv* ໃນເຮືອ
abolish *v* ຍົກເລີກ, ລົບລ້າງ
abort *v* ລຸລູກ, ແທ້ງລູກ
abortion *n* ການລຸລູກ
abound *v* ອຸດົມສົມບູນ, ມີຫຼາຍ
about *pre* ກ່ຽວກັບ, ໃກ້ກັບ
about *adv* ປະມານ
above *pre* ທາງເທິງ, ເທິງ
abreast *adv* ຄຽງຂ້າງ, ທັນ
abridge *v* ຫຍໍ້, ຕັດຖອນ
abroad *adv* ນອກປະເທດ

abrogate *v* ຍົກເລີກ, ຖອນ
abruptly *adv* ຢ່າງກະທັນຫັນ
absence *n* ການຂາດ
absent *adj* ຂາດ, ບໍ່ມາ
absolute *adj* ເດັດຂາດ, ແທ້ຈິງ
absolution *n* ການອໍໂຫດ
absolve *v* ປ່ອຍໃຫ້ພົ້ນຜິດ
absorb *v* ດູດ, ກິນ
abstain *v* ລະເວັ້ນ
abstinence *n* ການລະເວັ້ນ
abstract *adj* ນາມມະທຳ
abundance *n* ຄວາມອຸດົມສົມບູນ
abundant *adj* ອຸດົມສົມບູນ
abuse *v* ຂົ່ມເຫັງ
abuse *n* ການເຫຍີງໃຈ
abusive *adj* ຢ່າງປ່ຽດ
abysmal *adj* ບໍ່ດີເຫຼືອເກີນ
abyss *n* ນະຣົກ, ອະເວຈີ
academic *adj* ທາງການຮຽນ
academy *n* ສະຖາ
accelerate *v* ເລັ່ງຄວາມໄວ
accelerator *n* ຄັນເລັ່ງ, ຕົວເລັ່ງ
accent *n* ສຳນຽງ, ອັນມະຍຸດ
accept *v* ຮັບຮອງ, ຮັບ
acceptable *adj* ເຊິ່ງຍອມຮັບ
acceptance *n* ການຍອມຮັບ
access *n* ສາມາດເຂົ້າເຖິງໄດ້
accessible *adj* ເຂົ້າເຖິງໄດ້
accident *n* ອຸບັດຕິເຫດ
accidental *adj* ບັງເອີນ
acclaim *v* ປະກາດຊົມເຊີຍ
accommodate *v* ໃຫ້ຄວາມສະດວກ

accompany v ໄປນຳ, ໄປຮ່ວມກັບ
accomplice n ຜູ້ສົມຮູ້ຮ່ວມຄິດ
accomplish v ເຮັດໃຫ້ສຳເລັດ
accomplishment n ຜົນສຳເລັດ
accord n ການຕົກລົງຮ່ວມກັນ
according to pre ຕາມ, ະນັ້ນ
accordion n ອັກກອກຣ໌ດີອົງ
account n ບັນຊີເງິນມ ບັນຊີ
account for v ອະທິບາຍ
accountant n ຄົນເຮັດບັນຊີ
accumulate v ສະສົມ, ຮິບໂຮມ
accuracy n ຄວາມຊັດເຈນ
accurate adj ຖືກແມ່ນ
accusation n ຄຳຟ້ອງ
accuse v ກ່າວຫາ, ໃສ່ຄວາມ
accustom v ແຄບໃຫ້ຄຶ້ງ
ace n ຕົວເອ້ຢູ່ໃນໄພ້
ache n ເຈັບ, ປວດ
achieve v ເຮັດສຳເລັດ
achievement n ຄວາມສຳເລັດ
acid n ນ້ຳກົດ
acidity n ຄວາມເປັນກົດ
acknowledge v ຮັບຮອງ, ຍອມຮັບ
acorn n ໝາກໂອກ
acoustic adj ກ່ຽວກັບການຟັງ
acquaint v ຮູ້ຈັກ
acquaintance n ຄຸ້ນເຄີຍ
acquire v ໄດ້ມາ, ຢາກໄດ້
acquisition n ການໄດ້ມາ
acquit v ປ່ອຍຕົວ
acre n ເອເຄີ
acrobat n ນັກກາຍຍະສິນ

across pre ຂ້າມ
act v ທຳທ່າ, ເຄື່ອນໄຫວ
action n ການກະທຳ
activate v ກະຕຸ້ນ
activation n ການກະຕຸ້ນ
active adj ວ່ອງໄວ, ຫ້າວຫັນ
activity n ວງກງານ
actor n ນັກສະແດງ
actress n ນັກສະແດງຍິງ
actual adj ແທ້ຈິງ
acute adj ສະຫຼາດ
adamant adj ໃຈແຂງ, ຍືນການ
adapt v ດັດແປງ, ປັບຕົວ
adaptable adj ດັດແປງໄດ້
adaptation n ການດັດແປງ
adapter n ເຄື່ອງປັບ
add v ເພີ່ມໃສ່, ສົມ
addicted adj ຊຶ່ງເສບຕິດໄດ້
addiction n ການເສບຕິດ
addition n ການເພີ່ມໃສ່
additional adj ຊຶ່ງເພີ່ມຂຶ້ນ
address n ຄຳປາໃສ
address v ກ່າວຄຳປາໃສ
addressee n ຊື່ຂອງຜູ້ຮັບ
adequate adj ພໍພຽງ, ສົມສ່ວນ
adhere v ຈຳງຮັກພັກດີ
adhesive adj ຊຶ່ງຕິດແໜ້ນ
adjacent adj ໃກ້ຄຽງ, ແນບ
adjective n ຄຳຄຸນນາມ
adjoin v ຕໍ່ກັນ, ຢູ່ໃກ້ຊິດ
adjoining adj ຊຶ່ງຢູ່ຕິດຕໍ່ກັນ
adjourn v ໂຈະ, ະງັບໄວ້

adjust v ແກ້ໄຂໃຫ້ເໝາະ
adjustment n ການແກ້ໄຂ
administer v ຈັດການ
admirable adj ໜ້ານິຍົມຊົມເຊີຍ
admiral n ນາຍພົນເຮືອ
admiration n ການຊົມຊື່ນ
admire v ຊົມເຊີຍ, ເຫຼື້ອມໃສ
admirer n ຜູ້ຊົມເຊີຍ
admissible adj ເຊິ່ງຍອມຮັບໄດ້
admit v ຮັບ, ຍອມຮັບ
admittance n ການຮັບເຂົ້າ
admonish v ຕັກເຕືອນ
admonition n ການຕັກເຕືອນ
adolescence n ໄວໜຸ່ມສາວ
adolescent n ໜຸ່ມສາວ, ໄວລຸ້ນ
adopt v ວັງວງ
adoption n ຮັບເປັນລູກ
adorable adj ທີ່ໜ້າຮັກ
adoration n ຄວາມເຫຼື້ອມໃສ
adore v ບູຊາ, ນັບຖື
adorn v ເຄຍ້ອງ
adrift adv ຕາມຍົດຍາກຳ
adulation n ການຍົກຍ່ອງ
adult n ຜູ້ໃຫຍ່
adulterate v ປອມປົນ, ເຈືອປົນ
adultery n ຜິດປະເວນີ
advance v ລ່ວງໜ້າ
advance n ການຂຶ້ນລາຄາ
advantage n ຜິນປະໂຫຍດ
Advent n ການມາເຖິງ
adventure n ການຜະຈົນໄພ
adverb n ຄຳກຳມະວິເສດ

adversary n ສັດຕຣູ, ປໍລະປັກ
adverse adj ເປັນພິນຮ້າຍ
adversity n ຄວາມເຄາະຮ້າຍ
advertise v ໂຄສະນາ, ປະກາດ
advertising n ການໂຄສະນາ
advice n ແນະນຳ
advisable adj ສາມາດແນະນຳໄດ້
advise v ຕັກເຕືອນ
adviser n ທີ່ປຶກສາ
advocate v ເປັນທະນາຍຄວາມ
aeroplane n ເຮືອບິນ, ຍົນ
aesthetic adj ງາມ
afar adv ຫ່າງໄກ, ຈາກທີ່ໄກ
affable adj ເປັນກັນຮັກທອນ
affair n ວັດຖະການ
affect v ມິທິນຕໍ່
affection n ຄວາມຮັກ
affectionate adj ເມດຕາ, ຮັກ
affiliate v ຮ່ວມກັນ
affiliation n ການຕິດຕໍ່
affinity n ຄົນທີ່ໜ້າຮັກ
affirm v ຍືນຍັນ, ອະນຸມັດ
affirmative adj ເຊິ່ງເຫັນດີ
affix v ຄຳເພີ້ມເຕີມໃສ່
afflict v ວ່າບາກ
affliction n ຄວາມລຳບາກ
affluence n ຄວາມໝັ້ນຄົງ
affluent adj ທີ່ໝັ້ນຄົງ
afford v ພໍເຮັດໄດ້, ມີ
affordable adj ພໍຊື້ໄດ້
affront v ປະໝາດ, ດູຖູກ
affront n ການດູຖູກ

afloat *adv* ລອຍລອຍ
afraid *adj* ຢ້ານ, ຫວັ່ນໄຫວ
afresh *adv* ອີກ, ໃໝ່
after *pre* ຫຼັງຈາກ, ພາຍຫຼັງ
afternoon *n* ຕອນສວາຍ
afterwards *adv* ພາຍຫຼັງ, ຕໍ່ມາ
again *adv* ອີກ, ເຊັ່ນເຄີຍ
against *pre* ຕໍ່ຕ້ານ, ຂັດແຍ້ງ
age *n* ອາຍຸ, ຍຸກສະໄໝ
agency *n* ໜ່ວຍງານ
agenda *n* ກຳນົດການ
agent *n* ຕົວແທນ
agglomerate *v* ເກາະກັນ
aggravate *v* ເຮັດໃຫ້ໃຈຮ້າຍ
aggregate *v* ຮວບຮວມ
aggression *n* ການຈູກຮານ
aggressive *adj* ຂີ້ກ້າວ
aggressor *n* ຜູ້ຮຸກຮານ
aghast *adj* ຕົກຕະລຶງ
agile *adj* ວ່ອງໄວ, ຄ່ອງແຄ້ວ
agitator *n* ຜູ້ຍຸແຍ່, ຜູ້ກໍ່ກວນ
agnostic *n* ຜູ້ບໍ່ເຊື່ອວ່າມີພະເຈົ້າ
agonize *v* ເຈັບປວດ
agony *n* ເຈັບໃຈ, ເຈັບແຄ້ນ
agree *v* ຕົກລົງ, ຍິນຍອມ
agreeable *adj* ຕົກລົງໃຈ
agreement *n* ການຕົກລົງ
agricultural *adj* ທີ່ກ່ຽວກັບກະສິກຳ
agriculture *n* ກະສິກຳ
aid *n* ຄວາມຊ່ວຍເຫຼືອ
aid *v* ຊ່ວຍເຫຼືອ, ສົງເຄາະ
aide *n* ຜູ້ຊ່ວຍ

ailing *adj* ບໍ່ສະບາຍ, ເຈັບປ່ວຍ
ailment *n* ຄວາມບໍ່ສະບາຍ
aim *v* ເປົ້າໝາຍ, ຈຸດປະສົງ
aimless *adj* ທີ່ບໍ່ມີຈຸດປະສົງ
air *n* ອາກາດ, ທາງແຈ້ງ
air *v* ປະກາດ, ເຜີຍແຜ່
aircraft *n* ເຮືອບິນ, ຍົນ
airfare *n* ຄ່າປີ້ຍົນ
airfield *n* ລານເຮືອບິນ
airline *n* ສາຍການບິນ
airliner *n* ສາຍການບິນ
airplane *n* ເຮືອບິນ, ຍົນ
airport *n* ສະໜາມບິນ
airspace *n* ບ່ານຟ້າ
aisle *n* ຮ່ອມ
ajar *adj* ເປີດແງ້ມ
akin *adj* ກ່ຽວດອງກັນ
alarm *n* ກະດິ່ງຂອງໂມງປຸກ
alarm clock *n* ໂມງປຸກ
alarming *adj* ໜ້າຕົກໃຈ
alcoholic *adj* ຂີ້ເຫຼົ້າ
alcoholism *n* ໂລກຂາດເຫຼົ້າບໍ່ໄດ້
alert *n* ການເຕືອນໄພ
alert *v* ເຕືອນ, ເຕືອນໄພ
algebra *n* ພິດຊະະນິດ
alien *n* ຄົນຕ່າງແດນ
alight *adv* ມີແສງສະຫວ່າງ
align *v* ຈັດປັນແຖວດຽວ
alike *adj* ເຊັ່ນດຽວກັນ
alive *adj* ມີຊີວິດ, ມ່ວນຊື່ນ
all *adj* ທັງໝົດ, ທັງປວງ
allegation *n* ການກ່າວອ້າງ

ammonia

allege v ກ່າວຫາ, ກ່າວອ້າງ
allegedly adv ຕຶກກ່າວຫາ
allegiance n ຄວາມຈົງຕຶ່ງ
allegory n ການປຽບທຽບ
allergic adj ເປັນພະຍາດພູມແພ້
allergy n ພະຍາດພູມແພ້
alleviate v ບັນເທົາ
alley n ຮ່ອມ, ຊອຍ
alliance n ການຮ່ວມສຳພັນ
allied adj ເຊິ່ງຮ່ວມສຳພັນ
alligator n ແຂ້
allocate v ບັນຈຸໃຫ້
allot v ແບງໃຫ້, ຍາຍໃຫ້
allotment n ການຈັດແບ່ງ
allow v ອະນຸຍາດໃຫ້
allowance n ເບ້ຍລ້ຽງ
alloy n ໂລຫະປະສົມ
allure n ການຈູງໃຈ
alluring adj ທີ່ດຶງດູດໃຈ
allusion n ການພາດພິງເຖິງ
ally n ກຸ່ມດ່ງກັນ
ally v ຮ່ວມກັນ
almighty adj ເຊິ່ງມີພະວັງຫຼາຍ
almond n ຖົ່ວອານມອນ
almost adv ເກືອບ
alms n ເຄື່ອງທານ
alone adj ດ່ຽວ, ໂດດດ່ຽວ
along pre ຕາມ, ສະຫວ່າງ
alongside pre ທຽບ, ຂ້າງງ
aloof adj ຫ່າງ, ເຫີນຫ່າງ
aloud adv ດັງ, ເປັນສຽງດັງ
alphabet n ໂຕອັກສອນ

already adv ແລ້ວ
alright adv ດີແລ້ວ
also adv ຄືກັນ, ເໝືອນກັນ
altar n ຮ້ານພະ, ທີ່ບູຊາ
alter v ປ່ຽນແປງ
altercation n ການຖຽງກັນ
alternate v ສັບປ່ຽນ, ສັບກັນ
alternate adj ສັບປ່ຽນ, ສັບກັນ
alternative n ທາງເລືອກ
although c ເຖິງແມ່ນວ່າ
altitude n ຄວາມສູງ
aluminum n ອະລູມິນຽມ
always adv ເລື້ອຍໆ, ສະເໝີ
amass v ຮວບຮວມ, ສະສົມ
amateur adj ນັກສະມັກຫຼິ້ນ
amaze v ເຮັດໃຫ້ງົງ
amazement n ຄວາມປະຫຼາດໃຈ
ambiguous adj ທີ່ຄຸມເຄືອ
ambition n ຄວາມໄຝ່ສູງ
ambitious adj ທະເຍີທະຍານ
ambivalent adj ວັງເວ
ambulance n ລົດໂຮງໝໍ
ambush v ລັກໂຈມຕີ
amenable adj ເຊິ່ງຍອມຮ່ວມມື
amend v ແກ້ໄຂ
amendment n ການແກ້ໄຂ
amenities n ຄວາມໝ້າສົນໃຈ
American adj ຄົນອາເມຣິກາ
amiable adj ເປັນຕາຮັກ
amicable adj ເປັນກັນເອງ
amid pre ທ່າມກາງ
ammonia n ກາດອານໂມນຽມ

ammunition

ammunition *n* ອົງຫິການໂຕ້ຕອບ
amnesty *n* ການອະໄພໂທດ
among *pre* ລະຫວ່າງ
amoral *adj* ບໍ່ມີສິນລະທຳ
amortize *v* ຜ່ອນຈ່າຍເງິນ
amount *n* ຈຳນວນ
amount to *v* ຮວມຍອດໄດ້
ample *adj* ພຽງພໍ
amplifier *n* ເຄື່ອງກະຈາຍສຽງ
amplify *v* ສັ່ງສຽງໃຫ
amputate *v* ຜ່າຕັດອອກ
amputation *n* ການຜ່າຕັດອອກ
amuse *v* ເພີດເພີນ, ມ່ວນຊື່ນ
amusement *n* ຄວາມເພີດເພີນ
amusing *adj* ຕະຫຼົກ
an *a* ໜຶ່ງ
analogy *n* ຄວາມຄ້າຍຄືກັນ
analysis *n* ການວິເຄາະ
analyze *v* ວິເຄາະ, ວິໃຈ
anarchist *n* ສັກດິນາ
anarchy *n* ລະບອບສັກດິນາ
anatomy *n* ກາຍວິພາກ
ancestor *n* ບັນພະບຸລຸດ
ancestry *n* ບັນພະບຸລຸດ
anchor *n* ສະມໍເຮືອ, ຫຼັກ
anchovy *n* ປາກະຕັກ
ancient *adj* ທີ່ເກົ່າແກ່, ບູຮານ
and *c* ແລະ
anecdote *n* ນິທານກ້ອມ
anemia *n* ເລືອດຈາງ
anemic *adj* ພະຍາດເລືອດຈາງ
anesthesia *n* ການສະຫຼົບ

anew *adv* ອີກເທື່ອໜຶ່ງ
angel *n* ນາງຟ້າ
angelic *adj* ກ່ຽວກັບນາງຟ້າ
anger *v* ໃຈຮ້າຍ, ໂມໂຫ
anger *n* ຄວາມໃຈຮ້າຍ
angina *n* ອັກເສບຄໍ
angle *n* ມຸມ
Anglican *adj* ຂອງຄົນອັງກິດ
angry *adj* ໃຈຮ້າຍ
anguish *n* ຄວາມເຈັບບວດ
animal *n* ສັດ
animate *v* ສິ່ງທີ່ມີຊີວິດ
animation *n* ພາບເຄື່ອນໄຫວ
animosity *n* ຄວາມກຽດຊັງ
ankle *n* ຂໍ້ຕີນ
annex *n* ຕໍ່ເຕີມເຂົ້າກັນ
annexation *n* ສິ່ງທີ່ແນບທ້າຍ
annihilate *v* ທຳລາຍລ້າງ
annihilation *n* ການທຳລາຍລ້າງ
anniversary *n* ວັນຄົບຮອບ
announce *v* ປະກາດ, ຈະແຈ້ງ
announcement *n* ການປະກາດ
announcer *n* ຜູ້ປະກາດ
annoy *v* ລົບກວນ
annoying *adj* ເຈົ້າມາລົບກວນ
annual *adj* ປະຈຳປີ
annul *v* ຍົກເລີກ, ລົບລ້າງ
annulment *n* ການຍົກເລີກ
anoint *v* ທານ້ຳມັນ, ທາ
another *adj* ອື່ນ, ອັນອື່ນ
answer *v* ຕອບ
answer *n* ການຕອບ

ant n ມົດ
antagonize v ເຮັດໃຫ້ບັນສັດຕູ
antecedent n ມາກ່ອນ
antecedents n ບັນພະບູລຸດ
antelope n ໂຕເຍືອງ
antenna n ເສົາອາກາດ
anthem n ເພງຊາດ
antibiotic n ຢາຕ້ານເຊື້ອ
anticipate v ຄະເນຫວັງ
anticipation n ການຄະເນຫວັງ
antidote n ຢາຖອນພິດ
antipathy n ຄວາມກຽດຊັງ
antiquated adj ເກົ່າແກ່
antiquity n ສະໄໝບູຮານ
anvil n ທັ່ງ, ທັ່ງຕີເຫຼັກ
anxiety n ຄວາມກັງວົນ
anxious adj ກະວົນກະວາຍ
any adj ຈັກ, ໃຜ
anybody pro ໃຜຜູ້ໜຶ່ງ, ໃຜ
anyone pro ບາງຄົນ
anything pro ບາງສິ່ງ
apart adv ຕ່າງຫາກ
apartment n ເຮືອນເຊົ່າຫຼັງນ້ອຍ
apathy n ການບໍ່ມີວາວິນ
ape n ລິງໃຫຍ່
apex n ຈຸດສູງສຸດ
apiece adv ແຕ່ລະອັນ
apologize v ຂໍໂທດ, ແກ້ຕົວ
apology n ຄຳຂໍໂທດ
apostle n ສາວົກ
apostrophe n ເຄື່ອງໝາຍ
appall v ເຮັດໃຫ້ຢ້ານ

appalling adj ຊັ່ງເຮັດໃຫ້ຕົກໃຈ
apparel n ເຄື່ອງນຸ່ງ
apparent adj ຊັ່ງຊັດເຈນ
apparently adv ຊັດເຈນ
appeal n ການຮ້ອງຂໍ
appeal v ຮ້ອງຂໍ, ອຸທອນ
appealing adj ທີ່ດຶງດູດຄວາມສົນໃຈ
appear v ປະກົດ, ເກີດຂຶ້ນ
appearance n ການປະກົດ
appease v ເຮັດໃຫ້ສະຫງົບລົງ
appeasement n ການສະຫງົບ
appendicitis n ໄສ້ຕິ່ງອັກເສບ
appendix n ໄສ້ຕິ່ງ
appetite n ຄວາມແຊບມື້
applaud v ຕົບມື, ຍ້ອງຍໍ
applause n ການຕົບມື
apple n ໝາກໂປມ
appliance n ເຄື່ອງໃຊ້
applicable adj ທີ່ສາມາດໃຊ້ໄດ້
applicant n ຜູ້ຍື່ນຄຳຮ້ອງ
application n ການສະໝັກ
apply v ໃຊ້, ນຳມາໃຊ້
apply for v ລົງສະໝັກ
appoint v ມອບໝາຍ
appointment n ການແຕ່ງຕັ້ງ
appraisal n ການປະເມີນ
appraise v ປະເມີນ, ຕີລາຄາ
appreciate v ເຫັນຄຸນຄ່າ
appreciation n ຄວາມຂອບໃຈ
apprehend v ເຂົ້າໃຈ
apprehensive adj ຫວັ່ນໃຫວ
apprentice n ຜູ້ຝຶກແອບງານ

approach

approach *v* ເຂົ້າໄປໃກ້
approach *n* ການເຂົ້າໃກ້
approachable *adj* ເຊິ່ງເຂົ້າໃກ້ໄດ້
approbation *n* ການເຫັນດີນຳ
appropriate *adj* ເໝາະສົມ
approval *n* ການເຫັນດີນຳ
approve *v* ເຫັນດີນຳ
approximate *adj* ຄ້າຍຄື
apricot *n* ໝາກອະເບຣ໌ກອດ
April *n* ເດືອນເມສາ
apron *n* ຜ້າກັນເປື້ອນ
aptitude *n* ຄວາມສະຫຼາດ
aquarium *n* ບ່ອນລ້ຽງສັດນ້ຳ
aquatic *adj* ກ່ຽວກັບນ້ຳ
aqueduct *n* ທໍ່ນ້ຳ
Arabic *adj* ເປັນພາສາອາຣັບ
arbiter *n* ຜູ້ຕັດສິນ
arbitrate *v* ຕັດສິນ, ຊີ້ຂາດ
arc *n* ໂຄ້ງ, ບະເງໂຂງ
arch *n* ເສັ້ນໂຄ້ງ, ບະເງກົ່ງ
archaeology *n* ບູຮານຄະດີ
archaic *adj* ບູຮານ, ເກົ່າແກ່
architect *n* ສະຖາປະນິກ
architecture *n* ການກໍ່ສ້າງ
archive *n* ເອກະສານສຳຄັນ
arctic *adj* ເຂດຂົ້ວໂລກ
ardent *adj* ຮ້ອນເຂົ້າ
ardor *n* ອາວົມຮຸນແຮງ
arduous *adj* ຊີ້ນ, ຍາກວ່າບາກ
area *n* ພື້ນທີ່, ເຂດ
arena *n* ເວທີ
argue *v* ຖົກຖຽງ, ໂຕ້ວາທີ

argument *n* ການຖົກຖຽງ
arid *adj* ແຫ້ງແລ້ງ, ບໍ່ໄດ້ເຜີນ
arise *iv* ລຸກຂຶ້ນ, ເກີດຂຶ້ນ
aristocracy *n* ພວກຂຸນນາງ
aristocrat *n* ຂຸນນາງ, ຜູ້ດີ
arithmetic *n* ເລກ, ຄະນິດສາດ
ark *n* ກຳປັ່ນໃຫຍ່
arm *n* ແຂນ
arm *v* ຕິດອາວຸດ
armaments *n* ເຄື່ອງອາວຸດ
armchair *n* ຕັ່ງນັ່ງ, ເກົ້າອີ້
armed *adj* ຕິດອາວຸດ
armistice *n* ການສະຫງົບເສິກ
armor *n* ເສື້ອຫຸ້ມເກາະ
armpit *n* ຂີ້ແຮ້
army *n* ກອງທັບ
aromatic *adj* ທີ່ມີກິ່ນຫອມ
arouse *v* ປຸກໃຈ
arrange *v* ຈັດແຈງ, ກະກຽມ
arrangement *n* ການຈັດແຈງ
array *n* ຂະບວນ
arrest *v* ຈັບກຸມ, ຍັບຍັ້ງ
arrest *n* ການຈັບກຸມ
arrival *n* ການມາຮອດມາເຖິງ
arrive *v* ມາຮອດ, ມາເຖິງ
arrogant *adj* ຂີ້ອ່ວງຈອງຫອງ
arrow *n* ລູກທະນູ, ລູກຫນ້າ
arsenal *n* ສາງອາວຸດ
arsenic *n* ສານຫນູ
arson *n* ການລັກກອງເພີງ
arsonist *n* ນັກກອງເພີງ
art *n* ສິນລະປະ

artery n ເສັ້ນເລືອດໃຫຍ່
arthritis n ບັກສະແຄງ
artichoke n ຜັກອາກາຕິຊົກ
article n ບົດຄວາມ
articulate v ເຊື່ອມຕໍ່
articulation n ການເຊື່ອມຕໍ່
artificial adj ປອມ, ທຽມ
artisan n ຊ່າງຝີມື
artist n ນັກສະແດງ
artistic adj ມີສິນລະປະ
artwork n ງານສິນລະປະ
as c ເໝືອນ, ດັ່ງ
as adv ອິກດ້ວຍ
ascend v ການຂຶ້ນ
ascendancy n ພາວະຂຶ້ນ
ascertain v ສືບຄົ້ນ, ສືບຫາ
ash n ຂີ້ເຖົ່າ
ashamed adj ອາຍ, ລະອາຍໃຈ
ashore adv ທາງຝັ່ງ, ຝັ່ງ
ashtray n ອັນເຊ່ຍຂີ້ກອກຢາ
aside adv ຂ້າງ
aside from adv ນອກຈາກ
ask v ຖາມ, ຂໍຮ້ອງ
asleep adj ນອນຫຼັບ
asparagus n ໜໍ່ໄມ້ຝຣັ່ງ
aspect n ລັກສະນະ
asphalt n ຢາງໝາກຕອຍ
asphyxiate v ຫາຍໃຈບໍ່ອອກ
aspiration n ການຫາຍໃຈເຂົ້າ
aspire v ໃຝ່ຝຸງ, ອາດເອື້ອມ
aspirin n ຢາແກ້ເຈັບຫົວ
assail v ຕໍ່ສູ້, ໂຈມຕີ

assailant n ຜູ້ໂຈມຕີ
assassin n ຂ້າຄົນ, ລອບຂ້າ
assassinate v ບຸກທຳຮ້າຍ
assassination n ການບຸກທຳຮ້າຍ
assault n ທຳຮ້າຍ
assault v ການຂົ່ມຂູ່
assemble v ປະຊຸມ, ຮິບໂຮມ
assembly n ສະພາ
assent v ເຫັນດີ, ຍອມຮັບ
assert v ຍືນຍັນ, ອ້າງສິດ
assess v ປະເມີນ, ຕີລາຄາ
assessment n ການປະເມີນ
asset n ສິ່ງທີ່ມີຄ່າ
assets n ຊັບສົມບັດ
assign v ແຕ່ງຕັ້ງ, ກຳນົດ
assimilate v ເຮັດໃຫ້ຄືກັນ
assimilation n ຄວາມຄ້າຍຄືກັນ
assist v ຊ່ວຍເຫຼືອ
assistance n ຄວາມຊ່ວຍເຫຼືອ
associate v ຄົບຄ້າ, ເຂົ້າຮ່ວມ
association n ສະມາຄົມ, ບໍລິສັດ
assorted adj ຫຼາກຫຼາຍ
assortment n ການຈັດປະເພດ
assume v ສົມມຸດ, ຂະຕອງ
assumption n ສົມມຸດຕິຖານ
assurance n ການປະກັນໄພ
assure v ປະກັນ
asteroid n ດາວເຄາະ
asthma n ພະຍາດຫອບຫືດ
astonish v ເຮັດໃຫ້ປະຫຼາດໃຈ
astonishing adj ໜ້າປະຫຼາດໃຈ
astound v ເຮັດໃຫ້ງຶງ

astounding adj ໜ້າປະຫຼາດໃຈ
astray v ເຮັດໃຫ້ຫຼົງທາງ
astrologer n ນັກໂຫຣາສາດ
astrology n ໂຫຣາສາດ
astronaut n ນັກບິນອະວະກາດ
astronomer n ນັກດາຣາສາດ
astronomic adj ກ່ຽວກັບດາຣາສາດ
astronomy n ດາຣາສາດ
astute adj ສະຫຼາດ, ມີພິບໄຫວ
asylum n ບ່ອນຫຼົບໄພ
at pre ຢູ່, ທີ່
athlete n ນັກກິລາ
athletic adj ກ່ຽວກັບກິລາ
atmosphere n ບັນຍາກາດ
atom n ອາຕິມ, ປະລະມະນູ
atomic adj ກ່ຽວກັບອາຕິມ
atone v ຕອບແທນ
atonement n ການຕອບແທນ
atrocious adj ຊົ່ວຫຼາຍ
atrocity n ຄວາມໂຫດຮ້າຍ
atrophy v ຫງ່ວຍ, ຕິບ
attach v ຕິດນຳ, ແນບນຳ
attached adj ທີ່ຕິດມານຳ
attachment n ການຕິດຂ້ອມານຳ
attack n ໂຈມຕີ, ຕໍ່ສູ້
attack v ການໂຈມຕີ
attacker n ຜູ້ທຳການຮ້າຍ
attain v ຍາດໄດ້, ບັນລຸ
attainable adj ສາມາດບັນລຸໄດ້
attainment n ການບັນລຸ
attempt v ພະຍາຍາມ
attempt n ຄວາມພະຍາຍາມ

attend v ມິທຫາ, ເຂົ້າຮ່ວມ
attendance n ການເຂົ້າຮວມ
attendant n ຄົນໃຊ້, ບໍລິການ
attention n ຄວາມຕັ້ງໃຈ
attentive adj ຕັ້ງໃຈລະມັດລະວັງ
attenuate v ເຮັດໃຫ້ຈ່ອຍວິງ
attenuating adj ຜ່ອນຫັນກບັນເບົາ
attest v ເຮັດໃຫ້ຊັດເຈນ
attic n ຫ້ອງກ້ອງຫຼັງຄາ
attitude n ກິລິຍາ, ທ່າທີ
attorney n ທະນາຍ, ໄອຍະການ
attract v ຍົວະໃຈ, ດຶງດູດໃຈ
attraction n ການດຶງດູດໃຈ
attractive adj ເປັນຕາເບິ່ງ
attribute v ຄຸນສົມບັດ
auction n ການຂາຍປະມູນ
auctioneer n ຜູ້ຂາຍເລຫຼັງ
audacious adj ກ້າຫານ
audacity n ຄວາມກ້າ
audible adj ພໍໄດ້ຍິນ, ຟັງໄດ້
audience n ຜູ້ມາຟັງ, ຜູ້ມາຊິມ
audit v ກວດ, ກວດສອບ
auditorium n ຫ້ອງປະຊຸມ
augment v ເພີ່ມ, ຂະຫຍາຍ
August n ເດືອນສິງຫາ
aunt n ປ້າ, ອາ
auspicious adj ທີ່ເປັນມິ່ງຄົນ
austere adj ເຂັ້ມຂົ້ນ, ອົດອອມ
austerity n ຄວາມເຂັ້ມຂຶ້ນ
authentic adj ຂອງແທ້ດັ່ງເດີມ
authenticity n ຂອງແທ້
author n ນັກແຕ່ງ

authoritarian *adj* ຜະເດັດການ
authority *n* ອຳນາດ
authorization *n* ການໃຫ້ອຳນາດ
authorize *v* ໃຫ້ອຳນາດ
auto *n* ຕົວເອງ, ລົດ
autograph *n* ຂຽນເອງ, ເຊັນ
automatic *adj* ອັດຕະໂນມັດ
automobile *n* ລົດຍົນ
autopsy *n* ການຜ່າຊາກສົບ
autumn *n* ລະດູໃບໄມ້ຫຼົ່ນ
auxiliary *adj* ຜູ້ຊ່ວຍ
avail *v* ຖືເອົາ, ຮັບ
availability *n* ການຫາໄດ້ງ່າຍ
available *adj* ພໍໄດ້, ຫາໄດ້
avarice *n* ຄວາມຂີ້ຖີ່
avaricious *adj* ຂີ້ຖີ່, ຂີ້ໂລບ
avenge *v* ແກ້ແຄ້ນ
avenue *n* ຖະໜົນ
average *n* ສະເລ່ຍ
averse *adj* ຂັ້ນຂວງ, ຫຍຸ້ງຫຍັງ
aversion *n* ຄວາມຂຽດ
avert *v* ຫຼົບຫຼີກ
aviation *n* ການບິນ
aviator *n* ນັກບິນ
avid *adj* ເຊື່ອງບາດທະຫນາ
avoid *v* ຫຼີກເວັ້ນ, ຫຼີກຫນີ
avoidable *adj* ສາມາດຫຼີກລ້ຽງໄດ້
avoidance *n* ການສ່ຽງ
avowed *adj* ໄດ້ປະກາດແຈ້ງການ
await *v* ຄອຍຖ້າ
awake *iv* ຕື່ນ
awake *adj* ຕື່ນຂຶ້ນ
awakening *n* ການປຸກ
award *v* ມອບໃຫ້
award *n* ລາງວັນ, ຄຳຕັດສິນ
aware *adj* ຮັບຮູ້, ຮັບຊາບ
awareness *n* ການຮັບຮູ້
away *adv* ໄກອອກໄປ
awe *n* ຄວາມຢ້ານ
awesome *adj* ເປັນຕາຢ້ານ
awful *adj* ໂພດເຫຼືອ
awkward *adj* ເປັນເຫງົ້ງຂາງາກ
awning *n* ຜ້າໃບບັງແດດ
ax *n* ຂວານ
axiom *n* ກົດການທີ່ຍອມຮັບ
axis *n* ເພົາ, ແກນ
axle *n* ແກນລໍ້, ເພົາລົດ

B

babble *v* ເວົ້າອໍ້ແອໍ້
baby *n* ເດັກນ້ອຍ
babysitter *n* ຜູ້ດູແລເດັກ
bachelor *n* ບະວິນຍາຕິ
back *n* ຫຼັງ, ແຜ່ນຫຼັງ
back *adv* ທອຍຫຼັງ
back *v* ກັບຄືນ
back down *v* ຍອມຕາມ
back up *v* ສະໜັບສະໜູນ
backbone *n* ກະດູກສັນຫຼັງ
backdoor *n* ປະຕູຫຼັງ

backfire v ຕິກັບ
background n ເບື້ອງຫຼັງ, ສາກຫຼັງ
backing n ຄວາມຊ່ວຍເຫຼືອ
backlog n ວຽກຄ້າງຄາ
backup n ສາຮອງ
backward adj ເຊິ່ງຢູ່ທາງຫຼັງ
backwards adv ຢູ່ທາງຫຼັງ
backyard n ສວນຫຼັງບ້ານ
bacon n ເບຄອນ
bacteria n ບັກເຕຣີ
bad adj ບໍ່ດີ, ຊົ່ວ
badge n ເຄື່ອງໝາຍ
badly adv ບໍ່ດີ, ຊົ່ວ
baffle v ເຮັດໃຫ້ຈົນປັນຍາ
bag n ຖົງ, ໄຖ່
baggage n ຫີບ, ຖົງເດີນທາງ
baggy adj ຄ້າຍຄືຖົງ
bail n ເງິນປະກັນ
bail out v ປະກັນຕົວອອກ
bailiff n ຕຳຫຼວດສານ
bait n ເຫຍື່ອ
bake v ອົບ, ປີ້ງ
baker n ຄົນເຮັດເຂົ້າຈີ່
bakery n ໂຮງເຂົ້າຈີ່
balance v ເຮັດໃຫ້ເທົ່າກັນ
balance n ຄວາມສົມດຸນ
balcony n ລະບຽງ
bald adj ຫົວລ້ານ, ຫົວໂລ້ນ
bale n ມັດເຝືອງ, ຫໍ່
ball n ໝາກບານ
balloon n ໝາກບຸມເບົ້າ
ballot n ບັດຄະແນນ

ballroom n ຫ້ອງເຕັ້ນລຳ
balm n ຢາມ່ອງ, ຢາຂີ້ເຜິ້ງ
balmy adj ບັນເທົາ, ບອດໂປງ
bamboo n ຫນໍ່ໄມ້
ban n ປະກາດຫ້າມ
ban v ຫ້າມ
banality n ຄວາມໜ້າເບື່ອ
banana n ກ້ວຍ
band n ວົງດົນຕຣີ
bandage n ຜ້າພັນບາດແຜ
bandage v ພັນບາດແຜ
bang v ສຽງດັງປັງ, ບັນ
bandit n ໂຈນ, ຄົນບໍ່ດີ
banish v ເນລະເທດ, ໄລ່ອອກ
banishment n ການເນລະເທດ
bank n ທະນາຄານ
bankrupt v ເຮັດໃຫ້ລົ້ມລະລາຍ
bankrupt adj ລົ້ມລະລາຍ
bankruptcy n ການລົ້ມລະລາຍ
banner n ປ້າຍ, ທຸງ
banquet n ງານລ້ຽງ
bar n ທາວ
bar v ໃສ່ກອນ
barbarian n ຄົນປ່າເຖື່ອນ
barbaric adj ປ່າເຖື່ອນ
barbarism n ຄວາມປ່າເຖື່ອນ
barbecue n ປີ້ງ, ບາຣບີຄິວ
barber n ຊ່າງຕັດຜົມ
bare adj ເປືອຍ, ເປົ່າ
barefoot adj ຕີນເປົ່າ
barely adv ເກືອບຈະບໍ່ພໍ
bargain n ການຕໍ່ລອງ

bargain v ຕໍ່ລອງລາຄາ
bargaining n ການຕໍ່ລອງ
barge n ເຮືອບັນທຸກ
bark v ເຫົ່າ, ຮ້ອງ
bark n ເປືອກໄມ້
barley n ເຂົ້າບາເລ່
barn n ຄອກສັດ, ເລົ້າເຂົ້າ
barracks n ເຮືອນທະຫານ
barrage n ເຄື່ອງກິດກັ້ນ
barrel n ກົງ, ກົງໄມ້
barren adj ແຫ້ງແລ້ງ
barricade n ເຄື່ອງກັ້ນຖົນທາງ
barrier n ເຂດກັ້ນ
barring pre ອີກເວັ້ນ
bartender n ບາຣເທັນເດີຣ໌
barter v ເຈລະຈາຕໍ່ລອງ
base n ຊັ້ນລຸ່ມ, ຖານທາງ
base v ວາງຖານທາງ
baseball n ກິລາເບດສ໌ບອນ
baseless adj ບໍ່ມີມູນຄວາມຈິງ
basement n ຫ້ອງໃຕ້ດິນ
bashful adj ຂີ້ອາຍ
basic adj ຈຳເປັນທີ່ສຸດ
basics n ສ່ວນທີ່ສຳຄັນທີ່ສຸດ
basin n ອ່າງນ້ຳ, ລຸ່ມນ້ຳ
basis n ຫຼັກແຫຼ່ງ, ຫຼັກຖານ
bask v ອາບແດດ
basket n ກະຕ່າ
basketball n ບານບ້ວງ
bastard n ລູກນອກສົມລົດ
bat n ໂຕເຈຍ
batch n ໝູ່, ກຸ່ມ

bath n ການອາບນ້ຳ
bathe v ອາບນ້ຳ
bathrobe n ເສື້ອຄຸມອາບນ້ຳ
bathroom n ຫ້ອງນ້ຳ
bathtub n ອ່າງອາບນ້ຳ
baton n ຄະທາ, ກະບອງ
battalion n ກອງທະຫານ
batter v ຄື່ອງຕີ, ຜູ້ຕີ
battery n ຖ່ານໄຟ
battle n ການສູ້ຮົບ
battle v ດິ້ນຮົນຕໍ່ສູ້
bay n ອ່າວ
bayonet n ດາບປາຍປືນ
bazaar n ຕະຫຼາດ
be iv ຢູ່, ເປັນ
be born v ເກີດ
beach n ແຄມທະເລ
beacon n ໄຟເຕືອນໄພ
beak n ສົບນົກ
beam n ລຳແສງ
bean n ໝາກຖົ່ວ
bear n ໂຕໝີ
bear iv ແບກ, ອົດທົນ
bearable adj ອົດທົນໄດ້
beard n ເຄົາ
bearded adj ມີໜວດມີເຄົາ
bearer n ຜູ້ແບກມາ
beast n ສັດປ່າ
beat iv ຕີ, ຟາດ
beat n ໃຈເຕັ້ນ
beaten adj ຖືກໂຈມຕີ
beating n ການຕິຊົມຢ່າງ

beautiful

beautiful *adj* ງາມ, ຈົບງາມ
beautify *v* ເຮັດໃຫ້ງາມ
beauty *n* ຄວາມງາມ
beaver *n* ໝູນາ
because *c* ເພາະວ່າ
because of *pre* ເນື່ອງຈາກ
beckon *v* ກວັກມືເອີ້ນ
become *iv* ກາຍເປັນ
bed *n* ຕຽງນອນ
bedding *n* ເຄື່ອງປູບ່ອນນອນ
bedroom *n* ຫ້ອງນອນ
bedspread *n* ຜ້າຄຸມຕຽງ
bee *n* ເຜິ້ງ
beef *n* ຊີ້ນງົວ
beef up *v* ເສີມກຳລັງ
beehive *n* ຮັງເຜິ້ງ
beer *n* ເຫຼົ້າເບຍ
beet *n* ຜັກກາດຫວານ
beetle *n* ແມງໄມ້ປີກແຂງ
before *adv* ກ່ອນ, ກ່ອນໜ້າ
before *pre* ກ່ອນ
beforehand *adv* ກ່ອນເວລາ
befriend *v* ຜູກມິດ
beg *v* ຂໍຮ້ອງ, ຂໍທານ
beggar *n* ຄົນຂໍທານ
begin *iv* ເລີ່ມຕົ້ນ
beginner *n* ຜູ້ເລີ່ມຕົ້ນ
beginning *n* ການເລີ່ມຕົ້ນ
beguile *v* ຫຼອກລວງ
behalf (on) *adv* ຜ່າຍ, ຕາງໜ້າ
behave *v* ປະພຶດ
behavior *n* ນິດໃສ, ພຶດຕິກຳ

behind *pre* ທາງຫຼັງ, ບໍ່ທັນ
behold *iv* ເຫັນ, ເບິ່ງ
being *n* ຕົວຕົນ
belated *adj* ລ່າຊ້າ
belch *v* ເອີ້ອມ
belch *n* ການເອີ້ອມ
belfry *n* ຫໍລະຄັງ
Belgium *n* ປະເທດເບວຢຽມ
belief *n* ຄວາມເຊື່ອຖື
believable *adj* ສາມາດເຊື່ອຖືໄດ້
believe *v* ເຊື່ອຖື
believer *n* ຜູ້ເຊື່ອຖື
belittle *v* ດູຖູກ
bell *n* ລະຄັງ, ກະດິງ
bell pepper *n* ໝາກເຜັດໃຫຍ່
belligerent *adj* ເປັນປະປັກ
belly *n* ທ້ອງ
belly button *n* ທ້ອງນ້ອຍ
belong *v* ສັງກັດ, ເປັນຂອງ
belongings *n* ຊັບສົມບັດ
beloved *adj* ສຸດທີ່ຮັກ
below *adv* ເບື້ອງລຸ່ມ, ຕ່ຳກວ່າ
below *pre* ເບື້ອງລຸ່ມ, ຕ່ຳກວ່າ
belt *n* ສາຍແອວ
bench *n* ແປ້ນມ້າ
bend *iv* ຂົດ, ກົ່ງ
bend down *v* ກົ່ງລົງ
beneath *pre* ຫາງກ້ອງລຸ່ມ
benediction *n* ພິທີອວຍພອນ
benefactor *n* ຜູ້ບຸນຄຸນ
beneficial *adj* ມີປະໂຫຍດ
benefit *n* ໄດ້ຮັບປະໂຫຍດ

black

benefit v ປະໂຫຍດ
benevolence n ຄຸນງາມຄວາມດີ
benevolent adj ຄຸນຄວາມດີ
benign adj ເມດຕາ, ກະລຸນາ
bequeath v ມອບຊັບສິນ
beret n ໝວກກົມ
berserk adv ບ້າເລືອດ
beseech iv ອ້ອນວອນ
beset iv ໂຈມຕີ
beside pre ຢູ່ຂ້າງ, ຂ້າງ
besides pre ນອກຈາກນີ້
besiege iv ລ້ອມໄວ້, ລົບກວນ
best adj ດີທີ່ສຸດ
best man n ເພື່ອນເຈົ້າບ່າວ
bestow v ມອບໃຫ້, ສະໜອງໃຫ້
bet iv ພະນັນ
bet n ການພະນັນ
betray v ທໍລະຍົດ, ຫັກຫຼັງ
betrayal n ການທໍລະຍົດ
better adj ດີກວ່າເກົ່າ
between pre ຢູ່ລະຫວ່າງ
beverage n ເຄື່ອງດື່ມ
beware v ລະວັງ
bewilder v ເຮັດໃຫ້ງົງງັນ
bewitch v ເຮັດໃຫ້ຫຼົງສະເໜ່
beyond adv ທີ່ຢູ່ໄກອອກໄປ
bias n ລຳອຽງ, ອະຄະຕິ
bible n ຄຳພິດຄິດຕະສາດ
bibliography n ລາຍຊື່ປຶ້ມ
bicycle n ລົດຖີບ
bid n ປະມູນລາຄາ
bid iv ສັ່ງບອກ, ໃຫ້ລາຄາ

big adj ໃຫຍ່
bigot adj ເຊື່ອງົມງວາຍ
bigotry n ຄວາມງົມງວາຍ
bike n ລົດຈັກ ຫຼື ລົດຖີບ
bile n ນ້ຳບີ, ອາລົມຮ້າຍ
bilingual adj ຊຸສອງພາສາ
bill n ງົວ, ມິດຂຶ
billion n ພັນລ້ານ
billionaire n ເສດຖີພັນລ້ານ
billiards n ກິລາບິນລຽດ
bimonthly adj ທຸກສອງອາທິດ
bin n ຖັງໃສ່ຂີ້ເຫຍື້ອ
bind iv ຜູກມັດ, ຕິດພັນ
binding adj ທີ່ສຳພັນ
binoculars n ກ້ອງສ່ອງທາງໄກ
biography n ຊີວະປະຫວັດ
biological adj ທາງຊີວະວິທະຍາ
biology n ຊີວະວິທະຍາ
bird n ນົກ
birth n ການເກີດ
birthday n ວັນເກີດ
biscuit n ຂະໜົມປັງ
bishop n ບັກບອດບິຊອບ
bison n ງົວປ່າ, ງົວກະທິງ
bit n ເຫັງກສະຫວ່ານ
bite iv ກັດ, ຂົບ
bite n ຮອຍກັດ
bitter adj ຂົມ, ແສບ
bitterly adv ຢ່າງຂົມຂື່ນ
bitterness n ຄວາມຂົມຂື່ນ
bizarre adj ມະຫັດສະຈັນ
black adj ດຳ, ດຳມືດ

blackberry

blackberry n ຫມາກເບັກເບີຣີ
blackboard n ກະດານດຳ
blackmail v ຫັກຫຼັງ, ຂູ່
blackness n ຄວາມມືດດຳ
blackout n ການເປັນລົມ
blacksmith n ຊ່າງເຫຼັກ
bladder n ພົກຍ່ຽວ
blade n ມີດແຫຼມ, ໃບຫຍ້າ
blame n ການຕິຕຽນ
blame v ຕຳນິຕິຕຽນ
blameless adj ບໍ່ມີບ່ອນຕິໄດ້
bland adj ທີ່ບໍ່ໜ້າສົນໃຈ
blank adj ເປົ່າຫວ່າງ
blanket n ຜ້າຫົ່ມ
blaspheme v ເວົ້າດູຫມິ່ນ
blasphemy n ການດູຫມິ່ນ
blast n ລະເບີດ
blaze v ແສງໄຟ
bleach v ວິ່ງດ່າງ
bleach n ຂອງທີ່ໃຊ້ວິ່ງດ່າງ
bleak adj ວ່າງ, ອ້າງວ້າງ
bleed iv ເລືອດອອກ
bleeding n ການມີເລືອດໄຫຼ
blemish n ຕຳນິ, ມົນທິນ
blemish v ເຮັດໃຫ້ມີຕຳນິ
blend n ການປະສົມ
blend v ເຊື່ອມເຂົ້າກັນ
blender n ຜູ້ປະສົມ, ເຄື່ອງປັ່ນ
bless v ໃຫ້ພອນ
blessed adj ສັກສິດ, ມີໂຊກ
blessing n ພອນຄວາມສຸກ
blind v ເຮັດໃຫ້ຕາບອດ

blind adj ຕາບອດ
blindfold n ສິ່ງທີ່ໃຊ້ປິດຕາ
blindfold v ປິດບັງ
blindly adv ສຸ່ມສີ່ສຸ່ມຫ້າ
blindness n ຕາບອດ
blink v ຍິບຕາ, ພັບຕາ
bliss n ຄວາມສຸກ
blister n ໃບ່າພອງ, ຕຸ່ມ
blizzard n ພະຍຸຫິມະ
bloat v ພອງ, ບວມ
bloated adj ເຮັດໃຫ້ໂພງ
block n ທ່ອນຫີນ
block v ກິດຂວາງ, ກັ້ນ
blockade v ກິດກັ້ນ, ຂັດຂວາງ
blockade n ການປິດລ້ອມ
blockage n ການຂັດຂວາງ
blond adj ເປັນສີທອງ
blood n ເລືອດ
bloodthirsty adj ກະຫາຍເລືອດ
bloody adj ເຕັມໄປດ້ວຍເລືອດ
bloom v ບານ, ດອກໄມ້ບານ
blossom v ອອກດອກ
blot n ຮອຍເປື້ອນ
blot v ເຮັດໃຫ້ເປື້ອນ
blouse n ເສື້ອຜູ້ຍິງ
blow n ການພັດ, ລົມພັດ
blow iv ເປົ່າລົມ
blow out iv ລະເບີດ, ມອດ
blow up iv ພັດຫາຍຂຶ້ນ
blowout n ການມອດ
bludgeon v ກະບອງສັ້ນ, ຕີ້
blue adj ສີຟ້າ, ສີຄາມ

blueprint n ພິມຂຽວ
bluff v ຕະວັ່ງຮັບ
blunder n ຄວາມຜິດພາດ
blunt adj ປູ້, ບໍ່ຫຼັກແຫຼມ
bluntness n ຄວາມເປີດເຜີຍ
blur v ເລືອນລາງ
blurred adj ເຊິ່ງເລືອນລາງ
blush v ເຮັດໃຫ້ໜ້າແດງ
blush n ຄວາມລະອາຍ
boar n ໝູປ່າ
board n ແຜ່ນກະດານ
board v ຂຶ້ນຍານພາຫະນະ
boast v ເວົ້າອວດ, ເວົ້າຂີ້ຄຸຍ
boat n ເຮືອ
bodily adj ກ່ຽວກັບຮ່າງກາຍ
body n ຕົນຕົວ
bog n ບຶງຕົມ, ຕິດຕົມ
bog down v ຕ່ອງຕຶງ
boil v ຕຸ໋, ຕົ້ມ
boil down to v ຕົ້ມລົງໃນ
boil over v ຜິດຫຼາຍຂຶ້ນ
boiler n ເຄື່ອງຕົ້ມ
boisterous adj ໂອຍອາຍສຽງດັງ
bold adj ຊັດເຈນ
boldness n ຄວາມກ້າຫານ
bolster v ສະໜັບສະໜູນ
bolt n ກອນປະຕູ
bolt v ໃສ່ກອນປະຕູ
bomb n ລູກລະເບີດ
bomb v ຖິ້ມລະເບີດ
bombing n ການຖິ້ມລະເບີດ
bombshell n ລູກລະເບີດ

bond n ເຄື່ອງຜູກມັດ
bondage n ຄວາມເປັນທາດ
bone n ກະດູກ
bone marrow n ແຄະກະດູກ
bonfire n ກອງໄຟ
bonus n ເງິນເພີ່ມ, ເງິນແຖມ
book n ປຶ້ມ
bookcase n ຕູ້ໃສ່ປຶ້ມ, ຊັ້ນ
bookkeeper n ພະນັກງານບັນຊີ
bookkeeping n ວິທີການເຮັດບັນຊີ
booklet n ປຶ້ມນ້ອຍ
bookseller n ຄົນຂາຍປຶ້ມ
bookstore n ຮ້ານຂາຍປຶ້ມ
boom n ສຽງດັງກ້ອງ
boom v ເຜີຍແຜ່
boost v ສົ່ງເສີມ
boost n ການສົ່ງເສີມ
boot n ກົບໂບກ
booth n ຮ້ານນ້ອຍໆ
booty n ເຄື່ອງຂອງທີ່ປຸ້ນມາ
booze n ເຄື່ອງດື່ມປະສົມເຫຼົ້າ
border n ເສັ້ນເຂດແດນ
border on v ຢູ່ຕິດກັບ
borderline adj ເສັ້ນເຂດແດນ
bore v ເຮັດໃຫ້ເບື່ອໜ່າຍ
bored adj ທີ່ໜ້າເບື່ອ
boredom n ຄວາມໜ້າເບື່ອ
boring adj ເປັນຕາໜ້າເບື່ອ
born adj ເປັນມາແຕ່ກຳເນີດ
borrow v ຢືມ, ຂໍຢືມ
bosom n ເອິກ, ນົມ
boss n ນາຍ, ຫົວໜ້າ

boss around v ບົງການ, ສັ່ງ
bossy adj ເຊິ່ງສັ່ງໃຫ້ເຮັດ
botany n ວິຊາພຶກສາສາດ
botch v ເຮັດຜິດພາດ
both adj ທັງສອງ
bothersome adj ທີ່ລົບກວນ
bottle n ຂວດແກ້ວ
bottle v ບັນຈຸໃສ່ຂວດ
bottleneck n ຄໍຂວດ
bottom n ພື້ນ, ກົ້ນ
bottomless adj ເລິກຫຼາຍ
bough n ງ່າໄມ້
boulder n ໂງ່ນຫິນ
bounce v ກະໂດດ, ກະທົບ
bounce n ບາດເຕັ້ນ
bound adj ວອນ, ກັ້ນ
bound for adj ມຸ້ງໄປ
boundary n ເຂດແດນ
boundless adj ບໍ່ມີເຂດແດນ
bounty n ຄວາມໃຈບຸນ
bourgeois adj ຄົນຊັ້ນຂຸນນາງ
bow n ຫົວເຮືອ
bow v ນ້ອມຄຳນັບ
bow out v ຖອນອອກ
bowels n ໄສ້
bowl n ຊາມ, ຖ້ວຍ
box n ກັບ, ຫີບ
boxer n ນັກມວຍ
boxing n ການຊົກມວຍ
box office n ຫ້ອງຂາຍປີ້
boy n ເດັກຊາຍ
boycott v ຂວ້ຳບາດ

boyfriend n ເພື່ອນຊາຍ
boyhood n ໄວເດັກ, ລູກຊາຍ
bra n ເສື້ອຊ້ອນຜູ້ຍິງ
brace for v ຄ້ຳໄວ້ໃຫ້
bracelet n ບອກແຂນ
bracket n ວົງເລັບ
brag v ຂີ້ຄຸຍ, ໂອ້ອວດ
braid n ຜົມເປຍ
brain n ສະຫມອງ
brainwash v ລ້າງສະຫມອງ
brake n ເຄື່ອງຫ້າມລໍ້
brake v ຫ້າມລໍ້
branch n ສາຂາ
branch office n ສາຂາສຳນັກງານ
branch out v ແຕກກິ່ງ
brand n ກາ, ຍີ່ຫໍ້
brand-new adj ໃຫມ່ອ່ຽມ
brandy n ເຫຼົ້າບຼັ່ນດີ
brave adj ກ້າຫານ
bravely adv ຢ່າງກ້າຫານ
bravery n ຄວາມກ້າຫານ
brawl n ການຜິດກັນ
bread n ເຂົ້າຈີ່
breadth n ຄວາມກວ້າງ
break n ແຕກຫັກ, ທຳລາຍ
break iv ຢຸດ
break away v ແຍກຈາກກັນ
break down v ພັງທະລາຍລົງ
break free v ຫນີ
break in v ເວົ້າແຊກ
break off v ຢຸດໂດຍທັນທີ, ຢຸດ
break open v ງັດ, ແຕະ

break up *v* ທຳລາຍ
break out *v* ພັງອອກໄປ
breakable *adj* ສາມາດແຕກໄດ້
breakdown *n* ລົ້ມເຈັບ
breakfast *n* ອາຫານເຊົ້າ
breakthrough *n* ການພັດທະນາ
breast *n* ເອິກ, ນົມ
breath *n* ການຫາຍໃຈ
breathe *v* ຫັນໃຈ
breathtaking *adj* ພິລຶກພິລັ່ນ
breed *iv* ໃຫ້ກຳເນີດ
breed *n* ພັນ
breeze *n* ລົມອ່ອນ, ລົມເຢັນ
brethren *n* ພີ່ນ້ອງ
brevity *n* ຄວາມກະທັດຮັດ
brew *v* ຕົ້ມເຫຼົ້າ, ຊົງຕຶ້າ
brewery *n* ໂຮງງານຕົ້ມເຫຼົ້າ
bribe *v* ຕິດສິນບົນ
bribe *n* ຊື້ຈ້າງ, ສິນບົນ
bribery *n* ການໃຫ້ສິນບົນ
brick *n* ດິນຈີ່
bricklayer *n* ຊ່າງປູນ
bridal *adj* ກ່ຽວກັບເຈົ້າສາວ
bride *n* ເຈົ້າສາວ
bridegroom *n* ເຈົ້າບ່າວ
bridesmaid *n* ເພື່ອນເຈົ້າສາວ
bridge *n* ຂົວ, ຕົວເຊື່ອມ
bridle *n* ສາຍຮັດບັງຄັບມ້າ
brief *adj* ຫຍໍ້, ສັ້ນງ
brief *v* ຫຍໍ້, ສັ້ນ
briefcase *n* ຫິບເດີນທາງ
briefing *n* ສະຫຼຸບແບບສັ້ນງ

briefly *adv* ຢ່າງຫຍໍ້
briefs *n* ໂສ້ງຊ້ອນໃນ
brigade *n* ກອງພັນ
bright *adj* ແຈ້ງສະຫວ່າງ
brilliant *adj* ເຫຼື້ອມ
brim *n* ຂອບ, ຮິມ
bring *iv* ພາມາ, ພາໄປ
bring back *v* ເອົາກັບຄືນໄປ
bring down *v* ເຮັດໃຫ້ຫຼຸດລົງ
bring up *v* ລ້ຽງ, ຫົກຂຶ້ນມາເວົ້າ
brink *n* ຮິມສົບ
brisk *adj* ແຂງແຮງ, ວ່ອງໄວ
Britain *n* ອັງກິດ
British *adj* ຊາວອັງກິດ
brittle *adj* ຫັກງ່າຍ, ບາງ
broad *adj* ກວ້າງຂວາງ, ກ້າງ
broadcast *v* ກະຈາຍສຽງ
broadcast *n* ການກະຈາຍສຽງ
broaden *v* ຂະຫຍາຍ
broadly *adv* ຢ່າງກວ້າງຂວາງ
broadminded *adj* ໃຈກວ້າງ
brochure *n* ແຜ່ນພັບ
broil *v* ປີ້ງ, ເຜົາ
broiler *n* ເຕົາອົບ
broke *adj* ທີ່ບໍ່ຕິດ
broken *adj* ທີ່ຫັກ
bronchitis *n* ອັກເສບຫຼອດບອດ
bronze *n* ໂລຫະປະສົມ
broom *n* ໄມ້ພອຍກວດເຮືອນ
broth *n* ສຸບ, ນ້ຳແກງ
brother *n* ອ້າຍຫຼືນ້ອງຊາຍ
brotherhood *n* ພວກພ້ອງດ້ວງກັນ

brotherly

brotherly adj ເປັນພີ່ເປັນນ້ອງ
brow n ຄິ້ວ
brown adj ສີນ້ຳຕານ
browse v ການອ່ານຄ້າວໆ
bruise n ຮອຍຊ້ຳ
bruise v ເບັ່ງນມ
brush n ແປງ
brush v ແປງຫຼືເຊ້ອ
brush aside v ປ່ອຍຖິ້ມ
brush up v ทูຂຶ້ນ
brusque adj ເວົ້າຫາບຄາຍ
brutal adj ໂຫດຮ້າຍ
brutality n ຄວາມໂຫດ
brutalize v ເຮັດສິ່ງທີ່ໂຫດຮ້າຍ
brute adj ສັດປ່າ
bubble n ฟอງ, ฟอด
bubble gum n ຂະໜົມຊີ່ງການ
buck n ກວາງໂຕຜູ້
bucket n ຄຸນ້ຳ, ຖັງ
buckle n ຫົວສາຍແອວ
bud n ອອກຫນໍ່
buddy n ເພື່ອນຮັກ, ຂາຄູ່
budge v ເຄື່ອນ
budget n ງົບປະມານ
buffalo n ຄວາຍ
bug n ແມງໄມ້, ເຮືອດ
bug v ລົບກວນ
build iv ກໍ່ສ້າງ
builder n ຄົນກໍ່ສ້າງ
building n ອາຄານ, ຕຶກ
built-in adj ທີ່ມີຢູ່ແລ້ວ
bulb n ດອກໄຟຫຼອດປ້ອມ

bulge n ເເກ
bulk n ກອງຈຳນວນໃຫຍ່
bulky adj ໃຫຍ່ແບບເກະກະ
bull n ງົວໂຕຜູ້, ງົວກະທິງ
bulldoze v ເຮັດໃຫ້ຍ້ານ
bullet n ຫົວລູກປືນ
bulletin n ປະກາດ
bull fight n ກິລາສູ້ງົວ
bull fighter n ຜູ້ສູ້ກັບງົວ
bully adj ດີໝາຍ
bum n ຄົນພະເນຈອນ
bump n ຕຳ, ກະທົບ
bump into v ຕຳໃສ່, ກະທົບໃສ່
bumper n ກັນຊົນ
bumpy adj ບໍ່ແບນນວນ
bun n ເຂົ້າໜົມ
bunch n ໂຮມກັນ
bundle n ຫຼາກບັນທົ່, ມັດ
bundle v ຫຼາກບັນທົ່, ມັດ
bunk bed n ຕຽງສອງຊັ້ນ
bunker n ຂຸມຫຼົບໄພ, ປ້ອມ
buoy n ເຄື່ອງລອຍໃຫ້ຟູ
burden n ພາລະ
burden v ເປັນພາລະ
burdensome adj ທີ່ເປັນພາລະ
bureau n ສຳນັກງານ
bureaucrat n ພະນັກງານລັດ
burger n ເບິເກີ
burglar n ຄົນຂີ້ລັກ, ຂະໂມຍ
burglarize v ຂີ້ລັກ, ຂີ້ຂະໂມຍ
burglary n ການລັກເຄື່ອງ
burial n ງານສົບ

call off

burly *adj* ແຂງແຮງ
burn *iv* ເຜົາໃໝ້
burn *n* ການເຜົາໃໝ້
burp *v* ເອີ້ອມ
burp *n* ການເອີ້ອມ
burrow *n* ການຍືມ
burst *iv* ລະເບີດອອກ
burst into *v* ລະເບີດໃສ່ທັນທີ
bury *v* ຝັງດິນ, ຫຸ້ມ
bus *n* ລົດເມ
bus *v* ເດີນທາງດ້ວຍລົດເມ
bush *n* ພຸ່ມໄມ້
busily *adv* ຫຍຸ້ງ, ມີວຽກຫຼາຍ
business *n* ທຸລະກິດ
businessman *n* ນັກທຸລະກິດ
bust *n* ບົມ, ໜ້າເອິກ
bustling *adj* ສັບສົນ
busy *adj* ຍຸ້ງວຸ້ນວາຍ
but *c* ແຕ່ວ່າ
butcher *n* ຄົນຂາຍຊີ້ນ
butler *n* ຫົວໜ້າຄົນໃຊ້
butt *n* ກົ້ນ, ກົ້ນກອກຢາ
butter *n* ນໍ້າມັນເບີ
butterfly *n* ແມງກະເບື້ອ
button *n* ກະດຸມ
buttonhole *n* ຮູກະດຸມ
buy *iv* ຊື້
buy off *v* ຕິດສິນບົນ
buyer *n* ຜູ້ຊື້
buzz *n* ສຽງແມງໄມ້ບິນ
buzz *v* ສຽງຊັ້ມງ
buzzard *n* ໂຕອິ່ງແຮ້ງ

buzzer *n* ສຽງບີບກະດິງເອິ້ນ
by *pre* ໃກ້ຽ, ມ່ວງ
bye *e* ບາຍບາຍ, ລາກ່ອນ
bypass *n* ທາງອ້ອມ
bypass *v* ອ້ອມ
by-product *n* ຜົນພອຍໄດ້
bystander *n* ຜູ້ທັນເຫດການ

C

cab *n* ລົດໂດຍສານ
cabbage *n* ຜັກກະລໍ່າປີ
cabin *n* ຫ້ອງນ້ອຍໆ
cabinet *n* ຕູ້ໃສ່ມີວິ້ນລຸ້ກ
cable *n* ສາຍລວດໃຫຍ່
cafeteria *n* ໂຮງອາຫານ
caffeine *n* ສານກາເຟອິນ
cage *n* ບ່ອງຈ່າຍເງິນ
cake *n* ຂະໜົມເຂັກ
calamity *n* ຄວາມສູນເສຍ
calculate *v* ຄຳນວນ
calculation *n* ການຄຳນວນ
calculator *n* ເຄື່ອງໄລ່ເລກ
calendar *n* ປະຕິທິນ
calf *n* ລູກງົວ
calibrate *v* ຈູນ
call *n* ການເອິ້ນ
call *v* ເອິ້ນ, ໂທລະສັບ
call off *v* ເລື່ອນໄປ

call on v ໄປຢັ້ງຢາມ
call out v ຮ້ອງໃສ່
calling n ການເອີ້ນ
callous adj ໃຈດຳ
calm adj ສະຫງົບ
calm n ຄວາມສະຫງົບ
calm down v ສະຫງົບລົງ
calorie n ກະວົຍທິ
calumny n ການໃສ່ຮ້າຍ
camel n ໂຕອູດ
camera n ກ້ອງຖ່າຍຮູບ
camouflage v ລວງຕາ
camouflage n ການອຳພາງ
camp n ການຕັ້ງຄ້າຍ
camp v ເຂົ້າຄ້າຍ
campaign v ລົນມະລົງ
campaign n ການລົນມະລົງ
can iv ບັນຈຸກະປ໋ອງ
can v ສາມາດ
can n ກະປ໋ອງ
can opener n ອັນໄຂກະປ໋ອງ
canal n ຄອງ
canary n ນົກກະຫມິ້ນ
cancel v ຍົກເລີກ
cancellation n ການຍົກເລີກ
cancer n ມະເຮັງ
cancerous adj ກ່ຽວກັບມະເຮັງ
candid adj ຕົງໄປຕົງມາ
candidacy n ການສະຫມັກ
candidate n ຜູ້ສະຫມັກ
candle n ທຽນ
candlestick n ບ່ອນຕັ້ງທຽນ

candor n ການເປີດເຜີຍ
candy n ລະຫມົມ
cane n ອ້ອຍ, ໄມ້ຄ້ອນເທົ້າ
canister n ກະບ່ອງລະບົບ
canned adj ທີ່ບັນຈຸໃນກະປ໋ອງ
cannibal n ມະນຸດກິນຄົນ
cannon n ປືນຄົກ
canoe n ເຮືອພາຍນ້ອຍ
canonize v ບວດເປັນນັກບຸນ
cantaloupe n ຫມາກແຕງຫອມ
canteen n ໂຮງອາຫານ
canvas n ແພໃບ
canyon n ຫວ່າງເຫວກ້ວາງ
cap n ຝາ, ຫມວກ
capability n ຄວາມສາມາດ
capable adj ສາມາດ
cape n ເສື້ອຄຸມ
capital n ເມືອງຫຼວງ
capital letter n ຕົວພິມໃຫຍ່
capitalism n ທິນນິຍົມ
capitulate v ຍອມເຮັດຕາມ
capsize v ຄວ່ຳ, ຈົມ
capsule n ຫຸ້ມຢາ, ແຄບຊຸນ
captain n ກັບຕັນເຮືອ
captivate v ຈັບໃຈ
captive n ສະເລີຍ, ນັກໂທດ
captivity n ການຖືກຈັບກຸມ
capture v ຈັບກຸມ, ເຂົ້າຍຶດ
capture n ການເຂົ້າຍຶດ
car n ລົດຍົນ
carat n ກະລັດ
caravan n ກອງຄາລາວານ

carburetor n ກາບູເຣເຕິຣ໌
carcass n ໂຄງ, ຊາກສົບ
card n ນາມບັດ, ບັດ
cardboard n ກະດາດແຂງ
cardiac adj ກ່ຽວກັບຫົວໃຈ
cardiac arrest n ຫົວໃຈຢຸດເຕັ້ນ
care n ການດູແລ
care v ດູແລ
care about v ດູແລຕົວ
care for v ສົນໃຈຕົວເອງ
career n ອາຊີບ, ການງານ
carefree adj ບໍ່ຫວ່າງ
careful adj ລະມັດລະວັງ
careless adj ປະໝາດ
carelessness n ຄວາມປະໝາດ
caress n ກອດຈູບ
caress v ຈູບ, ເວົ້າໂລມ
caretaker n ຜູ້ດູແລ
cargo n ສິນຄ້າບັນທຸກ
caricature n ພາບທີ່ລໍ້ລຽນ
caring adj ເອົາໃຈໃສ່
carnage n ການສັງຫານ
carnation n ດອກຄາເນຊັນ
carol n ບົດເພງສັນລະເສີນ
carpenter n ຊ່າງໄມ້
carpentry n ວິຊາຊ່າງໄມ້
carpet n ພົມ
carriage n ການຂົນສົ່ງ
carrot n ກະຫຼ່ຳ, ຫົວກະຫຼ່ຳ
carry v ຂົນສົ່ງ
carry on v ດຳເນີນ, ສານຕໍ່
carry out v ດຳເນີນໄປໃຫ້ສຳເລັດ

cart n ວຶ້, ວິດເຂັນ
cart v ບັນທຸກ, ຂົນເຄື່ອງ
cartoon n ການຕູນ
cartridge n ຫັບບັນມ້ວນ
carve v ແກະສະລັກ, ຂວັດ
cascade n ນ້ຳຕົກ
case n ກໍລະນີ, ຄະດີ
cash n ເງິນສົດ
cashier n ແຄັດເຊຍ
casino n ຄາຊິໂນ
casket n ໂລງ, ຫີບສົບ
casserole n ໝໍ້ອົບ
cassock n ພະຄຣິດ
cast iv ຖິ້ມ, ໂຍນ
caste n ຕະກຸນ, ຊັ້ນ
castle n ຫໍປາສາດ
casual adj ໂດຍບັງເອີນ
casualty n ຄວາມເສຍຫາຍ
cat n ແມວ
cataclysm n ມະຫັນຕະໄພ
catacomb n ສຸສານ
catalog n ປຶ້ມລາຍຊື່ເຄື່ອງ
catalog v ບັນຊີເຄື່ອງ
cataract n ຕາຕໍ້
catastrophe n ໄພພິບັດ
catch iv ຄາາະ, ຈັບ
catch up v ຕິດຕໍ່, ເຮັດທັນ
catching adj ທີ່ຕິດຕໍ່ໄດ້ງ່າຍ
catchword n ຄຳຂ້ວນ
category n ໝວດ, ໝວດໝູ່
cater to v ຈັດຫາໄວ້ໃຫ້
caterpillar n ດັກແດ່

cathedral

cathedral n ໂບດທີ່ສຳຄັນ
catholic adj ກາໂຕລິກ
cattle n ງົວຄວາຍ
cauliflower n ກະລ່ຳດອກ
cause n ຕົ້ນເຫດ
cause v ກໍ່ໃຫ້ເກີດ
caution n ຄວາມລະມັດລະວັງ
cautious adj ເຄງໃຈ, ຮອບຄອບ
cavalry n ໜວດກະຫານມ້າ
cave n ຖ້ຳ, ອຸມົງ
cave in v ພັງທະລາຍ, ຍຸບຕົວ
cavern n ເຫວ
cavity n ໂກນ, ຜຸ້ງແຂ້ວ
cease v ຈົບລົງ, ຍຸດ
cease-fire n ການຢຸດຍິງ
ceaselessly adv ບໍ່ຢຸດຢູ່ຄືກັບ
ceiling n ເພດານ
celebrate v ສະເຫຼີມສະຫຼອງ
celebrity n ຊື່ສງງ
celery n ຜັກຂຶງວຕີ
celestial adj ກ່ຽວກັບທ້ອງຟ້າ
celibacy n ຄວາມເປັນໂສດ
celibate adj ບໍ່ມີຄູ່ຄອງ
cellar n ຫ້ອງໃຕ້ດິນ
cellphone n ມືຖື
cement n ປູນຊີເມັນ
cemetery n ປ່າຊ້າ, ສຸສານ
censorship n ການເຊັນເຊີ
censure v ຕຳນິຕິຕຽນ
cent n ເງິນເຊັນ
centenary n ຮ້ອຍປີ
center n ສູນກາງ, ສູນກາງ

center v ໝາກ
centimeter n ຊັງຕີແມັດ
central adj ສຳຄັນ
century n ສັດຕະວັດ, ຮ້ອຍປີ
ceramic n ເຄື່ອງປັ້ນດິນເຜົາ
cereal n ທັນຍະພືດ
cerebral adj ກ່ຽວກັບຄວາມຄິດ
ceremony n ພິທີ
certain adj ແນ່ໃຈ, ແນ່ນອນ
certainty n ຄວາມແນ່ນອນ
certificate n ໃບປະກາດ
chagrin n ຄວາມຜິດຫວັງ
chain n ໂສ້, ສາຍສ້ອຍ
chain v ລ່າມໂສ້, ຜູກມັດ
chainsaw n ເຄື່ອງເລື່ອຍໄມ້
chair n ຕັ່ງນັ່ງ
chair v ນັ່ງຕັ່ງ, ຕຳແໜ່ງ
chairman n ປະທານ, ປະທານ
chalet n ເຮືອນພັກຢູ່ເທິງພູ
chalice n ຂັນລວງອັນ, ຂັນ
chalk n ສະຫຼາວ
chalkboard n ກະດານດຳ
challenge v ທ້າທາຍ
challenge n ການທ້າທາຍ
challenging adj ຄັດຄ້ານ, ທ້າທາຍ
chamber n ຫ້ອງ, ຫ້ອງພັກ
champ n ຜູ້ໄດ້ຮັບໄຊຊະນະ
champion n ຜູ້ຊະນະເລີດ
champion v ເປັນທະນາຍໃຫ
chance n ໂອກາດ, ຊ່ອງທາງ
chancellor n ວັດທະມົນຕີ
chandelier n ໂຄມໄຟ

change v ແລກປ່ຽນ
change n ການແລກປ່ຽນ
channel n ຊ່ອງ, ຮ່ອງນ້ຳ
chant n ການສວດມົນ
chaotic adj ວຸ້ຍວາຍ
chapel n ໂບດ, ວິຫານ
chaplain n ພະຄຣິສ
chapter n ຕອນ, ບົດ
char v ເຜົາ
character n ລັກສະນະ
characteristic adj ມີລັກສະນະພິເສດ
charcoal n ຖ່ານຫີນ
charge v ກ່າວຫາ
charge n ຂໍ້ກ່າວຫາ
charisma n ຄວາມສາມາດພິເສດ
charitable adj ໃຈກວ້າງ, ໃຈບຸນ
charity n ຄວາມໃຈບຸນ
charm v ດຶງດູດໃຈ
charm n ຄວາມດຶງດູດໃຈ
charming adj ທີ່ໃຫ້ເວດມົນ
chart n ແຜນພູມ
charter n ໃບອະນຸຍາດ
charter v ເຊົ່າ
chase n ການໄລ່ຕາມ
chase v ສະແຫວງຫາ
chase away v ຮ້ອງໃສ່, ໄລ່ຫນີ
chasm n ເຫວ, ຮອຍແຕກ
chaste adj ບໍລິສຸດໃຈ, ບໍລິສຸດ
chastise v ຕຳນິ, ລົງໂທດ
chastisement n ການລົງໂທດ
chastity n ບໍລິສຸດ
chat v ລົມ, ໂອ້ລົມ

chauffeur n ຄົນຂັບລົດ
cheap adj ລາຄາຖືກ, ຂີ້ຫນຽວ
cheat v ຫຼອກລວງ, ຄົນຂີ້ສໍ້
cheater n ພວກຫຼອກລວງ
check n ກວດສອບ
check v ກວດເບິ່ງ
check in v ລົງຊື່, ສະເຫນີຕົວ
checkbook n ປື້ມກວດສອບ
cheek n ແກ້ມ
cheekbone n ກະດູກແກ້ມ
cheeky adj ຫນ້າດ້ານ
cheer v ໄຊໂຍ, ຫນ້າຍິນດີ
cheer up v ຊ່ວຍໃຫ້ກ້າວັງໃຈ
cheerful adj ເຮັດໃຫ້ຮູ້ສຶກສົດຊື່ນ
cheese n ເນຍ, ຊີດສ໌
chef n ຫົວຫນ້າ
chemical adj ມີທາດເຄມີ
chemist n ນັກເຄມີ
chemistry n ວິຊາເຄມີ
cherish v ຍຶດຫມັ້ນ
cherry n ຫມາກເຊີຣີ
chess n ຫມາກຮຸກ
chest n ເອິກ, ຕູ້ນ້ອຍ
chestnut n ຫມາກກໍ່
chew v ຫຍ້ຳ
chick n ໄກ່ນ້ອຍ
chicken n ໄກ່
chicken out v ຂີ້ຢ້ານ
chicken pox n ຫມາກແດງ
chide v ຮ້າຍດ່າ
chief n ເຈົ້ານາຍ
chiefly adv ຢ່າງສຳຄັນທີ່ສຸດ

child n ເດັກນ້ອຍ
childhood n ໄວເດັກ
childish adj ອ່ອນຕໍ່ໂລກ
childless adj ບໍ່ມີລູກ
children n ເດັກນ້ອຍ
chill n ຫນາວສັ່ນ
chill v ເປັນໄຂ້ສັ່ນ
chill out v ເຮັດໃຫ້ສະບາຍໃຈ
chilly adj ຫນາວສັ່ນ
chimney n ທໍ່ຄວັນໄຟ
chimpanzee n ລີງຊິມແປນຊີ
chin n ຄາງກະໄຕ
chip n ເສດໄມ້
chisel n ສິ່ວ
chocolate n ໂຊໂກແລັດ
choice n ການເລືອກ
choir n ຄະນະປະສານສຽງ
choke v ເອົ້າບໍ່ໄດ້
cholera n ພະຍາດອະຫິວາ
choose iv ເລືອກ
choosy adj ຈຸ້ຈີ້, ເອົາໃຈຍາກ
chop v ເຜ່າ, ຕັດ
chop n ສັບເປັນຕ່ອນ
chopper n ມີດສັບ, ພ້າ
chore n ວຽກທີ່ຫນ້າເບື່ອ
chorus n ພວກນັກຮ້ອງລູກຄູ່
christen v ພິທີລ້າງບາບ
christening n ການລ້າງບາບ
christian adj ຄຣິສຕຽນ
chronic adj ເປັນຊໍ່າເຊື້ອ
chronicle n ປະຫວັດການ
chubby adj ຕຸ້ຍຫນ້າຮັກ

chuckle v ຫົວຄ່ອຍໆ
chunk n ການຍຸດພະຍາຍາມ
church n ໂບດ, ວັດ
chute n ຮາງ, ທາງນໍ້າໄຫຼ
cider n ນໍ້າຫມາກໂບມຫມັກ
cigar n ກອກຢາໃຫຍ່ຊີກາ
cigarette n ຢາສູບ
cinder n ທ່ານໄຟ
cinema n ຮູບເງົາ
cinnamon n ຊິນນາມອນ, ອົບເຊີຍ
circle n ວົງມົນ
circle v ປັ້ນອ້ອມ
circuit n ວົງຈອນ
circular adj ເປັນວົງວຽນ
circulation n ການຫມູນວຽນ
circumstance n ກໍລະນີ
circus n ລະຄອນສັດ
cistern n ຖັງນໍ້າ
citizen n ພົນລະເມືອງ
citizenship n ສັນຊາດ
city n ເມືອງໃຫຍ່, ກຸງ
civic adj ກ່ຽວກັບຕົວເມືອງ
civil adj ກ່ຽວກັບພົນລະເມືອງ
civilization n ຄວາມສີວິໄລ
claim v ຮຽກຮ້ອງ
claim n ການຮຽກຮ້ອງ
clam n ຫອຍກາບ
clamor v ຮ້ອງໂຮ, ສົ່ງສຽງດັງ
clamp n ຄີບຫນີບ, ປາກຄີມ
clan n ຕະກຸນດຽວກັນ
clandestine adj ລັບ, ບໍ່ເປີດເຜີຍ
clap v ຕົບມື

clown

clarify v เธ็ดใຫ້ແจ່ມແຈ້ງ
clarinet n ແກ, ຄະລາຣີເນັດກ໌
clarity n ຄວາມຊັດເຈນ
clash v ໂຈມຕີ, ປະຫະກັນ
clash n ການໂຈມຕີ
class n ຫ້ອງຮຽນ, ຊັ້ນ
classic adj ເປັນແບບຢ່າງ
classify v ໃຈ້ແຍກ
classroom n ຫ້ອງຮຽນ
classy adj ຊັ້ນເອກ, ດີງາມ
clause n ມາດຕາ, ຂໍ້ຫຍ່ອຍ
claw n ເລັບສັດ, ກ້າມປູ
claw v ຂຸດດ້ວຍເລັບ
clay n ດິນໜຽວ
clean adj ສະອາດ
clean v ທຳຄວາມສະອາດ
cleaner n ຄົນທຳຄວາມສະອາດ
cleanse v ເຮັດໃຫ້ສະອາດ
clear adj ໃສ, ແຈ່ມແຈ້ງ
clear v ເຮັດໃຫ້ແຈ່ມແຈ້ງ
clearance n ການລ້າງ
clear-cut adj ຊັດເຈນ, ໜັ້ນຄົງ
clearly adv ຈະແຈ້ງ, ຄົມຊັດ
clearness n ຄວາມແຈ່ມແຈ້ງ
cleft n ຮອຍແຍກ
clemency n ຄວາມເມດຕາ
clench v ກຳແໜ້ນ
clergy n ພວກຄູບາ
clergyman n ພະ
clerical adj ທີ່ກ່ຽວກັບພະ
clerk n ສະໝຽນ
clever adj ສະຫຼາດ

click v ຄລິກ, ສຽງດັງຄລິກ
client n ລູກຄ້າ
clientele n ລູກຄ້າທັງໝົດ
cliff n ໜ້າຜາ
climate n ດິນຟ້າອາກາດ
climatic adj ກ່ຽວກັບອາກາດ
climax n ຈຸດສູງສຸດ
climb v ປີນ, ໄຕ່
climbing n ການປີນໄຕ່
clinch v ຍຶດຕິດ, ຮັດແໜ້ນ
cling iv ກອດຕິດ
clinic n ຄລີນິກ
clip v ຕັດອອກ, ຄີບ
cloak n ກຳບັງ, ເສື້ອຄຸມ
clock n ໂມງ
clog v ຕັນ, ຂັດຂວາງ
close v ປິດ
close adj ໃກ້ຊິດ
close to pre ໃກ້ກັບ
closed adj ປິດ, ບໍ່ເປີດເຜີຍ
closely adv ຢ່າງໃກ້ຊິດ
closet n ຫ້ອງນ້ອຍ, ຕູ້
closure n ການຈົບ
clot n ກ້ອນເລືອດ, ກ້ອນ
cloth n ເຄື່ອງນຸ່ງຫົ່ມ
clothe v ແຕ່ງຕົວ
clothes n ເສື້ອຜ້າເຄື່ອງນຸ່ງ
clothing n ເຄື່ອງນຸ່ງຫົ່ມ
cloud n ເມກ, ເມື່ອ
cloudless adj ແຈ້ງສະຫວ່າງ
cloudy adj ກ້າກວມ
clown n ຕົວຕະຫຼົກ

club

- **club** *n* ໄມ້ຄ້ອນ
- **clue** *n* ຮ່ອງຮອຍ
- **clumsiness** *n* ຄວາມຊຸ່ມຊ່າມ
- **clumsy** *adj* ເຊິ້ງຊ້າ
- **cluster** *n* ຮວມກັນເປັນກຸ່ມ
- **cluster** *v* ເຮັດໃຫ້ເປັນກຸ່ມ
- **clutch** *n* ຄາດວິດ
- **coach** *v* ຝຶກສອນ
- **coach** *n* ຄູຝຶກສອນ, ລົດມ້າ
- **coaching** *n* ການຝຶກສອນ
- **coagulate** *v* ຈັບຕົວເປັນກ້ອນ
- **coagulation** *n* ການແຂງຕົວ
- **coal** *n* ຖ່ານຫີນ
- **coalition** *n* ການຮ່ວມກັນ
- **coarse** *adj* ຊາ, ຫຍາບ
- **coast** *n* ຝັ່ງທະເລ
- **coastal** *adj* ກ່ຽວກັບຊາຍຝັ່ງ
- **coastline** *n* ເສັ້ນຝັ່ງທະເລ
- **coat** *n* ເສື້ອໃຫຍ່
- **coax** *v* ອອຍໃຈ, ຊັກຊວນ
- **cob** *n* ຫີງຫຶຂ່ານຕົວຜູ້
- **cobblestone** *n* ກ້ອນຂີ້ຫີນ
- **cobweb** *n* ໃຍແມງມຸມ
- **cocaine** *n* ຢາເສບຕິດໂຄເຄນ
- **cock** *n* ໄກ່ຜູ້, ນັກຕໍ່ສູ້
- **cockpit** *n* ຫ້ອງຄົນຂັບເຮືອບິນ
- **cockroach** *n* ແມງສາບ
- **cocktail** *n* ຄ໋ອກເທວ
- **cocky** *adj* ອວດດີ, ເກັ່ງ
- **cocoa** *n* ໂຊໂກລາ, ກາກາວ
- **coconut** *n* ໝາກພ້າວ
- **cod** *n* ປາຄອດ, ກົງ

- **code** *n* ລະຫັດ, ກົດລະບຽບ
- **coefficient** *n* ຄ່າສຳປະສິດ
- **coerce** *v* ບີບບັງຄັບ, ຂູ່ເຂັນ
- **coercion** *n* ການບັງຄັບ
- **coexist** *v* ຢູ່ນຳກັນ
- **coffee** *n* ກາເຟ
- **coffin** *n* ຫີບສົບ
- **cohabit** *v* ຢູ່ຮ່ວມກັນ
- **coherent** *adj* ເຊື່ອມໂຍງກັນ
- **coin** *n* ເງິນຫຽງ
- **coincide** *v* ເກີດຂຶ້ນພ້ອມກັນ
- **coincidence** *n* ເພາະບັງເອີນ
- **coincidental** *adj* ບັງເອີນ
- **cold** *adj* ໜາວ
- **coldness** *n* ຄວາມໜາວ
- **colic** *n* ອາການຈຸກສຽບ
- **collaborate** *v* ຮ່ວມມື
- **collaboration** *n* ການຮ່ວມມື
- **collaborator** *n* ຜູ້ຮ່ວມມ
- **collapse** *v* ພັງທະລາຍ
- **collapse** *n* ການພັງທະລາຍ
- **collar** *n* ປອກຄໍໝາ, ຄໍເສື້ອ
- **collarbone** *n* ກະດູກໄຫລ່
- **collateral** *adj* ຂະໜານກັນ
- **colleague** *n* ເພື່ອນຮ່ວມງານ
- **collect** *v* ສະສົມ
- **collection** *n* ການສະສົມ
- **collector** *n* ນັກສະສົມ
- **college** *n* ວິທະຍາໄລ
- **collide** *v* ຂັດແຍ້ງກັນ
- **collision** *n* ການຂັດແຍ້ງກັນ
- **cologne** *n* ນ້ຳຫອມ, ໂຄໂລນ

colon n ลำไส้ใหย่
colonel n นายพันเอก
colonial adj ແຕ່ງທົວເມືອງຂຶ້ນ
colonize v ບຸກເບີກອານານິຄົມ
colony n ທົວເມືອງຂຶ້ນ
color n ສີ, ຄວາມມີສີສັນ
color v ລະບາຍສີ
colorful adj ມີສີສັນ
colossal adj ໃຫຍ່ມະຫາສານ
colt n ລົດົບົນມົດ
column n ເສົາເຮືອນ
coma n ຫມົດສະຕິ, ໂຄມາ
comb n ຫວີ, ຫວອນໄກ່
comb v ຄົ້ນຫາ
combat n ການໂຈມຕີ
combat v ໂຈມຕີ, ຕໍ່ສູ້
combatant n ຄົນທີ່ຕໍ່ສູ້ກັນ
combination n ການຮວມກັນ
combine v ຮວມກັນ
combustible n ຢ່າງສຸກສະບາຍ
combustion n ການເຜົາໃຫມ້
come iv ມາ
come about v ເກີດຂຶ້ນ
come across v ຄົ້ນພົບ, ມາພໍ້
come apart v ແຍກ
come back v ກັບຄືນມາ
come down v ລົງມາ
come forward v ຄືບຫນ້າຕໍ່ໄປ
come from v ມາຈາກ
come in v ເຂົ້າມາ
come out v ອອກໄປ
come over v ມາຢຽ້ມ

come up v ຂຶ້ນມາ
comeback n ການຫວນຄືນ
comedian n ຕົວຕະຫລົກ
comedy n ລະຄອນຕະຫລົກ
comet n ດາວຫາງ
comfort n ຄວາມສະບາຍ
comfortable adj ຢ່າງສຸກສະບາຍ
comforter n ຜູ້ຊ່ວຍປອບໂຍນ
comical adj ຢ່າງຕະຫລົກ
coming n ການມາເຖີງ
comma n ຫມາຍຈຸດ
command v ສັ່ງການ
commander n ຜູ້ບັງຄັບບັນຊາ
commemorate v ສະຫລອງ
commence v ຕັ້ງຕົ້ນ
commend v ຍົກຍ້ອງ
commendation n ການຍົກຍ້ອງ
comment n ທົດຄິດ
commerce n ການຄ້າຂາຍ
commercial adj ຄ້າຂາຍ
commit v ມອບຫມາຍ, ຝາກພັນ
committed adj ມັ້ນຫມັ້ນ
committee n ຄະນະກຳມະການ
common adj ທຳມະດາສາມັນ
commotion n ຄວາມປັ່ນປ່ວນ
communicate v ຕິດຕໍ່, ບອກແຈ້ງ
communion n ການສົມທະບາ
communism n ຄອມມຸຍນິດ
communist adj ນັກຄອມມຸຍນິດ
community n ສັງຄົມ
commute v ຊຸດຊ້ຽ
compact adj ຮັດກຸມ

compact

compact v ແໜ້ນ, ອັດແໜ້ນ
companion n ເພື່ອນເດີນທາງ
company n ບໍລິສັດ, ກອງຮ້ອຍ
comparable adj ທີ່ສາມາດສົມທຽບໄດ້
comparative adj ທີ່ປຽບທຽບກັນ
compare v ປຽບທຽບ, ສົມທຽບ
comparison n ການສົມທຽບ
compartment n ຫ້ອງ, ສ່ວນແຍກ
compass n ເຂັມທິດ
compatible adj ເຫຼື້ງເຂົ້າກັນໄດ້
compatriot n ເພື່ອນຮ່ວມຊາດ
compel v ບັງຄັບ, ກະຕຸກ
compelling adj ການບັງຄັບ
compendium n ບົດຂັດຫຍໍ້
compensate v ຊົດເຊີຍ
compensation n ການຊົດເຊີຍ
compete v ແຂ່ງຂັນ, ປະກວດ
competence n ຄວາມສາມາດ
competent adj ເກັ່ງ, ສາມາດ
competition n ການແຂ່ງຂັນ
competitor n ຄູ່ແຂ່ງ
compile v ຮຽບຮຽງ
complain v ຕໍ່ວ່າ
complaint n ຂໍ້ທີ່ບໍ່ພໍໃຈ
complement n ເຄື່ອງປະກອບ
complete adj ທີ່ຄົບຖ້ວນສົມບູນ
complete v ຄົບຖ້ວນ, ສົມບູນ
completely adv ຢ່າງຄົບຖ້ວນ
completion n ການສິ້ນສຸດ
complex adj ຫຍຸ້ງ, ສັບສົນ
complexion n ຜິວໜ້າ, ທ່າທາງ
complexity n ຄວາມສັບສົນ

compliance n ການຍິນຍອມ
compliant adj ຍິນຍອມ
complicate v ເຮັດໃຫ້ສັບສົນ
complication n ຄວາມສັບສົນ
compliment n ຄວາມເຄົາລົບ
complimentary adj ເຊິ່ງຍົກຍ້ອງ
comply v ຍອມຕາມ
component n ສ່ວນປະກອບ
compose v ປະກອບ, ແຕ່ງ
composed adj ເຊິ່ງແຕ່ງ
composer n ນັກແຕ່ງເພງ
composition n ສ່ວນປະກອບ
compost n ປຸ໋ຍ, ປຸ໋ຍທີ່ໝັກ
composure n ຄວາມສະຫງົບ
compound n ການປະກອບກັນ
compound v ຮວມກັນ, ຮວມ
comprehend v ຮວມເຖິງ
comprehensive adj ທີ່ຄອບຄຸມຮອດ
compress v ບີບອັດ
compression n ການບີບອັດ
comprise v ປະກອບດ້ວຍ
compromise n ການປະນີປະນອມ
compromise v ການປະນີປະນອມ
compulsion n ການບັງຄັບ
compulsive adj ເຊິ່ງຕ້ອງເຮັດ
compulsory adj ທີ່ບັງຄັບ
compute v ຄຳນວນ, ນັບ
computer n ເຄື່ອງຄິດໄວ່ເລກ
comrade n ມິດ, ເພື່ອນ
con man n ນັກຕົ້ມຕຸນ
conceal v ເຊື່ອງ, ປິດບັງ
concede v ຍອມ, ຍອມຮັບ

conceited *adj* ອວດດີ, ທະນົງ
conceive *v* ເຂົ້າໃຈ, ຄິດພາ,
concentrate *v* ເຮັດໃຫ້ເຂັ້ມຂຸ້ນ
concentration *n* ຄວາມເຂັ້ມແຂງ
concentric *adj* ສູນກາງຮ່ວມກັນ
concept *n* ແນວຄວາມຄິດ
conception *n* ຄວາມເຂົ້າໃຈ
concern *v* ກ່ຽວຂ້ອງ
concern *n* ຄວາມກ່ຽວພັນ
concerning *pre* ກ່ຽວກັບ
concession *n* ການຍອມໃຫ້
conciliate *v* ເຮັດໃຫ້ປັນມິດ
conciliatory *adj* ເຊິ່ງມີໄມຕີ
concise *adj* ກະທັດຮັດ, ຮັດກຸມ
conclude *v* ສະຫຼຸບ, ຈົບ
conclusion *n* ບົດສະຫຼຸບ
conclusive *adj* ເປັນຂໍ້ສະຫຼຸບ
concoct *v* ວາງແຜນ
concoction *n* ການປຸງ
concrete *n* ສິ່ງທີ່ເປັນຮູບປະທຳ
concrete *adj* ເປັນຮູບປະທຳ
concur *v* ເຮັດຮ່ວມກັນ
concurrent *adj* ທີ່ກະທຳຮ່ວມກັນ
concussion *n* ການກະທຳຮ່ວມກັນ
condemn *v* ປະນາມ
condemnation *n* ການປະນາມ
condensation *n* ການຫຍໍ້ສ່ວນ
condense *v* ເຮັດໃຫ້ຫຍໍ້
condescend *v* ທ່ອມຕົວລົງ
condiment *n* ເຄື່ອງປຸງອາຫານ
condition *n* ເງື່ອນໄຂ, ສະພາບ
conditional *adj* ໂດຍເງື່ອນໄຂ

conditioner *n* ເຄື່ອງປັບອາກາດ
condo *n* ຄອນໂດ
condone *v* ໃຫ້ອະໄພ
conducive *adj* ເຊິ່ງໃຫ້ອະໄພ
conduct *n* ພຶດຕິກຳ
conduct *v* ນຳ
conductor *n* ຜູ້ເກັບເງິນໃນລົດເມ
cone *n* ຮູບຈວຍ
confer *v* ມອບໃຫ້, ປຶກສາ
conference *n* ກອງປະຊຸມ
confess *v* ສາລະພາບ
confession *n* ການສາລະພາບ
confessor *n* ຜູ້ສາລະພາບ
confidant *n* ເຊື່ອໃຈຕົວເອງ
confide *v* ເວົ້າໃຈ
confidence *n* ຄວາມລັບ
confident *adj* ທີ່ເປັນຄວາມລັບ
confidential *adj* ເຊິ່ງເປັນຄວາມລັບ
confine *v* ກັກຂັງ
confinement *n* ການຈຳກັດ
confirm *v* ກ່າວຢືນຢັນ
confirmation *n* ການຢືນຢັນ
confiscate *v* ຍຶດຊັບສິນ
confiscation *n* ການຍຶດຊັບສິນ
conflict *n* ການຕໍ່ສູ້ກັນ
conflict *v* ຜິດກັນ, ປະທະກັນ
conform *v* ດັດແປງຕົວເອງ
conformist *adj* ປັບໃຫ້ວົງວຽນຈອຍກັນ
conformity *n* ການສອດຄ່ອງກັນ
confound *v* ເຮັດໃຫ້ຮູ້ສຶກສັບສົນ
confront *v* ປະເຊີນໜ້າ
confrontation *n* ການປະເຊີນໜ້າ

confuse

confuse *v* ສັບສົນ
confusing *adj* ເຊິ່ງສັບສົນ
confusion *n* ການສັບສົນ
congenial *adj* ເຊິ່ງເຂົ້າກັນໄດ້
congested *adj* ແອອັດ, ຄັບຄັ່ງ
congestion *n* ຄວາມແອອັດ
congratulate *v* ສະແດງຄວາມຍິນດີ
congregate *v* ຮວບຮວມ
congregation *n* ການຮວບຮວມ
congress *n* ການປະຊຸມສະພາ
conjecture *n* ການຄາດເດົາ
conjugal *adj* ກ່ຽວກັບການສົມລົດ
conjugate *v* ຮ່ວມ, ແຕ່ງງານ
conjunction *n* ຄຳເຊື່ອມ
conjure up *v* ຄິດໃນໃຈ
connect *v* ເຊື່ອມຕໍ່
connection *n* ການເຊື່ອມຕໍ່
connive *v* ຮ່ວມມືກັນ
connote *v* ສະແດງຄວາມໝາຍ
conquer *v* ບາບ, ຍຶດຄອງ
conqueror *n* ຜູ້ຊະນະ
conquest *n* ການບາບ, ຊະນະ
conscious *adj* ທີ່ຮູ້ຕົວ, ທີ່ຄິດໄດ້
consecrate *v* ເຮັດໃຫ້ສັກສິດ
consecration *n* ການຖວາຍ
consecutive *adj* ເປັນລຳດັບ
consensus *n* ຕົກລົງເຫວະກັນ
consent *v* ຕົກລົງ, ຍິນຍອມ
consent *n* ຄວາມຍິນຍອມ
consequence *n* ຜົນຕາມມາ
consequent *adj* ເປັນຜົນຮັບ
conservation *n* ການອະນຸຮັກ

conservative *adj* ເຊິ່ງອະນຸຮັກໄວ້
conserve *v* ອະນຸຮັກ
conserve *n* ການອະນຸຮັກ
consider *v* ພິຈາລະນາ
considerable *adj* ທີ່ພິຈາລະນາແລ້ວ
considerate *adj* ເອົາໃຈໃສ່, ນ້ຳໃຈ
consideration *n* ການພິຈາລະນາ
consignment *n* ຂອງທີ່ສົ່ງມາ
consist *v* ປະກອບດ້ວຍ
consistency *n* ຄວາມໝັ້ນຄົງ
consistent *adj* ໝັ້ນຄົງ
consolation *n* ຄວາມປອບໃຈ
console *v* ປອບໃຈ
consolidate *v* ຮວມເປັນໜຶ່ງ
consonant *n* ສຽງພະຍັນຊະນະ
conspicuous *adj* ເດັ່ນ, ຈັບຕາຈັບໃຈ
conspiracy *n* ການກະບົດ
conspirator *n* ຜູ້ຄິດກະບົດ
conspire *v* ຄິດກະບົດ, ກະບົດ
constancy *n* ຄວາມແໜ້ນແຟ້ນ
constant *adj* ໝັ້ນຄົງ
constellation *n* ກຸ່ມ, ກຸ່ມດາວ
consternation *n* ຄວາມຕົກຕະລຶງ
constipate *v* ຜູກ, ທ້ອງຜູກ
constipated *adj* ເຊິ່ງທ້ອງຜູກ
constipation *n* ອາການທ້ອງຜູກ
constitute *v* ສະຖາປານາ, ກໍ່ຕັ້ງ
constitution *n* ວັດຖຸທຳມະນູນ
constrain *v* ຈຳກັດ
constraint *n* ຂໍ້ຈຳກັດ
construct *v* ສ້າງ
construction *n* ການກໍ່ສ້າງ

consul *n* ກົງສຸນ
consulate *n* ສະຖານກົງສຸນ
consult *v* ປຶກສາ
consultation *n* ການປຶກສາຫາລື
consume *v* ບໍລິໂພກ, ຊີ້
consumer *n* ຜູ້ບໍລິໂພກ
consumption *n* ການບໍລິໂພກ
contact *v* ຕິດຕໍ່
contact *n* ການຕິດຕໍ່ສື່ສານ
contagious *adj* ແຜ່ລາມງ່າຍ
contain *v* ບະກອບດ້ວຍ
container *n* ພາຊະນະໃສ່ຂອງ
contaminate *v* ປົນເປື້ອນ
contamination *n* ການປົນເປື້ອນ
contemplate *v* ພຶກຄິດ
contemporary *adj* ທັນສະໄໝ
contempt *n* ການດູຖູກ
contend *v* ຕໍ່ສູ້, ໂຕ້ຖຽງ
contender *n* ຄູ່ຕໍ່ສູ້, ຄູ່ແຂ່ງ
content *adj* ເປັນທີ່ພໍໃຈ
content *v* ເຮັດໃຫ້ພໍໃຈ
contentious *adj* ເຊິ່ງໂຕ້ຖຽງ
contents *n* ຄວາມຈຸພາຍໃນ
contest *n* ການໂຕ້ຖຽງ
contestant *n* ຜູ້ແຂ່ງຂັນ
context *n* ເນື້ອຫາ
continent *n* ທະວີບ
continental *adj* ກ່ຽວກັບທະວີບ
contingency *n* ຄວາມບັງເອີນ
continuation *n* ການຕໍ່ເນື່ອງ
continue *v* ສືບຕໍ່, ຕໍ່ເນື່ອງ
continuity *n* ຄວາມຕໍ່ເນື່ອງ

continuous *adj* ເຊິ່ງຕໍ່ເນື່ອງ
contour *n* ລັກສະນະເທິງໃບ
contraband *n* ສິນຄ້າເຖື່ອນ
contract *v* ສັນຍາ
contract *n* ການສັນຍາ
contraction *n* ການຫົດຕົວ
contradict *v* ຂັດແຍ້ງ
contradiction *n* ຄວາມແຕກຕ່າງ
contrary *adj* ເຊິ່ງກົງກັນຂ້າມກັນ
contrast *v* ແຕກຕ່າງກັນ
contrast *n* ຂໍ້ແຕກຕ່າງ
contribute *v* ສົ່ງເສີມ
contribution *n* ການສົ່ງເສີມ
control *n* ການຄວບຄຸມ
control *v* ຄວບຄຸມ, ບັງຄັບ
controversial *adj* ທີ່ຖຽງກັນ
convene *v* ເປີດກອງປະຊຸມ
convenience *n* ສະດວກສະບາຍ
convenient *adj* ເໝາະສົມ
convent *n* ວັດແມ່ຂາວ
convention *n* ສັນຍາ
conventional *adj* ເປັນທຳມະດາ
converge *v* ເອນເຂົ້າຫາກັນ
conversation *n* ການສົນທະນາ
converse *v* ສົນທະນາ
conversely *adv* ໂດຍກົງກັນຂ້າມ
conversion *n* ການປ່ຽນແປງ
convert *v* ປ່ຽນ, ປີ້ນ
convert *n* ການປິ້ນຄືນ
convey *v* ສົ່ງໃຫ້, ສົ່ງ
convict *v* ລົງໂທດ
conviction *n* ການລົງໂທດ

convince v ເຊື່ອ
convincing adj ໜ້າເຊື່ອ
convoluted adj ທີ່ຄົດງໍ
convoy n ຂະບວນເຮືອສິນຄ້າ
convulse v ຊັກກະຕຸກ
convulsion n ການຊັກກະຕຸກ
cook v ຄົວກິນ, ເກີດຂຶ້ນ
cook n ພໍ່ຄົວ
cookie n ຂະໜົມຄຸກກີ
cooking n ການຄົວກິນ
cool adj ເຢັນ
cool v ເຢັນລົງ
cool down v ເຮັດໃຫ້ເຢັນລົງ
cooling adj ເຮັດໃຫ້ເຢັນ
coolness n ຄວາມເຢັນ
cooperate v ຍອມເຮັດຕາມ
cooperation n ການຮ່ວມມື
coordinate v ປະສານງານ
coordinator n ຜູ້ປະສານງານ
cop n ການຈັບ
cope v ສູ້, ຮັບມື
copier n ຄົນຮຽນແບບ
copper n ທາດທອງ
copy v ສຳເນົາ
copy n ການຖ່າຍສຳເນົາ
copyright n ລິຂະສິດ
cord n ເຊືອກ
cordial adj ຢ່າງຮັກແພງ
cordless adj ບໍ່ມີສາຍ
cordon n ສາຍສະພາຍ
cordon off v ປິດລ້ອມ, ລ້ອມ
core n ແກນ

cork n ຈຸກ
corn n ສາລີ
corner n ມຸມ
cornerstone n ຫຼັກສຳຄັນ
corollary n ຜົນທີ່ຕາມມາ
coronary adj ເສັ້ນຕາມມາ
coronation n ພິທີຮັບມົງກຸດ
corporal n ທະຫານສິບໂທ
corporation n ສະຫະກອນ
corpse n ຊາກສົບ
corpulent adj ຕຸ້ຍສົມບູນ, ຕຸ້ຍ
corpuscle n ເມັດເລືອດ
correct v ກວດ, ກວດແກ້
correct adj ຖືກຕ້ອງ, ຖືກ
correction n ການກວດແກ້
correspond v ຕົງກັນ
corresponding adj ທີ່ສອດຄ້ອງກັນ
corridor n ທາງຍ່າງ
corroborate v ຍືນຍັນ
corrode v ກັດເຊາະ
corrupt v ເຮັດໃຫ້ເນົ່າເປື່ອຍ
corrupt adj ຜິດພາດ
corruption n ການໂກງ
cosmetic n ເຄື່ອງສຳອາງ
cosmonaut n ນັກອະວະກາດ
cost iv ມູນຄ່າ
cost n ຄ່າໃຊ້ຈ່າຍ
costly adj ແພງ
costume n ເຄື່ອງແຕ່ງກາຍ
cottage n ກະທ່ອມ
cotton n ຝ້າຍ
couch n ເບາະຮອງນັ່ງ

cough *n* ໄອ
cough *v* ເປັນໄອ
council *n* ສະພາ, ທີ່ປະຊຸມ
counsel *v* ຊີ້ສະເໜີແນະ
counsel *n* ໃຫ້ຄຳແນະນຳ
counselor *n* ທະນາຍຄວາມ
count *v* ນັບ
count *n* ການນັບ
countdown *n* ການນັບຖອຍຫຼັງ
counter *n* ເຄາວເຕີ
counter *v* ການໂຕ້ຕອບ
counteract *v* ຕອບໂຕ້
counterfeit *v* ປອມ, ເກ້
counterfeit *adj* ເຊິ່ງປອມແປງ
counterpart *n* ສິ່ງທີ່ຄ້າຍກັນ
countless *adj* ນັບບໍ່ທ້ວນ
country *n* ຊົນນະບົດ
countryman *n* ຄົນຊົນນະບົດ
countryside *n* ເຂດຊົນນະບົດ
county *n* ເຄົາຕີ້
coup *n* ລັດທະປະຫານ
couple *n* ຄູ່ບ່າວສາວ, ຄູ່ກັນ
coupon *n* ຄູປອງ
courage *n* ຄວາມກ້າຫານ
courageous *adj* ກ້າຫານ
courier *n* ຄົນສົ່ງຂ່າວ
course *n* ເສັ້ນທາງ, ວິຊາ
court *n* ເດີ່ນ, ສານ
court *v* ໄປຕິ້ນສາວ
courteous *adj* ສຸພາບອ່ອນຫວານ
courtesy *n* ອັດຫະຍາໄສ
courthouse *n* ສຳນັກງານສານ
courtship *n* ການກ້ຽວສາວ
courtyard *n* ລານ, ລານບ້ານ
cousin *n* ພີ່ນ້ອງ
cove *n* ສ່ວນໂຄ້ງຂອງພູເຂົາ
covenant *n* ຂໍ້ຕົກລົງຮ່ວມກັນ
cover *n* ຝາປິດ
cover *v* ປົກປິດ
cover up *v* ປົກປິດ
coverage *n* ການປົກບັງ
covert *adj* ກຳບັງ, ແອບແຝງ
coverup *n* ປົກໄວ້
covet *v* ໂລບມາກ
cow *n* ງົວ
coward *n* ຄົນຂີ້ຢ້ານ
cowardice *n* ຄວາມຂີ້ຢ້ານ
cowardly *adv* ຢ່າງຂີ້ຢ້ານ
cowboy *n* ຄົນລ້ຽງງົວ
cozy *adj* ເປັນກັນເອງ
crab *n* ກະປູ
crack *n* ຮອຍແຕກ
crack *v* ແຕກແຫງ
cradle *n* ອູ່
craft *n* ມືມື
craftsman *n* ຜູ້ທີ່ມີຄວາມຊຳນານ
cram *v* ກົ່ນຢ່າງເບະເປື້ອນ
cramp *n* ເປັນຕະຄິວ
cramped *adj* ເຊິ່ງທຶກແຄອັດ
crane *n* ນົກກະສາ
crank *n* ຄົນບ້າບໍ
cranky *adj* ທີ່ແບກປະຫວາດ
crap *n* ອາຈົມ
crappy *adj* ເປັນຕາຫນ້າຊັງ

crash n ອຸບັດຕິເຫດ
crash v ຕົກ, ຕຳກັນ
crass adj ໂງ່
crater n ບ່ອງພູເຂົາໄຟ
crave v ແຄ້ນ
craving n ຄວາມບາດທະຫນາ
crawl v ຄານ
crayon n ສີຫງວນ
craziness n ຄວາມບ້າ
crazy adj ເປັນບ້າ
creak v ເຄື່ອນໄຫວສຽງດັງ
creak n ສຽງລັ່ນ
cream n ຄຣີມ
creamy adj ທີ່ເປັນຄຣີມ
crease n ຮອຍພັບ
crease v ເປັນຮອຍພັບ
create v ສ້າງຂຶ້ນ, ບະດິດຂຶ້ນ
creation n ການສ້າງ
creative adj ຄວາມຄິດສ້າງສັນ
creator n ຜູ້ບະດິດ
creature n ບຸກຄົນ, ສັດ
credibility n ຄວາມຫນ້າເຊື່ອຖື
credible adj ຫນ້າເຊື່ອຖື
credit n ຄວາມເຊື່ອຖື
creditor n ເຈົ້າຫນີ້
creed n ວັດຖິ
creek n ຫ້ວຍນ້ຳ
creep v ເລືອ, ຄານ
creepy adj ຍັບຍັ້ງ
cremate v ປິ່ງສົບ, ເຜົາສົບ
crematorium n ພິທີປິ່ງສົບ
crest n ຍອດ, ຫອນໄກ່

crevice n ຮອຍແຍກ
crew n ຄົນງານບະຈຳເຮືອ
crib n ກັກກັນ
cricket n ຈິ້ໝໍ່
crime n ອາດຊະຍາກຳ
criminal adj ທາງອາດຊະຍາກຳ
cripple adj ຄົນຫຍິສັດທີ່ພິການ
cripple v ທຳລາຍ
crisis n ຈຸດວິກິດ
crisp adj ກອບ, ແຈ້ງ
criss-cross v ຊ່ອຍກັນ
crispy adj ກອບ
criterion n ບັນທັດຖານ
critical adj ວິຈານ
criticism n ຄຳວິຈານ
criticize v ຕິຊົມ, ວິຈານ
critique n ຄຳວິຈານ
crockery n ເຄື່ອງຖ້ວຍຊາມ
crocodile n ໂຕແຂ້
crony n ເພື່ອນສະຫນິດ
crook n ຄົນຫຼອກລວງ, ຕະຂໍ
crooked adj ໂຄ້ງໆ, ບ້ຽວ
crop n ຫງວນໄກ່
cross n ຫມາຍຕິນກາ
cross adj ໃຈຮ້າຍ
cross v ຂ້າມ
cross out v ຂີດອອກ
crossing n ບ່ອນຂ້າມທາງ
crossroads n ສີ່ແຍກ
crosswalk n ທາງຂ້າມ
crouch v ຫມອບລົງ
crow n ກາ

crow v ຂັນ
crowbar n ຊະແລງ
crowd n ຝູງຊົນ
crowd v ຊຸມນຸມ
crowded adj ແອອັດຫຼາຍ
crown n ມົງກຸດ, ຍອດ
crown v ໃສ່ມົງກຸດ
crowning n ຈຸດສູງສຸດ
crucial adj ສຳຄັນຫຼາຍ
crucifix n ໄມ້ກາງເຂນ
crude adj ຫຍາບຄາຍ
cruel adj ອຳມະຫິດ
cruelty n ຄວາມໂຫດຮ້າຍ
cruise v ແລ່ນເຮືອ
crumb n ເສດຂະຫຍົມ
crumble v ແຕກລະອຽດ
crunchy adj ກອບ
crusade n ສົງຄາມສາສະໜາ
crush v ທຳລາຍ, ບີບ
crushing adj ຈຶ່ງເຮັດໃຫ້ແຕກ
crust n ເປືອກ
cry n ການຮ້ອງໄຫ້
cry v ຮ້ອງໄຫ້
cry out v ຮ້ອງຕະໂກນໃສ່
crystal n ແກ້ວຫຼົດຕາບ
cub n ຄັກຫງ່ມ
cube n ຮູບຊົງໜ່ຽມມີຫົກ
cubic adj ເຊິ່ງມີສາມມິຕິ
cucumber n ໝາກແຕງ
cuddle v ກອດດ້ວຍຄວາມຮັກ
cuff n ປາກແຂນເສື້ອ
cuisine n ປະເພດອາຫານ

culminate v ເຖິງຈຸດສູງສຸດ
culpability n ຄຳນີ, ຈົ່ມວ່າ
culprit n ຜູ້ກະທຳຜິດ
cult n ພິທີສາສະໜາ
cultivate v ປູກຝັງ
cultivation n ການປູກຝັງ
cultural adj ແຕ່ງວັດທະນະທຳ
culture n ວັດທະນະທຳ
cumbersome adj ຫຍຸ້ງຍາກ
cunning adj ສະຫຼາດແກມໂກງ
cup n ຈອກ
cupboard n ກູ້ອາຫານ
curable adj ທີ່ປິ່ນປົວ
curator n ຜູ້ປົກຄອງ
curb v ອົດໃຈ
curb n ຂອບ
cure v ປິ່ນປົວ, ຮັກສາ
cure n ການປິ່ນປົວ
curfew n ເຄພິດ
curious adj ຢາກຮູ້ຢາກເຫັນ
curl v ກຸດ, ງໍ
curl n ຜົມກຸດ
curly adj ກຸດ
currency n ເງິນຕາ
current adj ປັດຈຸບັນ
currently adv ໃນປັດຈຸບັນ
curse v ດ່າ
curtail v ກຳຈັດ, ຕັດລົງ
curtain n ຜ້າກັ້ງ
curve n ໂຄ້ງ
curve v ໂຄ້ງໄປ
cushion n ເບາະ

cushion

cushion v ໃສ່ເບາະ
cuss v ດ່າ, ສາບແຊ່ງ
custard n ຄັດສຕາດ
custodian n ຜູ້ພິທັກ
custody n ຄວາມພິທັກ
custom n ປະເພນີ
customary adj ເປັນປະເພນີ
customer n ລູກຄ້າ
cut n ການຕັດ
cut iv ຕັດ
cut back v ຕັດໃຫ້ສັ້ນ
cut down v ຂ້າ, ຕັດຕົ້ນໄມ້
cut off v ຂັດຈັງຫວະ
cut out v ຕັດອອກ
cute adj ໜ້າຮັກ
cutlery n ເຄື່ອງມືທີ່ມີໃບມີດ
cutter n ເຄື່ອງຕັດ, ມີດ
cyanide n ສານໄຊຍາໄນ
cycle n ວົດຕິບ
cyclist n ຄົນຂີ່ວົດຕິບ
cyclone n ລົມບ້າໝູ
cylinder n ກະບອກ, ສູບ
cynic adj ທີ່ຢາກຫຍາງ
cypress n ຕົ້ນໄຊປຣັສ
cyst n ຖົງຊິສ

dad n ພໍ່, ປິດາ
dagger n ມີດສອງຄົມ
daily adv ປະຈຳວັນ
dairy farm n ຟາມນົມ
daisy n ເດຊີ
dam n ຝາຍກັ້ນນ້ຳ
damage n ຄວາມເສຍຫາຍ
damage v ເຮັດໃຫ້ເສຍຫາຍ
damn v ສາບແຊ່ງ
damnation n ການສາບແຊ່ງ
damp adj ຊຸ່ມ, ປຽກ
dampen v ເຮັດໃຫ້ປຽກຊຸ່ມ
dance n ການເຕັ້ນ
dance v ເຕັ້ນລຳ
dancing n ການເຕັ້ນ
dandruff n ຂີ້ວັງແຄ
danger n ອັນຕະລາຍ
dangerous adj ມີອັນຕະລາຍ
dangle v ຫ້ອຍ, ແຂວນ
dare v ກ້າ, ກ້າເຮັດ
dare n ຄວາມກ້າຫານ
daring adj ກ້າຫານ
dark adj ມືດ, ມົວ
darken v ເຮັດໃຫ້ມືດ
darkness n ຄວາມມືດ
darling adj ທີ່ຮັກ, ຍອດຮັກ
darn v ຕາບເຄື່ອງນຸ່ງ
dart n ລູກສອນ
dash v ຈາມ, ແຜ່ນດິສ

dashing *adj* ມີຊີວິດຊີວາ
data *n* ຂໍ້ມູນ
database *n* ຖານຂໍ້ມູນ
date *n* ວັນທີ
date *v* ວາງວັນທີ
daughter *n* ລູກສາວ
daughter-in-law *n* ລູກໄພ້
daunt *v* ເຮັດໃຫ້ຍ້ານກົວ
daunting *adj* ຂົ່ມຂູ່
dawn *n* ອາລຸນຮຸ່ງ
day *n* ມື້
daydream *v* ຄິດຝັນ
daze *v* ເຮັດໃຫ້ງົງ
dazed *adj* ເປັນຕາງົງ
dazzle *v* ເຮັດໃຫ້ຕາມົດ
de luxe *adj* ວິວດວີ
deacon *n* ຜູ້ຄຸແວວັດ
dead *adj* ດັບ, ຕາຍ
dead end *n* ທາງຕັນ
deaden *v* ເຮັດໃຫ້ມືນຊາ
deadline *n* ເສັ້ນຕາຍ
deadlock *adj* ເຮັດໃຫ້ຢຸດນິ້ງ
deaf *adj* ຫູຫນວກ
deafen *v* ເຮັດໃຫ້ຫູຫນວກ
deafening *adj* ແຮງຫຼຸດບໍ່ຕົບໄຫມ່
deafness *n* ອາການຫຼຕື່ງ
deal *iv* ກ່ຽວຂ້ອງ, ຕິດຕໍ່ບໍ່າ
deal *n* ການຊື້ຂາຍ
dealer *n* ພໍ່ຄ້າ
dealings *n* ການຕິດຕໍ່
dean *n* ອະທິການບໍດີ
dear *adj* ເປັນທີ່ຮັກ

dearly *adv* ແພງ
death *n* ການຕາຍ
deathbed *n* ໃກ້ຕາຍ
debase *v* ເຮັດໃຫ້ຕ່ຳລົງ
debatable *adj* ເຊິ່ງເຄືອນລົງ
debate *v* ໂຕ້ວາທີ
debate *n* ການໂຕ້ວາທີ
debit *n* ຫັກບັນຊີ
debris *n* ຊາກຫັກພັງ
debt *n* ຫນີ້ສິນ
debtor *n* ລູກຫນີ້
debunk *v* ທຳລາຍກຽດສັກສີ
decade *n* ສິບປີ
decadence *n* ຄວາມເສື່ອມໂຊມ
decapitate *v* ຕັດຫົວ
decay *v* ເນົ່າ, ເປື່ອຍ
decay *n* ຄວາມເນົ່າເປື່ອຍ
deceased *adj* ຜິຕາຍ
deceit *n* ຄວາມຫຼອກລວງ
deceitful *adj* ບໍ່ຊື່ສັດ
deceive *v* ບໍ່ຊື່ສັດ
December *n* ເດືອນທັນວາ
decency *n* ຄວາມສຸພາບ
decent *adj* ຮຽບຮ້ອຍ, ສຸພາບ
deception *n* ການຫຼອກລວງ
deceptive *adj* ຢ່າງຫຼອກລວງ
decide *v* ຕັດສິນໃຈ
deciding *adj* ຕັດສິນໃຈເລືອກ
decimal *adj* ກ່ຽວກັບເລກຈຸດ
decimate *v* ເລືອກຄົນທີສິບ
decipher *v* ຖອດລະຫັດ
decision *n* ການຕັດສິນໃຈ

decisive

decisive *adj* ຊີ້ງເດັດດ່ຽວ
deck *n* ເຄື່ອງຫຼິ້ນສງງ
declaration *n* ການປະກາດ
declare *v* ປະກາດ, ກະແຫຼງ
declension *n* ການເສື່ອມ
decline *v* ເສື່ອມລົງ, ເບນ
decline *n* ການເສື່ອມລົງ
decompose *v* ແຍກທາດ
décor *n* ການຕົບແຕ່ງ
decorate *v* ຕົບແຕ່ງ
decorative *adj* ຊີ້ງໄດ້ຕົບແຕ່ງ
decorum *n* ຄວາມປະພຶດດີ
decrease *v* ຫຼຸດລົງ
decrease *n* ການຫຼຸດລົງ
decree *n* ຄຳສັ່ງ
decree *v* ອອກຄຳສັ່ງ
decrepit *adj* ເຖົ້າ, ແກ່ຕົວລົງ
dedicate *v* ອຸທິດໃຫ້
dedication *n* ການອຸທິດໃຫ້
deduce *v* ໄດ້ຂໍ້ສະຫຼຸບ
deduct *v* ລົດລົງ, ຫັກລົບ
deductible *adj* ຫັກລົບ
deduction *n* ການຫັກລົບ
deed *n* ການກະທຳ
deem *v* ເຫັນວ່າ
deep *adj* ເລິກ
deepen *v* ເຮັດໃຫ້ເລິກ
deer *n* ໂຕກວາງ
deface *v* ເຮັດໃຫ້ເສຍໂສມ
defame *v* ໝິ່ນປະໝາດ
defeat *v* ປະລາໄຊ
defeat *n* ຄວາມປະລາໄຊ

defect *n* ຂໍ້ບົກພ່ອງ
defect *v* ບົກພ່ອງ
defection *n* ການບົກພ່ອງ
defend *v* ປ້ອງກັນຕົວ
defendant *n* ຈະເລີຍ
defender *n* ຜູ້ປ້ອງກັນຕົວ
defense *n* ການປົກປ້ອງ
defenseless *adj* ບໍ່ມີທີ່ເພິ່ງ
defer *v* ຍືດເວລາ
defiance *n* ການຍືດເວລາ
defiant *adj* ທ້າທາຍ
deficiency *n* ຄວາມຂາດເຂີນ
deficient *adj* ບົກພ່ອງ
deficit *n* ສິ່ງທີ່ຍັງຂາດ
defile *v* ຮອຍມົນທິນ
define *v* ຈຳກັດລົງ
definite *adj* ແນ່ຊັດ
definition *n* ນິຍາມ
deflate *v* ເຮັດໃຫ້ຫຍຸບລົງ
deform *v* ເຮັດໃຫ້ເສຍຮູບຮ່າງ
deformity *n* ຄວາມພິການ
defraud *v* ຕົ້ມໂກງ
defray *v* ຈັບຈ່າຍ, ຊຸດໃຊ້
defrost *v* ເອົານ້ຳກ້ອນອອກ
deft *adj* ຄ່ອງແຄ້ວ, ຊຳນານ
defuse *v* ເຮັດໃຫ້ບໍ່ມີໄພ
defy *v* ທ້າທາຍ
degenerate *v* ເສື່ອມລົງ
degenerate *adj* ຊີ້ງເສື່ອມລົງ
degeneration *n* ການເສື່ອມລົງ
degrade *v* ເຮັດໃຫ້ເລວລງາມ
degrading *adj* ເລວລງາມ

degree n ปะวິນຍา, ອົງສາ
dehydrate v ເຮັດໃຫ້ແຫ້ງ
deign v ຍອມ, ກົ້ມຕົວລົງ
deity n ເທວະດາ
dejected adj ເຊິ່ງເຮັດໃຫ້ເສົ້າໃຈ
delay v ຊັກຊ້າ
delay n ການຊັກຊ້າ
delegate v ຕາງຫນ້າ
delegate n ຜູ້ຕາງຫນ້າ
delegation n ຄະນະຜູ້ແທນ
delete v ລົບ
deliberate v ຕຶກຕອງ
deliberate adj ເຊິ່ງຕຶກຕອງ
delicacy n ຄວາມລະອຽດອ່ອນ
delicate adj ເຊິ່ງລະອຽດອ່ອນ
delicious adj ແຊບ
delight n ຄວາມຍິນດີ
delight v ເຮັດໃຫ້ພໍໃຈ
delightful adj ທີ່ຫນ້າພູມໃຈ
delinquent adj ເຮັດຜິດກົດຫມາຍ
deliver v ສົ່ງໃຫ້
delivery n ການນໍາສົ່ງໃຫ້
delude v ລວງຕາ
deluge n ນ້ຳທ່ວມ
delusion n ການເຂົ້າໃຈຜິດ
demand v ຕ້ອງການ
demand n ຄວາມຕ້ອງການ
demean v ດູຖູກຄ່າ
demeaning adj ເຊິ່ງດູຖູກຄ່າລົງ
demeanor n ພຶດຕິກໍາ
demented adj ບ້າ, ຈິດວິປະຫຼິດ
demise n ການຕາຍ

democracy n ປະຊາທິປະໄຕ
democratic adj ແຫ່ງປະຊາທິປະໄຕ
demolish v ທໍາລາຍຢ່າງສິ້ນເຊີງ
demolition n ການຮື້ຖອນ
demon n ພິສາດຮ້າຍ
demonstrate v ສະແດງປະກອບ
demote v ວັດຊັ້ນ
den n ຖ້ຳທີ່ສັດຢູ່
denial n ການປະຕິເສດ
denigrate v ຫມິ່ນປະຫມາດ
Denmak n ເດນມາກ
denominator n ຕົວຫານ
denote v ຊີ້, ສະແດງວ່າ
denounce v ກ່າວໂທດ, ປະນາມ
dense adj ຫນາແຫນ້ນ, ຕິບ
density n ຄວາມຫນາແຫນ້ນ
dent v ບຸ້ມ
dent n ຮອຍແຂ້ວ
dental adj ກ່ຽວກັບແຂ້ວ
dentist n ທ່ານຫມໍປົວແຂ້ວ
dentures n ແຂ້ວບອມ
deny v ປະຕິເສດ
deodorant n ຢາລະງັບກິ່ນຕົວ
depart v ຈາກໄປ
department n ກະຊວງ
depend v ຂຶ້ນຢູ່ກັບ
dependable adj ໄວ້ໃຈໄດ້
dependence n ການອາໄສຢູ່
dependent adj ຂຶ້ນຢູ່ກັບ
depict v ບັນຍະຍາຍ
deplete v ເຮັດໃຫ້ຫມົດສິ້ນ
deplorable adj ຫນ້າເສຍໃຈ

deplore v ຄັດຄ້ານ, ເສຍໃຈ
deploy v ປັບໃຊ້
deployment n ການປັບໃຊ້
deport v ຂັບໄລ່
deportation n ການຂັບໄລ່
depose v ໃຫ້ການ
deposit n ເງິນຝາກມັດຈຳ
depot n ຟາກ
deprave adj ຄິດໂກງ
depravity n ການຄິດໂກງ
depreciate v ລົດຄ່າ
depreciation n ການເສື່ອມລາຄາ
depress v ຫົດຫູ່, ກົດຕ່ຳ
depressing adj ເຮັດໃຫ້ຫົດຫູ່
depression n ການຫົດຫູ່
deprive v ໄລ່ອອກ, ກົດກັນ
deprived adj ປາສະຈາກ
deprivation n ການກົດກັ້ນ
depth n ຄວາມເລິກ
derail v ຕົກລາງ
derailment n ການຕົກລາງ
deranged adj ວິຕົກ
derelict adj ທີ່ປະຖິ້ມ
deride v ຫົວຂວັນ
derive v ໄດ້ຮັບມາ
descend v ລົງມາ
descendant n ຜູ້ສືບສະກຸນ
descent n ການເຄື່ອນລົງມາ
describe v ພັນນະນາ
description n ການພັນນະນາ
descriptive adj ເຊິ່ງພັນນະນາ
desert n ທະເລຊາຍ

desert v ປະຖິ້ມ, ໜີໄປ
deserted adj ທີ່ປະຖິ້ມ
deserter n ຜູ້ຈາກໄປ
deserve v ສົມຄວນໄດ້ຮັບ
deserving adj ເຊິ່ງສົມຄວນໄດ້ຮັບ
design n ການອອກແບບ
designate v ກຳນົດ, ລະບຸ
desirable adj ເປັນທີ່ໜ້າພໍໃຈ
desire n ຄວາມປາດຖະໜາ
desire v ປາດຖະໜາ
desist v ຢຸດ, ລະງັບ
desk n ໂຕະ
desolate adj ໂດດດ່ຽວ
desolation n ຄວາມເປົ່າປ່ຽວ
despair n ການສິ້ນຫວັງ
desperate adj ສິ້ນຫວັງ
despicable adj ໜ້າລັງກຽດ
despise v ລັງ, ລັງກຽດ
despondent adj ທຍ້ງໃຈ
despot n ຜູ້ກົດຂີ່
despotic adj ກ່ຽວກັບຜູ້ກົດຂີ່
dessert n ຂອງຫວານ
destination n ປາຍທາງ
destiny n ໂຊກວາດສະໜາ
destitute adj ຂາດແຄນ
destroy v ທຳລາຍ
destroyer n ຜູ້ທຳລາຍ
destruction n ການທຳລາຍ
destructive adj ເຊິ່ງທຳລາຍລ້າງ
detach v ແຍກອອກ
detachable adj ເຊິ່ງຖອດໄດ້
detail n ລາຍລະອຽດ

difficult

detail v ເລົ່າໂດຍລະອຽດ
detain v ກັກຕົວໄວ້
detect v ສືບຫາ, ພົບພໍ້
detector n ຜູ້ສືບຫາ
detention n ການກັກຂັງໄວ້
deter v ເຮັດໃຫ້ຫວາດກົວ
detergent n ຜົງຊັກຟອກ
deteriorate v ເຮັດໃຫ້ຊຸດໂຊມ
deterioration n ການເສື່ອມໂຊມ
determination n ຄວາມຕັກລົງໃຈ
determine v ພິຈາລະນາ
deterrence n ການຍັບຍັ້ງ
detest v ກຳນົດ, ວ່າກາວ
detestable adj ທີ່ເປັນຕາຊັງ
detonate v ລະເບີດ
detonation n ການລະເບີດ
detonator n ລູກລະເບີດ
detour n ທາງອ້ອມ, ວ່ງວ
detriment n ຄວາມເສຍຫາຍ
devaluation n ການລົດຄ່າ
devalue v ລົດຄ່າ
devastate v ທຳລາຍລ້າງ
devastating adj ເຊິ່ງທຳລາຍລ້າງ
devastation n ການທຳລາຍລ້າງ
develop v ພັດທະນາ
development n ການພັດທະນາ
deviation n ຄວາມຄາດເຄື່ອນ
device n ອຸປະກອນ, ອຸບາຍ
devil n ປີສາດ, ຜີມານ
devious adj ຄົດລ້ຽວ, ບໍ່ຊື່
devise v ຄິດຂຶ້ນ, ປະດິດ
devoid adj ບໍ່ມີ, ຫວ່າງເປົ່າ

devote v ອຸທິດ, ຈົ່ງຮັກພັກດີ
devotion n ການອຸທິດໃຫ້
devour v ແດກກ່າ
devout adj ໃຈບຸນ, ມີສັດທາ
dew n ນ້ຳຄ້າງ
diabetes n ພະຍາດເບົາຫວານ
diabolical adj ຄືຜີສາດ, ຄືຜີ
diagnose v ບົ່ງມະຕິພະຍາດ
diagnosis n ການບົ່ງມະຕິພະຍາດ
diagonal adj ອຽງ, ຂວາງ
diagram n ແຜນພາບ
dial n ສິ່ງທີ່ມີໂຕເລກ
dial v ໝູນໂທລະສັບ
dial tone n ສຽງໂທອອກ
dialect n ພາສາທ້ອງຖິ່ນ
dialogue n ການສົນທະນາ
diameter n ເສັ້ນຜ່າໃຈກາງ
diamond n ເພັດ
diaper n ຜ້າອ້ອມ
diarrhea n ທ້ອງຫ້ອງ
diary n ປຶ້ມບັນທຶກລາຍວັນ
dice n ລູກເຕົ້າ, ໝາກເຕົ້າ
dictate v ຜະເດັດການ
dictator n ຜູ້ຜະເດັດການ
dictionary n ວັດຈະນານຸກົມ
die v ຕາຍ
die out v ຄ່ອຍໆຕາຍໄປ
diet n ການເລືອກກິນ
differ v ແຕກຕ່າງ
difference n ຄວາມແຕກຕ່າງ
different adj ແຕກຕ່າງ
difficult adj ຍາກ, ລຳບາກ

difficulty

difficulty n ຄວາມຍາກ
diffuse v ແຜ່, ກະຈາຍ
dig iv ຂຸດຄົ້ນ
digest v ຍ່ອຍອາຫານ
digestive adj ຍ່ອຍອາຫານ
digit n ນິ້ວມື, ຜາມື
dignitary n ຜູ້ສູງສັກ
dignity n ຄວາມມີກຽດ
digress v ເວົ້ານອກເລື່ອງ
dilapidated adj ເພພັງ
dilemma n ສະພາວະລໍາບາກ
diligence n ຄວາມບາກບັ່ນ
diligent adj ຂະຫຍັນ
dilute v ເຮັດໃຫ້ຈືດ
dim adj ໂງ່, ໝົ່ມົວ
dim v ເຮັດໃຫ້ມີແສງນ້ອຍລົງ
dime n ເງິນອັດສິບເຊັນ
dimension n ຂະຫນາດ, ມິຕິ
diminish v ເຮັດໃຫ້ນ້ອຍລົງ
dine v ກິນເຂົ້າແລງ
diner n ເຂົ້າແລງ
dining room n ຫ້ອງກິນເຂົ້າ
dinner n ເຂົ້າແລງ
dinosaur n ໄດໂນເສົາ
diphthong n ອັກສອນຄວບ
diplomacy n ການທູດ
diplomat n ນັກການທູດ
diplomatic adj ແຫ່ງການທູດ
dire adj ຫາຍະນະ, ຮ້າຍກາດ
direct adj ຊື່ກົງ, ກົງໄປກົງມາ
direct v ແນະນຳທິດທາງ
direction n ທິດທາງ

director n ຜູ້ອຳນວຍການ
dirt n ຂີ້ຝຸ່ນ
dirty adj ເປື້ອນ, ໂສໂຄກ
disability n ຄວາມພິການ
disabled adj ພິການ
disadvantage n ຂໍ້ຫຍຸ້ງຍາກ
disagree v ບໍ່ເຫັນດີ, ບໍ່ຕົກລົງ
disagreeable adj ເຊິ່ງບໍ່ເຫັນດີ
disagreement n ຄວາມຂັດແຍ້ງກັນ
disappear v ຫາຍໄປ
disappearance n ການຫາຍໄປ
disappoint v ເສຍໃຈ
disappointing adj ທີ່ເສຍໃຈ
disappointment n ຄວາມເສຍໃຈ
disapprove v ບໍ່ອະນຸຍາດໃຫ້
disarm v ປົດອາວຸດ
disarmament n ການປົດອາວຸດ
disaster n ໄພພິບັດ
disband v ເລີກລົ້ມ
disbelief n ຄວາມບໍ່ນັບຖື
disburse v ຈ່າຍ, ຈ່າຍເງິນ
discard v ລະທິ້ງ, ທອດທິ້ງ
discern v ເຂົ້າໃຈບໍ່ດີ
discharge v ປ່ອຍອອກ
discharge n ການປ່ອຍອອກ
disciple n ລູກສິດ, ສາວົກ
discipline n ວິຊາຣຸນ
disclaim v ປະຕິເສດ
disclose v ເປີດເຜີຍ
discomfort n ບໍ່ສະດວກສະບາຍ
disconnect v ຕັດ
discontent adj ເຮັດໃຫ້ບໍ່ພໍໃຈ

disperse

discontinue v ຢຸດເລີກ
discord n ການຜິດຖຽງ
discordant adj ເຊິ່ງຂັດແຍ້ງກັບ
discount n ການລົດລາຄາ
discount v ລົດລາຄາ
discourage v ເຮັດໃຫ້ທໍ້ໃຈ
discouragement n ບໍ່ລຸກຊູ້
discouraging adj ເຊິ່ງບໍ່ລຸກຊູ້
discourtesy n ຄວາມບໍ່ສຸພາບ
discover v ຄົ້ນພົບ
discovery n ການຄົ້ນພົບ
discredit v ເຮັດໃຫ້ເສື່ອມເສຍ
discrepancy n ຄວາມຄາດເຄື່ອນ
discretion n ການພິຈາລະນາ
discriminate v ແຍກແຍະໄດ້
discuss v ສົນທະນາ
discussion n ການສົນທະນາ
disdain n ການດູຖູກ
disease n ພະຍາດ
disembark v ເອົາຂຶ້ນຝັ່ງ
disenchanted adj ບໍ່ມີວເມົາອີກແລ້ວ
disentangle v ຜ່ອນຄາຍ
disfigure v ເຮັດໃຫ້ເສຍຮູບຮ່າງ
disgrace n ຄວາມອັບອາຍ
disgrace v ເຮັດໃຫ້ອັບອາຍ
disgraceful adj ໜ້າອາຍ
disgruntled adj ບໍ່ພໍໃຈ
disguise v ປອມແປງ
disguise n ການປອມແປງ
disgust n ຄວາມເບື່ອໜ່າຍ
disgusting adj ເຊິ່ງເບື່ອໜ່າຍ
dish n ຈານ, ຜູ້ສາວງາມ

dishonest adj ບໍ່ຊື່ສັດ
dishonesty n ຄວາມບໍ່ຊື່ສັດ
dishonor n ການເສຍກຽດ
dishonorable adj ເຊິ່ງເສຍກຽດ
dishwasher n ເຄື່ອງລ້າງຈານ
disinfect v ຂ້າເຊື້ອ
disinfectant v ຂ້າເຊື້ອ
disinherit v ຖອນສິດ
disinterested adj ບໍ່ສົນໃຈ
disk n ແຜ່ນດິສ
dislike v ບໍ່ມັກ
dislike n ຄວາມບໍ່ມັກ
dislodge v ເອົາອອກ
disloyal adj ບໍ່ຊື່ສັດ
disloyalty n ຄວາມບໍ່ຊື່ສັດ
dismal adj ເສົ້າໃຈ, ສະທ້ອນໃຈ
dismantle v ຖອດອອກ
dismay n ຄວາມເສົ້າ
dismay v ເຮັດໃຫ້ຕົກໃຈ
dismiss v ປິດຕຳແໜ່ງ
dismissal n ການປ່ອຍໄປ
dismount v ລົງຈາກຫຼັງມ້າ
disobedience n ຄວາມບໍ່ເຊື່ອຟັງ
disobedient adj ດື້ດ້ານ, ບໍ່ເຊື່ອຟັງ
disobey v ບໍ່ເຊື່ອຟັງ
disorder n ຄວາມສັບສົນ
disoriented adj ບໍ່ເປັນລະບຽບ
dispatch v ສົ່ງໄປ, ເຮັດໃຫ້
dispel v ຂັບໄລ່, ກຳຈັດ
dispensation n ການແຈກຈ່າຍ
dispense v ແບ່ງໃຫ້, ແຈກຢາຍ
disperse v ກະຈາຍ

displace v ย้ายที่, เอาออก
display n ການອວດສະແດງ
display v ສະແດງໃຫ້ເຫັນ
displease v ເຮັດໃຫ້ບໍ່ພໍໃຈ
displeasing adj ເຊິ່ງເຮັດໃຫ້ບໍ່ພໍໃຈ
displeasure n ຄວາມບໍ່ພໍໃຈ
disposable adj ເຊິ່ງໃຊ້ແລ້ວຖິ້ມ
disposal n ການໃຊ້ເຄື່ອງວອ
dispose v ກຳນົດ, ວົບວ້າງ
disprove v ບໍ່ເຫັນພ້ອມ
dispute n ການຜິດຖຽງກັນ
dispute v ຜິດຖຽງກັນ
disqualify v ບໍ່ເໝາະສົມ
disregard v ບໍ່ເອົາໃຈໃສ່
disrepair n ຄວາມເປເພ
disrespect n ຄວາມບໍ່ນັບຖື
disrespectful adj ທີ່ບໍ່ເຄົາລົບ
disrupt v ເຮັດໃຫ້ແຕກແຍກ
dissatisfied adj ເຊິ່ງບໍ່ພໍໃຈ
disseminate v ເຜີຍແຜ່
dissent v ຂັດແຍ້ງ
dissident adj ບໍ່ເປັນດັ່ງມາ
dissimilar adj ບໍ່ຄືກັນ
dissipate v ເຮັດໃຫ້ກະຈາຍ
dissolute adj ຂີ້ດີ້, ເສເພ
dissolution n ການສະຫຼາຍຕົວ
dissolve v ລະລາຍ
dissonant adj ເຊິ່ງບໍ່ປະສານກັນ
dissuade v ຫ້າມປາມ
distance n ໄລຍະຫາງຕ່າງໄກ
distant adj ຕ່າງໄກ
distaste n ບໍ່ແຊບ

distasteful adj ເຊິ່ງບໍ່ແຊບ
distill v ກັ່ນ
distinct adj ແຈ່ມແຈ້ງ
distinction n ຄວາມແຕກຕ່າງ
distinctive adj ເດັ່ນ, ຢ່າງເດັ່ນຊັດ
distort v ເຮັດໃຫ້ຜິດຮູບ
distortion n ການບິດເບືອນ
distract v ລໍ້ໃຈ, ລົບກວນ
distraction n ໃຈລອຍ
distraught adj ວຸ້ນວາຍໃຈ
distress n ຄວາມກັງວົນໃຈ
distress v ເປັນທຸກ
distressing adj ເຊິ່ງຫຍຸ້ງຍາກ
distribute v ແຈກຢາຍ
distribution n ການແຈກຢາຍ
district n ຄຸ້ມ, ບໍລິເວນ
distrust n ຄວາມບໍ່ໄວ້ໃຈ
distrust v ບໍ່ເຊື່ອໃຈ
distrustful adj ບໍ່ໄວ້ໃຈ
disturb v ລົບກວນ
disturbance n ການລົບກວນ
disturbing adj ເຊິ່ງລົບກວນ
disuse n ບໍ່ໃຊ້
ditch n ຮ່ອງນ້ຳ, ຄູ
dive v ການດຳນ້ຳ
diver n ນັກດຳນ້ຳ
diverse adj ຕ່າງກັນ
diversify v ຫຼາຍຫຼາຍ
diversion n ຄວາມຜັນແປ
diversity n ຄວາມຫຼາກຫຼາຍ
divert v ປ່ຽນຄວາມສົນໃຈ
divide v ແບ່ງ, ຫານ

dividend n ຕົວຕັ້ງຫານ
divine adj ສັກສິດ, ດີເລີດ
diving n ການດຳນ້ຳ
divinity n ພະເຈົ້າ
divisible adj ແຈ້ງແບ່ງໄດ້
division n ເລກຫານ
divorce n ການປະຮ້າງ
divorce v ແຍກທາງ
divorcee n ຜູ້ຍິງທີ່ປະຜົວ
divulge v ເປີດເຜີຍ
dizziness n ຄວາມວີນວຽນ
dizzy adj ວາຍຕາ
do iv ເຮັດ
docile adj ວ່າງ່າຍ
dock n ທ່າເຮືອ, ອູ່ເຮືອ
dock v ຈອດເຮືອ
doctor n ທ່ານຫມໍ
doctrine n ວັດຫິ
document n ເອກະສານ
dodge v ຫຼົບຫຼີກ
dog n ຫມາ
dole out v ແບ່ງປັນໃຫ້
doll n ຕຸກກະຕາ
dollar n ເງິນໂດລາ
dolphin n ປາໂລມາ
dome n ຫຼັງຄາກົ່ງ
domestic adj ແຕ່ງບ້ານ
domesticate v ເຮັດໃຫ້ເຊື່ອພັງ
dominate v ຄອບຄອງ
domination n ການຄອບຄອງ
domineering adj ຄອບງຳ
dominion n ການຄອບຄຸມ

donate v ບໍລິຈາກ
donation n ການບໍລິຈາກ
donkey n ລິນໂງ່, ໂຕວາ
donor n ຜູ້ບໍລິຈາກ
doom n ການມໍລະນະ
doomed adj ເຮັດໃຫ້ມໍລະນະ
door n ປະຕູ
doorbell n ກະດິ່ງຂອງປະຕູ
doorstep n ຂັ້ນໃດຫນ້າບ້ານ
doorway n ທາງເຂົ້າປະຕູ
dope n ຢາບ້າລຸງກຳລັງ
dope v ໃຫ້ຢາບ້າລຸງກຳລັງ
dormitory n ຫໍພັກ
dosage n ປະລິມານຢາທີ່ກິນ
dossier n ເລື້ອງ
dot n ຫມາຍຈຸດ
double adj ສອງເທື່ອ
double-check v ກວດສອງເທື່ອ
double-cross v ຫັກຫຼັງ, ທໍລະຍົດ
doubt n ຄວາມສິນໃສ
doubt v ສິງໃສ
doubtful adj ສິງໃສ
dove n ນົກເຂົາ
down adv ລົງລຸ່ມ
down payment n ເງິນດາວ
downcast adj ຫົດຫູ່, ເສົ້າໃຈ
downfall n ການຕົກ
downhill adv ລົງພູ, ຕົກຕ່ຳ
downpour n ຝົນຫ່າໃຫຍ່
downstairs adv ຊັ້ນລຸ່ມ, ຊັ້ນລາງ
down-to-earth adj ເປັນຈິງ
downtown n ໃນເມືອງ

downtrodden

downtrodden adj ເຊິ່ງຖືກກົດຂີ່
dowry n ສິນສົມຣົດ
doze n ເຫງົານອນ
doze v ແອບຫຼັບ
dozen n ຫນຶ່ງໂຫຼ
draft n ສະບັບຮ່າງ
draft v ຮ່າງໄວ້
draftsman n ຜູ້ເຮັດຮ່າງ
drag v ລາກ
dragon n ມັງກອນ
drain v ປ່ອຍນ້ຳອອກ
drainage n ລະບາຍນ້ຳ
dramatic adj ກ່ຽວກັບລະຄອນ
dramatize v ເຮັດເປັນລະຄອນ
drape n ຜ້າແຂວນໄວ້ເອ້ຢ້ອງ
drastic adj ຮຸນແຮງ
draw n ການແຕ້ມ
draw iv ແຕ້ມ, ຂີດເສັ້ນ
drawback n ຂໍ້ບົກພ່ອງ
drawer n ລິ້ນຊັກ
drawing n ການຂຽນແບບ
dread v ຄວາມຫນ້າຢ້ານ
dreaded adj ຫວາດກົວ, ຫວັ່ນ
dreadful adj ຫນ້າຢ້ານກົວ
dream iv ຝັນ
dream n ຄວາມຝັນ
dress n ເຄື່ອງນຸ່ງຫົ່ມ
dress v ນຸ່ງເຄື່ອງ
dresser n ຕູ້ໃສ່ເຄື່ອງ
dressing n ນ້ຳສະຫຼັດ
dried adj ແຫ້ງ, ແຫ້ງແລ້ວ
drift v ໄຫຼໄປ, ພະເນຈອນ

drifter n ຄົນພະເນຈອນ
drill v ເຈາະ
drill n ສະຫວ່ານ, ການເຈາະ
drink iv ດື່ມ
drink n ເຄື່ອງດື່ມ
drinkable adj ສາມາດດື່ມໄດ້
drinker n ນັກດື່ມ
drip v ຢ້ອຍລົງ, ຢອດລົງ
drip n ຢອດ
drive n ການຂັບ
drive iv ຂັບລົດ
drive away v ຂັບອອກໄປ
driver n ຜູ້ຂັບຂີ່
driveway n ທີ່ທາງລົດແລ່ນ
drizzle v ຝົນຫຼອຍ
drizzle n ຝົນຕົກຕ່ອຍໆ
drop n ການຕົກ
drop v ຕົກ
drop in v ຢ່ອນໄວ້
drop off v ຖິ້ມໄວ້, ຕົກ
drop out v ຕົກກຫຼົ່ນ
drought n ຄວາມແຫ້ງແລ້ງ
drown v ຈົມນ້ຳ
drowsy adj ເຫງົານອນ
drug n ຢາ
drug v ວາງຢາແຮງ
drugstore n ຮ້ານຂາຍຢາ
drum n ກອງ
drunk adj ເມົາເຫຼົ້າ
drunkenness n ຄວາມມຶນເມົາ
dry v ແຫ້ງ
dry adj ເຮັດໃຫ້ແຫ້ງ

dryclean v ຊັກແຫ້ງ
dryer n ເຄື່ອງເປົ່າຜົມ
dual adj ເປັນຄູ່
dubious adj ສົງໃສ, ໜ້າສົງໃສ
duchess n ຂຸນນາງ
duck n ເປັດ
duck v ດໍານໍ້າ, ມຸດນໍ້າ
duct n ທໍ່
due adj ຮອດກໍານົດ
duel n ຕໍ່ສູ້ກັນຕົວຕໍ່ຕົວ
dues n ຄ່າທໍານຽມ
duke n ຂຸນທ້າວ
dull adj ໜ້າເບື່ອ, ໂງ່
duly adv ຖືກຕ້ອງ
dumb adj ໂງ່, ຫົກທະນາ
dummy n ຮູບຫຸ່ນເຈຄ
dummy adj ຖືກທຸງອກ
dump v ເທ, ທຸ້ມເທ
dump n ບ່ອນຖິ້ມຂີ້ເຫຍື້ອ
dung n ມູນສັດ
dungeon n ຄຸກໃຕ້ດິນ
dupe v ຫຼອກລວງ, ຕົ້ມຕຸນ
duplicate v ເຮັດຊໍ້າ
duplication n ການເຮັດຊໍ້າ
durable adj ທົນທານ
duration n ໄລຍະເວລາ
during pre ຂະນະວ່າງ
dusk n ກ່ອນຕາເວັນຕົກ
dust n ຂີ້ຝຸ່ນ
dusty adj ເປັນຝຸ່ນ
duty n ໜ້າທີ່ການ
dwarf n ຄົນແຈ້

dwell iv ອາໃສຢູ່
dwelling n ບ້ານພັກ
dwindle v ຫົດຕົວ
dye v ຍ້ອມສີ
dye n ຍ້ອມ
dying adj ໃກ້ຕາຍ
dynamic adj ມີພະລັງ
dynamite n ດິນລະເບີດ
dynasty n ວົງໄພບູນ

E

each adj ແຕ່ລະອັນ
each other adj ເຊິ່ງກັນແລະກັນ
eager adj ມີໃຈຈົດຈໍ່
eagerness n ຄວາມກະຕືລືລົ້ນ
eagle n ນົກອິນຊີ, ແຫຼວ
ear n ຫູ
earache n ເຈັບຫູ
eardrum n ເຈ້ຍຫູ
early adv ແຕ່ເຊົ້າ
earmark v ເຮັດຮອຍໄວ້
earn v ຫາມາໄດ້
earnestly adv ຈິງຈັງ, ຕັ້ງໃຈຈິງ
earnings n ເງິນທີ່ຫາມາໄດ້
earphones n ອັນໃສ່ຫູຟັງ
earring n ຕຸ້ມຫູ
earth n ໂລກ, ແຜ່ນດິນ
earthquake n ແຜ່ນດິນໄຫວ

earwax n ຂີ້ຫູ
ease v ເຮັດໃຫ້ສະບາຍ
ease n ຄວາມງ່າຍ
easily adv ງ່າຍດາຍ
Easter n ບຸນອີສເຕີ
easterner n ຄົນຕາເວັນອອກ
easy adj ໂດຍງ່າຍ
eat iv ກິນ
eat away v ກັດກິນ
eavesdrop v ລັກຟັງ
ebb v ການຫຼຸດລົງ
eccentric adj ຜິດປົກກະຕິ
echo n ສຽງສະທ້ອນ
eclipse n ສຸລິຍະຄາດ
ecology n ນິເວດວິທະຍາ
economize v ປະຢັດ
economy n ເສດຖະກິດ
edge n ແຄມ, ຂອບ
edgy adj ຫງຸດຫງິດ
edible adj ທີ່ກິນໄດ້
edifice n ສິ່ງປູກສ້າງ
edit v ກວດ, ກວດແກ້
edition n ການກວດແກ້
educate v ສຶກສາ
eerie adj ແປກ
effect n ຜົນ
effective adj ມີປະສິດທິຜົນ
effectiveness n ປະສິດທິຜົນ
efficient adj ເຊິ່ງມີປະສິດທິພາບ
effigy n ຮູບຈຳລອງ
effort n ຄວາມພະຍາຍາມ
effusive adj ເຊິ່ງໄຫຼອອກມາ

egg n ໄຂ່
egg white n ໄຂ່ຂາວ
egoism n ການເຫັນແກ່ຕົວ
egoist n ຜູ້ເຫັນແກ່ຕົວ
eight adj ແປດ
eighteen adj ສິບແປດ
eighth adj ທີແປດ
eighty adj ແປດສິບ
either adj ອັນໃດອັນຫນຶ່ງ
either adv ເຊັ່ນກັນ
eject v ຂັບອອກ, ໄລ່ອອກ
elapse v ລ່ວງໄປ
elastic adj ທີ່ຢືດຕິດໄດ້
elated adj ພູມໃຈຫຼາຍ
elbow n ແຂນສອກ
elder n ແກ່ກວ່າ, ເຖົ້າກວ່າ
elderly adj ເຖົ້າ, ຢ່າງເຖົ້າ
elect v ຄັດເລືອກ
election n ການເລືອກຕັ້ງ
electric adj ດ້ວຍໄຟຟ້າ
electrician n ຊ່າງໄຟຟ້າ
electricity n ໄຟຟ້າ
electrify v ຕໍ່ໄຟຟ້າ
electrocute v ຂ້າດ້ວຍໄຟຟ້າ
elegance n ຄວາມສະຫງ່າງາມ
elegant adj ທີ່ສະຫງ່າງາມ
element n ທາດ, ສ່ວນສຳຄັນ
elementary adj ປະຖົມ, ເບື້ອງຕົ້ນ
elephant n ໂຕຊ້າງ
elevate v ຍົກຂຶ້ນ
elevation n ການຍົກຂຶ້ນ
elevator n ຂັ້ນໃດເລື່ອນ

endeavor

eleven *adj* ສິບເອັດ
eleventh *adj* ທີສິບເອັດ
eligible *adj* ສາມາດເຮັດໄດ້
eliminate *v* ລົບອອກ
elm *n* ເບື້ອໄມ້ແຂງ
else *adv* ອື່ນ, ອີກ
elsewhere *adv* ທີ່ອື່ນໆ
elude *v* ຫຼົບໜີ, ລ້ຽງໜີ
elusive *adj* ຫຼົບໜີ, ລ້ຽງໜີ
emaciated *adj* ຈ່ອຍແຫ້ງ
emanate *v* ພຸ້ງອອກ
emancipate *v* ປົດປ່ອຍ
embalm *v* ດອງຊາກສົບ
embark *v* ລົງມື
embarrass *v* ເຮັດໃຫ້ອຶດອັດໃຈ
embassy *n* ສະນະທູດ
embellish *v* ປະດັບ, ຕົກແຕ່ງ
embers *n* ຖ່ານໄຟ, ຕໍ່າຖ່ານ
embezzle *v* ຍັກຍອກ
embitter *v* ເຮັດໃຫ້ຂົມຂື່ນ
emblem *n* ສັນຍາລັກ
emboss *v* ເຮັດໃຫ້ມີນູນຂຶ້ນ
embrace *v* ກອດ
embrace *n* ວົງແຂນ
embroider *v* ຖັກແສ່ວ
embroidery *n* ການຖັກແສ່ວ
emerald *n* ແກ້ວມໍລະກົດ
emerge *v* ອອກມາ
emergency *n* ສຸກເສີນ
emigrant *n* ຜູ້ອົບພະຍົບ
emigrate *v* ອົບພະຍົບ
emission *n* ການປ່ອຍ

emit *v* ປ່ອຍອອກມາ
emotion *n* ອາລົມ
emotional *adj* ກ່ຽວກັບອາລົມ
emperor *n* ຈັກກະພັດ
emphasis *n* ຄວາມສຳຄັນ
emphasize *v* ເນັ້ນໜັກ
empire *n* ອານາຈັກ
employ *v* ຈ້າງງານ
employee *n* ລູກຈ້າງການຈ້າງ
employer *n* ນາຍຈ້າງ
employment *n* ການຈ້າງງານ
empress *n* ພະລາຊິນິ
emptiness *n* ສິ່ງທີ່ຫວ່າງເປົ່າ
empty *adj* ຫວ່າງເປົ່າ
empty *v* ເຮັດໃຫ້ຫວ່າງເປົ່າ
enable *v* ເຮັດໃຫ້ເປັນໄປໄດ້
enchant *v* ເຮັດໃຫ້ຫຼົງໄຫຼ
enchanting *adj* ເຊິ່ງເຮັດໃຫ້ຫຼົງໄຫຼ
encircle *v* ລ້ອມວົງ
enclose *v* ຕິດຂ້ອມມານຳ
enclosure *n* ການປິດລ້ອມ
encompass *v* ຮັດເຂົ້າໄວ້ທັງໝົດ
encounter *v* ປະຊິມໜ້າ
encounter *n* ການແຊ່ງຂັນ
encourage *v* ໃຫ້ກຳລັງໃຈ
encroach *v* ລະເມີດສິດ
encyclopedia *n* ສາລະບຸກິມ
end *n* ການສິ້ນສຸດ, ຈົບສິ້ນ
end *v* ເຮັດໃຫ້ສິ້ນສຸດ
end up *v* ວົງທ້າຍ
endeavor *v* ພະຍາຍາມ
endeavor *n* ຄວາມພະຍາຍາມ

ending

ending *n* ການສິ້ນສຸດ
endless *adj* ເຊິ່ງບໍ່ສິ້ນສຸດ
endorse *v* ຮັບຮອງ
endorsement *n* ການຮັບຮອງ
endure *v* ທົນທານ, ອົດທົນ
enemy *n* ສັດຕູ
energetic *adj* ເຊິ່ງມີພະລັງ
energy *n* ພະລັງງານ
enforce *v* ບັງຄັບ
engage *v* ຕໍ່ສູ້, ໝັ້ນໝາຍ
engaged *adj* ເຊິ່ງກຳລັງສູ້ຮົບ
engagement *n* ການໝັ້ນໝາຍ
engine *n* ເຄື່ອງຈັກ
engineer *n* ນັກວິສະວະກອນ
England *n* ປະເທດອັງກິດ
English *adj* ກ່ຽວກັບອັງກິດ
engrave *v* ຈາລຶກໄວ້, ບະຫັບ
engraving *n* ການຈາລຶກ
engrossed *adj* ໃຈຈົດໃຈຈໍ່
engulf *v* ດູດ, ກືນ
enhance *v* ເຮັດໃຫ້ດີຂຶ້ນ
enjoy *v* ມ່ວນຊື່ນ
enjoyable *adj* ທີ່ມ່ວນຊື່ນ
enjoyment *n* ການມ່ວນຊື່ນ
enlarge *v* ຂະຫຍາຍຫຍາຍ
enlargement *n* ການຂະຫຍາຍ
enlighten *v* ສອນ, ໃຫ້ຄວາມຮູ້
enlist *v* ເກນທະຫານ
enormous *adj* ທີ່ຮ້າຍກາດ
enough *adv* ພຽງພໍ
enrage *v* ເຮັດໃຫ້ໂມໂຫ
enrich *v* ເຮັດໃຫ້ດີຂຶ້ນ

enroll *v* ສະໝັກ
enrollment *n* ການສະໝັກ
ensure *v* ເຮັດໃຫ້ແນ່ໃຈ
entangle *v* ພົວພັນ
enter *v* ເຂົ້າ, ຮ່ວມເຂົ້າ
enterprise *n* ບໍລິສັດ, ກິດຈະການ
entertain *v* ເຮັດໃຫ້ມ່ວນຊື່ນ
entertaining *adj* ເພີດເພີນ
entertainment *n* ຄວາມມ່ວນຊື່ນ
enthrall *v* ເຮັດໃຫ້ຕິດໃຈ
enthralling *adj* ເຊິ່ງເຮັດໃຫ້ຫຼົງໃຫຼ
enthuse *v* ເຮັດໃຫ້ກະຕືລືລົ້ນ
enthusiasm *n* ຄວາມກະຕືລືລົ້ນ
entice *v* ສະເໜີສິ່ງທີ່ຕ້ອງການ
enticement *n* ການລໍ້ລວງ
enticing *adj* ທີ່ລໍ້ລວງ
entire *adj* ທັງໝົດ, ຄົບຖ້ວນ
entirely *adv* ໂດຍສິ້ນເຊີງ
entrance *n* ທາງເຂົ້າ
entreat *v* ອ້ອນວອນ
entree *n* ການເຂົ້າ
entrenched *adj* ທີ່ຍຶດໝັ້ນ
entrepreneur *n* ນາຍຈ້າງ
entry *n* ສິດໃນການເຂົ້າ
enumerate *v* ແຈກແຈງອອກ
envelop *v* ຫຸ້ມຫໍ່
envelope *n* ຊອງຈົດໝາຍ
envious *adj* ອິດສາ, ວິດສະຍາ
environment *n* ສະພາບແວດລ້ອມ
envisage *v* ຄາດການ
envoy *n* ທິດແທນ, ເວົ້າ
envy *n* ຄວາມອິດສາ

ever

envy v ອິດສາ, ວິດສະຍາ
epidemic n ພະຍາດລະບາດ
epilepsy n ພະຍາດບ້າໝູ
episode n ຕອນ, ບົດ
epistle n ສານ
epoch n ຊ່ວງເວລາໃນອາດິດ
equal adj ເທົ່າຫຼືມກັນ
equality n ຄວາມເທົ່າຫຼືມກັນ
equate v ເຮັດໃຫ້ເທົ່າກັນ
equation n ສົມຜົນ, ສູດ
equator n ເສັ້ນສູນສູດ
equilibrium n ສະພາວະສົມດຸນ
equip v ຈັດຫາມາໃຫ້
equipment n ອຸປະກອນ
equivalent adj ເທົ່າກັບ
era n ຍຸກສະໄໝ
eradicate v ກຳຈັດຈົນໝົດສິ້ນ
erase v ລົບລ້າງ
eraser n ຢາງລົບ
erect v ຕັ້ງຂຶ້ນ, ບຸກຂຶ້ນ
erect adj ເຈົ້າຕັ້ງຈື້ງົງ
err v ເຮັດຜິດ
errand n ທຸລະກິດ
erroneous adj ເຂົ້າໃຈຜິດ
error n ຄວາມຜິດ
erupt v ລະເບີດ
eruption n ການລະເບີດ
escalate v ເຮັດໃຫ້ເພີ່ມຂຶ້ນ
escalator n ຂັ້ນໃດເລື່ອນ
escapade n ການຫຼົບໜີ
escape v ຫຼົບໜີ, ຫຼີກລ້ຽງ
escort n ຜູ້ປ້ອງກັນ

esophagus n ຫຼອດອາຫານ
especially adv ໂດຍສະເພາະຢ່າງຍິ່ງ
espionage n ການຂີລັກ
essay n ບົດຫັດແຕ່ງ
essence n ເນື້ອແທ້
essential adj ຈຳເປັນທີ່ສຸດ
establish v ສ້າງ, ສະຖາປານາ
estate n ຊັບສິນ, ມ່ລະດົກ
esteem v ຍົກຍ້ອງນັບຖື
estimate v ປະເມີນ, ຕີລາຄາ
estimation n ການປະເມີນ
estranged adj ເຮັດໃຫ້ເຫີນຫ່າງ
estuary n ປະທີ, ປາກແມ່ນ້ຳ
eternity n ນິລັນດອນ
ethical adj ຕາມຫຼັກຈະລິຍາທຳ
ethics n ຈະລິຍະທຳ
etiquette n ມາລະຍາດ
Europe n ເອີຣົບ
European adj ຄົນເອີຣົບ
evacuate v ອົບພະຍົບ
evade v ຫຼົບລ້ຽງ
evaluate v ປະເມີນຜົນ
evaporate v ເຫີຍໄປ
evasion n ການຫຼົບລ້ຽງ
eve n ວັນກ່ອນວັນທີ່ສຳຄັນ
even adj ເປັນຄູ່
even if c ຖ້າໃຫ້, ແມ່ວ່າ
even more c ຫຼາຍຢ່າງຂຶ້ນ
evening n ຕອນແລງ
event n ເຫດການ, ກໍລະນີ
eventually adv ໃນທີ່ສຸດ
ever adv ເຄີຍ, ແຕ່ເດີມ

everlasting

everlasting *adj* ຕະຫຼອດໄປ
every *adj* ທຸກ, ແຕ່ລະ
everybody *pro* ທຸກຄົນ
everyday *adj* ທຸກມື້
everyone *pro* ແຕ່ລະຄົນ
everything *pro* ທຸກຢ່າງ
evict *v* ໄລ່ອອກ, ຂັບອອກ
evidence *n* ຫຼັກຖານ
evil *n* ພິສາດ
evil *adj* ຊົ່ວຮ້າຍ
evoke *v* ເຮັດໃຫ້ປະກົດຂຶ້ນ
evolution *n* ພັດທະນາການ
evolve *v* ວິວັດ
exact *adj* ຖືກຕ້ອງ
exaggerate *v* ເວົ້າເກີນຈິງ
exalt *v* ຍົກລະດັບ
examination *n* ການສອບເສັງ
examine *v* ກວດສອບ
example *n* ຕົວຢ່າງ
exasperate *v* ເຮັດໃຫ້ໂມໂຫ
excavate *v* ຂຸດຄົ້ນ
exceed *v* ເກີນກວ່າ
exceedingly *adv* ຢ່າງຫຼວງຫຼາຍ
excel *v* ດີເລີດ
excellence *n* ຄວາມເປັນເລີດ
excellent *adj* ດີເລີດ
except *pre* ນອກຈາກ
exception *n* ການຍົກເວັ້ນ
exceptional *adj* ທີ່ຍົກເວັ້ນ
excerpt *n* ສິ່ງທີ່ຂັດມາ
excess *n* ຈຳນວນທີ່ເກີນມາ
exchange *v* ແລກປ່ຽນ

excite *v* ກະຕຸ້ນ
excitement *n* ຄວາມຕື່ນເຕັ້ນ
exciting *adj* ທີ່ໜ້າຕື່ນເຕັ້ນ
exclaim *v* ຮ້ອງອອກມາ
exclude *v* ແຍກອອກໄປ
excruciating *adj* ເຈັບຈັບບອດຫຼາຍ
excursion *n* ໄປທັດສະນະສຶກສາ
excuse *v* ໃຫ້ອະໄພ
excuse *n* ການໃຫ້ອະໄພ
execute *v* ດຳເນີນການ
executive *n* ຜູ້ບໍລິຫານ
exemplary *adj* ໃຊ້ເປັນຕົວຢ່າງ
exemplify *v* ເອົາເປັນຕົວຢ່າງ
exempt *adj* ທີ່ໄດ້ຮັບການຍົກເວັ້ນ
exemption *n* ການຍົກເວັ້ນ
exercise *n* ການອອກກຳລັງກາຍ
exercise *v* ອອກກຳລັງກາຍ
exertion *n* ການທຸ້ມເທ
exhaust *v* ໃຊ້ໝົດ
exhausting *adj* ທີ່ເມື່ອຍ
exhaustion *n* ຄວາມເມື່ອຍອ່ອນ
exhibit *v* ອອງສະແດງ
exhibition *n* ງານສະແດງ
exhort *v* ແນະນຳ
exile *v* ເນລະເທດ
exile *n* ການເນລະເທດ
exist *v* ມີຢູ່, ຄົງຢູ່
existence *n* ການມີຢູ່
exit *n* ການອອກໄປ
exodus *n* ການຈາກໄປ
exorbitant *adj* ແພງເກີນໄປ
exorcist *n* ຜູ້ຂັບໄລ່

exotic *adj* ແປກປະຫຼາດ
expand *v* ແຜ່
expansion *n* ການຂະຫຍາຍອອກ
expect *v* ຄາດວ່າ, ຫວັງວ່າ
expectancy *n* ຄວາມຄາດໝາຍ
expectation *n* ການຄາດໝາຍ
expediency *n* ຄວາມໄດ້ປຽບ
expedient *adj* ສະດວກ
expedition *n* ການຕຽມພ້ອມ
expel *v* ໄລ່ອອກ, ຂັບອອກ
expenditure *n* ການໃຊ້ຈ່າຍ
expense *n* ການໃຊ້
expensive *adj* ແພງ, ລາຄາແພງ
experience *n* ປະສົບປະການ
experiment *n* ການທົດລອງ
expert *adj* ທີ່ມີປະສົບປະການ
expiate *v* ຊົດເຊີຍ
expiration *n* ການສິ້ນສຸດ
expire *v* ໝົດອາຍຸ
explain *v* ອະທິບາຍ
explicit *adj* ຊັດເຈນ
explode *v* ເກີດຂຶ້ນທັນທີ
exploit *v* ຮູ້ທາງ, ຮູ້ສະຫຼາດ
exploit *n* ຄວາມສາມາດ
explore *v* ສຳຫຼວດກວດກາ
explorer *n* ຜູ້ສຳຫຼວດ
explosion *n* ການລະເບີດ
explosive *adj* ກ່ຽວກັບລະເບີດ
export *v* ສົ່ງສິນຄ້າຂາອອກ
expose *v* ນຳອອກ
exposed *adj* ທີ່ນຳອອກ
express *adj* ດ່ວນພິເສດ

expressly *adv* ໂດຍແຈ່ມແຈ້ງ
expropriate *v* ຍຶດ, ເວນຄືນ
expulsion *n* ການໄລ່ອອກ
exquisite *adj* ທີ່ສວຍງາມ
extend *v* ເຮັດໃຫ້ຍືດອອກໄປ
extension *n* ການຍືດອອກ
extent *n* ຂອບເຂດ
extenuating *adj* ທີ່ບັນເທົາ
exterior *adj* ພາຍນອກ
exterminate *v* ທຳລາຍສິ້ນ
external *adj* ທີ່ໃຊ້ພາຍນອກ
extinct *adj* ສູນພັນ
extinguish *v* ທຳລາຍ, ດັບ
extort *v* ຂູ່ເຂັນ
extortion *n* ການຂູ່ເຂັນ
extra *adv* ຢ່າງພິເສດ
extract *v* ສະກັດ
extravagant *adj* ຟຸມເຟືອຍ
extreme *adj* ທີ່ສຸດ
extremist *adj* ພວກຫົວຮຸນແຮງ
extricate *v* ແກ້ໄຂໄດ້
extroverted *adj* ເອົາໃຈໃສ່
exude *v* ໄຫຼຊຶມອອກ
exult *v* ດີໃຈ, ປິຕິຍິນດີ
eye *n* ຕາ
eyebrow *n* ຄິ້ວ
eye-catching *adj* ສະດຸດຕາ
eyeglasses *n* ແວ່ນຕາ
eyelash *n* ຂົນຕາ
eyelid *n* ເປືອກຕາ
eyesight *n* ສາຍຕາ
eyewitness *n* ຜູ້ເຫັນເຫດການ

F

fable *n* ນີທານ, ນິຍາຍ
fabric *n* ແແ່ນຜ້າ
fabricate *v* ສ້າງຂຶ້ນ
fabulous *adj* ເຫຼືອເຊື່ອ
face *n* ໜ້າ, ໜ້າຕາ
face up to *v* ປະເຊີນໜ້າກັບ
facet *n* ດ້ານມູມມອງ
facilitate *v* ເຮັດໃຫ້ງ່າຍຂຶ້ນ
fact *n* ຄວາມຈິງ
factor *n* ສ່ວນ, ຕົວປະກອບ
factory *n* ໂຮງງານ
factual *adj* ກ່ຽວກັບຄວາມຈິງ
faculty *n* ຄະນະອາຈານ
fad *n* ແຟຊັນ
fade *v* ຕາຍສີ, ຫາຍໄປ
faded *adj* ສີດອກ, ສີຈາງ
fail *v* ຕົກ, ບໍ່ສຳເລັດ
failure *n* ຄວາມລົ້ມເຫຼວ
faint *v* ເປັນລົມ
faint *n* ອາການເປັນລົມ
faint *adj* ເງົາງ, ເລືອນງ
fair *n* ງານສະແດງ
fair *adj* ເທົ່າທຽມ
fairness *n* ຜູ້ໃຊ້ໄດ້
fairy *n* ນາງຟ້າ
faith *n* ສັດທາ
faithful *adj* ເຊື່ອຖືໄດ້
fake *v* ປອມແປງ
fake *adj* ປອມ

fall *n* ການຕົກ
fall *iv* ຫຼົ້ນ, ຕົກ
fall back *v* ຖາງຫຼັງ
fall behind *v* ບໍ່ຈະເວີນ
fall down *v* ຫຼົ້ມເຫຼວ
fall through *v* ຕົກລົງໄປ
fallacy *n* ການຫຼອກລວງ
fallout *n* ຜົນທີ່ຕາມມາ
falsehood *n* ການປອມແປງ
falsify *v* ປອມແປງ
falter *v* ຂາດຄວາມໝັ້ນໃຈ
fame *n* ຊື່ສຽງ
familiar *adj* ຄຸ້ນແຄັ້ນ
family *n* ຄອບຄົວ
famous *adj* ມີຊື່ສຽງ
fan *n* ພັດລົມ
fanatic *adj* ເຫຼື້ອມໃສທີ່ສຸດ
fancy *adj* ບໍ່ທຳມະດາ, ອົດເສດ
fang *n* ຮາກແຂ້ວ, ແຂ້ວ
fantastic *adj* ມະຫັດສະຈັນ
fantasy *n* ການຈິນຕະນາການ
far *adv* ໄກ, ຫ່າງໄກ
faraway *adj* ໄກ, ຫ່າງໄກ
farce *n* ລະຄອນຕະຫຼົກ
fare *n* ຄ່າໂດຍສານ
farewell *n* ການອຳລາ
farm *n* ຟາມ
farmer *n* ຊາວໄຮ່, ຊາວນາ
farming *n* ການເຮັດໄຮ່ເຮັດນາ
farmyard *n* ລານນາ
farther *adv* ໄກອອກໄປອີກ
fascinate *v* ຈັບໃຈ

feverish

fashion *n* ແຟຊັນ
fashionable *adj* ທັນສະໄໝ
fast *adj* ໄວ
fasten *v* ຜູກ, ມັດຕິດ
fat *n* ໄຂ, ນ້ຳມັນ
fat *adj* ພີ, ຕຸ້ຍ
fatal *adj* ເຄາະຮ້າຍ
fate *n* ໂຊກສະຕາ
father *n* ພໍ່
fatherhood *n* ຄວາມເປັນພໍ່
father-in-law *n* ພໍ່ເຖົ້າຫຼືປູ່
fatherly *adj* ລັກສະນະຂອງພໍ່
fathom out *v* ພະຍາຍາມຄົ້ນຫາ
fatigue *n* ຄວາມເມື່ອຍລ້າ
fatten *v* ຕຸ້ຍ, ເຮັດໃຫ້ຕຸ້ຍ
fatty *adj* ທີ່ມີແຕ່ໄຂມັນ
faucet *n* ກອກນ້ຳ
fault *n* ຂໍ້ຜິດພາດ
faulty *adj* ເຊິ່ງມີຂໍ້ຜິດພາດ
favor *n* ຄວາມຊ່ວຍເຫຼືອ
favorable *adj* ເຫັນດ້ວຍ
favorite *adj* ເຊິ່ງເປັນທີ່ນິຍົມ
fear *n* ຄວາມຢ້ານ
fearful *adj* ໜ້າຢ້ານ
feasible *adj* ເຊິ່ງເປັນໄປໄດ້
feast *n* ງານລ້ຽງ
feat *n* ຄວາມສາມາດ
feather *n* ຂົນນົກ
feature *n* ໂຄງຫຍໍ້
February *n* ກຸມພາ
fed up *adj* ເບື່ອໜ່າຍ
fee *n* ຄ່າທຳນຽມ

feeble *adj* ອ່ອນແຮງ
feed *iv* ກິນ, ປ້ອນ
feedback *n* ການຕອບຮັບ
feel *iv* ຮູ້ສຶກ
feeling *n* ຄວາມຮູ້ສຶກ
feelings *n* ຄວາມຮູ້ສຶກ
feet *n* ຕີນ
feign *v* ເສແສ້ງ
fellow *n* ເດັກຊາຍ
fellowship *n* ສຳພັນທະພາບ
felon *n* ອາດຊະຍາກອນ
female *n* ເພດຍິງ
feminine *adj* ກ່ຽວກັບຜູ້ຍິງ
fence *n* ຮົ້ວ
fencing *n* ການລ້ອມຮົ້ວ
fend *v* ປ້ອງກັນ
fend off *v* ປ້ອງກັນຈາກ
fender *n* ຜູ້ປ້ອງກັນ
ferment *v* ໝັກດອງ
ferment *n* ການໝັກດອງ
ferocious *adj* ຢ່າງດຸຮ້າຍ
ferocity *n* ຄວາມໂຫດຮ້າຍ
ferry *n* ເຮືອຂ້າມຟາກ
fertility *n* ຄວາມອຸດົມສົມບູນ
fertilize *v* ໃສ່ປຸຍ
fervent *adj* ອົບອຸ່ນຫຼາຍ
fester *v* ເປັນໜອງ
festivity *n* ການສະເຫຼີມສະຫຼອງ
fetid *adj* ເຊິ່ງມີກິ່ນເໝັນເບົ່າ
feud *n* ຄວາມອາດຄາດ
fever *n* ໄຂ້
feverish *adj* ເປັນໄຂ້

few

few *adj* ຈຳນວນໜ້ອຍ
fewer *adj* ນ້ອຍກວ່າ
fiber *n* ເສັ້ນໃຍ
fickle *adj* ແບບວນ
fiction *n* ເລື່ອງນັບແຕ່ງຕ່າງໆ
fictitious *adj* ບໍ່ຈິງ
fidelity *n* ຄວາມຈົງຮັກພັກດີ
field *n* ທົ່ງນາ, ທົ່ງ
fierce *adj* ຄຸຮ້າຍ
fiery *adj* ເຊິ່ງວຸກກະບົນໃນ
fifteen *adj* ທິດສິບຫ້າ
fifth *adj* ທິຫ້າ
fifty *adj* ຫ້າສິບ
fifty-fifty *adv* ຫ້າສິບຕໍ່ຫ້າສິບ
fight *iv* ຕໍ່ສູ້
fight *n* ການຕໍ່ສູ້
fighter *n* ນັກຕໍ່ສູ້
figure *n* ຮູບຮ່າງ, ຮູບພາບ
figure out *v* ຄຳນວນ
file *v* ຈັດເອກະສານ
fill *v* ເຕີມ, ບັນຈຸ
filling *n* ການເຕີມໃສ່ບ່ອນຫວ່າງ
film *n* ຮູບເງົາ
filter *n* ເຄື່ອງກັ່ນກອງ
filter *v* ກັ່ນກອງ
filth *n* ສິ່ງໂສໂຄກ
filthy *adj* ຫຍາບຄາຍ
fin *n* ຄີປາ
final *adj* ສຸດທ້າຍ
finalize *v* ເຮັດໃຫ້ສຳເລັດ
finance *v* ຈັດຫາເງິນທຶນໃຫ້
financial *adj* ກ່ຽວກັບເງິນທຶນ

find *iv* ພົບ, ຫາ
find out *v* ຄົ້ນພົບ
fine *n* ດີ
fine *v* ເຮັດໃຫ້ດີ
fine *adv* ໜ້າພໍໃຈ
fine *adj* ບາງ, ລະອຽດ
fine print *n* ຈໍຍສຳລັບພິມ
finger *n* ນິ້ວມື
fingernail *n* ເລັບມື
fingerprint *n* ລາຍມື
fingertip *n* ປາຍນິ້ວ
finish *v* ສຳເລັດ
Finland *n* ປະເທດແຟັງລັງ
Finnish *adj* ພາສາແຟັງລັງ
fire *v* ກໍ່ໄຟ
fire *n* ໄຟ
firecracker *n* ບັ້ງກະໂພກ
firefighter *n* ພະນັກງານດັບເພີງ
fireman *n* ພະນັກງານດັບເພີງ
fireplace *n* ເຕົາໄຟ
firewood *n* ຟືນ
fireworks *n* ບັ້ງໄຟດອກ
firm *adj* ແຂງ, ໝັ້ນແໜ້ນ
firm *n* ບໍລິສັດ
firmness *n* ຄວາມໝັ້ນຄົງ
first *adj* ທຳອິດ, ທິໜຶ່ງ
fish *n* ປາ
fisherman *n* ຄົນຫາປາ
fishy *adj* ການຕົກປາ
fist *n* ກຳປັ້ນ
fit *n* ພໍດີ
fit *v* ພໍດີ

fitness n ຄວາມເໝາະສົມ
fitting adj ເຄື່ອງປະດັບ
five adj ຫ້າ
fix v ສ້ອມແປງ
fjord n ຟອດດ໌
flag n ທຸງ
flagpole n ເສົາທຸງ
flamboyant adj ສີສັນບາດຕາ
flame n ແປວໄຟ
flammable adj ໄໝ້ໄດ້ງ່າຍ
flank n ດ້ານຂ້າງ
flare-up v ໄຟລຸກໄໝ້
flash n ສ່ອງແສງວາບຂຶ້ນມາ
flashlight n ໄພສາຍ
flat n ແພັດດວ໌, ຫ້ອງຊຸດ
flat adj ບາງ, ແບ
flatten v ແບນ, ແບ
flatter v ຍົກຍໍ
flattery n ການປະຈົບສໍ່
flaunt v ໂອ້ອວດ
flavor n ລົດຊາດ
flaw n ບ່ອນຕຳນິ, ຂໍ້ເສຍ
flawless adj ບໍ່ມີບ່ອນຕຳນິ
flea n ໂຕໝັດ
flee iv ໜ່າຍໜີ
fleece n ຂົນແກະ
fleet n ກອງເຮືອ
fleeting adj ເຊິ່ງຫາຍແວັບໄປ
flesh n ຊີ້ນສັດ
flex v ງໍ, ໂຄງ
flexible adj ປັບຕົວໄດ້ງ່າຍ
flicker v ໃຫ້ຊີດັບ

flier n ນັກບິນ
flight n ການບິນ
flimsy adj ໂງນເງນ
flip v ພິກປີ້ນ, ກັບດ້ານ
flirt v ຄົບເຈົ້າຊູ້
float v ຟູ, ລອຍຢູ່ໜ້ານ້ຳ
flock n ໄປເປັນໝູ່
flog v ຕິ, ຂ້ຽນ
flood v ທ້ວມ, ໄຫຼບ່າ
floodgate n ປະຕູລະບາຍນ້ຳ
flooding n ນ້ຳທ້ວມ
flop n ຄວາມລົ້ມເຫຼວ
floss n ເສັ້ນໃຍໄໝ
flour n ແປ້ງ
flourish v ມັ່ງຄັ່ງ, ເຟື່ອງຟູ
flow v ໄຫຼ
flow n ກະແສນ້ຳ
flower n ດອກໄມ້
flowerpot n ຕຸ້ມດອກໄມ້
flu n ໄຂ້ຫວັດໃຫຍ່
fluctuate v ແກວ່ງໄປມາ
fluently adv ຢ່າງວ່ອງໄວ
fluid n ຂອງແຫຼວ
flunk v ສອບຕົກ
flush v ຮັດໃຫ້ເຕັມບ່ວມ
flute n ຂຸ່ຍ
flutter v ຕົບປີກ, ພິປິກ
fly iv ບິນ
fly n ການບິນ, ແມງວັນ
foam n ຟອງ, ໂຟມ
focus n ຈຸດສູມ
focus on v ສຸມໃສ່

foe

foe *n* ສັດຕຼູ
fog *n* ໝອກ
foggy *adj* ເຕັມໄປດ້ວຍໝອກ
foil *v* ຂ້ອນກັນ
fold *v* ຮອຍພັບ
folder *n* ບ່ອນເກັບເອກະສານ
folks *n* ນິຫານພື້ນບ້ານ
folksy *adj* ແບບພື້ນບ້ານ
follow *v* ຕິດຕາມ
follower *n* ຜູ້ຕິດຕາມ
folly *n* ຄວາມໂງ່
fond *adj* ມັກ, ຮັກ
fondle *v* ລູບ, ກອດຮັດ
fondness *n* ຄວາມມັກ
food *n* ອາຫານ
foodstuff *n* ຂອງກິນໄດ້
fool *v* ຫຼາຕະຫຼຶກ
fool *adj* ເຮັດເປັນຕາຕະຫຼຶກ
foolproof *adj* ບໍ່ມີໃພ
foot *n* ຕີນ
football *n* ໝາກບານ
footprint *n* ຮອຍຕີນ, ຮ່ອງຮອຍ
footstep *n* ບາດກ້າວ
footwear *n* ເກີບ
for *pre* ສຳລັບ
forbid *iv* ຫ້າມ, ຂັດຂວາງ
force *n* ກຳລັງ, ແຮງ
force *v* ບັງຄັບ, ຝືນໃຈ
forceful *adj* ໜັກແໜ້ນ
forecast *iv* ທຳນາຍ
forefront *n* ແຖວໜ້າ
foreground *n* ຕອນໜ້າ

forehead *n* ໜ້າຜາກ
foreign *adj* ຕ່າງປະເທດ
foreigner *n* ຄົນຕ່າງປະເທດ
foreman *n* ຫົວໜ້າຄົນງານ
foremost *adj* ສຳຄັນທີ່ສຸດ
foresee *iv* ເບິ່ງເຫັນລ່ວງໜ້າ
foreshadow *v* ເປັນລາງ
foresight *n* ສາຍຕາໄກ
forest *n* ປ່າ
foretaste *n* ການລີ້ມລອງ
foretell *v* ທຳນາຍ
forever *adv* ຕະຫຼອດໄປ
forewarn *v* ເຕືອນລ່ວງໜ້າ
foreword *n* ຄຳນຳ
forfeit *v* ສູນເສຍ
forge *v* ປອມແປງ
forgery *n* ການປອມແປງ
forget *v* ລືມ
forgivable *adj* ເຊິ່ງອະໄພໃຫ້ໄດ້
forgive *v* ອົດໂທດໃຫ້
forgiveness *n* ການໃຫ້ອະໄພ
fork *n* ສ້ອມ, ທ້ອງນ້ຳ
form *n* ຮູບຮ່າງ
formal *adj* ຕາມທຳມະດາ
formality *n* ພິທີ
formally *adv* ຢ່າງເປັນທາງການ
format *n* ຮູບແບບ
formation *n* ການພັດທະນາ
former *adj* ກ່ອນ
formerly *adv* ກ່ອນໜ້ານີ້
formidable *adj* ເຊິ່ງໜ້າຢ້ານ
formula *n* ສູດ

forsake iv ລະທິ້ມ, ອົກເວັກ
fort n ປ້ອມທີ່ມີກຳແພງ
forthright adj ຕົງໄປຕົງມາ
fortify v ສ້າງປ້ອມ
fortitude n ຄວາມອົດທົນ
fortress n ປ້ອມຫະຫານ
fortunate adj ໂຊກດີ
fortune n ໂຊກຊະຕາ
forty adj ສີ່ສິບ
forward adv ກ້າວຫນ້າ
foster v ລ້ຽງດູເດັກ
foul adj ຫນ້າລັງກຽດ
foundation n ພື້ນຖານ
founder n ຜູ້ກໍ່ຕັ້ງ, ຊາງທໍ່
foundry n ເບົ້າທໍ່
fountain n ນ້ຳພຸ
four adj ສີ່
fourteen adj ສິບສີ່
fourth adj ທີ່ສີ່
fox n ຫມາຈອກ
foxy adj ຄືກັບຫມາຈອກ
fraction n ເສດສ່ວນ
fracture n ການແຕກຫັກ
fragile adj ຫັກງ່າຍ
fragrance n ກິ່ນຫອມ
fragrant adj ຫອມ
frail adj ແຕກງ່າຍ
frailty n ຄວາມອ່ອນແອ
frame n ໂຄງສ້າງພື້ນຖານ
frame v ໃສ່ກອບ, ໃສ່ໂຄງ
framework n ໂຄງຮ່າງ
France n ຝຣັ່ງ, ປະເທດຝຣັ່ງ

frank adj ເປີດເຜີຍ
frankly adv ຢ່າງຕົງໄປຕົງມາ
frankness n ຄວາມເປີດເຜີຍ
fraternal adj ເປັນພີ່ນ້ອງກັນ
fraternity n ຄວາມເປັນພີ່ນ້ອງ
fraud n ການທຸຈະລິດ
fraudulent adj ລວງ, ຕົ້ມຕຸ໋ນ
freckle n ປັນກະ
free v ອົດສະຫຼະ
free adj ຢ່າງເປັນອົດສະຫຼະ
freedom n ອົດສະຫຼະພາບ
freeway n ທາງດ່ວນ
freeze iv ຫນາວຈັດ
freezer n ຕູ້ນ້ຳແຂງ
freezing adj ແຊ່ແຂງ
freight n ສິນຄ້າທີ່ຂົນສົ່ງ
French adj ພາສາຝຣັ່ງເສດ
frenetic adj ບ້າຄັ່ງ
frenzied adj ຄຸ້ມຄັ່ງ, ບ້າຄັ່ງ
frenzy n ຄວາມບ້າກ້າງອົນ
frequency n ຄວາມຖີ່
frequent adj ເລື້ອຍຈຳເປັນ
frequent v ໄປເລື້ອຍ
fresh adj ສົດ, ໃຫມ່
freshen v ເຮັດໃຫ້ສົດຊື່ນ
freshness n ຄວາມສົດຊື່ນ
friar n ນັກບວດ
friction n ການສຽດສີ
Friday n ວັນສຸກ
fried adj ເຊິ່ງຈືນໃນນ້ຳມັນ
friend n ເພື່ອນ, ມິດ
friendship n ມິດຕະພາບ

fries *n* ມັນຜູ້ງຈືນ
frigate *n* ເຮືອຣົບບຸຣານ
fright *n* ຄວາມຕົກໃຈ
frighten *v* ຂູ່, ເຮັດໃຫ້ຕົກໃຈ
frightening *adj* ໜ້າຢ້ານ
frigid *adj* ເຢັນຈາ
fringe *n* ຂອບ
frivolous *adj* ຕື້ນບໍ, ບໍ່ຈິງຈັງ
frog *n* ກົບ
from *pre* ຈາກ, ແຕ່
front *n* ຂ້າງໜ້າ
front *adj* ໜ້າ
frontage *n* ດ້ານໜ້າ
frontier *n* ຊາຍແດນ
frost *n* ໝົ້ມຫົດດ້ວຍນ້ຳກ້ອນ
frosty *adj* ເຊົ້າໜາວຈັດ
frown *v* ການເຮັດໜ້າຫຍຸ້ງ
frozen *adj* ເຊົ້າເປັນນ້ຳແຂງ
frugal *adj* ປະຢັດ, ຂີ້ຖີ່
frugality *n* ຄວາມປະຢັດ
fruit *n* ໝາກໄມ້
fruitful *adj* ໄດ້ຜົນຫຼາຍ
fruity *adj* ຄືໝາກໄມ
frustrate *v* ທຳລາຍ, ກຳຈັດ
frustration *n* ການທຳລາຍ
fry *v* ຈືນ
frying pan *n* ໝໍ້ຂາງ
fuel *n* ນ້ຳມັນເຊື້ອໄຟ
fuel *v* ເຕີມເຊື້ອເພີງ
fugitive *n* ຄົນວິ່ງໜີ
fulfill *v* ບັນລຸເປົ້າໝາຍ
fulfillment *n* ການເຕີມເຕັມ

full *adj* ເຕັມ
fully *adv* ຢ່າງເຕັມທີ່
fumes *n* ຄວັນ
fumigate *v* ພົ່ນຄວັນ
fun *n* ມ່ວນ
function *n* ໜ້າທີ່
fund *n* ເງິນທຶນ
fund *v* ຈ່າຍເງິນທຶນ
fundamental *adj* ຂັ້ນພື້ນຖານ
funds *n* ເງິນທຶນ
funeral *n* ການບົ່ງສົບ
fungus *n* ເຊື້ອເຫັດ
funny *adj* ເປັນຕາຫົວ
fur *n* ຂົນສັດ
furious *adj* ໃຈຮ້າຍ
furiously *adv* ດຸເດືອດ
furnace *n* ເຕົາໄຟ
furnish *v* ຕຽມພ້ອມ
furnishings *n* ເຄື່ອງຕົບແຕ່ງ
furniture *n* ເຄື່ອງເຮືອນ
furor *n* ຄວາມກຽວກາດ
furrow *n* ຮ່ອງໄຖ
furry *adj* ອ່ອນຄືຂົນສັດ
further *adv* ຫ່າງໄກ
furthermore *adv* ຊ້ຳບໍ່ໜຳ
fury *n* ຄວາມໂມໂຫ
fuse *n* ເຜົາ
fusion *n* ການປະສົມ
fuss *n* ເອົາໃຈ, ຊຸຊິ
fussy *adj* ຈຸ້ຈີ້
futile *adj* ທີ່ໃຊ້ບໍ່ໄດ
futility *n* ຄວາມບໍ່ສຳຄັນ

genial

future n ອະນາຄົດ
fuzzy adj ເປັນຝອຍໆ

G

gadget n ເຄື່ອງມື
gag n ການປິດປາກ
gag v ປິດປາກ
gage v ໃຫ້ເປັນປະກັນ
gain v ໄດ້ກຳໄລ
gain n ຜົນກຳໄລ
gal n ຜູ້ຍິງ
galaxy n ໝູ່ດາວ
gale n ລົມພະຍຸ
gall bladder n ຖົງນ້ຳບີ
gallant adj ກ້າຫານ, ສຸພາບ
gallon n ກະໂລ່ງໃສ່ນ້ຳມັນ
gallop v ຫອບແວ່ນ
galvanize v ກະຕຸ້ນດ້ວຍໄຟຟ້າ
gamble v ຫຼິ້ນການພະນັນ
game n ເກມ, ການຫຼິ້ນ
gang n ພວກໂຈນ, ໝູ່ຄົນ
gangrene n ບໍ່າເປື່ອຍ
gangster n ຄົນອັນຕະພານ
gap n ຊ່ອງຫວ່າງ
garage n ບ່ອນຈອດລົດ
garbage n ຂີ້ເຫຍື້ອ
garden n ສວນ
gardener n ຄົນເຮັດສວນ

gargle v ບ້ວນປາກ
garland n ພວງມະໄລ
garlic n ກະທຽມ
garment n ເສື້ອຜ້າ
garnish v ປະດັບ
garnish n ເຄື່ອງຕົບແຕ່ງ
garrison n ຄ້າຍທະຫານ
garrulous adj ປາກຈັດ
gas n ແກັສ
gash n ບາດແຜໃຫຍ່
gasoline n ນ້ຳມັນແອັດຊັງ
gasp v ການຫັນໃຈຫອບ
gate n ປະຕູ
gather v ເກັບກອງໄວ້
gathering n ການຊຸມນຸມ
gauge v ວັດແທກ
gauze n ຜ້າພັນບາດ
gaze v ຈ້ອງເບິ່ງ
gear n ເກຍລົດ
geese n ຫ່ານຫຼາຍໂຕ
gem n ເພັດພອຍ
gender n ເພດ
gene n ສາຍພັນ
general n ນາຍພົນ
generalize v ກ່າວທົ່ວໄປ
generate v ສ້າງຂຶ້ນ, ຜະລິດ
generation n ການຜະລິດ
generator n ເຄື່ອງຜະລິດໄຟຟ້າ
generic adj ທົ່ວໄປ
generosity n ຄວາມໃຈກ້ວາງ
genetic adj ກ່ຽວກັບສາຍພັນ
genial adj ໃຈດີ, ເຫັນໃຈຄົນອື່ນ

genius *n* ຄົນສະຫຼາດ
genocide *n* ການຂ້າລ້າງເຜົ່າພັນ
genteel *adj* ມີມາລະຍາດ
gentle *adj* ອ່ອນຫວານ
gentleman *n* ສຸພາບບຸລຸດ
gentleness *n* ຄວາມນຸ່ມນວນ
genuine *adj* ຂອງແທ້, ຮັດຊີ້
geography *n* ພູມີສາດ
geology *n* ທໍລະນີສາດ
geometry *n* ເລຂາຄະນິດ
germ *n* ເຊື້ອພະຍາດ
German *adj* ກ່ຽວກັບເຍຍລະມັນ
Germany *n* ປະເທດເຍຍລະມັນ
germinate *v* ແຕກຫນໍ່
gestation *n* ການຕັ້ງຄັນ
gesticulate *v* ສະແດງທ່າທາງ
gesture *n* ຊີ້ແຈ້ງດ້ວຍມື
get *iv* ເອົາ, ໄດ້
get along *v* ຖືກກັນດີ
get away *v* ຫນີໄປໄວໆ
get back *v* ກັບຄືນມາ
get down *v* ລົງມາ
get down to *v* ລົງມາສູ່
get in *v* ມາຮອດ
get off *v* ລົງວິດ
get out *v* ຫຼົກລົງວິດ
get over *v* ເຊົາເປັນ
get together *v* ຊຸມກັນ
get up *v* ຕື່ນ
geyser *n* ນ້ຳພຸຮ້ອນ
ghastly *adj* ເປັນຕາຢ້ານ
ghost *n* ຜີ

giant *n* ຍັກ
gift *n* ຂອງຂວັນ
gifted *adj* ຫົວກະຫຼີມ
gigantic *adj* ໃຫຍ່ພິລຶກ
giggle *v* ສຽງຫົວກິກົງ
gimmick *n* ກົນໄກ, ເຄັດລັບ
ginger *n* ຂີງ
gingerly *adv* ລະມັດລະວັງ
giraffe *n* ໂຕຍີຣັບ
girl *n* ຜູ້ສາວ
girlfriend *n* ເພື່ອນຍິງ, ແຟນ
give *iv* ເອົາໃຫ້
give away *v* ຫັກຫຼັງ
give back *v* ເອົາສົ່ງຄືນ
give in *v* ຍອມຈຳນົນ
give out *v* ຫາຍໃຫ້, ບ່ອຍ
give up *v* ຍອມ
glad *adj* ດີໃຈ
gladiator *n* ນັກຮົບສະໝັບຸຮານ
glamorous *adj* ເປັນຕາເບິ່ງ
glance *v* ເຫຼືອດຕາໄປເບິ່ງ
glance *n* ການເຫຼືອດຕາໄປເບິ່ງ
gland *n* ຕ່ອມ
glare *n* ແສງສະຫວ່າງແຮງ
glass *n* ແກ້ວ
glasses *n* ແວ່ນຕາ
gleam *n* ແວວຕາ
gleam *v* ເບິ່ງປະກາຍ
glide *v* ມິ່ນໄຫຼ
glimmer *n* ແສງສະທ້ອນ
glimpse *n* ເຫັນແວັບໜຶ່ງ
glimpse *v* ເບິ່ງຂ້າມ

grade

glitter v ແສງແວວວາວ
globe n ໜ່ວຍໂລກ
globule n ສິ່ງທີ່ກິມນ້ອຍໆ
gloom n ຄວາມມືດມົນ
gloomy adj ມືດມົວ
glorify v ຍົກຍ້ອງ
glorious adj ວັດສະໜັ້
glory n ຄວາມຢ່າວິທີ່ບານ
gloss n ຄວາມແວວວາວ
glossary n ປະມວນສັບ
glossy adj ເຫຼື້ອມເປັນມັນວາວ
glove n ຖົງມື
glow v ຮຸ່ງເຮືອງ
glue n ກາວ
glue v ຕິດກາວ
glut n ຄວາມເຫຼືອເຟືອ
glutton n ຄົນໂລບ
gnaw v ແທະ, ກັດ
go iv ໄປ
go ahead v ໄປຊິ, ເດີນໜ້າ
go away v ໄປໃຫ້ພົ້ນ
go back v ກັບຄືນໄປ
go down v ລົງໄປລຸ່ມ
go in v ເຂົ້າໄປໃນ
go on v ເຮັດຕໍ່ໄປ
go out v ອອກໄປທາງນອກ
go over v ທວດເບິ່ງ
go through v ສະທຸະ
go under v ผ่าน
go up v ຂຶ້ນໄປທາງເທິງ
goad v ກະຕຸ້ນ
goal n ຈຸດທີ່ໝາຍ

goalkeeper n ຜູ້ຮັກສາປະຕູ
goat n ແບ້
gobble v ຫຍ້າກິນໄວ
God n ພະເຈົ້າ
goddess n ເທວະດາຜູ້ຍິງ
godless adj ຊຶ່ງບໍ່ເຊື່ອພະເຈົ້າ
gold n ຄຳ
golden adj ເປັນສີຄຳ
good adj ດີ
good-looking adj ມີໜ້າຕາດີ
goodness n ຄວາມດີ
goods n ສິນຄ້າ, ສິ່ງຂອງ
goodwill n ໄມຕີຈິດ, ຄິດດີ
goof v ເຮັດອັນໃດແບບໂງ່ໆ
goof n ຄົນໂງ່
goose n ຫ່ານ
gorge n ກິນຫຼາຍ, ຮ່ອມພູ
gorgeous adj ງາມ, ອຶເສດ
gorilla n ລີງໂກຣິນໃຫຍ່
gory adj ເຕັມໄປດ້ວຍເລືອດ
gospel n ຄຳສອນຂອງພະເຍຊູ
gossip v ເວົ້າຂວັນ
gossip n ການເວົ້າຂວັນ
govern v ປົກຄອງ
government n ການປົກຄອງ
governor n ເຈົ້າແຂວງ
gown n ເສື້ອ, ເສື້ອຄຸມ
grab v ຈັບ, ຫຍິບ
grace n ຄວາມດີ
graceful adj ດີ, ງາມ
gracious adj ເມດຕາ
grade n ຊັ້ນ, ລຳດັບຊັ້ນ

gradual

gradual *adj* ເທື່ອລະໜ້ອຍ
graduate *v* ໄດ້ຮັບປະລິນຍາ
graduation *n* ການຮັບປະລິນຍາ
graft *v* ສົມຊູ່ຮ່ວມຄິດ
graft *n* ສິນບົນ
grain *n* ເມັດ, ເມັດພືດ
gram *n* ກຼາມ
grammar *n* ໄວຍະກອນ
grand *adj* ໃຫຍ່
grandchild *n* ຫຼານ
granddad *n* ປູ່ຫຼືພໍ່ເຖົ້າ
grandfather *n* ພໍ່ເຖົ້າຫຼືປູ່
grandmother *n* ແມ່ເຖົ້າຫຼືຍ່າ
grandparents *n* ພໍ່ເຖົ້າແມ່ເຖົ້າ
grandson *n* ຫຼານຊາຍ
grandstand *n* ຮ້ານ
granite *n* ຫິນແຂງ
granny *n* ແມ່ເຖົ້າ
grant *v* ຍິນຍອມ
grant *n* ເບ້ຍລ້ຽງ
grape *n* ໝາກອາງຸ່ນ
grapefruit *n* ໝາກກ້ຽງໃຫຍ່
grapevine *n* ຕົ້ນອາງຸ່ນ
graphic *adj* ກາຟິກ
grasp *n* ການຈັບ
grasp *v* ຈັບ, ຈັບແໜ້ນ
grass *n* ຫຍ້າ
grassroots *adj* ສາມັນຊົນ
grateful *adj* ຮູ້ບຸນຄຸນ
gratify *v* ພໍໃຈ
gratifying *adj* ໜ້າພໍໃຈ
gratitude *n* ຄວາມຮູ້ສຶກຂາບຊຶ້ງ

grave *adj* ຮ້າຍແຮງ
grave *n* ຫຼຸມຜັງສົບ
gravel *n* ຫິນແຮ່
gravely *adv* ແຫບ ແລະ ຫ້າງ
graveyard *n* ສຸສານ
gravitate *v* ດຶງເຂົ້າຫາກັນ
gravy *n* ນໍ້າຊິ້ນສຸກ
gray *adj* ສີເທົາ
grayish *adj* ສີເທົາ
graze *v* ກິນຫຍ້າ
graze *n* ຮອຍຂູດ
grease *v* ຢອດນໍ້າມັນ
grease *n* ໄຂມັນ, ຈາລະບີ
greasy *adj* ເຈຶ່ງເປັນນໍ້າມັນ
great *adj* ດີຫຼາຍ
greatness *n* ຄວາມສໍາຄັນ
Greece *n* ປະເທດກຼີກ
greed *n* ຄວາມໂລບ
greedy *adj* ເຈຶ່ງທີວກະຫາຍ
Greek *adj* ປະເທດກຼີກ
green *adj* ໄຂ່ຂຽວສາ
green bean *n* ຖົ່ວຂຽວ
Greenland *n* ເກາະກຣິນແລນ
greet *v* ທັກທາຍ
greetings *n* ການທັກທາຍ
grenade *n* ລະເບີດລູກນ້ອຍ
greyhound *n* ໝາ ເກຣຮຸນ
grief *n* ຄວາມໂສກເສົ້າເສຍໃຈ
grievance *n* ຂໍ້ຂ້ອງໃຈ
grieve *v* ໂສກເສົ້າເສຍໃຈ
grill *v* ປີ້ງ
grill *n* ເຕົາປີ້ງ

gun down

grim *adj* ໂຫດຮ້າຍ
grimace *n* ໜ້າໂກກ
grime *n* ຮອຍເປື້ອນ
grind *iv* ບົດໃຫ້ມຸ່ນ
grip *v* ກຳມື, ຍຶດຈັບ
grip *n* ການຍຶດເກາະ
gripe *n* ຍຶດ, ຈັບ
grisly *adj* ເປັນຕາຂົນລຸກ
groan *v* ຮ້ອງຄາງ
groan *n* ການຮ້ອງຄາງ
groceries *n* ຮ້ານຂາຍເຄື່ອງແຫ້ງ
groin *n* ຕົ້ນຂາ
groom *n* ເຈົ້າບ່າວ
groove *n* ຮ່ອງ, ຊ່ອງ
gross *adj* ປະວິການ
grossly *adv* ຫາກິນ
grotesque *adj* ພິດສະດານ
grotto *n* ຖ້ຳ, ອຸໂມງ
grouch *v* ຈົ່ມພິມພຳ
grouchy *adj* ໜ້າບຸດບົ້ງ
ground *n* ສະໜາມ, ພື້ນດິນ
ground floor *n* ຊັ້ນໃຕ້ດິນ
groundless *adj* ເຊິ່ງບໍ່ມີເຫດຜົນ
groundwork *n* ພື້ນຖານ
group *n* ກຸ່ມ
grow *iv* ປູກໃຫຍ່ຂຶ້ນ
grow up *v* ໃຫຍ່ຂຶ້ນ
growl *v* ຂູ່
grown-up *n* ໃຫຍ່ຂຶ້ນເຕັມຕົວ
growth *n* ການເຕີບໃຫຍ່
grudge *n* ຄວາມແຄ້ນໃຈ
grudgingly *adv* ຢ່າງບໍ່ເຕັມໃຈ

gruelling *adj* ເຮັດໃຫ້ເມື່ອຍ
gruesome *adj* ໜ້າສະຫຍອງ
grumble *v* ຈົ່ມ
grumpy *adj* ອາລົມບໍ່ດີ
guarantee *v* ຮັບປະກັນ
guarantee *n* ໃບຮັບປະກັນ
guarantor *n* ຜູ້ຄ້ຳປະກັນ
guard *n* ອຸປະກອນປ້ອງກັນ
guardian *n* ຜູ້ຄຸ້ມຄອງ
guerrilla *n* ກອງໂຈນ
guess *v* ເດົາ
guess *n* ຄາດຄານ
guest *n* ແຂກ
guidance *n* ການແນະນຳ
guide *v* ແນະນຳ
guide *n* ຜູ້ນຳທ່ຽວ
guidelines *n* ປື້ມຄູ່ມື
guild *n* ສະມາຄົມ
guile *n* ເວ່ຫຼ່ຽມ
guillotine *n* ເຄື່ອງປະຫານຊິວິດ
guilt *n* ຄວາມຮູ້ສຶກຜິດ
guilty *adj* ເຊິ່ງມີຄວາມຜິດ
guise *n* ວັກສະນະພາຍນອກ
guitar *n* ກິຕ້າ
gulf *n* ອ່າວ
gull *n* ນົກນາງນວນ
gullible *adj* ຖືກຫຼອກງ່າຍ
gulp *v* ກືນບາດດຽວ
gulp *n* ການກືນບາດດຽວ
gum *n* ເໝັນແຂ້ວ
gun *n* ປືນ
gun down *v* ຍິງປືນ

gunfire

gunfire *n* ການຍິງປືນ
gunman *n* ນັກຍິງປືນ
gunpowder *n* ດິນປືນ
gunshot *n* ລູກປືນ
gust *n* ລົມແຮງເປັນບາດ
gusto *n* ການເພີດເພີນ
gusty *adj* ມີລົມແຮງເປັນບາດ
gut *n* ໄສ້, ເຄື່ອງໃນ
guts *n* ໄສ້, ເຄື່ອງໃນ
gutter *n* ຮາງລິນ
guy *n* ຜູ້ຊາຍໂສດ
guzzle *v* ດື່ມຫຼາຍຢ່າງໄວ
gym *n* ຫ້ອງອອກກຳລັງກາຍ
gynecology *n* ວິຊາພະຍາດຍິງ
gypsy *n* ຢິບຊີ

habit *n* ນິດໄສ
habitual *adj* ທີ່ເປັນນິດໄສ
hack *v* ວິດມ້າງຈ້ຳ
haggle *v* ຕໍ່ລອງລາຄາ
hail *n* ໝາກເຫັບ
hail *v* ໝາກເຫັບຕົກ
hair *n* ຜົມ
hairbrush *n* ຫວີ
haircut *n* ຕັດຜົມ
hairdo *n* ແຕ່ງຜົມ
hairdresser *n* ຊ່າງຕັດຜົມ

hairpiece *n* ວິກຜົມປອມ
hairy *adj* ມີຂົນຫຼາຍ
half *n* ເຄິ່ງ
half *adj* ທີ່ເປັນເຄິ່ງ
hall *n* ຫ້ອງກວ້າງ
hallucinate *v* ເກີດພາບຫຼອນ
hallway *n* ຫ້ອງໂຖງ
halt *v* ຢຸດ, ສັ່ງໃຫ້
halve *v* ແບ່ງເຄິ່ງ
ham *n* ຊີ້ນຂາຫມູ
hamburger *n* ແຮມເບີເກີ້
hamlet *n* ໝູ່ບ້ານນ້ອຍໆ
hammer *n* ຄ້ອນ
hammock *n* ຄ້ອນຕີ
hand *n* ມື
hand down *v* ເອົາມືລົງ, ຕັດສິນ
hand in *v* ຍື່ນມືເຂົ້າມາ
hand out *v* ເຂົ້າມາຊ່ອຍ
hand over *v* ສົ່ງມອບຄືນ
handbag *n* ຖົງຫິ້ວ
handbook *n* ຄູ່ມື
handcuff *v* ໃສ່ກະແຈມື
handcuffs *n* ກະແຈໃສ່ມື
handful *n* ໜຶ່ງກຳມື
handgun *n* ປືນສັ້ນ
handicap *n* ຫັດຖະກຳ
handkerchief *n* ຜ້າແພມັ້ນ
handle *v* ເຮັດມືໄດ້
handle *n* ບ່ອນໃຫ້ຈັບ
handmade *adj* ທີ່ເຮັດດ້ວຍມື
handrail *n* ຮາວຂັ້ນໃດ
handshake *n* ຈັບມືກັນ

handsome *adj* ເຈົ້າຊູ້, ໜຸ່ມເໝາະ
handwritting *n* ທີ່ຂຽນດ້ວຍມື
handy *adj* ສະດວກດີ
hang *iv* ຫ້ອຍ
hang around *v* ຫ້ອຍຢູ່ທີ່ໃນ
hang on *v* ຫ້ອຍຢູ່, ຫຍຸ້ງໄວ້
hang up *v* ຫ້ອຍໄວ້
hanger *n* ຂໍຫ້ອຍເຄື່ອງ
hangup *n* ຄອບງຳ, ບັນຫາ
happen *v* ເກີດຂຶ້ນ
happening *n* ການເກີດຂຶ້ນ
happiness *n* ຄວາມສຸກ
happy *adj* ມີຄວາມສຸກ
harass *v* ທໍຣະມານ
harassment *n* ການຄຸກຄາມ
harbor *n* ທ່າເຮືອ
hard *adj* ຍາກ
harden *v* ເຮັດໃຫ້ແຂງແກ່ງ
hardly *adv* ເກືອບຈະບໍ່ມີ
hardness *n* ຄວາມລຳບາກ
hardship *n* ຄວາມທຸກທໍລະມານ
hardware *n* ຮາດແວຣ໌
hardwood *n* ໄມ້ເນື້ອແຂງ
hardy *adj* ແຂງແກ່ນ
hare *n* ກະຕ່າຍປ່າ
harm *v* ເຮັດໃຫ້ອັນຕະລາຍ
harm *n* ຄວາມຊົ່ວ
harmful *adj* ເປັນອັນຕະລາຍ
harmless *adj* ອານມ້າ
harmonize *v* ສາມັກຄີກັນ
harmony *n* ສຽງປະສານ
harp *n* ພິນ

harpoon *n* ລູກຫວ້າ
harrowing *adj* ທີ່ບາດ, ທີ່ຄາດ
harsh *adj* ຫ້າວ, ຫຸນແຮງ
harshly *adv* ຢ່າງຫຸນແຮງ
harshness *n* ຄວາມຫຸນແຮງ
harvest *n* ການເກັບກ່ຽວ
harvest *v* ເກັບກ່ຽວ
hashish *n* ກັນຊາ
hassle *v* ພົວກັງ, ກໍກວນ
hassle *n* ການພົວກັງ
haste *n* ຄວາມຟ້າວຟັ່ງ
hasten *v* ຮີບຮ້ອນ, ຮີບເວັ້ງ
hastily *adv* ຢ່າງຮີບຮ້ອນ
hasty *adj* ຮີບຮ້ອນ, ຮີບເວັ້ງ
hat *n* ໝວກ
hatchet *n* ຂວານນ້ອຍ, ອາວຸດ
hate *v* ຊັງ
hateful *adj* ເຊິ່ງມີເຈດຕະນາຮ້າຍ
hatred *n* ຄວາມຊັງ
haughty *adj* ເຊິ່ງຫະນົງ
haul *v* ແກງ, ລາກ
haunt *v* ສິງຢູ່, ຫຼອກ
have *iv* ມີ, ເປັນ
have to *v* ຕ້ອງ
haven *n* ບ່ອນຫຼົບໄພ
havoc *n* ຄວາມຈິບຫາຍ
hawk *n* ຄົນຫຼອກລວງ
hay *n* ຫຍ້າ
haystack *n* ກອງຫຍ້າ
hazard *n* ເຫດບັງເອີນ
hazardous *adj* ສ່ຽງໃພ
haze *n* ໝອກບາງໆ

hazelnut n ຖົ່ວຫາເຊວ
hazy adj ມີໝອກກົ້ວ
he pro ລາວຜູ້ຊາຍ
head n ຫົວ
head for v ມຸ້ງໜ້າ
headache n ເຈັບຫົວ
heading n ຫົວເລື່ອງ
head-on adv ຕຳໃບຫາ
headphones n ເຄື່ອງຟັງຫູ
headquarters n ກອງບັນຊາການ
headway n ຄວາມຄືບໜ້າ
heal v ປິ່ນປົວ, ຊ່ວງເຊົາ
healer n ສິ່ງທີ່ບັນເທົາ
health n ສຸຂະພາບ
healthy adj ສຸຂະພາບດີ
heap n ກອງ
heap v ເຮັດເປັນກອງ
hear iv ໄດ້ຍິນ
hearing n ການໄດ້ຍິນ
hearsay n ເລື່ອງເວົ້າປາກຕໍ່ປາກ
hearse n ລົດບັນທຸກສົບ
heart n ຫົວໃຈ, ຮູບກາງ
heartburn n ອາການຈຸກສຽດທ້ອງ
hearten v ມີຈິດອົດຊື່ວ
heartfelt adj ຈິງໃຈ, ໂດຍຕັ້ງໃຈ
hearth n ພື້ນເຕົາ
heartless adj ໝົດຫວັງ
hearty adj ແຂງແຮງ, ຈິງໃຈ
heat v ເຮັດໃຫ້ຮ້ອນ
heat n ຄວາມຮ້ອນ
heathen n ຄົນນອກສາດສະໜາ
heating n ການເຮັດໃຫ້ອຸ່ນ

heatwave n ຄື້ນຄວາມຮ້ອນ
heaven n ສະຫວັນ, ເທິງຟ້າ
heavenly adj ເປັນສຸກ, ລ້ຳເລີດ
heaviness n ຄວາມໜັກ
heavy adj ໜັກ, ຫນາ
heckle v ຂັດຄໍ, ເວົ້າສອດ
hectic adj ໜ້າຕື່ນເຕັ້ນ
heed v ລະວັງ, ເອົາໃຈໃສ່
heel n ສົ້ນຕີນ, ສົ້ນ
height n ຄວາມສູງ
heighten v ເຮັດໃຫ້ສູງຂຶ້ນ
heinous adj ໜ້າຊັງ
heir n ຜູ້ຮັບມໍລະດົກ
heiress n ຜູ້ຮັບພິນາຍກຳ
heist n ການປຸ້ນຈີ້
helicopter n ເຮລິຄອບເຕີ້
hell n ນາຮົກ
hello e ສະບາຍດີ, ເຮວໂລ
helm n ພວງມະໄລ
helmet n ໝວກກັນນ໋ອກ
help v ຊ່ວຍເຫຼືອ
help n ການຊ່ວຍເຫຼືອ
helper n ຜູ້ຊ່ວຍເຫຼືອ
helpful adj ມີປະໂຫຍດ
helpless adj ໝົດຫວັງ
hem n ຕີນສົ້ນ
hemisphere n ຊີກໂລກ
hemorrhage n ການເລືອດຕົກ
hen n ໄກ່ແມ່
hence adv ຕັ້ງແຕ່ນີ້ໄປ
henchman n ລູກນ້ອງ
her adj ລາວຜູ້ຍິງ

hobby

herald *v* ທະແຫຍງ
herald *n* ຜູ້ສື່ຂ່າວ
herb *n* ສະໝຸນໄພ
here *adv* ຢູ່ທີ່ນີ້
hereafter *adv* ຕໍ່ຈາກນີ້ໄປ
hereby *adv* ດ້ວຍນີ້
hereditary *adj* ຕາມພັນທຸກຳ
heresy *n* ບາບ
heretic *adj* ຄົນນອກຮີດ
heritage *n* ມໍລະດົກ
hermetic *adj* ລົກວັບ
hermit *n* ນັກບວດ, ລືສີ
hernia *n* ໄສ້ເລື່ອນ
hero *n* ພະເອກ
heroic *adj* ເປັນພະເອກ
heroism *n* ຄວາມກ້າຫານ
hers *pro* ຂອງລາວ (ຜູ້ຍິງ)
herself *pro* ລາວເອງ (ຜູ້ຍິງ)
hesitant *adj* ລັງເລໃຈ
hesitate *v* ລັງເລໃຈ, ຊັກຊ້າ
hesitation *n* ຄວາມລັງເລ
hiccup *n* ສະເອີ
hidden *adj* ເຊື່ອງປິດບັງຢູ່
hide *iv* ລີ້
hideaway *n* ທີ່ຫົບຢູ່
hideous *adj* ໜ້າຢ້ານ
hierarchy *n* ຕາມລຳດັບຊັ້ນ
high *adj* ສູງ, ໃຫຍ່
highlight *n* ຈຸດສຳຄັນ
highly *adv* ຢ່າງສູງ
Highness *n* ຄວາມມີກຽດ
highway *n* ທາງດ່ວນ

hijack *v* ປຸ້ນຈີ້ເຮືອບິນ
hijack *n* ການປຸ້ນຈີ້ເຮືອບິນ
hijacker *n* ໂຈນອາກາດ
hike *v* ຍ່າງ
hilarious *adj* ເຮຮາ, ສຸກສັນ
hill *n* ພູນ້ອຍ, ເນີນ
hillside *n* ເຫີງເຈົ້ຽພ
hilltop *n* ຍອດພູ
hilt *n* ດ້າມເຄື່ອງມື
hinder *v* ກີດຂວາງ
hindrance *n* ເຄື່ອງກີດຂວາງ
hinge *v* ໃສ່ບານພັບ
hinge *n* ບານພັບ, ຂໍກະແຈ
hint *n* ການບອກໃຫ້ເປັນໄນ
hint *v* ບອກເປັນໄນ
hip *n* ກະໂພກ
hire *v* ຄ່າຈ້າງ, ຄ່າເຊົ່າ
his *pro* ຂອງລາວ (ຜູ້ຊາຍ)
hiss *v* ສະແດງທ່າຢ່ວດຫຍາບ
historian *n* ນັກປະຫວັດສາດ
history *n* ປະຫວັດສາດ
hit *n* ການຕີ
hit *iv* ຕີ
hit back *v* ຕີກັບ, ໂຕ້ກັບ
hitch *n* ອຸປະສັກ
hitch up *v* ດຶງຂຶ້ນ
hitherto *adv* ຈົນກະທັ້ງຕອນນີ້
hive *n* ຮັງເຜິ້ງ
hoard *v* ສະສົມ
hoarse *adj* ສຽງແຫບ
hoax *n* ການຫຼອກລວງ
hobby *n* ງານອະດິເຮກ

hog *n* ໝູຕອນ
hoist *v* ດຶງຂຶ້ນ, ຍົກຂຶ້ນ
hoist *n* ໂສ້ຍົກ, ຍົກຂຶ້ນ
hold *iv* ຈັບໄວ້
hold back *v* ກັນໄວ້, ເຊື່ອງໄວ້
hold on to *v* ສືບຕໍ່ຮັກສາໄວ້
hold out *v* ຂັດຂວາງ
hold up *v* ຈັບໄວ້
holdup *n* ການປຸ້ນ
hole *n* ຮູ, ບ່ອງ
holiday *n* ມື້ພັກ
holiness *n* ຄວາມສັກສິດ
Holland *n* ປະເທດໂຮນລັງ
hollow *adj* ເປັນຮູ, ໂກນ
holocaust *n* ການທຳລາຍລ້າງ
holy *adj* ທີ່ສັກສິດ
homage *n* ຄວາມເຄົາລົບ
home *n* ບ້ານ, ເຮືອນ
homeland *n* ບ້ານເກີດ
homeless *adj* ທີ່ບໍ່ມີທີ່ຢູ່ອາໄສ
homely *adj* ບໍ່ງາມ
homemade *adj* ເຮັດຢູ່ບ້ານ
homesick *adj* ຄິດຮອດບ້ານ
homework *n* ການບ້ານ
homicide *n* ການຄາດຕະກຳ
homily *n* ຄຳມະເທສະນາ
honest *adj* ຊື່ສັດ, ສຸຈະລິດ
honesty *n* ຄວາມຊື່ສັດ
honey *n* ນ້ຳເຜິ້ງ
honk *v* ບີບແກ
honor *n* ກຽດຕິຍົດ
hood *n* ຜ້າປົກຫົວ

hoodlum *n* ນັກເລງ
hoof *n* ເລັບມ້າ
hook *n* ຂໍເກາະ
hooligan *n* ອັນຕະພານ
hop *v* ໂດດຂາດຽວ
hope *n* ຄວາມຫວັງ
hopefully *adv* ຢ່າງຄາດຫວັງໄວ້
hopeless *adj* ໝົດຫວັງ
horizon *n* ຂອບຟ້າ
horizontal *adj* ຕາມແຖວນອນ
hormone *n* ຮໍໂມນ
horn *n* ເຂົາ, ເຂົາສັດ
horrendous *adj* ໜ້າຢ້ານກົວ
horrible *adj* ເປັນຕາຢ້ານກົວ
horrify *v* ເຮັດໃຫ້ໜ້າຢ້ານກົວ
horror *n* ຄວາມຫວາດກົວ
horse *n* ໂຕມ້າ
hose *n* ທໍ່ງນ້ຳທີ່ຍາວ
hospital *n* ໂຮງໝໍ
hospitality *n* ຄວາມເອື້ອເຟື້ອ
host *n* ເຈົ້າພາບ
hostage *n* ຕົວປະກັນ
hostess *n* ສາວຕ້ອນຮັບ
hostile *adj* ເຊິ່ງເປັນສັດຕຣູ
hostility *n* ຄວາມເປັນສັດຕຣູ
hot *adj* ຮ້ອນ
hotel *n* ໂຮງແຮມ
hound *n* ໝາໄລ່ເນື້ອ
hour *n* ຊົ່ວໂມງ
hourly *adv* ທຸກໆຊົ່ວໂມງ
house *n* ບ້ານ, ເຮືອນ
household *n* ຄົວເຮືອນ

hypothesis

housewife *n* ແມ່ເຮືອນ
housework *n* ວງກບ້ານ
hover *v* ບິນໃນມາ
how *adv* ເປັນແນວໃດ
however *c* ຢ່າງໃດກໍ່ຕາມ
howl *v* ຫອນ
howl *n* ການເຫົ່າຫອນ
hub *n* ດຸມລໍ້ລົດ
huddle *v* ກອງລວມກັນ
hug *v* ກອດຮັດ
hug *n* ການກອດຮັດ
huge *adj* ໃຫຍ່ໂຕ
hull *n* ເປືອກໝາກໄມ້
hum *v* ສຽງຫຶ່ມງ
human *adj* ແຫ່ງມະນຸດ
human being *n* ຄວາມເປັນຄົນ
humanities *n* ມະນຸດສາດ
humankind *n* ມະນຸດຊາດ
humble *adj* ຖ່ອມຕົນ, ວົດກງວດ
humbly *adv* ຢ່າງຕ່ຳຕ້ອຍ
humid *adj* ຊຸ່ມ, ບຽກ
humidity *n* ຄວາມຊຸ່ມ
humiliate *v* ເຮັດໃຫ້ສຍຍົດ
humor *n* ອາລົມ
humorous *adj* ເປັນຕາຫົວ
hump *n* ປຸ່ມ, ໂຄກ
hunch *n* ກົ່ງ, ໂຄ້ງ
hunchback *n* ຫຼັງກົ່ງ, ຫຼັງກ່ອມ
hunched *adj* ທີ່ເຮັດໃຫ້ກ່ອມ
hundred *adj* ຮ້ອຍ
hundredth *adj* ທີຮ້ອຍ
hunger *n* ຄວາມຫິວ

hungry *adj* ຫິວ
hunt *v* ລ່າສັດ
hunter *n* ນາຍພານ
hunting *n* ການລ່າສັດ
hurdle *n* ເຄື່ອງກີດຂວາງ
hurl *v* ໂຍນແຮງໆ
hurricane *n* ລົມພາຍຸເຮືອແດນ
hurriedly *adv* ຢ່າງກະພຸບກະພ້າບ
hurry *v* ແຟ້ວ
hurry up *v* ໄວງ
hurt *iv* ເຮັດໃຫ້ເຈັບ
hurt *adj* ເຈັບ
hurtful *adj* ເຊິ່ງບັນອັນຕະລາຍ
husband *n* ສາມີ, ຜົວ
hush *n* ມິດ
hush up *v* ປິດຄວາມ
husky *adj* ມີເປືອກຫຼາຍ
hustle *n* ຮີບເລັ່ງ
hut *n* ຕູບ, ກະຕູບ
hydraulic *adj* ອາໄສແຮງນ້ຳ
hydrogen *n* ໄຮໂດຣເຈນ
hyena *n* ໝາໄນ
hygiene *n* ຄວາມສະອາດ
hymn *n* ເພງສາສະຫນາຄິດສ
hyphen *n* ເຄື່ອງໝາຍຂີດສັ້ນ (-)
hypnosis *n* ການສະກົດຈິດ
hypnotize *v* ສະກົດ, ສະກົດຈິດ
hypocrisy *n* ຄວາມເຈົ້າເຫຼ່
hypothesis *n* ສົມມຸດຕິຖານ

I

I *pro* ຂ້າພະເຈົ້າ, ຂ້ອຍ
ice *n* ນ້ຳກ້ອນ
ice cream *n* ກະແລມ
ice cube *n* ນ້ຳກ້ອນ
ice skate *v* ຖີ້ນກີລານ້ຳແຂງ
iceberg *n* ກ້ອນນ້ຳແຂງໃຫຍ່
icebox *n* ຕູ້ເຢັນ
ice-cold *adj* ເຢັນຈັດ
icon *n* ຮູບບູຊາ, ໄອຄອນ
idea *n* ຄວາມຄິດ
ideal *adj* ທີ່ດີເລີດ
identical *adj* ເໝືອນກັນ
identify *v* ບອກລັກສະນະ
identity *n* ເອກະລັກ
idiom *n* ສຳນວນ
idiot *n* ຄົນໂງ່, ຄົນຈ້າ
idiotic *adj* ບ້າ, ໂງ່
idle *adj* ຢູ່ເສີຍ
idol *n* ສິ່ງທີ່ບູຊາ
if *c* ຖ້າວ່າ
ignite *v* ກໍ່ໄຟ
ignorance *n* ຄວາມບໍ່ຮູ້
ignorant *adj* ໂງ່ງາວ
ignore *v* ບໍ່ສົນໃຈ
ill *adj* ເຈັບປ່ວຍ
illegal *adj* ສິ່ງທີ່ຜິດກົດໝາຍ
illegible *adj* ເຊິ່ງອ່ານບໍ່ອອກ
illegitimate *adj* ນອກກົດໝາຍ
illicit *adj* ຕ້ອງຫ້າມ

illiterate *adj* ກິນຫັນງສື
illness *n* ການເຈັບປ່ວຍ
illogical *adj* ໄຮ້ເຫດຜົນ
illuminate *v* ໃຫ້ແສງສະຫວ່າງ
illusion *n* ການຫຼອກລວງ
illustration *n* ພາບປະກອບ
illustrious *adj* ດັ່ງ, ມີຊື່ສຽງ
image *n* ຮູບພາບ
imagination *n* ມະໂນພາບ
imagine *v* ຈິນຕະນາການ
imbalance *n* ຄວາມບໍ່ສົມດຸນ
imitate *v* ລວງແບບ
imitation *n* ການລ່ວມແບບ
immaculate *adj* ບໍລິສຸດ
immature *adj* ຍັງບໍ່ສົມບູນ
immediately *adv* ຢ່າງກະທັນຫັນ
immense *adj* ມະໂຫຫານ
immensity *n* ຄວາມມະໂຫຫານ
immerse *v* ຈຸ່ມ, ທ້ວມ
immersion *n* ການຈຸ່ມ
immigrant *n* ຜູ້ອົບພະຍົບເຂົ້າມາ
immigration *n* ການອົບພະຍົບ
imminent *adj* ເຊິ່ງໃກ້ຈະເກີດຂຶ້ນ
immobile *adj* ເຄື່ອນທີ່ບໍ່ໄດ້
immobilize *v* ບໍ່ເຄື່ອນໄຫວ
immoral *adj* ເຊິ່ງຜິດສິນລະທຳ
immorality *n* ການຜິດສິນລະທຳ
immortal *adj* ເຊິ່ງເປັນອຳມະຕະ
immortality *n* ຄວາມເປັນອຳມະຕະ
immune *adj* ກ່ຽວກັບພູມຄຸ້ມກັນ
immunity *n* ພູມຄຸ້ມກັນ
immunize *v* ເຮັດໃຫ້ມີພູມຄຸ້ມກັນ

inception

immutable *adj* ຊຶ່ງບໍ່ປ່ຽນແປງ
impact *n* ຜົນກະທົບ
impact *v* ສ້າງຜົນກະທົບ
impair *v* ເຮັດໃຫ້ອ່ອນແອ
impartial *adj* ຍຸດຕິທຳ, ເປັນກາງ
impatience *n* ຄວາມບໍ່ອົດທົນ
impatient *adj* ໃຈຮ້ອນ
impeccable *adj* ຊຶ່ງສົມບູນແບບ
impediment *n* ສິ່ງກິດຂວາງ
imperfection *n* ຂໍ້ບົກພ່ອງ
imperial *adj* ຍິ່ງໃຫຍ່ຫຼາຍ
impersonal *adj* ຊຶ່ງບໍ່ເປັນສ່ວນຕົວ
impertinence *n* ຄວາມໂອຫັງ
impertinent *adj* ທີ່ໂອຫັງ
impetuous *adj* ໃຈຮ້ອນ
implacable *adj* ຊຶ່ງສະຫງົບລົງບໍ່ໄດ້
implant *v* ປູກຝັງ
implement *v* ເຮັດໃຫ້ມີຜົນ
implicate *v* ກ່ຽວພັນກັບ
implication *n* ສິ່ງທີ່ພົວພັນກັບ
implicit *adj* ບອກເປັນໄນ
implore *v* ອ້ອນວອນ
imply *v* ບອກເປັນໄນ
impolite *adj* ບໍ່ສຸພາບ
import *v* ນຳເຂົ້າ
importance *n* ຄວາມສຳຄັນ
impose *v* ກຳນົດ
imposing *adj* ສະຫງ່າງາມ
imposition *n* ການເກັບພາສີ
impossibility *n* ຄວາມເປັນໄປບໍ່ໄດ້
impossible *adj* ເປັນໄປບໍ່ໄດ້
impotent *adj* ອ່ອນແອ

impound *v* ກັກຂັງ
impoverished *adj* ທຸກຍາກ
impractical *adj* ຊຶ່ງນຳໃຊ້ບໍ່ໄດ້ຈິງ
imprecise *adj* ຄຸມເຄືອ
impress *v* ເຮັດໃຫ້ປະທັບໃຈ
impressive *adj* ຊຶ່ງປະທັບໃຈ
imprison *v* ຈຳຄຸກ, ກັກຂັງ
improbable *adj* ບໍ່ໜ້າຈະເປັນໄປໄດ້
impromptu *adv* ເຮັດສົດໆ
improper *adj* ບໍ່ເໝາະສົມ
improve *v* ດີຂຶ້ນ, ປັບປຸງ
improvement *n* ການປັບປຸງ
impulse *n* ແຮງກະຕຸ້ນ
impulsive *adj* ທີ່ເປັນແຮງຜັກດັນ
impunity *n* ການພົ້ນໂທດ
impure *adj* ບໍ່ດີ, ມີມົນທິນ
in *pre* ໃນ, ທາງໃນ
in depth *adv* ທັງເວົ້າລວງຊຶ່ງ
inaccessible *adj* ຊຶ່ງເຂົ້າບໍ່ເຖິງ
inaccurate *adj* ຊຶ່ງບໍ່ຖຶກຕ້ອງ
inadequate *adj* ຊຶ່ງບໍ່ເໝາະສົມ
inadmissible *adj* ຊຶ່ງບໍ່ຍອມຮັບ
inappropriate *adj* ຊຶ່ງບໍ່ເໝາະສົມ
inasmuch as *c* ເພາະສະນັ້ນ
inaugurate *v* ເປີດສາກ
inauguration *n* ພິທີເປີດ
incalculable *adj* ຫຼາຍຈົນນັບບໍ່ໄດ້
incapable *adj* ຊຶ່ງຟໍ່ເປັນ
incarcerate *v* ຂັງຄຸກ
incense *n* ທູບ
incentive *n* ທີ່ເປັນສິ່ງກະຕຸ້ນ
inception *n* ການກໍ່ຕັ້ງ

incessant *adj* ເລື້ອຍໆ
inch *n* ນິ້ວ
incident *n* ເຫດການ
incidentally *adv* ໂດຍບັງເອີນ
incision *n* ຮອຍຜ່າຕັດ
incite *v* ກະຕຸ້ນ
incitement *n* ການກະຕຸ້ນ
inclination *n* ການອງຽງ
incline *v* ກົ້ງໂຄ້ງ
include *v* ປະກອບດ້ວຍ
inclusive *adv* ຢ່າງຄອບຄຸມ
incoherent *adj* ເຊິ່ງບໍ່ຕໍ່ເນື່ອງ
income *n* ລາຍໄດ້
incoming *adj* ທີ່ໃກ້ເຂົ້າມາ
incompatible *adj* ເຊິ່ງບໍ່ເຂົ້າກັນ
incomplete *adj* ເຊິ່ງບໍ່ສົມບູນ
inconsistent *adj* ເຊິ່ງບໍ່ສອດຄ່ອງກັນ
incontinence *n* ກັ້ນບໍ່ຢູ່
inconvenient *adj* ເຊິ່ງບໍ່ສະດວກ
incorporate *v* ຮ່ວມກັນເປັນກຸ່ມ
incorrect *adj* ເຊິ່ງບໍ່ຖືກຕ້ອງ
increase *v* ເພີ່ມຂຶ້ນ
increase *n* ການເພີ່ມຂຶ້ນ
increasing *adj* ເຊິ່ງເພີ່ມຂຶ້ນ
incredible *adj* ເຊິ່ງບໍ່ໜ້າເຊື່ອ
increment *n* ການເພີ່ມຂຶ້ນ
incriminate *v* ພ້ອງຮ້ອງ
incur *v* ປະສົບກັບສິ່ງທີ່ບໍ່ດີ
indecency *n* ຫຍາບຄາຍ
indecision *n* ຄວາມວັງເວ
indecisive *adj* ເຊິ່ງວັງເວ
indeed *adv* ຢ່າງແທ້ຈິງ

indefinite *adj* ເຊິ່ງບໍ່ມີຂໍ້ກຳນົດ
indemnify *v* ຈ່າຍຄ່າຊົດເຊີຍ
indemnity *n* ຄ່າຊົດເຊີຍ
independent *adj* ເຊິ່ງເປັນອິດສະຫຼະ
index *n* ດັດຊະນີ
indicate *v* ສະແດງບອກ
indication *n* ສັນຍານ
indict *v* ພ້ອງຮ້ອງ
indifference *n* ຄວາມບໍ່ສົນໃຈ
indifferent *adj* ເຊິ່ງບໍ່ສົນໃຈ
indigent *adj* ຍາກຈົນ
indirect *adj* ໂດຍທາງອ້ອມ
indiscreet *adj* ເຊິ່ງບໍ່ຮອບຄອບ
indiscretion *n* ຄວາມບໍ່ຮອບຄອບ
indispensable *adj* ເຊິ່ງຂາດບໍ່ໄດ້
indisposed *adj* ເຊິ່ງບໍ່ເຕັມໃຈ
indisputable *adj* ໂຕ້ແຍ້ງບໍ່ໄດ້
indivisible *adj* ແບ່ງບໍ່ໄດ້
indoctrinate *v* ປູກຝັງຄວາມເຊື່ອ
indoor *adv* ພາຍໃນອາຄານ
induce *v* ຊັກຊວນ
indulge *v* ຍອມຕາມໃຈ
indulgent *adj* ເຊິ່ງຍອມຜ່ອນຜັນ
industrious *adj* ຂະຫຍັນ
industry *n* ອຸດສະຫະກຳ
ineffective *adj* ເຊິ່ງໃຊ້ການບໍ່ໄດ້
inequality *n* ເຊິ່ງບໍ່ສະເໝີພາບ
inevitable *adj* ເຊິ່ງຫຼີກລ້ຽງບໍ່ໄດ້
inexpensive *adj* ເຊິ່ງບໍ່ແພງ
inexplicable *adj* ເຊິ່ງອະທິບາຍບໍ່ໄດ້
infallible *adj* ເຊິ່ງບໍ່ມີຂໍ້ຜິດພາດ
infamous *adj* ເຊິ່ງບໍ່ມີຊື່ສຽງ

infant n ເດັກອ່ອນ
infect v ຕິດເຊື້ອ
infection n ການຕິດເຊື້ອ
infectious adj ເຊື້ອຕິດເຊື້ອ
infer v ອະນຸໂລມ
inferior adj ດ້ອຍກວ່າ
infertile adj ເຊິ່ງບໍ່ອຸດົມສົມບູນ
infested adj ທີ່ວິບກວນ
infidelity n ຄວາມບໍ່ຊື່ສັດ
infiltrate v ຊິມ, ແຊກຊິມ
infiltration n ການແຊກຊິມ
infinite adj ເຊິ່ງບໍ່ສິ້ນສຸດ
infirmary n ໂຮງໝໍ
inflammation n ການອັກເສບ
inflate v ໂພງຂຶ້ນ
inflation n ເງິນເຟີ້
inflexible adj ເຊິ່ງບໍ່ຍືດຍຸ່ນ
inflict v ສ້າງຄວາມເຈັບປວດ
influence n ການຈູງໃຈ
influential adj ເຊິ່ງມີອິດທິພົນຕໍ່
influenza n ໄຂ້ຫວັດໃຫຍ່
influx n ການໄຫຼບ່າງເຂົ້າມາ
inform v ແຈ້ງໃຫ້ຮູ້
informal adj ເຊິ່ງບໍ່ເປັນທາງການ
informant n ຜູ້ບອກ
information n ຂໍ້ມູນ
informer n ຄົນແຈ້ງຂ່າວ
infraction n ການລະເມີດ
infrequent adj ບໍ່ເກີດເລື້ອຍໆ
infuriate v ເຮັດໃຫ້ໃຈຮ້າຍ
ingest v ກິນທາງປາກ
ingot n ກ້ອນໂລຫະ

ingrained adj ຕິດແໜ້ນ
ingratiate v ເຮັດໃຫ້ຄົນມັກ
ingratitude n ຄວາມກະຕັນຍູ
ingredient n ສ່ວນປະສົມ
inhabit v ຢູ່ອາໃສ
inhabitable adj ເຊິ່ງຢູ່ອາໃສໄດ້
inhabitant n ຄົນທີ່ຢູ່ອາໃສ
inhale v ຫາຍໃຈເຂົ້າ
inherit v ຮັບມໍລະດົກ
inheritance n ການຮັບມໍລະດົກ
inhibit v ຍັບຍັ້ງ, ຂັດຂວາງ
inhuman adj ໂຫດຮ້າຍ
initial adj ເລີ້ມຕົ້ນ, ຊັ້ນຕົ້ນ
initially adv ໃນຂັ້ນເລີ້ມຕົ້ນ
initials n ຊື່ຫຍໍ້
initiate v ລິເລີ້ມ
initiative n ການເລີ້ມຕົ້ນ
inject v ສັກຢາ
injection n ການສັກຢາ
injure v ໄດ້ຮັບບາດເຈັບ
injurious adj ເຊິ່ງເປັນອັນຕະລາຍ
injury n ອາການບາດເຈັບ
injustice n ຄວາມອະຍຸຕິທຳ
ink n ນ້ຳມຶກ
inkling n ຄວາມສະໜອງໃຈ
inlaid adj ຝັງວ່ວມ, ຜັງ
inland adv ເຂົ້າໃນປະເທດ
inland adj ເຊິ່ງຢູ່ພາຍໃນປະເທດ
inmate n ຜູ້ຖຶກກັກກັນ
inn n ໂຮງແຮມນ້ອຍ
innate adj ເຊິ່ງມີແຕ່ເກີດ
inner adj ທາງໃນ, ພາຍໃນ

innocence

innocence n ຄວາມໄຮ້ດຽງສາ
innocent adj ໄຮ້ດຽງສາ
innovation n ນະວັດຕະກຳ
innuendo n ການສງວດສີ
innumerable adj ເຊິ່ງນັບບໍ່ຖ້ວນ
input n ປ້ອນເຂົ້າ
inquest n ການສອບສວນຄະດີ
inquire v ສອບສວນ
inquiry n ສອບສວນ
inquisition n ການສືບສວນ
insane adj ບ້າ, ເສຍເສັ້ນ
insanity n ຄວາມວິປະວິດ
insatiable adj ເຊິ່ງບໍ່ຮູ້ຈັກອີ່ມ
inscription n ສິ່ງທີ່ຈາລຶກ
insect n ແມງໄມ້
insecurity n ຄວາມບໍ່ປອດໄພ
inseparable adj ແບ່ງແຍກບໍ່ໄດ້
insert v ສອດເຂົ້າ
insertion n ການສອດ
inside adj ທາງໃນ
inside pre ພາຍໃນ
insignificant adj ເຊິ່ງບໍ່ສຳຄັນ
insincere adj ບໍ່ຊື່ສັດ
insincerity n ຄວາມບໍ່ຊື່ສັດ
insinuate v ບອກເປັນໃນ
insinuation n ບອກໃບ້
insipid adj ທີ່ບໍ່ມີລົດຊາດ
insist v ຢືນຢັນ
insistence n ການຢືນຢັນ
insolent adj ອວດດີ
insoluble adj ແກ້ໄຂບໍ່ໄດ
inspect v ກວດສອບ

inspection n ການກວດສອບ
inspector n ຜູ້ກວດສອບ
inspire v ຕິດໃຈ
instability n ຄວາມບໍ່ໝັ້ນຄົງ
install v ຕິດຕັ້ງ
installation n ການຕິດຕັ້ງ
installment n ການຜ່ອນສົ່ງ
instance n ກໍລະນີ
instant n ດ່ວນ, ສຳເລັດຮູບ
instantly adv ໂດຍທັນທີ
instead adv ໂດຍແທນທີ່
instigate v ກະຕຸ້ນ, ຍຸແຍ່
instinct n ສັນຊາດຕະຍານ
institute v ຈັດຕັ້ງ, ຈັດໃຫ້ມີ
institution n ສະຖາບັນ
instruct v ແນະນຳ, ສັ່ງສອນ
instructor n ອາຈານ
insufficient adj ຂາດແຄນ
insult v ໝິ່ນປະໝາດ
insult n ການດູຖູກ
insurance n ປະກັນໄພ
insure v ຮັບຮອງ
insurgency n ການປະທ້ວງ
insurrection n ການປະທ້ວງ
intact adj ເຊິ່ງບໍ່ເສຍຫາຍ
integrate v ປະສົມປະສານ
integrity n ຄວາມຊື່ສັດ
intelligent adj ເຊິ່ງມີໄຫວພິບ
intend v ຕັ້ງໃຈ, ມຸ້ງໝັ້ນ
intense adj ເຂັ້ມຂຸ້ນ
intensify v ເຮັດໃຫ້ຮຸນແຮງຂຶ້ນ
intensive adj ເຂັ້ມຂຸ້ນ

intention n ຄວາມຕັ້ງໃຈ
intercede v ຂໍຮ້ອງໃຫ້ຄົນອື່ນ
intercept v ການສະກັດກັ້ນ
intercession n ການຂໍຮ້ອງ
interchange v ສັບກັນ
interchange n ການສະຫຼັບກັນ
interest n ຄວາມສົນໃຈ
interested adj ເຊິ່ງສົນໃຈ
interesting adj ໜ້າສົນໃຈ
interfere v ແຊກແຊງ
interference n ການຮົບກວນ
interior adj ພາຍໃນ
intermediary n ສື່ກາງ
intern v ຝຶກງານ
interpret v ແປພາສາ
interpreter n ນາຍແປພາສາ
interrogate v ຊັກຖາມ
interrupt v ຂັດຂວາງ
interruption n ການຂັດຂວາງ
intersect v ຕັດກັນ
intertwine v ເຮັດໃຫ້ພົວພັນກັນ
interval n ຊ່ວງຕ່າງໆ
intervene v ວຸ້ນວາຍ
intervention n ການແຊກແຊງ
interview n ສໍາພາດ
intestine n ລໍາໃສ້
intimacy n ຄວາມໃກ້ສິດ
intimate adj ໃກ້ສິດ
intimidate v ຄຸກຄາມ
intolerable adj ທີ່ອົດທົນບໍ່ໄດ້
intolerance n ການຫົວອົດ
intoxicated adj ຂີ້ເຫຼົ້າເມົາຢາ

intrepid adj ກ້າຫານ
intricate adj ຫຍຸ້ງຍາກ
intriguing adj ວາງອຸບາຍ
intrinsic adj ເນື້ອແທ້
introduce v ແນະນຳ
introduction n ການແນະນຳ
introvert adj ທີ່ເບິ່ງແກ່ຕົວ
intrude v ບຸກຮຸກ, ຍຸກລ້ຳ
intruder n ຜູ້ບຸກລຸກ
intrusion n ການບຸກລຸກ
intuition n ການຢັ່ງຮູ້
inundate v ທ່ວມ, ໄຫຼບ່າ
invade v ຍຽບຢ່າ, ບຸກລຸກ
invader n ຜູ້ບຸກລຸກ
invalid n ຄົນເຈັບຫັນກ
invalidate v ພິສູດ
invaluable adj ທີ່ບໍ່ມີຄ່າ
invasion n ການລ່ວງລ້ຳ
invent v ສ້າງເລື່ອງ
invention n ການປະດິດ
inventory n ສິນຄ້າທີ່ມີຢູ່ຮ້ານ
invest v ວົງທຶນ, ແຕ່ງຕັ້ງ
investigation n ການສືບສວນ
investment n ການວົງທຶນ
investor n ນັກວົງທຶນ
invisible adj ເຊິ່ງເບິ່ງບໍ່ເຫັນ
invitation n ຄຳເຊີນ
invite v ເຊີນ
invoice n ໃບແຈ້ງລາຄາສິນຄ້າ
invoke v ກໍໃຫ້ເກີດ
involve v ກ່ຽວພັນ
involved v ທີ່ກ່ຽວຂ້ອງ

involvement n ການພົວພັນ
inward adj ເຂົ້າທາງໃນ
inwards adv ພາຍໃນໃຈ
iodine n ທາດໄອໂອດິນ
irate adj ໂມໂຫຮ້າຍ
Ireland n ປະເທດໄອແລນ
iron n ເຫຼັກ
iron v ຮີດເຄື່ອງ
ironic adj ປະຊົດປະຊັນ
irrational adj ຊຶ່ງບໍ່ມີເຫດຜົນ
irrefutable adj ທີ່ຫຼຽງບໍ່ໄດ້
irregular adj ຜິດປົກກະຕິ
irrelevant adj ບໍ່ສຳພັນກັນ
irreparable adj ທີ່ແກໄຂບໍ່ໄດ້
irresistible adj ທີ່ຕ້ານທານບໍ່ໄດ້
irrespective adj ໂດຍບໍ່ຄຳນຶງເຖິງ
irreversible adj ປີ້ນຄືນບໍ່ໄດ້
irrevocable adj ປ່ຽນແປງບໍ່ໄດ້
irrigate v ຈ່າລະວ້າງ
irrigation n ຊົນລະປະທານ
irritate v ລະຄາຍເຄືອງ
irritating adj ຊຶ່ງລະຄາຍເຄືອງ
Islamic adj ກ່ຽວກັບອິດສະລາມ
island n ເກາະ
isle n ເກາະນ້ອຍ
isolate v ແຍກຕົວອອກ
isolation n ການເຫີນຫ່າງ
issue n ປະເດັນ, ບັນຫາ
Italian adj ກ່ຽວກັບອິຕາລີ
italics adj ຕົວອຽງ
Italy n ປະເທດອິຕາລີ
itch v ເຮັດໃຫ້ຄັນ

itchiness n ຄັນຄາຍ
item n ເຄື່ອງ, ລາຍການ
itemize v ລົງລາຍລະອຽດ
itinerary n ການທ່ອງທ່ຽວ
ivory n ງາຊ້າງ, ງາຂອງສັດ

J

jackal n ຄົນບໍ່ຊື່ສັດ
jacket n ເສື້ອໃຫຍ່
jaguar n ເສືອຈາກົວຣ໌
jail n ຄຸກ
jail v ຈຳຄຸກ
jailer n ຜູ້ຄຸມນັກໂທດ
jam n ກວນຫມາກໄມ້
January n ເດືອນມັງກອນ
Japan n ປະເທດຍີ່ປຸ່ນ
Japanese adj ກ່ຽວກັບຍີ່ປຸ່ນ
jar n ຂວດໂຫ
jasmine n ດອກມະລິ
jaw n ຄາງກະໄຕ
jealous adj ອິດສາ
jealousy n ຄວາມອິດສາ
jeans n ໂສ້ງຢີນ
jeopardize v ເຮັດໃຫ້ສ່ຽງໄພ
jerk v ເອົ້າກະຕຸກກະຕັກ
jerk n ຄົນໂງ່, ບັນຍາອ່ອນ
jersey n ເສື້ອຣັດຮູບ
Jew n ຄົນຢິວ

jewel n ເພັດພອຍ
jeweler n ຄົນຂາຍເພັດພອຍ
jewelry store n ຫົນເພັດພອຍ
Jewish adj ກ່ຽວກັບຢິວ
jigsaw n ຈິກຊໍ, ພາບຕໍ່
job n ວງກງານ
jobless adj ຕົກງານ
join v ເຂົ້າຮ່ວມ
joint n ຂໍ້ຕໍ່
jointly adv ຢ່າງຮ່ວມກັນ
joke n ເລື່ອງຕະຫຼົກ
joke v ເຮັດຕະຫຼົກ
jokingly adv ຢ່າງຕະຫຼົກ
jolly adj ເບີກບານ
jolt v ກະຕຸກ
jolt n ການກະຕຸກ
journal n ວາລະສານ
journalist n ນັກຂ່າວ
journey n ການເດີນທາງ
jovial adj ເບີກບານໃຈ
joy n ຄວາມປິຕິຍິນດີ
joyful adj ທີ່ປິຕິຍິນດີ
joyfully adv ຢ່າງມີຄວາມສຸກ
jubilant adj ປິຕິຍິນດີ
Judaism n ສາສະຫນາຢິວ
judge n ຜູ້ຕັດສິນ
judgment n ການຕັດສິນໃຈ
judicious adj ສຸຂຸມ
jug n ເຍືອກນໍ້າ
juggler n ນັກໂຍນເຄື່ອງ
juice n ນໍ້າຫມາກໄມ້
juicy adj ຊຸ່ມ, ຫນ້າສົນໃຈ

July n ເດືອນກໍລະກົດ
jump v ໂດດ
jump n ການໂດດ
junction n ທາງແຍກ
June n ເດືອນມີຖຸນາ
jungle n ປ່າ
junior adj ຄົນທີ່ອ່ອນກວ່າ
junk n ຂີ້ເຫຍື້ອ
jury n ຄະນະຕຸລາການ
just adj ພຽງແຕ່
justify v ອະທິບາຍ
justly adv ຢ່າງຍຸດຕິທຳ
juvenile n ເດັກຫນຸ່ມສາວ
juvenile adj ເຮັດຕົວເດັກນ້ອຍ

kangaroo n ໂຕເຕັ້ນກຸຊູ
karate n ກິລາຄາລາເຕ້
keep iv ເກັບ, ຮັກສາ
keep on v ສືບຕໍ່
keep up v ບໍ່ຖິ່ມຖອຍ
keg n ຖັງ, ໄຫນ້ອຍ
kennel n ບ້ານຂອງຫມາ
kettle n ກາຕົ້ມນໍ້າ
key n ກະແຈ
key ring n ພວງກະແຈ
keyboard n ແປ້ນພິມ
kick v ເຕະ

kickback

kickback n เงินใต้โต๊ะ
kid n ເດັກນ້ອຍ
kidnap v ລັກພາຕົວ
kidnapper n ຜູ້ລັກພາຕົວ
kidnapping n ການລັກພາຕົວ
kidney n ໝາກໄຂ່ຫຼັງ
kill v ຂ້າ
killer n ນັກຂ້າ
killing n ການຂ້າກັນ
kilogram n ກິໂລກາມ
kilometer n ກິໂລແມັດ
kilowatt n ກິໂລວັດ
kind adj ໃຈດີ
kindle v ໃຫ້ກຳເນີດ
kindly adv ດ້ວຍຈິດໃຈດີ
kindness n ຄວາມກະລຸນາ
king n ພະລາຊາ
kingdom n ອະນາຈັກ
kinship n ຕະກູນ, ເຄືອຍາດ
kiss v ຈູບ, ຫອມ
kiss n ການຈູບ
kitchen n ເຮືອນຄົວ
kite n ວ່າວ
kitten n ແມວນ້ອຍ
knee n ຫົວເຂົ່າ
kneel iv ຄຸເຂົ່າ
knife n ມີດ
knight n ໝາກຫຸກໂຕມ້າ
knit v ຖັກແສ່ວ
knob n ຫົວບິດປະຕູ
knock n ສຽງເຄາະ
knock v ເຄາະ

knot n ກະຈຸກ
know iv ຮູ້ຈັກ
know-how n ຄວາມຮູ້ແລະທັກສະ
knowingly adv ຢ່າງທີ່ຮູ້ເທົ່າທັນ
knowledge n ຄວາມຮູ້

L

lab n ຫ້ອງທົດລອງ
label n ປ້າຍ
labor n ຄົນງານ
laborer n ກຳມະກອນ
labyrinth n ເຂົາວົງກົດ
lace n ເຊືອກມັດເກີບ
lack v ຂາດ
lack n ຄວາມຂາດແຄນ
lad n ເດັກໜຸ່ມ
ladder n ຂັ້ນໄດ
laden adj ມີພາລະໜັກ
lady n ຜູ້ຍິງ
ladylike adj ເໝາະກັບຜູ້ຍິງ
lagoon n ທະເລສາບ
lake n ໜອງ
lamb n ແກະນ້ອຍ
lame adj ພິການ
lament n ຄວາມໂສກເສົ້າເສຍໃຈ
lamp n ໂຄມໄຟ
lamppost n ເສົາໄຟຟ້າ

lampshade *n* ອັນຄອບຕະກຽງ
land *n* ທີ່ດິນ
land *v* ນຳລົງຈອດ
landfill *n* ບ່ອນຜັງກົກຂີ້ເຫຍື້ອ
landing *n* ການລົງຈອດ
landlocked *adj* ທີ່ບໍ່ຕິດກັບທະເລ
landlord *n* ເຈົ້າທີ່ດິນ
landscape *n* ພູມສັນຖານ
lane *n* ແລນ
language *n* ພາສາ
languish *v* ອ່ອນແຮງ
lantern *n* ໂຄມໄຟ
lap *n* ຕັກ
lapse *n* ການຜິດພາດ
lapse *v* ລຸ້ມລົງ, ຍຸບລົງ
larceny *n* ການລັກຂະໂມຍ
lard *n* ມັນໝູ
large *adj* ທີ່ໃຫຍ່
larynx *n* ຫຼອດສຽງ
laser *n* ແສງເວ່ເຊີ
lash *n* ຂົນຕາ, ການຂ້ຽນ
lash *v* ກະຕຸ້ນ, ຂຽນຕີ
lash out *v* ເຕະ, ຖ້າຍດຸ
last *v* ຕໍ່ໄປ, ຕໍ່ເນື່ອງ
last *adj* ສຸດທ້າຍ
last name *n* ນາມສະກຸນ
lasting *adj* ຖືນານ
lastly *adv* ສຸດທ້າຍນີ້
latch *n* ກອນບະຕູ
lately *adv* ເມື່ອບໍ່ດົນມານີ້
later *adv* ຊ້າກວ່າເກົ່າ
later *adj* ຊ້າກວ່າເກົ່າ

lateral *adj* ກ່ຽວກັບດ້ານຂ້າງ
latest *adj* ລ່າສຸດ
lather *n* ພອງສະບູ
latitude *n* ເສັ້ນລະຫານ
latter *adj* ຕໍ່ມາ
laugh *v* ຫົວ
laugh *n* ການຫົວ
laughable *adj* ເປັນຕາຫົວ
laughing stock *n* ເລື່ອງຕະຫຼົກ
laughter *n* ການຫົວ
launch *n* ການປ່ອຍ
launch *v* ປ່ອຍ
laundry *n* ຊັກວິດ
lavatory *n* ຫ້ອງນ້ຳ
lavish *adj* ຢ່າງຟຸ່ມເຟືອຍ
lavish *v* ຟຸ່ມເຟືອຍ
law *n* ກົດໝາຍ
lawn *n* ສະຫນາມຫຍ້າ
lawsuit *n* ຄະດີຄວາມ
lawyer *n* ທະນາຍຄວາມ
lax *adj* ເຊິ່ງບໍ່ເຂັ້ມງວດ
laxative *adj* ກ່ຽວກັບຢາລະບາຍ
lay *n* ບົດເພງ, ກອນສັ້ນ
lay *iv* ປູ, ຍອງໄວ້
lay off *v* ບໍ່ຈ້າງຕໍ່ໄປ
layer *n* ຊັ້ນ, ຊັ້ນດິນ
layman *n* ຄົນທຳມະດາ
layout *n* ໂຄງການ
laziness *n* ຄວາມຂີ້ຄ້ານ
lazy *adj* ຂີ້ຄ້ານ
lead *iv* ນຳທາງໄປ
lead *n* ທາດຊືນ, ລູກປືນ

leaded

leaded *adj* ທີ່ມີສານຊືນ
leader *n* ຜູ້ນຳພາ
leadership *n* ຄວາມເປັນຜູ້ນຳ
leading *adj* ສຳຄັນ, ຊັ້ນນຳ
leaf *n* ກິບໃບ, ໃບໄມ້
leaflet *n* ໃບປິວ, ແຜ່ນພັບ
league *n* ສະມາຄົມ
leak *v* ຮົ່ວໄຫຼ
leak *n* ການຮົ່ວໄຫຼ
leakage *n* ການຮົ່ວໄຫຼ
lean *adj* ຜະຍັດ
lean *iv* ໂອນອຽງ
lean back *v* ແອນ
lean on *v* ພຶ່ງພາອາໃສ
leaning *n* ການພຸ້ງ
leap *iv* ກະໂດດ, ໂດດໃສ່
leap *n* ການກະໂດດ
leap year *n* ປີທີ່ມີ 366 ມື້
learn *iv* ຮຽນ
learner *n* ຜູ້ສຶກສາຮ່ຳຮຽນ
learning *n* ການສຶກສາຮ່ຳຮຽນ
lease *v* ໃຫ້ເຊົ່າ
lease *n* ການໃຫ້ເຊົ່າ
leash *n* ການຂົ່ມເຫັງ
least *adj* ໜ້ອຍທີ່ສຸດ
leather *n* ໜັງສັດ
leave *iv* ລາພັກ
leave out *v* ຕັດຖິ້ມ
lecture *n* ການບັນລະຍາຍ
leech *n* ໂຕປີງ
leftovers *n* ຂອງເຫຼືອ
leg *n* ຂາ

legacy *n* ມໍລະດົກ
legend *n* ຄຳສັບບຍາວັກ
legible *adj* ອ່ານອອກໄດ້
legion *n* ກອງທະຫານ
legislate *v* ອອກກົດໝາຍ
legislature *n* ວັດຖະສະພາ
leisure *n* ພັກຜ່ອນຢ່ອນໃຈ
lemon *n* ໝາກນາວ
lemonade *n* ນ້ຳໝາກນາວ
lend *iv* ໃຫ້ຢືມ
length *n* ຄວາມຍາວ
lengthen *v* ຍາວອອກໄປ
lengthy *adj* ທີ່ຍືດຍາວ
leniency *n* ຄວາມກະລຸນາ
lenient *adj* ອ່ອນໂຍນ
lense *n* ແກ້ວຕາ
Lent *n* ສະຫງົບຈິດ
lentil *n* ໝາກຖົ່ວ
leopard *n* ເສືອດາວ
leper *n* ຜູ້ເປັນພະຍາດຂີ້ທູດ
leprosy *n* ພະຍາດຂີ້ທູດ
less *adj* ໜ້ອຍທີ່ສຸດ
lessee *n* ຜູ້ເຊົ່າ
lessen *v* ບັນເທົາ
lesser *adj* ນ້ອຍກວ່າ
lesson *n* ບົດຮຽນ
lessor *n* ຜູ້ໃຫ້ເຊົ່າ
let *iv* ໃຫ້ເຊົ່າ
let down *v* ທຶ້ມ, ໃຫ້ລົງ
let go *v* ໃຫ້ໄປ
let in *v* ປ່ອຍໃຫ້ເຂົ້າໄປ
let out *v* ໃຫ້ຂັບອອກໄປ

linen

lethal *adj* ຮ້າຍແຮງເຖິງຕາຍ
letter *n* ຈົດໝາຍ
lettuce *n* ຜັກສະລັດ
level *v* ລະດັບ
level *n* ເຄື່ອງວັດສະດັບ
lever *n* ໝ້ຽກງັດ
leverage *n* ເຄື່ອງດົ້ນ
levy *v* ຈັດເກັບ
lewd *adj* ມີຕັນຫາ
liability *n* ຄວາມຮັບຜິດຊອບ
liable *adj* ທີ່ຮັບຜິດຊອບ
liar *adj* ທີ່ຂີ້ຕົວະ
libel *n* ການໝິ່ນບະໝາດ
liberate *v* ປົດປ່ອຍ
liberation *n* ການປົດປ່ອຍ
liberty *n* ອິດສະຫຼະພາບ
librarian *n* ຜູ້ດູແລຫໍສະໝຸດ
library *n* ຫໍສະໝຸດ
lice *n* ເຫົາ
license *n* ການອະນຸຍາດ
license *v* ການອະນຸຍາດ
lick *v* ຕີ
lid *n* ຝາປິດ
lie *iv* ນອນວາງ
lie *v* ຂີ້ຕົວະ
lie *n* ການຂີ້ຕົວະ
lieu *n* ແທນ
lieutenant *n* ນາຍຮ້ອຍໂທ
life *n* ຊີວິດ
lifeguard *n* ຜູ້ຢ່າງຊ່ວຍຊີວິດ
lifeless *adj* ບໍ່ເຫງົງຕິງ
lifestyle *n* ວິທີການດຳລົງຊີວິດ

lifetime *adj* ຕະຫຼອດຊີວິດ
lift *v* ຍົກຂຶ້ນ
lift off *v* ຍົກອອກ
lift-off *n* ການບິນຂຶ້ນ
ligament *n* ເອັນ
light *iv* ແຈ້ງສະຫວ່າງ
light *adj* ແຈ້ງສະຫວ່າງ
light *n* ຄວາມແຈ້ງສະຫວ່າງ
lighter *n* ໄພແຊັກ
lighthouse *n* ກະໂຈມໄຟ
lighting *n* ຟ້າແລບ
lightly *adv* ຢ່າງຄ່ອຍງບົ່າງ
lightning *n* ສາຍຟ້າ
lightweight *n* ເບົາ
likable *adj* ໜ້າພໍໃຈ, ໜ້າຮັກ
like *pre* ເຊັ່ນ, ດັ່ງເຊັ່ນ
like *v* ມັກ
likelihood *n* ຄວາມເປັນໄປໄດ້
likely *adv* ເປັນໄປໄດ້
likeness *n* ພາບເໝືອນ
likewise *adv* ນອກຈາກນັ້ນ
liking *n* ຄວາມພໍໃຈ
limb *n* ກິ່ງ, ແຂນຫຼືຂາຫຼືປີກ
lime *n* ປູນຂາວ
limestone *n* ຫິນປູນ
limit *n* ຂອບເຂດ, ຂີດຈຳກັດ
limitation *n* ກົດເກນ
limp *v* ການຍ່າງບອກເບືອກ
linchpin *n* ໝຸດເກາະ
line *n* ເສັ້ນ, ສາຍ
line up *v* ເຂົ້າວງແຖວ
linen *n* ຜ້າວິນິນ

linger v ຢຸດຕໍ່
lingerie n ຊຸດຊັ້ນໃນຂອງຜູ້ຍິງ
lingering adj ທີ່ຍືດຍາດ
lining n ການບຸງບັນແບບ
link v ເຊື່ອມຕໍ່
link n ຂໍ້ຕໍ່
lion n ສິງໂຕ
lioness n ສິງໂຕແມ່
lip n ຮິມປາກ
liqueur n ເຫຼົ້າ
liquid n ທາດແຫຼວ
liquidate v ຊໍາລະຊັ້
liquidation n ການຊໍາລະຊັ້
list v ວັງລາຍການ
list n ລາຍການ
listen v ຟັງ
listener n ຜູ້ຟັງ
litany n ບົດເພງສວດມົນ
liter n ລິດ
literal adj ຕາມຕົວອັກສອນ
literate adj ມີການສຶກສາ
literature n ການພົນລະນາ
litigate v ຟ້ອງຮ້ອງ
litigation n ການຟ້ອງຮ້ອງ
litre n ລິດ
litter n ຂີ້ເຫຍື້ອ
little bit n ເລັກໜ້ອຍ
liturgy n ພິທີສວດ
live adj ທ່າຍທອດສົດ
live v ດຳເນີນຊີວິດ
live off v ຮັບປະທານອາຫານ
livelihood n ຄວາມເປັນຢູ່

lively adj ກະຕືລືລົ້ນ
liver n ຕັບ
livestock n ສັດລ້ຽງຕ່າງໆ
livid adj ສີຂຽວແບບຊ້ຳ
living room n ຫ້ອງຮັບແຂກ
lizard n ໂຕຂີ້ໂກະ
load v ເອົາໃສ່ວິດ
load n ເຄື່ອງບັນທຶກ
loaded adj ຈຳນວນຫຼາຍ
loaf n ກ້ອນເຂົ້າຈີ່
loan v ສິນເຊື່ອ
loan n ໃຫ້ຢືມ
loathe v ວັງກຽດ
loathing n ຄວາມວັງກຽດ
lobby n ຫ້ອງໂຖງ
lobster n ກຸ້ງມັງກອນ
local adj ປະຈຳທ້ອງຖິ່ນ
localize v ຈຳກັດວົງຂອບເຂດ
locate v ເອົາຕັ້ງຢູ່, ຊອກຫາ
located adj ທີ່ຕັ້ງຂຶ້ນ
location n ສະຖານທີ່ຕັ້ງ
lock v ໃສ່ກະແຈປະຕູ
lock n ກະແຈ
lock up v ກັບໃສ່ກະແຈໄວ້
lodge v ຫ້ອງເຊົ່າ
lodging n ການພັກເຊົ່າ
lofty adj ສູງສົ່ງ, ທະນົງຕົວ
log n ທ່ອນໄມ້
log v ໂຄ່ນຕົ້ນໄມ້
log in v ເຂົ້າສູ່ລະບົບ
log off v ອອກຈາກລະບົບ
logic n ຫຼັກການຫາເຫດຜົນ

loiter v ອ້ຂແອ້
loneliness n ຄວາມໂດດດ່ຽວ
lonely adv ໂດດດ່ຽວ
loner n ຄົນສັນໂດດ
lonesome adj ຫງອຍເຫງົາ
long adj ຍາວ
long for v ຫວັງຜິນ
longing n ຄວາມປາດຖະໜາ
longitude n ເສັ້ນແວງ
long-standing adj ຍາວນານ
long-term adj ໃນໄລຍະຍາວ
look n ການເບິ່ງ
look v ເບິ່ງ
look after v ເບິ່ງແຍງ
look at v ຈ້ອງເບິ່ງ
look down v ດູຖູກ
look for v ຊອກຫາ
look forward v ຫວັງເປັນຢ່າງຍິ່ງ
look into v ກວດເບິ່ງ
look out v ລະວັງ
look over v ເບິ່ງຂ້າມ
look through v ເບິ່ງຜ່ານ
looks n ຮູບໂສມ
loom n ຫູກ, ກີ່
loom v ຕຳຫູກ
loophole n ຊຼອງແຜງ
loose v ຫຼຸມ
loose adj ອິດສະຫຼະ
loosen v ມາຍອອກ
loot v ຈີ້, ປຸ້ນ
loot n ເຄື່ອງທີ່ລັກມາ
lord n ພະເຈົ້າ, ຂຸນນາງ

lordship n ຄວາມເປັນເຈົ້າຂອງ
lose iv ເສຍ, ສູນເສຍ
loser n ຜູ້ເສຍໄຊ
loss n ຄວາມເສຍຫາຍ
lot adv ສ່ວນ, ຫຼວງຫຼາຍ
lotion n ຄຣີມທາຜິວ
lots adj ຢ່າງຫຼາຍ
lottery n ການສ່ວງໂຊກ
loud adj ດັງ
loudly adv ຢ່າງສຽງດັງ
loudspeaker n ລຳໂພງ
lounge n ສະຖານທີ່ພັກຜ່ອນ
louse n ຫມັດ, ເຫົາ
lousy adj ມີເຫົາ
lovable adj ໜ້າຮັກ
love v ຮັກ, ມັກ
love n ຄວາມຮັກ
lovely adj ໜ້າຮັກ
lover n ຄົນຮັກ
loving adj ສະແດງຄວາມຮັກ
low adj ເຕ້ຍ
lower adj ຕ່ຳລົງ
lowly adj ຈຽມຕົວ
loyal adj ຈົງຮັກພັກດີ
loyalty n ຄວາມຈົງຮັກພັກດີ
lubricate v ເຕິມນ້ຳມັນເຄື່ອງ
lucid adj ແຈ່ມແຈ້ງ
luck n ໂຊກດີ
lucky adj ໂຊກດີ
lucrative adj ທີ່ມີກຳໄລງາມ
ludicrous adj ເປັນຕາຫົວຂວັນ
luggage n ຫີບເດິນທາງ

lukewarm adj ຂ້ອນຂ້າງອຸ່ນ
lull n ຄວາມງຽບສະຫງັດ
lumber n ແປ້ນ
luminous adj ເຫັ້ນໃຈງ່າຍ
lump n ກ້ອນ, ກອງ
lump sum n ເງິນກ້ອນ
lunacy n ບ້າ
lunatic adj ບ້າ, ເສຍສະຕິ
lunch n ອາຫານທ່ຽງ
lung n ປອດ
lure v ລໍ້ໃຈ, ລໍ້ລວງ
lurid adj ໜ້າຕື່ນຕົກໃຈ
lurk v ດັກຊຸ້ມ
lush adj ຂຽວອຸ່ມທຸ່ມ
lust v ມີຕັນຫາວາດຄະ
lust n ຕັນຫາວາດຄະ
lustful adj ມີຕັນຫາຫຼາຍ
luxurious adj ຟຸມເຟືອຍ
luxury n ເຄື່ອງບໍາລຸງຄວາມສຸກ
lynch v ແຂວນຄໍປະຫານຊີວິດ
lyrics n ເນື້ອເພງ

machine n ເຄື່ອງຈັກ
machine gun n ປືນກົນ
mad adj ເປັນບ້າ
madam n ມາດາມ
madden v ເຮັດໃຫ້ໃຈຮ້າຍ

madly adv ຢ່າງເປັນບ້າ
madman n ຄົນບ້າ
madness n ຄວາມບ້າ
magazine n ວາລະສານ
magic n ກົນ, ມົນຄາຖາ
magical adj ວິເສດ
magician n ຄົນຫຼິ້ນກົນ
magistrate n ຜູ້ພິພາກສາ
magnet n ແມ່ເຫຼັກ
magnetism n ອໍານາດແມ່ເຫຼັກ
magnificent adj ສະຫງ່າ
magnify v ເຮັດໃຫ້ໃຫຍ່
magnitude n ຂະໜາດໃຫຍ່
maid n ສາວໃຊ້
maiden n ສາວບໍລິສຸດ
mail v ສົ່ງທາງໄປສະນີ
mail n ໄປສະນີ
mailbox n ຕູ້ໄປສະນີ
mailman n ບຸລຸດໄປສະນີ
maim v ເຮັດໃຫ້ພິການ
main adj ສ່ວນໃຫຍ່
mainland n ແຜ່ນດິນໃຫຍ່
mainly adv ສ່ວນໃຫຍ່
maintain v ຮັກສາໄວ້
maintenance n ການຮັກສາ
majestic adj ສະຫງ່າຜ່າເຜີຍ
majesty n ສົມເດັດ
major n ນາຍພັນຕີ
major adj ສ່ວນໃຫຍ່
major in v ມີຄວາມສາມາດໃນ
majority n ສ່ວນຫຼາຍ
make ສິ່ງທີ່ສ້າງຂັ້ນ

make *iv* ເຮັດ, ກະທຳ
make up *v* ແຕ່ງໜ້າ
make up for *v* ເຮັດແທນ
maker *n* ຜູ້ສ້າງສັນ
makeup *n* ເຄື່ອງສຳອາງ
male *n* ເພດຊາຍ
malevolent *adj* ເປັນອັນຕະລາຍ
malice *n* ຄວາມຄິດຮ້າຍ
malign *v* ໃສ່ຄວາມ
malignancy *n* ການປອງຮ້າຍ
malignant *adj* ຫຍາບຊ້າ
mall *n* ຮ້ານຂັບພະສິນຄ້າ
malnutrition *n* ການຂາດອາຫານ
malpractice *v* ເຮັດບໍ່ຖືກຕ້ອງ
mammoth *n* ຊ້າງມະມຸດ
man *n* ຜູ້ຊາຍ
manage *v* ຈັດການ
manageable *adj* ຈັດການໄດ້
management *n* ຄະນະບໍລິຫານ
manager *n* ຜູ້ຈັດການ
mandate *n* ຄຳສັ່ງ, ອານັດ
mandatory *adj* ເຊິ່ງເປັນຂໍ້ບັງຄັບ
maneuver *n* ອອກອຸບາຍ
manger *n* ຮາງໃສ່ຫຍ້າ
mangle *v* ເຮັດໃຫ້ລົງບ
manhunt *n* ການຕາມລ່ານັກໂທດ
maniac *adj* ຫຼົງໄຫຼ, ຂາດສະຕິ
manifest *v* ສຸດແຈ້ງ
manipulate *v* ປັນໃຫ້ເໝາະສົມ
mankind *n* ມະນຸດ
manly *adj* ຢ່າງລູກຜູ້ຊາຍ
manner *n* ລັກສະນະ, ກິລິຍາ

manners *n* ມາລະຍາດສັງຄົມ
manpower *n* ແຮງຄົນ
mansion *n* ເຮືອນໃຫຍ່
manslaughter *n* ການຄາດຕະກຳ
manual *n* ປື້ມຄູ່ມື
manual *adj* ທີ່ເຮັດດ້ວຍມື
manufacture *v* ຜະລິດອອກ
manure *n* ຝຸ່ນຄອກ
manuscript *n* ຕົ້ນສະບັບ
many *adj* ຫຼາຍ
map *n* ແຜນທີ່
marble *n* ຫີນອ່ອນ
march *v* ເດີນສວນສະຫນາມ
March *n* ເດືອນມີນາ
mare *n* ມ້າແມ່
margin *n* ຂອບຫນ້າເຈ້ຍ
marginal *adj* ເຊິ່ງຢູ່ໃນຂອບເຂດ
marine *adj* ກ່ຽວກັບທະເລ
mark *n* ຫມາຍໄວ້
mark *v* ປິດ
mark down *v* ຂຽນໄວ້
marker *n* ເຄື່ອງຫມາຍ
market *n* ຕະຫຼາດ
marksman *n* ຜູ້ທີ່ຍິງ
marmalade *n* ແຍມ
marriage *n* ແຕ່ງດອງ
married *adj* ເຊິ່ງແຕ່ງດອງ
marrow *n* ມອນກະດູກ
marry *v* ແຕ່ງດອງ
Mars *n* ດາວອັງຄານ
marshal *n* ຈອມພົນ
martyr *n* ຜູ້ທຸກທໍລະມານ

marvel

marvel *n* ຜູ້ຊຳນານ
marvelous *adj* ວິເສດ
masculine *adj* ເພດຊາຍ
mash *v* ຄວາມບົນກັນ
mask *n* ໜ້າກາກ
mason *n* ຊ່າງກໍ່ເຮືອນ
masquerade *v* ປອມ, ເສແສ້ງ
mass *n* ພິທີສວດມົນ
massacre *n* ການຂ້າໃຫ້ຕາຍໝົດ
massage *n* ການບວດ
massage *v* ບວດ
masseuse *n* ພະນັກງານບວດຍິງ
mast *n* ເສົາກະໂດງເຮືອ
master *n* ນາຍ, ເຈົ້າບ້ານ
master *v* ຮຽນ
mastermind *n* ຜູ້ວິເຄາະໂຄງການ
masterpiece *n* ຜົນງານເອກ
mastery *n* ຄວາມຊຳນານ
mat *n* ສາດ
match *n* ກັບໄພ
match *v* ເຂົ້າກັນໄດ້
mate *n* ເພື່ອນຕາຍ
material *n* ເຄື່ອງອຸປະກອນ
materialism *n* ວັດຖຸນິຍົມ
maternal *adj* ຜັ່ນພ້ອງທາງແມ່
maternity *n* ຄວາມເປັນແມ່
math *n* ຄະນິດສາດ, ເລກ
matrimony *n* ການແຕ່ງດອງ
matter *n* ວັດຖຸ, ເລື່ອງ
mattress *n* ເສື່ອນອນ
mature *adj* ເປັນຜູ້ໃຫຍ່
maturity *n* ການໃຫຍ່ເຕັມທີ່

maul *v* ຫຍ້ຳ, ທຸບຕີ
maxim *n* ຄະຕິ, ຫຼັກການ
maximum *adj* ຂັ້ນສູງສຸດ
May *n* ເດືອນພຶດສະພາ
may *iv* ອາດຈະ, ບາງເທື່ອ
may-be *adv* ອາດຈະ
mayhem *n* ການທຳຮ້າຍຮ່າງກາຍ
mayor *n* ເຈົ້າແຂວງກຳແພງ
maze *n* ສາວີ
meadow *n* ທົ່ງຫຍ້າ
meager *adj* ສ່ວນນ້ອຍ
meal *n* ຄາບເຂົ້າ
mean *iv* ຄວາມໝາຍວ່າ
mean *adj* ໃຈແຄບ
meaning *n* ຄວາມໝາຍ
meaningful *adj* ມີຄວາມໝາຍ
meaningless *adj* ບໍ່ມີຄວາມໝາຍ
meanness *n* ຄວາມສົກກະປົກ
means *n* ເງິນ, ວິທີ
meantime *adv* ໃນຂະນະນັ້ນ
meanwhile *adv* ໃນເວລາດຽວກັນນັ້ນ
measles *n* ໝາກແດງ
measure *v* ວັດແທກ
measurement *n* ການວັດແທກ
meat *n* ຊີ້ນ
meatball *n* ລູກຊີ້ນ
mechanic *n* ຊ່າງເຄື່ອງຈັກ
mechanism *n* ກົນຈັກ, ກົນໄກ
mechanize *v* ໃຊ້ເຄື່ອງຈັກ
medal *n* ຫຼຽນ
medallion *n* ການປະດັບຫຼຽນໃຫ້
meddle *v* ອູ້ນວາຍ, ກ້າວກ່າຍ

meteor

mediate v ເປັນສື່ໃຫ້
mediator n ຕົວກາງ
medication n ການປິ່ນປົວ
medicinal adj ກ່ຽວກັບຢາ, ເປັນຢາ
medicine n ຢາ
medieval adj ສະໄໝກາງ
mediocre adj ສາມັນ, ບານກາງ
mediocrity n ຄວາມທຳມະດາ
meditate v ຄຸ້ນຄິດ
meditation n ການບັ່ງສະມາທິ
medium adj ທີ່ຢູ່ທຖາງກາງ
meek adj ນອບນ້ອມ
meekness n ຄວາມນອບນ້ອມ
meet iv ພົບກັບ
meeting n ການປະຊຸມ
melancholy n ພາວະໂສກເສົ້າ
mellow adj ສີສະຫວ່າງ
mellow v ເຮັດໃຫ້ສຸກ
melodic adj ມ່ວນ
melody n ສຽງດົນຕຣີ
melon n ໝາກແຕງໂມ
melt v ລະລາຍ
member n ສະມາຊິກ
membership n ຄວາມເປັນສະມາຊິກ
membrane n ເຫຍື່ອຫຸ້ມຈຸລັງ
memento n ເຄື່ອງເຕືອນໃຈ
memo n ຈົດບັນທຶກ
memoirs n ບັນທຶກປະຈຳວັນ
memorable adj ເຊິ່ງມີຄ່າໜ້າຈົດຈຳ
memorize v ທ່ອງຈຳ, ທ່ອງຂຶ້ນໃຈ
memory n ໜ່ວຍຄວາມຈຳ
men n ຜູ້ຊາຍຫຼາຍຄົນ

menace n ໄພອັນຕະລາຍ
mend v ແກ້ໄຂ
menstruation n ປະຈຳເດືອນ
mental adj ກ່ຽວກັບສະໝອງ
mentally adv ດ້ານຈິດໃຈ
mention v ກ່າວເຖິງ
mention n ການກ່າວເຖິງ
menu n ລາຍການ
merchandise n ຜູ້ຄ້າຂາຍ
merchant n ພໍ່ຄ້າ
merciful adj ຢ່າງເມດຕາ
merciless adj ທີ່ບໍ່ມີຄວາມປານີ
mercury n ຫາດຊິນ
mercy n ຄວາມປານີ
merely adv ພຽງເທົ່ານັ້ນ
merge v ຮວມເຂົ້າດ້ວຍກັນ
merger n ຜູ້ປະສົມປະສານ
merit n ຄຸນຄ່າ, ບຸນ
merit v ຄວນໄດ້ຮັບ
mermaid n ນາງເງືອກ
merry adj ມ່ວນຊື່ນ
mesh n ຕະຫວ່າງ, ແຫ
mesmerize v ສະກົດຈິດ
mess n ການບໍ່ຮຽບຮ້ອຍ
mess around v ຮິກໄປທົ່ວ
mess up v ເຮັດໃຫ້ສິ່ງກະປີກ
message n ຂໍ້ຄວາມ
messenger n ຜູ້ສົ່ງເຄື່ອງ
Messiah n ພະເຈົ້າ
metal n ໂລຫະ
metallic adj ກ່ຽວກັບໂລຫະ
meteor n ດາວສະເດັດ

M

meter n ແມັດ
method n ວິທີ
methodical adj ເຊິ່ງເປັນລະບຽບ
meticulous adj ພິຖີພິຖັນຫຼາຍ
metric adj ເຊິ່ງວັດເປັນແມັດ
Mexican adj ກ່ຽວກັບແມັກຊິກໂກ
mice n ຫນູ
microbe n ຈຸລິນຊີ
microphone n ມີໂກຣໂຟນ
microwave n ໄມໂຄຣແວບ
midair n ກາງອາກາດ
midday n ທ່ຽງວັນ
middle n ຕົງກາງ, ທາງກາງ
middleman n ພໍ່ຄ້າມີກາງ
midget n ຄົນເຕ້ຍ
midnight n ທ່ຽງຄືນ
midsummer n ກາງລະດູຮ້ອນ
midwife n ນາງພະດຸຄັນ
mighty adj ຢ່າງມີອໍານາດຫຼາຍ
migrant n ຜູ້ອົບພະຍົບ
migrate v ອົບພະຍົບ
mild adj ອ່ອນ, ເບົາ
mildew n ຕົກໂທມ
mile n ໄມລ໌
mileage n ໄລຍະເປັນໄມລ໌
milestone n ຫຼັກກິໂລ
militant adj ທີ່ຕໍ່ສູ້ກັນ
milk n ນໍ້ານົມ
milky adj ມີນໍ້ານົມ
mill n ໂຮງສີ
millennium n ຮອບພັນປີ
milligram n ມິລິກຣາມ

millimeter n ມິລິແມັດຕິ
million n ລ້ານ
millionaire adj ເສດຖີ
mime v ສະແດງລະຄອນກົກ
mince v ສັບ, ບົດ
mincemeat n ຊີ້ນສັບ
mind v ຕັ້ງໃຈຟັງ
mind n ໃຈ, ຈິດໃຈ
mind-boggling adj ເຫຼືອເຊື່ອ
mindful adj ເອົາໃຈໃສ່
mindless adj ເຊິ່ງບໍ່ມີຈຸດຫມັນ
mine n ບໍ່ແຮ່
mine v ຂຸດບໍ່ແຮ່
mine pro ຂອງຂ້ອຍ
minefield n ບໍລິເວນທີ່ມີລະເບີດ
miner n ຄົນຂຸດບໍ່ແຮ່
mineral n ໂລຫະທາດ
mingle v ເຂົ້າກັນ
miniature n ຫຸ່ນ, ນ້ອຍໆ
minimize v ເຮັດໃຫ້ນ້ອຍລົງ
minimum n ຢ່າງຫນ້ອຍ
miniskirt n ກະໂປງສັ້ນ
minister n ວັດທະມັນຕີ
minister v ຮັບໃຊ້
ministry n ກະຊວງ
minor adj ເວົ້າກຫນ້ອຍ
minority n ຊົນຊາດຊົນເຜົ່າ
mint n ໃບພັກກ້ານກ່າ
mint v ເຮັດໃຫ້ເປັນຫງຽນເງິນ
minus adj ເປັນລົບ
minute n ນາທີ
miracle n ມະຫັດສະຈັນ

modernize

miraculous *adj* ໜ້າອັດສະຈັນ
mirage *n* ພາບລວງຕາ
mirror *n* ແວ່ນ
misbehave *v* ປະພຶດບໍ່ຖືກຕ້ອງ
miscalculate *v* ຄຳນວນບໍ່ຖືກ
miscarriage *n* ການຸລູກ
miscarry *v* ລູກ
mischief *n* ການກໍ່ກວນ
mischievous *adj* ດື້
misconduct *n* ການປະພຶດຜິດ
misdemeanor *n* ຜູ້ກະທຳຜິດ
miser *n* ຄົນຂີ້ຖີ່
miserable *adj* ຊົ່ວຮ້າຍ, ທຸກໃຈ
misery *n* ຄວາມທຸກຍາກ
misfit *adj* ບໍ່ພໍດີ
misfortune *n* ໂຊກຮ້າຍ
misgivings *n* ຄວາມເຂົ້າໃຈຜິດ
misguided *adj* ຊີ້ນຳທາງຜິດ
misinterpret *v* ແປຜິດ
misjudge *v* ຕັດໃຫ້ເຂົ້າໃຈຜິດ
mislead *v* ນຳພາຜິດ
misleading *adj* ຊີ້ນຳພາຜິດ
mismanage *v* ບໍລິຫານຜິດ
misplace *v* ໃສ່ບໍ່ຖືກບ່ອນ
misprint *n* ພິມຜິດ
miss *v* ເຮັດຜິດ
miss *n* ນາງ ຫຼື ນາງສາວ
missile *n* ຂີປະນາວຸດ
missing *adj* ທີ່ຫາຍໄປ
mission *n* ຄະນະຜູ້ແທນ
mist *n* ໝອກບາງ
mistake *iv* ເຮັດຄວາມຜິດ

mistake *n* ຄວາມຜິດ
mistaken *adj* ຜິດ
mister *n* ທ້າວ
mistreat *v* ທາລຸນ
mistreatment *n* ການເຮັດທາລຸນ
mistress *n* ເມຍລັບ, ນາງ
mistrust *n* ຄວາມບໍ່ໄວ້ວາງໃຈ
mistrust *v* ບໍ່ເຊື່ອໃຈໃນ
misty *adj* ທີ່ບໍ່ຊັດເຈນ
misunderstand *v* ເຂົ້າໃຈຜິດ
misuse *n* ການໃຊ້ໃນທາງຜິດ
mitigate *v* ເຮັດໃຫ້ລົດໜ້ອຍລົງ
mix *v* ປົນກັນ
mixed-up *adj* ເຊິ່ງສັບສົນວຸ້ນວາຍ
mixer *n* ເຄື່ອງປົດ
mixture *n* ການປົດປະສົມກັນ
mix-up *n* ສະຖານະການວຸ້ນວາຍ
moan *v* ຄາງ, ຈົ່ມ
moan *n* ສຽງຄາງ, ການຈົ່ມ
mob *v* ກໍ່ປະທ້ວງ
mob *n* ການປະທ້ວງ
mobile *adj* ທີ່ຍ້າຍໄປມາໄດ້
mobilize *v* ກະກຽມ
mobster *n* ຜູ້ກໍ່ກວນ
mock *v* ເຍາະເຍີ້ຍ
mockery *n* ການລໍ້ລວງ
mode *n* ແບບ
model *n* ການເຮັດເປັນຕົວຢ່າງ
moderate *adj* ພໍສົມຄວນ
moderation *n* ຄວາມພໍປະມານ
modern *adj* ສະໄໝໃໝ່
modernize *v* ເຮັດໃຫ້ທັນສະໄໝ

modest

modest *adj* ສຸພາບ, ຖ່ອມຕົວ
modify *v* ປ່ຽນແປງ
moisten *v* ເຮັດໃຫ້ປຽກ
moisture *n* ບຽກຊຸ່ມ
molar *n* ແຂ້ວກິກ
mold *v* ຫຼໍ່ແບບ
mold *n* ເບົ້າຫຼໍ່
moldy *adj* ເຕັມໄປແຕ່ດິນ
mole *n* ໂຕຕຸ່ນ, ໄຝ
molecule *n* ໂມເລກຸນ
molest *v* ກໍ່ກວນ, ລວນລາມ
mom *n* ແມ່
moment *n* ເວລາສຳຄັນ
momentarily *adv* ຊົ່ວຂະນະ
monarch *n* ເຈົ້າຊີວິດ
monastery *n* ວັດ
monastic *adj* ເຊິ່ງກ່ຽວກັບວັດ
Monday *n* ວັນຈັນ
money *n* ເງິນຕາ
money order *n* ໃບສັ່ງຈ່າຍເງິນ
monitor *v* ເບິ່ງແຍງ
monk *n* ພະສົງ
monkey *n* ໂຕລິງ
monopolize *v* ຜູກຂາດ
monopoly *n* ການຜູກຂາດ
monotonous *adj* ໜ້າເບື່ອໜ່າຍ
monotony *n* ຄວາມຈຳຈາກ
monster *n* ຜີໂຕໃຫຍ
monstrous *adj* ຊົ່ວຮ້າຍ
month *n* ເດືອນ
monthly *adv* ທຸກເດືອນ
monument *n* ອະນຸສາວະລີ

monumental *adj* ອັນໃຫຍ່
mood *n* ອາລົມ
moody *adj* ຫງຸດຫງິດ
moon *n* ດວງເດືອນ
moor *v* ຈອດເຮືອ
mop *v* ຖູພື້ນ
moral *adj* ຢ່າງມີສິດທຳ
moral *n* ສິນທຳ
morality *n* ສິນລະທຳ
more *adj* ອີກ, ຫຼາຍກວ່າ
moreover *adv* ອີງກວ່ານັ້ນ
morning *n* ມື້ເຊົ້າ
moron *adj* ຊັ້ງປັນຍາອ່ອນ
morphine *n* ມໍຟິນ
morsel *n* ຕ່ອມອາຫານ
mortal *adj* ຮາຫັດ
mortality *n* ການຕາຍ
mortar *n* ຊີມື້, ປູນວາດຝາ
mortgage *n* ການຈຳນຳ
mortification *n* ການອັບອາຍ
mortify *v* ເຮັດໃຫ້ອັບອາຍ
mortuary *n* ຫ້ອງດັບຈິດ
mosaic *n* ການຕໍ່ພາບ
mosque *n* ມັດສະກິດ
mosquito *n* ໂຕຍຸງ
most *adj* ຫຼາຍທີ່ສຸດ
mostly *adv* ສ່ວນຫຼາຍ
moth *n* ແມງກະເບື້ອກາງຄືນ
mother *n* ແມ່
motherhood *n* ຄວາມເປັນແມ່
mother-in-law *n* ແມ່ເຖົ້າຫຼືແມ່ຍ່າ
motion *n* ການເຄື່ອນໄຫວ

motionless *adj* ເຊົ່າຢູ່ນິ້ງ
motivate *v* ກະຕຸ້ນ
motive *n* ສາຍເຫດ
motor *n* ເຄື່ອງຈັກ
motorcycle *n* ລົດຈັກ
motto *n* ຄວາມສຸພາສິດ
mount *n* ພູ
mount *v* ຂຶ້ນຂີ່
mountain *n* ພູ
mountainous *adj* ເຕັມໄປດ້ວຍພູເຂົາ
mourn *v* ໂສກເສົ້າ
mourning *n* ການໂສກເສົ້າ
mouse *n* ໜູ
mouth *n* ປາກ
move *n* ການເຄື່ອນຍ້າຍ
move *v* ເຄື່ອນຍ້າຍ
move back *v* ຖອຍຫຼັງ
move forward *v* ກ້າວໄປໜ້າ
move out *v* ຍ້າຍອອກ
move up *v* ຍ້າຍຂຶ້ນ
movement *n* ການເຄື່ອນທີ່
movie *n* ຮູບເງົາ
mow *v* ຕັດຫຍ້າ
much *adv* ຫຼາຍ
mucus *n* ຂີ້ມູກ
mud *n* ຂີ້ຕົມ
muddle *n* ຄວາມວຸ້ນວາຍ
muddy *adj* ເປັນຂີ້ຕົມ
muffle *v* ເຮັດໃຫ້ສຽງນ້ອຍລົງ
muffler *n* ຜ້າກັບສຽງ
mug *v* ຫຍ້ອກໃສ່ນ້ຳ
mugging *n* ການໂຈມຕີ

mule *n* ຄົນໂງ່ແລະດື້
multiple *adj* ຫຼາຍເທົ່າ
multiplication *n* ການຄູນ
multiply *v* ຄູນ
multitude *n* ຈຳນວນຫຼາຍ, ຝູງ
mumble *v* ຈົ່ມມຸມງ
mummy *n* ແມ່, ມ່າມີ
mumps *n* ພະຍາດໝາກເບີດ
munch *v* ຫຍ້ຳມີສຽງດັງ
munitions *n* ອາວຸດ
murder *n* ການຂ້າຄົນ
murderer *n* ເພັດສະຫາດ
murky *adj* ເຊົ່າມິດມົວ
murmur *v* ຈົ່ມມຸມງ
murmur *n* ສຽງສົ່ມກັນ
muscle *n* ກ້າມຊີ້ນ
museum *n* ຫໍພິພິດທະພັນ
mushroom *n* ເຫັດ
music *n* ດົນຕີ
musician *n* ນັກດົນຕີ
Muslim *adj* ມຸດສະລິມ
must *iv* ຕ້ອງ
mustache *n* ຫນວດ
mustard *n* ມັດສຕາດ
muster *v* ຊຸມນຸມ
mutate *v* ປ່ຽນແປງ
mute *adj* ໃບ້, ບໍ່ອອກສຽງ
mutilate *v* ເຮັດໃຫ້ພິການ
mutiny *n* ການຂັດຂືນຄຳສັ່ງ
mutually *adv* ຢ່າງຮ່ວມກັນ
muzzle *v* ປົງເຊືອກບັນຈຸລູກປືນ
muzzle *n* ປາກສັດ

my adj ຂອງຂ້ອຍ
myopic adj ເຈົ້າສາຍຕາສັ້ນ
myself pro ຂ້ອຍເອງ
mysterious adj ເລິກລັບ
mystery n ຄວາມເລິກລັບ
mystify v ເຮັດໃຫ້ງົງ
myth n ນິຫານບູຮານ

N

nag v ສໍ່, ຮ້າຍກາດ
nagging adj ເຊົ້າດຸດ່າ
nail n ຕະປູ, ເລັບ
naive adj ຢ່າງຊື່ຕົງ
naked adj ເປືອຍກາຍ
name n ຊື່
namely adv ຊື່ວ່າ
nanny n ຄົນລ້ຽງເດັກ
nap n ການນອນຫຼັບງົວງ
napkin n ຜ້າເຊັດມື
narcotic n ຢາເສບຕິດ
narrate v ບັນລະຍາຍ, ເລົ່າ
narrow adj ແຄບ
narrowly adv ຢ່າງຈຳກັດ
nasty adj ຫຍາບຄາຍ
nation n ປະເທດຊາດ
national adj ແຫ່ງຊາດ
nationality n ສັນຊາດ
nationalize v ເຮັດເປັນຂອງຊາດ

native adj ບ້ານເກີດ
natural adj ຕາມທຳມະຊາດ
naturally adv ຢ່າງທຳມະຊາດ
nature n ທຳມະຊາດ
naughty adj ດື້, ມືນ
nausea n ອາການປັ່ນທ້ອງ
nave n ໃຈກາງສິມ
navel n ສາຍບື
navigate v ແລ່ນເຮືອ
navigation n ການແລ່ນເຮືອ
navy n ກອງທັບເຮືອ
navy blue adj ສີກົມມະຫາດ
near pre ໃກ້
nearby adj ໃກ້ຊິດ
nearly adv ເກືອບຈະ
nearsighted adj ສາຍຕາສັ້ນ
neat adj ຮຽບຮ້ອຍ
neatly adv ຢ່າງຮຽບຮ້ອຍ
necessary adj ຈຳເປັນ
necessitate v ບັງຄັບ
necessity n ຄວາມຈຳເປັນ
neck n ຄໍ
necklace n ສາຍຄໍ
necktie n ກາລະວັດ
need v ຈຳເປັນ
need n ຄວາມຈຳເປັນ
needle n ເຂັມ
needless adj ບໍ່ຕ້ອງການ
needy adj ທີ່ຕ້ອງການ
negative adj ປະຕິເສດ
neglect v ປະປ່ອຍ
neglect n ການລະເລຍ

negligence n ການບໍ່ເອົາໃຈໃສ່
negligent adj ລະເລີຍ
negotiate v ຕໍ່ລາຄາ
negotiation n ການຕໍ່ລອງ
neighbor n ເພື່ອນບ້ານ
neighborhood n ບໍລິເວນ
neither adj ບໍ່ແມ່ນທັງສອງ
neither adv ບໍ່ແມ່ນທັງສອງ
nephew n ຫຼານ
nerve n ເສັ້ນປະສາດ
nervous adj ຂວັນອ່ອນ
nest n ຮັງນົກ
net n ມອງ, ແຫ
network n ຕາງໜ່າຍ
neutral adj ເປັນກາງ
neutralize v ເຮັດໃຫ້ເປັນກາງ
never adv ບໍ່ເຄີຍ
nevertheless adv ເຖິງຢ່າງໃດກໍ່ຕາມ
new adj ໃໝ່
newborn n ເກີດໃໝ່
newcomer n ຄົນມາໃໝ່
newly adv ສົດໆຮ້ອນໆ
newlywed adj ຫາກໍ່ແຕ່ງງານ
news n ຂ່າວ
newspaper n ໜັງສືພິມ
next adj ຕໍ່ໄປ
next door adj ຢູ່ຖັດຖ້ອງ
nibble v ແທະ
nice adj ຈົບງາມດີ
nicely adv ຢ່າງຈົບງາມດີ
nickel n ທາດນິແກນ
nickname n ຊື່ຫຼິ້ນ

nicotine n ສານນິໂກຕິນ
niece n ຫຼານສາວ
night n ກາງຄືນ
nightfall n ເວລາກຳລັງຈະມືດ
nightgown n ຊຸດກາງຄືນ
nightingale n ນົກໄນຕິເກິນ
nightmare n ຝັນຮ້າຍ
nine adj ເກົ້າ
nineteen adj ສິບເກົ້າ
ninety adj ເກົ້າສິບ
ninth adj ທີເກົ້າ
nip n ການຍິກ
nip v ຍິກ, ຫນີບ
nipple n ຫົວນົມ
nitpicking adj ເວົ້າຈຸມເຄືອ
nitrogen n ທາດໄນໂຕເຈັນ
nobility n ຄວາມສະຫງ່າງາມ
noble adj ສະຫງ່າງາມ
nobleman adj ຄົນມີສະກຸນສູງ
nobody pro ບໍ່ມີໃຜ
nod v ງຶກຫົວ
noise n ສຽງດັງ
noisily adv ຢ່າງສຽງດັງ
noisy adj ສຽງເບົາງບັນ
nominate v ແຕ່ງຕັ້ງ
none pre ບໍ່ມີຈັກຢ່າງ
nonetheless c ຢ່າງໃດກໍ່ຕາມ
nonsense n ບໍ່ເປັນເລື່ອງ
nonsmoker n ຄົນບໍ່ສູບຢາ
nonstop adv ຢ່າງບໍ່ຢຸດຢ່ອນ
noon n ທ່ຽງ
noose n ແຮ້ວ, ບ່ວງ

no one

no one *pro* ບໍ່ມີໃຜ
nor *c* ບໍ່
norm *n* ບັນທັດຖານ
normal *adj* ທຳມະດາ
normalize *v* ເຮັດໃຫ້ປົກກະຕິ
normally *adv* ໂດຍທົ່ວໄປ
north *n* ທິດເໜືອ
northern *adj* ຢູ່ທາງທິດເໜືອ
northerner *adj* ຄົນທາງພາກເໜືອ
Norway *n* ປະເທດນອກແວ
Norwegian *adj* ກ່ຽວກັບນອກແວ
nose *n* ດັງ
nosedive *v* ໄຫຼລົງສູ່ເບື້ອງລ່າງ
nostril *n* ຮູດັງ
nosy *adj* ເຊິ່ງສອດຮູ້ສອດເຫັນ
not *adv* ບໍ່
notable *adj* ເຊິ່ງມີຊື່ສຽງໂດ່ງດັງ
notably *adv* ຢ່າງໂດດເດັ່ນ
note *n* ບົດເພງ
note *v* ຈົດ
notebook *n* ປຶ້ມຂຽນ
noteworthy *adj* ສຳຄັນ
nothing *n* ບໍ່ເປັນຫຍັງ
notice *v* ສັງເກດ
notice *n* ຄຳເຕືອນ
notification *n* ການແຈ້ງ
notify *v* ແຈ້ງ
notion *n* ຄວາມຄິດເຫັນ
notorious *adj* ຊື່ດັງ
noun *n* ຄຳນາມ
nourish *v* ບຳລຸງຮ່າງກາຍ
nourishment *n* ການບຳລຸງກຳລັງ

novel *n* ນະວະນິຍາຍ
novelty *n* ຂອງໃໝ່
November *n* ເດືອນພະຈິກ
novice *n* ສຳມະເນນ
now *adv* ດຽວນີ້
nowadays *adv* ທຸກວັນນີ້
nowhere *adv* ບໍ່ມີບ່ອນໃດເລີຍ
noxious *adj* ເປັນອັນຕະລາຍ
nozzle *n* ທໍ່ສິດ
nuclear *adj* ກ່ຽວກັບນິວເຄຼຍ
nude *adj* ປະເປືອຍ, ເປືອຍກາຍ
nudist *n* ຄົນບໍ່ນຸ່ງເຄື່ອງຜ້າ
nudity *n* ການເປືອຍກາຍ
nuisance *n* ຄວາມຫຍຸດຫຍິດ
null *adj* ບໍ່ມີຄ່າ
nullify *v* ເຮັດໃຫ້ບໍ່ມີຄ່າ
numb *adj* ເຮັດໃຫ້ມືນຊາ
number *n* ຕົວເລກ
numbness *n* ການມືນຊາ
numerous *adj* ຫຼວງຫຼາຍ
nun *n* ແມ່ຊີ
nurse *n* ພະຍາບານ
nurse *v* ດູແລພະຍາບານ
nursery *n* ໂຮງລ້ຽງເດັກ
nurture *v* ບຳລຸງ, ລ້ຽງດູ
nut *n* ໝາກກໍ່
nutrition *n* ໂພຊະນາການ
nutritious *adj* ເຊິ່ງບຳລຸງສຸຂະພາບ
nut-shell *n* ເປືອກໝາກກໍ່
nutty *adj* ເປັນບ້າງບໍ່ງ

offer

oak n ຕົ້ນໄມ້ໂອກ
oar n ໄມ້ພາຍ
oath n ຄຳສາບານ
oatmeal n ເຂົ້າໂອດສຳເລັດຮູບ
obedience n ການເຊື່ອຟັງ
obedient adj ຟັງຄວາມ
obese adj ຕຸ້ຍເກີນໄປ
obey v ເຊື່ອຟັງ
object v ຂັດຄ້ານ
object n ສິ່ງຂອງ
objection n ການຜູກມັດ
objective n ຈຸດປະສົງ
obligate v ຜູກມັດ
obligation n ການຜູກມັດ
obligatory adj ເປັນພັນທະ
oblige v ບັງຄັບ, ຜູກມັດ
obliged adj ທີ່ໄດ້ບັງຄັບ
oblique adj ຄົດໂຄ້ງ, ບ້ຽງ
obliterate v ລົບລ້າງ, ກຳຈັດ
oblivion n ການລືມເລືອນ
oblivious adj ຫຼົງລືມ, ລືມເລືອນ
obnoxious adj ໜ້າວັງກຽດ
obscene adj ລາມົກ
obscenity n ຄວາມລາມົກ
obscure adj ຄຸມເຄືອ, ບໍ່ແຈ້ງ
obscurity n ຄວາມບໍ່ຊັດແຈ້ງ
observation n ການສັງເກດ
observatory n ຫໍເບິ່ງດາວ
observe v ສັງເກດ

obsess v ຄອບງຳ
obsession n ຄວາມຫຍຸ້ງໃຈ
obsolete adj ທີ່ລ້າສະໄໝ
obstacle n ອຸປະສັກ
obstinacy n ຄວາມດື້
obstinate adj ດື້ດຶງ, ຫົວແຂງ
obstruct v ຂັດຂວາງ
obstruction n ສິ່ງກີດຂວາງ
obtain v ໄດ້ຮັບ
obvious adj ທີ່ເຫັນໄດ້ງ່າຍ
obviously adv ຢ່າງດັ່ງຊັດເຈນ
occasion n ໂອກາດ
occasionally adv ເປັນຄັ້ງຄາວ
occult adj ລີກລັບ, ຊ້ອນເລັ້ນ
occupant n ຜູ້ທີ່ຢູ່ອາໃສ
occupation n ອາຊີບ
occupy v ຈັບຈອງ
occur v ເກີດຂຶ້ນ
ocean n ມະຫາສະມຸດ
October n ເດືອນຕຸລາ
octopus n ປາມຶກ
odd adj ເຊິ່ງເປັນເລກຄີກ
oddity n ຄົນຫຼືສິ່ງທີ່ແຕກຕ່າງ
odds n ໂອກາດທີ່ຈະເປັນໄປໄດ້
odious adj ໜ້າຂີ້ດຽດ
odor n ກິ່ນ
of pre ຂອງ
off adv ອອກ
offend v ເຮັດໃຫ້ບໍ່ພໍໃຈ
offense n ຄວາມຜິດ
offensive adj ເຊິ່ງເຮັດໃຫ້ບໍ່ພໍໃຈ
offer v ຍົກໃຫ້, ມອບໃຫ້

offer *n* ການອຸທິດໃຫ້
offering *n* ຂອງບູຊາ
office *n* ຫ້ອງການ
officer *n* ພະນັກງານ
official *adj* ເປັນທາງການ
officiate *v* ກຳກັບ
offset *v* ຊົດເຊຍ
offspring *n* ລູກຫຼານ
off-the-record *adj* ທີ່ພະວົດອອກຈາກ
often *adv* ເລື້ອຍໆ
oil *n* ນ້ຳມັນ
ointment *n* ຢາຂີ້ເຜິ້ງ
okay *adv* ຕົກລົງ
old *adj* ເກົ່າ, ເຖົ້າ
old age *n* ຊ່ວງທ້າຍຂອງຊີວິດ
old-fashioned *adj* ທີ່ລ້າສະໄໝ
olive *n* ຕົ້ນໂອລິ້ວ
omelette *n* ໄຂ່ຈືນ
omen *n* ລາງບອກເຫດ
ominous *adj* ທີ່ເປັນລາງບອກເຫດ
omission *n* ສິ່ງທີ່ລະເລີຍ
omit *v* ປະອອກ
on *pre* ເທິງ
once *adv* ເວລາໃນອະດີດ
once *c* ທັນທີທີ່
one *adj* ໜຶ່ງ
oneself *pre* ຕົນເອງ
ongoing *adj* ທີ່ດຳເນີນການຕໍ່ໄປ
onion *n* ຜັກບົ່ວ
onlooker *n* ຜູ້ທັນເຫດການ
only *adv* ພຽງແຕ່
onset *n* ການເລີ່ມ

onslaught *n* ການໂຈມຕີ
onwards *adv* ຕໍ່ໄປທາງໜ້າ
opaque *adj* ສ່ອງບໍ່ຊອດ
open *v* ໄຂ, ເປີດ
open *adj* ເປີດເຜີຍ
open up *v* ແຜ່, ຕົ້ອອກ
opening *n* ການເປີດ
open-minded *adj* ໃຈກວ້າງ
openness *n* ຄວາມໃຈກວ້າງ
opera *n* ລະຄອນເພງ
operate *v* ຜ່າຕັດ, ຈັດການ
operation *n* ການຜ່າຕັດ
opinion *n* ຄວາມເຫັນ
opinionated *adj* ດື້ດິງ
opium *n* ຢາຝິ່ນ
opponent *n* ປໍລະປັກ, ຄູ່ຕໍ່ສູ້
opportune *adj* ໄດ້ໂອກາດ
opportunity *n* ໂອກາດ
oppose *v* ຄັດຄ້ານ, ຕໍ່ສູ້
opposite *adj* ທີ່ຢູ່ກົງກັນຂ້າມ
opposite *adv* ກົງກັນຂ້າມ
opposite *n* ສິ່ງທີ່ຢູ່ກົງກັນຂ້າມ
opposition *n* ຝ່າຍຄ້ານ
oppress *v* ກົດຂີ່
oppression *n* ການກົດຂີ່
opt for *v* ເລືອກ
optical *adj* ແສງ
optician *n* ຊ່າງແວ່ນຕາ
optimism *n* ການເບິ່ງໃນແງ່ດີ
optimistic *adj* ເບິ່ງໂລກໃນແງ່ດີ
option *n* ທາງເລືອກ
optional *adj* ໃຫ້ເລືອກໄດ້

opulence n ຄວາມມັ່ງຄັ່ງ
or c ຫຼື
oracle n ຄຳທຳນາຍ
orally adv ໂດຍປາກເປົ່າ
orange n ໝາກກ້ຽງ
orangutan n ໂຕລິງ ອຸລັງກຸຕັງ
orchard n ສວນໝາກໄມ້
orchestra n ວົງດົນຕີໃຫຍ່
ordain v ບວດ
ordeal n ຄວາມເຈັບປວດ
order n ຄຳສັ່ງ
ordinarily adv ຕາມປົກກະຕິ
ordinary adj ສາມັນ, ປົກກະຕິ
ordination n ການບວດ
ore n ແຮ່, ແຮ່ທາດ
organ n ອະໄວຍະວະ
organism n ອິນຊີ, ສິ່ງທີ່ມີຊີວິດ
organist n ຄົນຫຼິ້ນອອກແກນ
organization n ການຈັດຕັ້ງ
organize v ຈັດຕັ້ງ
oriented adj ກ່ຽວກັບ
origin n ທີ່ມາ, ຕົ້ນກຳເນີດ
original adj ເຊິ່ງເປັນຕົ້ນແບບ
originally adv ແຕ່ເດີມ
originate v ເລີ່ມຕົ້ນຂຶ້ນ
ornament n ເຄື່ອງປະດັບ
ornamental adj ທີ່ໃຊ້ປະດັບ
orphan n ເດັກກຳພ້າ
orthodox adj ດັ້ງເດີມ
ostentatious adj ໂອ້ອວດ
ostrich n ນົກກະຈອກເທດ
other adj ອື່ນໆ

otherwise adv ຖ້າບໍ່ດັ່ງນັ້ນ
otter n ໂຕນາກ
ought to iv ຄວນຈະ
ounce n ອອນສ໌
our adj ຂອງພວກເຮົາ
ours pro ຂອງເຮົາເອງ
ourselves pro ພວກເຮົາເອງ
oust v ຂັບໄລ່, ຂະຈັດອອກ
out adv ຂ້າງນອກ
outbreak n ພະຍາດລະບາດ
outburst n ການລະເບີດອອກ
outcast adj ທີ່ສັງຄົມບໍ່ຍອມຮັບ
outcome n ຜົນ
outdated adj ລ້າສະໄໝ
outdo v ເອົາຊະນະ
outdoor adv ທີ່ຢູ່ກາງແຈ້ງ
outdoors adv ທາງເບື້ອງນອກ
outer adj ທີ່ຢູ່ຮອບນອກ
outfit n ເສື້ອຜ້າທັງຊຸດ
outgoing adj ທີ່ພັ້ນອອກໄປ
outing n ການໄປທ່ຽວ
outlast v ຢູ່ໄດ້ດົນກວ່າ
outlet n ຊ່ອງວິ່ນ
outline n ແຕ່ງໂຄງຮ່າງ
outline v ຮ່າງ
outlive v ມີຊີວິດຢູ່ດົນກວ່າ
outlook n ທັດສະນະຄະຕິ
outmoded adj ລ້າສະໄໝ
outnumber v ມີຈຳນວນຫຼາຍກວ່າ
outpatient n ຄົນເຈັບນອກ
outperform v ໃຫ້ຜົນດີກວ່າ
output n ຜົນໄດ້ຮັບ

outrage

outrage *n* ການຜ່າເຝືນ
outrageous *adj* ເຊິ່ງຜ່າເຝືນ
outright *adj* ໂດຍສົມບູນ
outrun *v* ແລ່ນໄວກວ່າ
outset *n* ການເລີ້ມຕົ້ນ
outshine *v* ດັ່ງກວ່າ
outside *adv* ພາຍນອກ
outsider *n* ບຸກຄົນພາຍນອກ
outskirts *n* ຊານເມືອງ
outspoken *adj* ເວົ້າເປີດເຜີຍ
outstanding *adj* ທີ່ດີເລີດ
outstretched *adj* ເຊິ່ງຍືດອອກ
outward *adj* ທີ່ເບິ່ງເຫັນໄດ້
outweigh *v* ມີນ້ຳໜັກກວ່າ
oval *adj* ເຊິ່ງເປັນຮູບໄຂ່
ovary *n* ຮັງໄຂ່
ovation *n* ສັ່ງໃໝ່
oven *n* ເຕົາອົບ
over *pre* ເໜືອ
overall *adv* ທັງໝົດ
overbearing *adj* ເອົາແຕ່ໃຈ
overboard *adv* ນອກລ່າເຮືອ
overcast *adj* ມີເມກຫຼາຍ
overcharge *v* ຄິດແພງເກີນໄປ
overcoat *n* ເສື້ອຄຸມໃຫຍ່
overcome *v* ເອົາຊະນະ
overcrowded *adj* ແອອັດເກີນໄປ
overdo *v* ເຮັດຫຼາຍເກີນໄປ
overdue *adj* ທີ່ເກີນກຳນົດ
overflow *v* ໄຫຼລົ້ນ
overhaul *v* ເຄື່ອງຍົກ
overlap *v* ທັບຊ້ອນກັນ

overlook *v* ເບິ່ງກາຍ, ລະເວັຍ
overnight *adv* ຕະຫຼອດຄືນ
overpower *v* ເອົາຊະນະ
overrate *v* ຕີຄ່າສູງເກີນໄປ
override *v* ລົບລ້າງ
overrule *v* ຕີກັບ
overrun *v* ບຸກລຸກ
overseas *adv* ຂ້າມທະເລ
oversee *v* ກວດສອບ
overshadow *v* ໃຫ້ຣົ່ມເງົາ
oversight *n* ການສັງເກດພາດ
overstate *v* ກ່າວເກີນຈິງ
overstep *v* ເກີນຂອບເຂດ
overtake *v* ຕາມທັນ, ໄລ່ທັນ
overtime *adv* ລ່ວງເວລາ
overturn *v* ຂວ້າວິງ
overweight *adj* ນ້ຳໜັກເກີນ
overwhelm *v* ຄອບງຳ
owe *v* ຕິດໜີ້
owl *n* ນົກເຄົ້າ
own *v* ເປັນເຈົ້າຂອງ
own *adj* ຂອງຕົນເອງ
owner *n* ເຈົ້າຂອງ
ox *n* ງົວໂຕຜູ້
oxen *n* ງົວໂຕຜູ້ຫຼາຍຕົວ
oxygen *n* ອົກຊີແຊນ
oyster *n* ຫອຍນາງລົມ

P

pace *v* ແລ່ນບ່າ
pace *n* ຄວາມໄວ
pacify *v* ເຮັດໃຫ້ສະຫງົບ
pack *v* ຊອງ, ຫໍ່
package *n* ຫໍ່
pact *n* ຂໍ້ສັນຍາ
pad *v* ຍັດເບາະ
padding *n* ເບາະຮອງ
paddle *v* ພາຍເຮືອ
padlock *n* ກະແຈ
page *n* ໜ້າ
pail *n* ກະຕ່ົງ, ຖຸ
pain *n* ຄວາມເຈັບປວດ
painful *adj* ເຮັດໃຫ້ເຈັບປວດ
painkiller *n* ຢາແກ້ປວດ
painless *adj* ເຊິ່ງບໍ່ເຈັບປວດ
paint *v* ທາສີ, ແຕ້ມ
paint *n* ການທາສີ
paintbrush *n* ແປງທາສີ
painter *n* ຜູ້ທາສີ, ຜູ້ແຕ້ມ
painting *n* ການທາສີ
pair *n* ເປັນຄູ່
pajamas *n* ເຄື່ອງນຸ່ງນອນ
pal *n* ໝູ່, ເພື່ອນ
palace *n* ພະລາດຊະວັງ
palate *n* ເຫງືອກ
pale *adj* ໜ້າເຫຼືອງ
paleness *n* ຄວາມຈືດ
palm *n* ຝາມື

palpable *adj* ຊັດເຈນ
paltry *adj* ບໍ່ສຳຄັນ
pamper *v* ຕາມໃຈ
pamphlet *n* ປຶ້ມບາງ
pan *n* ໝໍ້ຂາງ
pancreas *n* ມ້າມ
pander *v* ຊວນໄປທາງທີ່ບໍ່ດີ
pang *n* ເຮັດໃຫ້ເຈັບປວດ
panic *n* ຄວາມແຕກຕື່ນ
panther *n* ເສືອດຳ
pantry *n* ຫ້ອງໄວ້ອາຫານ
pants *n* ສົ້ງຂາຍາວ
pantyhose *n* ບາເບັນໂສ້ງ
paper *n* ເຈ້ຍ
paperclip *n* ເຫຼັກຄັດເຈ້ຍ
paperwork *n* ງານສະໝຸນ
parable *n* ນິຍາຍບູຮານ
parachute *n* ການໂດດຈົ້ອງ
parade *n* ການເດີນຂະບວນ
paradise *n* ສະຫວັນ
paradox *n* ສິ່ງຜິດປົກກະຕິ
paragraph *n* ອັກທັງ່
parakeet *n* ນົກແກ້ວນ້ອຍ
parallel *n* ຄູ່ກັນໄປ
paralysis *n* ພະຍາດເປັນງ່ອຍ
paralyze *v* ເຮັດໃຫ້ເປັນງ່ອຍ
parameters *n* ຕົວແບບທາງຕົວ
paramount *adj* ເຊິ່ງຢູ່ສູງສຸດ
paranoid *adj* ທວງລະແວງ
parasite *n* ແມ່ທ້ອງ
paratrooper *n* ທະຫານໂດດຈົ້ອງ
parcel *n* ເຄື່ອງຝາກ

parched

parched *adj* ແຫ້ງແລ້ງ
pardon *v* ໃຫ້ອະໄພ
pardon *n* ການໃຫ້ອະໄພ
parenthesis *n* ວົງເລັບ
parents *n* ພໍ່ແມ່
parish *n* ເຂດສາສະໜາ
parity *n* ຄວາມເທົ່າທຽມກັນ
park *v* ຈອດລົດ
park *n* ສວນສາທາລະນະ
parking *n* ບ່ອນຈອດລົດ
parliament *n* ວັດທະສະພາ
parrot *n* ນົກແກ້ວ
parsley *n* ຜັກເພິດສະລີ
parsnip *n* ຫົວຜັກກາດ
part *v* ແຍກ
part *n* ສ່ວນ
partial *adj* ເຊິ່ງເປັນບາງສ່ວນ
partially *adv* ຄວາມຍຸດຕິທຳ
participate *v* ປະກອບສ່ວນ
participle *n* ກິລິຍາຊ່ອງທີສາມ
particle *n* ອະນຸພາກ
particular *adj* ໂດຍສະເພາະ
parting *n* ການຈາກກັນ
partisan *n* ພັກພວກ
partition *n* ສາກ
partly *adv* ບາງສ່ວນ
partner *n* ຄູ່, ຫຸ້ນສ່ວນ
partnership *n* ການຮ່ວມມື
partridge *n* ນົກກະທາ
party *n* ງານລ້ຽງ
pass *n* ບັດຜ່ານ
pass *v* ຜ່ານໄປ

pass around *v* ຜ່ານຮອບໄປ
pass away *v* ຜ່ານໄປ, ຂາດໃຈ
pass out *v* ສະຫຼົບສະໄຫຼ
passage *n* ການຂ້າມ
passenger *n* ຜູ້ໂດຍສານ
passer-by *n* ຄົນທີ່ເດິນທາງຜ່ານ
passion *n* ຄົນໂດຍສານ
passionate *adj* ໃຈຮ້ອນ
passive *adj* ບໍ່ມີການຕອບໂຕ້
passport *n* ໜັງສືຜ່ານແດນ
password *n* ລະຫັດຜ່ານ
past *adj* ເປັນອະດິດ
paste *v* ແປະ, ວາງ
pastor *n* ພະ
pastry *n* ເຂົ້າຈີ່ປັ້ງ
pasture *n* ທົ່ງລ້ຽງສັດ
pat *n* ການລູບ
patch *v* ເສີມ, ແກ້ໄຂ
patch *n* ຕ່ອນ
patent *n* ເຄື່ອງໝາຍ
patent *adj* ຈົດທະບຽນ
paternity *n* ຄວາມເປັນພໍ່
path *n* ທາງຍ່າງ
pathetic *adj* ໜ້າສົງສານ
patience *n* ຄວາມອົດທົນ
patient *adj* ອົດທົນ
patio *n* ລານ, ຊານບ້ານ
patriarch *n* ບາດຫຼວງ
patrimony *n* ມໍລະດົກ
patriot *n* ພວກຊາດນິຍົມ
patriotic *adj* ດ້ວຍຄວາມຮັກຊາດ
patrol *n* ການກວດກາ

patron n ຜູ້ອຸປະຖຳ
patronage n ການອຸດໜູນ
patronize v ອຸປະຖຳ
pattern n ແບບແຜນ
pavement n ພື້ນທີ່ປູແລ້ວ
pavilion n ສາລາ, ກະໂຈມ
paw n ອຸ້ງຕີນ, ອຸ້ງມື
pawn v ການຈຳນຳ
pay n ຈ່າຍ
pay iv ສົນໃຈ
pay back v ຈ່າຍຄືນ
pay off v ຈ່າຍອອກ
payable adj ທີ່ຈະຕ້ອງຈ່າຍ
paycheck n ເຊັກເງິນຄ່າຈ້າງ
payee n ຜູ້ຮັບເງິນ
payment n ການຈ່າຍ
payroll n ບັນຊີເງິນເດືອນ
payslip n ໃບຮັບ
pea n ໝາກຖົ່ວສັ້ນ
peaceful adj ສະຫງົບ
peach n ໝາກຄາຍ
peacock n ນົກຍູງ
peak n ຈອມ, ຍອດ
peanut n ໝາກຖົ່ວດິນ
pear n ໝາກກ້ວງເທດ
pearl n ໄຂ່ມຸກ
peasant n ຊາວຊົນນະບົດ
pebble n ຫີນແຊ່
peck v ສັບ
peck n ການຈິກ
peculiar adj ແປກປະຫຼາດ
pedagogy n ການສອນ

pedal n ຄັນຖີບ
pedantic adj ອວດຄວາມຮູ້
pedestrian n ຄົນຍ່າງ
peel v ປອກເປືອກ, ລອກ
peel n ເປືອກ
peep v ແອບເບິ່ງ
peer n ເພື່ອນ
pelican n ນົກກະທຸງ
pellet n ກ້ອນກົມນ້ອຍໆ
pen n ບິກ, ປາກກາ
penalize v ລົງໂທດ
penalty n ໂທດ
penance n ການສຳນຶກບາບ
penchant n ຄວາມມັກຢ່າງຫຼາຍ
pencil n ສໍດຳ
pendant n ສິ່ງທີ່ຫ້ອຍຢ້ອຍ
pending adj ຊຶ່ງຍັງບໍ່ຈົບສິ້ນ
pendulum n ລູກຕຸ້ມ
penetrate v ແຊກຊຶມ
penguin n ນົກເພັນກິນ
penicillin n ຢາແຊມ
peninsula n ແຫຼມ
penitent n ຜູ້ສຳນຶກຜິດ
penny n ເງິນອັດ
pension n ເບ້ຍບຳນານ
pentagon n ຮູບຫ້າຫຼ່ຽມ
pent-up adj ຂັງໄວ້, ກັກໄວ້
people n ຄົນ
pepper n ໝາກພິກໄທ
per pre ຕໍ່, ລະ
perceive v ສັງເກດເຫັນ
percent adv ເປັນເປີເຊັນ

percentage

percentage n ສ່ວນຮ້ອຍ
perception n ຄວາມເຂົ້າໃຈ
perennial adj ຍາວນານ
perfect adj ເຮັດໃຫ້ດີ
perfection n ຄວາມບໍລິບູນ
perforate v ເຮັດໃຫ້ເປັນຮູ
perforation n ການເຈາະ
perform v ສະແດງ
performance n ການສະແດງ
perfume n ນ້ຳຫອມ
perhaps adv ບາງເທື່ອ
perimeter n ຂອບນອກສຸດ
period n ຮອບ
perish v ພັງຫະລາຍ
perishable adj ເຊື່ອງຕາຍໄດ້
perjury n ການເບີກຄວາມເທັດ
permanent adj ເຊື່ອງທາວອນ
permeate v ຊີມຜ່ານ
permission n ການອະນຸຍາດ
permit v ອະນຸຍາດ
pernicious adj ເປັນອັນຕະລາຍ
perpetrate v ເຮັດຜິດ, ເຮັດຊົ່ວ
persecute v ກໍ່ກວນ
persevere v ພະຍາຍາມ
persist v ຍືນການ
persistence n ການຄົງຢູ່
persistent adj ທີ່ຄົງຢູ່ດິນ, ດື້
person n ບຸກຄົນ
personal adj ສ່ວນຕົວ
personify v ເປັນສັນຍາລັກ
personnel n ພະນັກງານ
perspire v ເຫື່ອອອກ

persuade v ຊັກຊວນ
persuasion n ການຊັກຊວນ
persuasive adj ສາມາດຊັກຈູງໄດ້
pertain v ເໝາະສົມກັບ
pertinent adj ເຂົ້າເຊື່ອງ
perturb v ເຮັດໃຫ້ບໍ່ສະບາຍ
perverse adj ແບກປະຫລາດ
pervert v ໃຊ້ໃນທາງທີ່ຜິດ
pervert adj ຄົນເສຍນິດໄສ
pessimism n ແງ່ຮ້າຍ
pest n ສັດຕູພືດ
pester v ລົບກວນ
pesticide n ຢາຂ້າແມງໄມ້
pet n ສັດລ້ຽງ
petal n ກິບດອກໄມ້
petite adj ໜ້າຮັກ
petition n ຄຳຮ້ອງ
petrified adj ກາຍເປັນຫີນ
petroleum n ນ້ຳມັນດິບ
pettiness n ໃຈແຄບ
petty adj ເລັກນ້ອຍ
pew n ມ້ານັ່ງໃນໂບດ
phantom n ຜີສາງ
pharmacist n ຜູ້ຂາຍຢາ
pharmacy n ຮ້ານຂາຍຢາ
phase n ຕອນ, ໄລຍະ
pheasant n ໄກ່ຟ້າ
phenomenon n ປະກົດການ
philosopher n ນັກປັດຊະຍາ
philosophy n ປັດຊະຍາ
phobia n ຄວາມຫວາດກົວ
phone n ເຄື່ອງໂທລະສັບ

phone v ໂທະລັບ
phoney adj ປອມ, ບໍ່ແທ້
phosphorus n ທາດຟົດສະຟາດ
photo n ຮູບຖ່າຍ
photocopy n ການຖ່າຍສຳເນົາ
photograph v ຖ່າຍຮູບ
photographer n ນັກຖ່າຍຮູບ
photography n ການຖ່າຍຮູບ
phrase n ວະລີ
physically adj ທາງຮ່າງກາຍ
physician n ແພດ, ທ່ານໝໍ
physics n ຟີຊິກ
pianist n ນັກເປຍໂນ
piano n ເປຍໂນ
pick v ເດັດ, ເລືອກ
pick up v ເກັບຂຶ້ນ
pickpocket n ນັກດິງກະເປົາ
pickup n ການເກັບຂຶ້ນ
picture n ຮູບພາບ
picture v ນຶກພາບ
picturesque adj ງົດງາມ, ງາມ
pie n ຂະໜົມພາຍ
piece n ເອົາໃສ່ກັນ
piecemeal adv ເທື່ອລະໜ້ອຍ
pier n ຂົວຫຼຽບເຮືອ
pierce v ແທງ
piercing n ການແທງ
piety n ຄວາມນັບຖື
pig n ໝູ
pigeon n ນົກກາງແກ
piggy bank n ກະບຸກອອມສິນ
pile v ເຮັດເປັນກອງ

pile n ກອງ
pile up v ສະສົມ
pilfer v ລັກເຄື່ອງເລັກໜ້ອຍ
pilgrim n ຜູ້ສະແຫວງບຸນ
pilgrimage n ການສະແຫວງບຸນ
pill n ຢາກ້ອນ, ຢາເມັດ
pillage v ປຸ້ນ
pillar n ເສົາ
pillow n ໝອນ
pillowcase n ປອກໝອນ
pilot n ນັກບິນ
pimple n ສິວ
pin n ເຂັມຂັດ
pincers n ບາກຄີມ, ຄ້າມປູ
pinch v ຢິກ, ບີດ
pinch n ການຢິກ
pine n ແປກ
pineapple n ໝາກນັດ
pink adj ສີບົວ
pinpoint v ຫາຕຳແໜ່ງ
pint n ພິນທ໌
pioneer n ຜູ້ຕັ້ງຕົ້ນ
pious adj ໃຈບຸນ
pipe n ທໍ່ອກ, ທໍ່ນ້ຳ
pipeline n ວິທີທາງສົ່ງສິນຄ້າ
piracy n ການປຸ້ນທາງທະເລ
pirate n ໂຈນສະຫຼັດ
pistol n ປືນຄັກ
pit n ຫຼຸມ
pitch-black adj ດຳສະໜິດ
pitchfork n ໂກຍ
pitfall n ກັບດັກ

pitiful *adj* ໜ້າສັງສານ
pity *n* ຄວາມສັງສານ
placard *n* ໃບປະກາດ
placate *v* ເຮັດສະຫງົບລົງ
place *n* ບ່ອນ, ທີ່
placid *adj* ສະຫງົບນິ້ງ
plague *n* ພະຍາດກະລະໂລກ
plain *n* ທົ່ງພຽງ
plain *adj* ຢ່າງລຽບງ່າ, ງ່າຍງ
plainly *adv* ຢ່າງງ່າຍງ
plaintiff *n* ໂຈດ, ຜູ້ຮ້ອງທຸກ
plan *v* ວາງການ
plan *n* ແຜນການ
plane *n* ແຜນການ
planet *n* ດາວນົບພະເຄາະ
plant *v* ປູກ
plant *n* ຕົ້ນໄມ້, ພືດ
plaster *v* ປິດບາດແຜ
plastic *n* ພລາດສະຕິກ
plate *n* ຈານ
plateau *n* ພູພຽງ
platform *n* ຍົກພື້ນ, ຖານ
platinum *n* ຄຳຂາວ
platoon *n* ກອງທະຫານ
plausible *adj* ມີເຫດຜົນ
play *v* ຫຼິ້ນ
play *n* ການຫຼິ້ນ
player *n* ນັກສະແດງ
playful *adj* ຂີ້ຫຼິ້ນ, ຊຸກຊົນ
playground *n* ສະຫນາມຫຼິ້ນ
plea *n* ຂໍ້ອ້າງ
plead *v* ໃຫ້ການ

pleasant *adj* ທີ່ໃຫ້ຄວາມພໍໃຈ
please *v* ເຊີນ, ກະລຸນາ
pleasing *adj* ເປັນທີ່ພໍໃຈ
pleasure *n* ຄວາມສະຫນຸກ
pleat *n* ຮອຍພັບ
pleated *adj* ຫຼີກຈີບ
pledge *v* ປະກັນ, ມັດຈຳ
pledge *n* ມັດຈຳ
plentiful *adj* ມາກມາຍ
plenty *n* ຄວາມອຸດົມສົມບູນ
pliable *adj* ອ່ອນໂຍນ
pliers *n* ຄີມ
plot *v* ວາງແຜນ
plot *n* ອຸບາຍ
plow *v* ໄຖດິນ
ploy *n* ວິທີການ, ແຜນ
pluck *v* ຖອນ, ດຶງ
plug *v* ປິດຮູ
plug *n* ທໍ່ຫງວນ
plum *n* ຫມາກພັບ
plumber *n* ຊ່າງນ້ຳປະປາ
plumbing *n* ການເຮັດທໍ່ນ້ຳ
plummet *v* ຕົກດົ່ງລົງ
plump *adj* ຕຸ້ຍ
plunder *v* ລັກ, ປຸ້ນ
plunge *v* ຈຸ່ມ, ໂດດລົງ
plunge *n* ການໂດດລົງ
plus *adv* ມີຫຍັງອິກ
plush *adj* ຮຸຮາ
plutonium *n* ທາດພລູໂຕນຽມ
pneumonia *n* ອັກເສບປອດ
pocket *n* ຖົງ, ກະເປົ໋າເສື້ອ

poem n ໂຄງກອນ
poet n ຜູ້ແຕ່ງກອນ
poetry n ຄຳກອນ
poignant adj ເຈັບປວດ, ແຫຼມ
point n ຈຸດຂໍ້ຄວາມ
point v ຈີ້
pointed adj ແຫຼມ, ສຳຄັນ
pointless adj ບໍ່ມີຈຸດ
poise n ຄວາມສົມດຸນ
poison v ວາງຍາພິດ
poison n ຍາພິດ
poisoning n ການພິດ
poisonous adj ເຊິ່ງອັນຕະລາຍ
Poland n ປະເທດໂປແລນ
polar adj ກ່ຽວກັບຂົ້ວໂລກ
pole n ຂົ້ວໂລກ
police n ຕຳຫຼວດ
policeman n ຕຳຫຼວດ
policy n ນະໂຍບາຍ
Polish adj ກ່ຽວກັບໂປໂລຍ
polish n ຢາໂປໂລຍ
polish v ຂັດ, ຖູ
polite adj ສຸພາບ
politeness n ສຸຂະພາບອ່ອນໂຍນ
politician n ນັກການເມືອງ
politics n ວິຊາການເມືອງ
poll n ການເລືອກຕັ້ງ
pollen n ແກສອນເຜິ້ງ
pollute v ເຮັດໃຫ້ເປັນພິດ
pomegranate n ໝາກພິລາ
pomposity n ການໂອ້ອວດ
pond n ໜອງ

ponder v ຄຶດຕອງເບິ່ງ
pontiff n ສັນຫະປາປາ
pool n ສະນ້ຳ
pool v ຮວມກຸ່ມ
poor n ທຸກຍາກ
poorly adv ຢ່າງບໍ່ດີ
popcorn n ເຂົ້າສາລີຂົ້ວ
Pope n ສັນຫະປາປາ
poppy n ໝາບ້ອຍ
popular adj ທີ່ທັນສະໄໝ
populate v ອາໄສຢູ່
population n ປະຊາກອນ
porcelain n ເຄື່ອງຖ້ວຍຊາມ
porch n ລານ, ລານບ້ານ
porcupine n ເມ່ນ
pore n ຮູຂົນ
pork n ຊີ້ນໝູ
porous adj ເປັນຮູ
port n ທ່າເຮືອ
portable adj ທີ່ຖືໄປໄດ້
portent n ລາງ
porter n ຄົນຍົກເຜົ້າປະເງ
portion n ສ່ວນ
portrait n ຮູບຄົນ
portray v ສະແດງ
Portuguese adj ກ່ຽວກັບປະຊາຊົນ
pose v ຕັ້ງທ່າ
posh adj ນຳສະໄໝ
position n ຕຳແໜ່ງ, ສະຖານະ
positive adj ທາງບວກ
possess v ຄອບຄອງ
possible adj ເປັນໄປໄດ້

post

post *n* ຕຳແໜ່ງ
post office *n* ຫ້ອງການໄປສະນີ
postage *n* ຄ່າໄປສະນີ
postcard *n* ບັດໄປສະນີ
poster *n* ປ້າຍປະກາດ
posterity *n* ຄົນລຸ້ນຫຼັງ
postman *n* ບຸລຸດໄປສະນີ
postmark *n* ກາໄປສະນີ
postpone *v* ຍ້າຍໄປ
pot *n* ໝໍ້
potato *n* ມັນຝຣັ່ງ
potent *adj* ອຳນາດຫຼາຍ
potential *adj* ແຮງໃນ
pothole *n* ຂຸມຢູ່ຕາມຫົນທາງ
poultry *n* ສັດປີກ
pound *v* ຕີ
pound *n* ເງິນປອນ
pour *v* ເທລົງ, ທອກ
poverty *n* ຄວາມທຸກ
powder *n* ແປ້ງ
power *n* ອຳນາດ, ກຳລັງ
powerful *adj* ແຂງແຮງ
powerless *adj* ທີ່ບໍ່ມີກຳລັງ
practice *v* ຝຶກແອບ
practise *v* ຝຶກແອບ
practising *adj* ການຝຶກຊ້ອມ
prairie *n* ທົ່ງຫຍ້າ
praise *v* ສັນລະເສີນ
praise *n* ການສັນລະເສີນ
praiseworthy *adj* ໜ້າຊົມເຊີຍ
prank *n* ການຕະຫຼົກ
prawn *n* ກຸ້ງ

pray *v* ພາວະນາ
prayer *n* ການສວດມົນ
preach *v* ເທດສະໜາ
preacher *n* ນັກເທດ
preaching *n* ທຳມະເທດສະໜາ
preamble *n* ຄຳນຳ, ສ່ວນນຳ
precarious *adj* ທີ່ບໍ່ປອດໄພ
precede *v* ນຳກ່ອນ
precedent *n* ສິ່ງທີ່ມີມາກ່ອນ
preceding *adj* ເມື່ອປີກ່ອນ
precept *n* ຄຳສັ່ງສອນ, ກົດ
precious *adj* ລ້ຳຄ່າ
precipice *n* ໜ້າຜາ
precipitate *v* ເວົ້າໃຫ້ເກີດໄວຂຶ້ນ
precise *adj* ຄັກແນ່
precision *n* ຄວາມແມ່ນຢຳ
precocious *adj* ແກ່ເກີນໄວ
precursor *n* ຜູ້ທີ່ມາກ່ອນ
predecessor *n* ຜູ້ທີ່ຢູ່ກ່ອນ
predict *v* ເດາ, ທຳນາຍ
prediction *n* ຄຳທຳນາຍ
predilection *n* ການຟ້າວຢາກ
predisposed *adj* ມີໃຈໂອນອຽງ
predominate *v* ມີຫຼາຍກວ່າ
preempt *v* ຄອບງຳ
prefabricate *v* ຈຳສ້າງໄວ້ລ່ວງໜ້າ
preface *n* ຄຳນຳ
prefer *v* ມັກຫຼາຍກວ່າ
preference *n* ຄວາມພຶງພໍໃຈ
prefix *n* ຄຳນຳໜ້າ
pregnancy *n* ຖືພາ
pregnant *adj* ມີລູກ, ຖືພາ

prehistoric *adj* ກ່ອນປະຫວັດສາດ
prejudice *n* ເຊື່ອເອົາໄວ້
preliminary *adj* ເບື້ອງຕົ້ນ
prelude *n* ການກະທຳເບື້ອງຕົ້ນ
premature *adj* ກ່ອນກຳນົດ
premeditate *v* ຄິດລ່ວງໜ້າ
premeditation *n* ການຄິດລ່ວງໜ້າ
premier *adj* ທີທຶ່ງ
premise *n* ຫຼັກຖານ, ຄຳນຳ
premises *n* ໂຮງຮຽນແລະທີ່ດິນ
premonition *n* ການເຕືອນລ່ວງໜ້າ
preoccupation *n* ການເຂົ້າຍຶດກ່ອນ
preoccupy *v* ເຮັດໃຫ້ຄິດເຖິງ
preparation *n* ການກະກຽມ
prepare *v* ກະກຽມ
preposition *n* ຄຳບຸບພະບົດ
prerequisite *n* ຕ້ອງມີກ່ອນ
prerogative *n* ສິດທິພິເສດ
prescribe *v* ສັ່ງແຈງ
prescription *n* ໃບສັ່ງແຈງ
presence *n* ການຢູ່
present *adj* ປັດຈຸບັນ
present *v* ແນະນຳໃຫ້ຮູ້
preserve *v* ສະຫງວນ
preside *v* ເປັນປະທານ
president *n* ປະທານາທິບໍດີ
press *n* ພະແນກສື່ຂ່າວ
press *v* ບີບ, ຊີດເຄື່ອງ
pressing *adj* ດ່ວນ
pressure *v* ຊຸກຍູ້
pressure *n* ຄວາມກົດດັນ
prestige *n* ກຽດ

presume *v* ຄາດຄະເນ
presuppose *v* ສັນນິຖານ
presupposition *n* ສົມມຸດຕິຖານ
pretend *v* ແກ້ງເຮັດ, ຕົວະເຮັດ
pretense *n* ພຶດຕິກຳທີ່ບໍ່ຈິງໃຈ
pretension *n* ການຮຽກຮ້ອງ
pretty *adj* ງາມ
prevail *v* ເດັ່ນກວ່າ
prevalent *adj* ທີ່ພົບໄດ້ເລື້ອຍໆ
prevent *v* ກີດກັ້ນ, ປ້ອງກັນ
prevention *n* ການປ້ອງກັນ
preview *n* ການເບິ່ງກ່ອນ
previous *adj* ແຕ່ກ່ອນ
previously *adv* ແຕ່ກ່ອນ
prey *n* ເຫຍື່ອ
price *n* ລາຄາ
pricey *adj* ເຊິ່ງມີລາຄາ
prick *v* ແຫງເອົາ
pride *n* ຄວາມທິຕົວ
priest *n* ຄູບາ
priestess *n* ນັກບວດຜູ້ຍິງ
priesthood *n* ການບວດເປັນພະ
primarily *adv* ແຮກເລີ້ມ
prime *adj* ຍອດຍ້ຽມ
primitive *adj* ມີມາແຕ່ເດີມ
prince *n* ເຈົ້າຊາຍ
princess *n* ເຈົ້າຍິງ
principal *adj* ສຳຄັນ
principle *n* ແຫຼ່ງທີ່ມາ
print *v* ພິມ
print *n* ການພິມ
printer *n* ເຄື່ອງພິມ

printing

printing n ການພິມ
prior adj ກ່ອນໜ້າ
priority n ສິດພິເສດ
prism n ບຣິຊິມ
prison n ຄຸກ
prisoner n ນັກໂທດ
privacy n ຄວາມລັບ
private adj ສ່ວນຕົວ
privilege n ສິດທິພິເສດ
prize n ລາງວັນ
probability n ສິ່ງທີ່ໜ້າເປັນໄປໄດ້
probable adj ເຊື່ອງວ່າຈະເປັນໄປໄດ້
probe v ສອບສວນ
problem n ບັນຫາ
problematic adj ເປັນບັນຫາ
procedure n ລະບຽບ
proceed v ດຳເນີນຕໍ່ໄປ
proceeds n ເງິນລາຍໄດ້
process v ລະບວນການ
process n ແບບປະຕິບັດ
procession n ຂະບວນແຫ່
proclaim v ປະກາດ
proclamation n ປະກາດ
procrastinate v ຖ່ວງເວລາ
procreate v ເຮັດໃຫ້ກຳເນີດ
procure v ຫາມາ
prod v ແຍ່, ກະຕຸ້ນ
prodigious adj ມະຫັດສະຈັນ
prodigy n ສິ່ງມະຫັດສະຈັນ
produce v ສ້າງຂຶ້ນ
produce n ຜົນຜະລິດ
product n ຜົນຜະລິດ

production n ການຜະລິດຜົນ
productive adj ທີ່ເຮັດໃຫ້ມີຜົນ
profess v ເຊື່ອຖື
profession n ອາຊີບ
professional adj ທາງອາຊີບ
professor n ສາດສະດາຈານ
proficiency n ປະສິດທິພາບ
proficient adj ຢ່າງຊຳນານ
profile n ປະຫວັດໂດຍຫຍໍ້
profit v ໄດ້ປະໂຫຍດ
profit n ຜົນກຳໄລ
profound adj ເລິກເຊິ່ງ
program n ໂປຣແກຣມ
programmer n ນັກຂຽນໂປຣແກຣມ
progress v ເຮັດໃຫ້ກ້າວໜ້າ
progress n ກ້າວໜ້າ
progressive adj ທີ່ກ້າວໜ້າຂຶ້ນ
prohibit v ຫ້າມ
prohibition n ການເກືອດຫ້າມ
project v ກະໂຄງການ
project n ໂຄງການ
projectile n ຂີປະນາວຸດ
prologue n ສ່ວນນຳ
prolong v ຢືດອອກ
promenade n ການຍ່າງຫຼິ້ນ
prominent adj ມີຊື່ສຽງ
promise n ຄຳສັນຍາ
promote v ເລື່ອນຊັ້ນ
promotion n ການເລື່ອນຊັ້ນ
prompt adj ກົງຕໍ່ເວລາ
prone adj ທີ່ມີແນວໂນ້ມ
pronoun n ຄຳແທນນາມ

publicly

pronounce v ອອກສຽງ
proof n ຫຼັກຖານ
propaganda n ການໂຄສະນາ
propagate v ເຜີຍແຜ່
propel v ຂັບເຄື່ອນ
propensity n ຄວາມໂນ້ມອຽງ
proper adj ສົມຄວນ
properly adv ຢ່າງເໝາະສົມ
property n ຊັບສິນ
prophecy n ຄຳທຳນາຍ
proportion n ສັດສ່ວນ
proposal n ການສະເໜີບົດ
propose v ສະເໜີ
proposition n ການສະເໜີ
prose n ຄຳຮ້ອຍແກ້ວ
prosecute v ຟ້ອງສານ
prosecutor n ຜູ້ຟ້ອງຮ້ອງ
prospect n ການຄາດການ
prosper v ຈະເລີນກ້າວໜ້າ
prosperity n ຄວາມຈະເລີນ
prosperous adj ຮຸ່ງເຮືອງ
prostate n ຕ່ອມລູກໝາກ
protect v ປ້ອງກັນ, ຮັກສາ
protection n ການປ້ອງກັນ
protein n ທາດໂປຣຕີນ
protest v ຄັດຄ້ານ, ປະທ້ວງ
protest n ການປະທ້ວງ
protocol n ລະບຽບການ
prototype n ສິ່ງທີ່ເປັນຕົ້ນແບບ
protract v ຍືດອອກໄປ
protracted adj ຊຳ້ຍືດເຍື້ອ
protrude v ອື່ນ, ໂພ່ອອກມາ

proud adj ຈອງຫອງ, ພູມໃຈ
proudly adv ຢ່າງຫະນົງ
prove v ພິສູດ, ຢັ້ງຢືນ
proven adj ທີ່ທົດສອບກ່ອນ
proverb n ຄຳສຸພາສິດ
provide v ຈັດຫາໃຫ້
providence n ໂຊກສະຕາ
providing that c ໃຫ້ການວ່າ
province n ແຂວງ
provision n ການຈັດຫາ
provisional adj ຊົ່ວຄາວ
provocation n ການຍົວະເຍົ້າ
provoke v ຍົວະເຍົ້າ
prow n ຫົວເຮືອ
proximity n ຄວາມໃກ້ສິດ
proxy n ຕົວແທນ
prudence n ຄວາມລອບຄອບ
prudent adj ລອບຄອບ
prune v ຕອນຕົ້ນໄມ້
prune n ໝາກພຣູນ
prurient adj ເຕັມໄປດ້ວຍລາຄະ
pseudonym n ນາມແຝງ
psychiatrist n ທ່ານໝໍປິ່ນໂລກຈິດ
psychiatry n ວິຊາໂລກຈິດ
psychic adj ກ່ຽວກັບຈິດໃຈ
psychology n ຈິດຕະວິທະຍາ
psychopath n ຄົນເປັນບ້າ
puberty n ໄວແຕກໜຸ່ມ
public adj ທີ່ຮູ້ໂດຍທົ່ວໄປ
publication n ການພິມຈຳນ່າງໆ
publicity n ການໂຄສະນາ
publicly adv ຢ່າງເປີດເຜີຍໃຫ້ຮູ້

publish

publish v ວາງຂ່າວ, ວາງພິມ
publisher n ຜູ້ພິມ
pudding n ຂະໜົມພຸດດິງ
puerile adj ກ່ຽວກັບເດັກ
puff n ລົມພັດ
puffed adj ທີ່ຫາຍໃຈຫອບ
pull v ດຶງ
pull ahead v ດຶງໄປໜ້າ
pull down v ດຶງລົງ
pull out v ດຶງອອກ
pulley n ອັງລໍດຶງ
pulp n ຊິ້ນໝາກໄມ້
pulpit n ເວທີສາວັບເທດ
pulsate v ເຕັ້ນເປັນຈັງຫວະ
pulse n ຊີບພະຈອນ
pulverize v ບົດ
pump v ສູບນ້ຳ
pump n ເຄື່ອງສູບນ້ຳ
pumpkin n ໝາກອຶ
punch v ຈົກ
punch n ການຈົກ
punctual adj ກົງຕໍ່ເວລາ
puncture n ເຈາະ, ແທກ
punish v ທຳໂທດ
punishable adj ເຖິງເປັນໂທດ
punishment n ການທຳໂທດ
pupil n ນັກຮຽນ
puppet n ຫຸ່ນທີ່ໃຊ້ມື
puppy n ໝານ້ອຍ
purchase v ຊື້
purchase n ການຊື້
pure adj ບໍລິສຸດ

puree n ຊຸບຂົ້ນ
purgatory n ນາຣົກ
purge n ການກຳຈັດ
purge v ລ້າງມົນທິນ
purify v ເຮັດໃຫ້ບໍລິສຸດ
purity n ຄວາມບໍລິສຸດ
purple adj ສີມ່ວງ
purpose n ຈຸດປະສົງ
purposely adv ຢ່າງຈົງໃຈ
purse n ກະເປົາເງິນ
pursue v ໄລ່ຕາມ
pursuit n ການໄລ່ຕາມ
pus n ນ້ຳໜອງ
push v ຍູ້
pushy adj ຂົບ, ຮຸກ
put iv ເອົາໃສ່
put aside v ວາງໄວ້ຂ້າງ
put away v ເກັບໄວ້
put off v ເລື່ອນໄປ
put out v ມອດ
put up v ກາງ
put up with v ສູ້ທົນ
putrid adj ເນົ່າເປື່ອຍ
puzzle n ປິດສະໜາບັນຫາ
puzzling adj ເຮັດໃຫ້ງົງ
pyramid n ຫາດສູບສາມຫຼ່ຽມ
python n ງູເຫຼືອມ

quagmire n ບຶງ
quail n ນົກກະທາ
quake v ໄຫວ, ສັ່ນ
qualify v ສາມາດ
quality n ຄຸນນະພາບ
qualm n ຄວາມຮູ້ສຶກບໍ່ສະບາຍ
quantity n ປະລິມານ
quarrel v ຜິດກັນ
quarrel n ການຜິດຖຽງ
quarry n ບໍ່ແຮ່
quarter n ໄຕມາດ
quarterly adj ລາຍໄຕມາດ
quarters n ໄຕມາດ
quash v ທອນ, ຍົກເລີກ
queen n ພະລາຊິນີ
queer adj ແປກ, ພິລຶກ
quell v ປາບປາມ
quench v ດັບ, ເຮັດໃຫ້ຫມົດ
quest n ການສະແຫວງຫາ
question v ຖາມ
question n ຄຳຖາມ
questionable adj ຍັງເປັນບັນຫາຢູ່
questionnaire n ບົດສອບຖາມ
queue n ລວງແຖວ
quick adj ວ່ອງໄວ
quicken v ເຮັດໃຫ້ໄວ
quickly adv ໂດຍໄວ
quicksand n ບໍ່ລີເວນຊາຍດູດ
quiet adj ມິດ, ສະຫງົບ

quietness n ຄວາມງຽບ
quilt n ຜ້ານວມຄຸມຕຽງ
quit iv ຢຸດຕິ, ເລີກ
quite adv ທັງຫມົດ, ແທ້ໆ
quiver v ສັ່ນ
quiz v ສອບ
quotation n ສິ່ງທີ່ອ້າງອີງເຖິງ
quote v ອ້າງ, ອ້າງອີງ
quotient n ຜົນຫານ

rabbit n ກະຕ່າຍ
rabies n ພະຍາດຫມາວ້
raccoon n ໂຕເຫງັ້ນ
race v ແຂ່ງຂັນ
race n ການແຂ່ງຂັນ
racism n ລັດທິເຊື້ອຊາດ
racket n ໄມ້ຕີປິງໄປ້
racketeering n ການສໍ້ໂກງ
radar n ເຣດາ
radiation n ລັງສີ
radiator n ສິ່ງທີ່ປ່ອຍລັງສີ
radical adj ໂດຍຮາກຖານ
radio n ວິຫະຍຸ
radish n ຫົວຜັກກາດຂາວ
radius n ກະດູກແຂນ, ລັງສີ
raffle n ຫວຍ
raft n ແພ

rag *n* ຜິມ
rage *n* ຄວາມໂມໂຫຮ້າຍ
ragged *adj* ສິກກະປົກ
raid *n* ການໂຈມຕີ
raid *v* ໂຈມຕີ, ກິນໃຫ້ໝົດ
raider *n* ເຄື່ອງບິນໂຈມຕີ
rail *n* ລາງວົດໄຟ
railroad *n* ທາງວົດໄຟ
rain *n* ຝົນ
rain *v* ຝົນຕົກ
rainbow *n* ຮຸ້ງກິນນ້ຳ
raincoat *n* ເສື້ອກັນຝົນ
rainy *adj* ມີຝົນສະເໝີ
raise *n* ການລັງງ
raise *v* ລ້ຽງ, ຍົກຂຶ້ນ
raisin *n* ໝາກະເຈັງແຫ້ງ
rake *n* ຄາດ
rally *n* ການຟື້ນຕົວ
ram *n* ແກະໂຕຜູ້
ram *v* ທັງ, ຕອກ
ramp *n* ທາງລາດ
rampage *v* ໂມໂຫ
rampant *adj* ຮຸນແຮງ
ranch *n* ຄອກລ້ຽງສັດ
rancor *n* ຄວາມເຈັບໃຈ
range *n* ຄວາມໂມໂຫຮ້າຍ
rank *n* ແຖວ, ຊັ້ນ
rank *v* ວງມແຖວ
ransack *v* ປຸ້ນສະດົມ
ransom *n* ຄ່າໄຖ່
rape *v* ຂົ່ມຂືນ
rape *n* ການຂົ່ມຂືນ

rapid *adj* ໄວ, ດ່ວນ
rapist *n* ຜູ້ຂົ່ມຂືນ
rapport *n* ຄວາມປອງດອງ
rare *adj* ຫາຍາກ
rarely *adv* ຫາຍາກ
rascal *n* ຄົນຂີ້ດື້, ຄົນໂກງ
rash *v* ບໍ່ຮອບຄອບ
rash *n* ບ່າມແດງ
raspberry *n* ໝາກຮາດສະເບຣີ
rat *n* ໜູ
rate *n* ອັດຕາ
rather *adv* ຂ້ອນຂ້າງ
ratification *n* ການອະນຸມັດ
ratify *v* ອະນຸມັດ, ຢືນຢັນ
ratio *n* ອັດຕາສ່ວນ
ration *v* ແບ່ງເປັນສ່ວນ
ration *n* ການແບ່ງເປັນສ່ວນ
rational *adj* ຮູ້ຈັດຄິດໄລ່
rationalize *v* ໃຫ້ເຫດຜົນຕັດສິນ
rattle *v* ສັ່ນ
ravage *v* ຮູກຮານ
ravage *n* ການຮູກຮານ
ravine *n* ພູເຂົາມີຫວອເລິກ
raw *adj* ດິບ
ray *n* ລັງສີ
raze *v* ຮື້ຖອນ
razor *n* ມີດແຖ
reach *v* ຍື່, ເຖິງ
reach *n* ໄລຍະທີ່ຈັບໄດ້
react *v* ປະຕິກິລິຍາ
reaction *n* ປະຕິກິລິຍາໂຕ້ຕອບ
read *iv* ອ່ານ

record

reader *n* ຜູ້ອ່ານ, ປຶ້ມຮຽນ
readiness *n* ຄວາມພ້ອມ
reading *n* ການອ່ານ
ready *adj* ພ້ອມ
reality *n* ຄວາມເປັນຈິງ
realize *v* ເຂົ້າໃຈ
really *adv* ໂດຍແທ້ຈິງ
realm *n* ອານາຈັກ
realty *n* ທີ່ດິນຊັບສິນ
reap *v* ເກັບກ່ຽວ
reappear *v* ປະກົດຂຶ້ນອີກ
rear *v* ລ້ຽງດູ, ເພາະປູກ
rear *n* ສ່ວນຫຼັງ
rear *adj* ທາງຫຼັງ
reason *v* ໃຫ້ເຫດຜົນ
reason *n* ເຫດຜົນ
reasonable *adj* ມີເຫດຜົນ
reasoning *n* ການໃຊ້ເຫດຜົນ
reassure *v* ເຮັດໃຫ້ໝັ້ນໃຈໃໝ່
rebate *n* ເງິນຄືນ
rebel *v* ເປັນກະບົດ
rebel *n* ກະບົດ
rebellion *n* ການກະບົດ
rebirth *n* ການເກີດໃໝ່
rebound *v* ກະເດັ້ງຄືນ
rebuff *v* ບອກປະຕິເສດ
rebuff *n* ການບອກປະຕິເສດ
rebuild *v* ສ້າງຂຶ້ນໃໝ່
rebuke *v* ຕິຕຽນ
rebuke *n* ການຕິຕຽນ
rebut *v* ໂຕ້ແຍ້ງ
recall *v* ເອົາຄືນ, ເອີ້ນຄືນ

recant *v* ຖອນກັບ
recap *v* ຈອດຍາງ
recapture *v* ສະຫຼຸບຄວາມ
recede *v* ຖອຍຫຼັງ
receipt *n* ໃບຮັບ
receive *v* ຮັບ
recent *adj* ເມື່ອໄວໆນີ້
reception *n* ການຕ້ອນຮັບ
receptive *adj* ເຊິ່ງຮັບເອົາ, ອົບຮົມ
recess *n* ການຫຍຸດ
recharge *v* ສາກໄຟ
recipe *n* ວິທີປຸງ
reciprocal *adj* ເຊິ່ງກັນແລະກັນ
recite *v* ເວົ້າ, ທ່ອງຈຳ
reckless *adj* ບໍ່ລະມັດລະວັງ
reckon *v* ກະເບິ່ງ
reckon on *v* ຄຳນວນໃນ
reclaim *v* ຮຽກຄືນ
recline *v* ເອນຫຼັງ, ອີງ
recluse *n* ຜູ້ສັນໂດດ
recognition *n* ການຈຳໄດ້
recognize *v* ຈຳໄດ້
recollect *v* ຫວນລະນຶກເຖິງ
recollection *n* ຄວາມຊົງຈຳ
recommend *v* ແນະນຳ
recompense *v* ໃຫ້ລາງວັນ
recompense *n* ລາງວັນ
reconcile *v* ປອງດອງ
reconsider *v* ພິຈາລະນາໃໝ່
reconstruct *v* ສ້າງໃໝ່
record *v* ບັນທຶກ
record *n* ບັນຊີ, ສຳນວນ

R

recorder

recorder n ເຄື່ອງອັດສຽງ
recording n ການບັນທຶກ
recount n ການນັບໃໝ່
recoup v ເອົາຄືນ
recourse v ກັບຄືນ
recover v ເອົາຄືນ
recovery n ການຟື້ນຄືນ
recreate v ສ້າງໃໝ່
recreation n ການສ້າງໃໝ່
recruit v ເກນ
recruit n ຜູ້ທຶກເກນ
rectify v ເຮັດໃຫ້ຖືກຕ້ອງ
rector n ອະທິການບໍດີ
rectum n ໄສ້ສຸດ
recuperate v ຟື້ນຕົວ, ຟື້ນໄຂ້
recur v ເກີດຂຶ້ນອີກ
recurrence n ການກະມາໃໝ່
recycle v ນຳມາໃຊ້ຄືນ
red adj ແດງ
red tape n ລະບຽບວັດ
redden v ກາຍເປັນສີແດງ
redeem v ໄຖ່ທອນ
redemption n ການໄຖ່ທອນ
redo v ເຮັດຄືນໃໝ່
redouble v ເພີ່ມເປັນທະວີຄຸນ
redress v ຊົດເຊີຍ
reduce v ລົດລົງ
redundant adj ຫຼາຍເກີນໄປ
reed n ຕົ້ນອໍ້
reef n ແນວປະກາລັງ
reel n ກົງມ້ວນສາຍເບັດ
reelect v ເລືອກຕັ້ງໃໝ່

reentry n ການກັບເຂົ້າໄປໃໝ່
refer to v ອ້າງອີງເຖິງ
referee n ຜູ້ຕັດສິນ
reference n ການອ້າງເຖິງ
referendum n ປະຊາມະຕິ
refill v ເຕີມໃໝ່
refinance v ກູ້ເງິນໃໝ່
refine v ກັ່ນ
refinery n ໂຮງກັ່ນ
reflect v ສະທ້ອນກັບ
reflection n ການສະທ້ອນກັບ
reflexive adj ສອງກັບ
reform v ປະຕິຮູບ
reform n ການປະຕິຮູບ
refrain v ອົດ, ລະເວັ້ນ
refresh v ຊຸ່ມໃຈ
refreshing adj ເຊິ່ງເຮັດໃຫ້ສົດຊື່ນ
refreshment n ເຄື່ອງດື່ມເຢັນໆ
refrigerate v ເຮັດໃຫ້ເຢັນ
refuel v ໃສ່ເຊື້ອເພີງ
refuge n ບ່ອນເພິ່ງ
refugee n ຜູ້ອົບພະຍົບ
refund v ຄືນເງິນໃຫ້
refund n ການຄືນເງິນໃຫ້
refurbish v ຕົກແຕ່ງໃໝ່
refusal n ການປະຕິເສດ
refuse v ປະຕິເສດ
refuse n ຂີ້ເຫຍື້ອ
refute v ປະຕິເສດ
regain v ເອົາຄືນ, ໄດ້ຄືນ
regal adj ກ່ຽວກັບເຊື້ອເຈົ້າ
regard v ນັບຖື

regarding *pre* ກ່ຽວກັບ
regardless *adv* ໂດຍບໍ່ຄຳນຶງເຖິງ
regards *n* ຄວາມຫວັງດີ
regeneration *n* ການປະຕິຮູບ
regent *n* ຜູ້ຕາງໜ້າປະເທດ
regime *n* ລະບອບ
regiment *n* ກອງພັນທະຫານ
region *n* ແຄວ້ນ, ເຂດ
regional *adj* ກ່ຽວກັບທ້ອງຖິ່ນ
register *v* ລົງທະບຽນ
registration *n* ການຂຶ້ນທະບຽນ
regret *v* ເສຍດາຍ, ເສຍໃຈ
regret *n* ຄວາມເສຍດາຍ
regrettable *adj* ໜ້າສະທ້ອນໃຈ
regularly *adv* ໂດຍປົກກະຕິ
regulate *v* ຄວບຄຸມ
regulation *n* ກົດລະບຽບ
rehabilitate *v* ຟື້ນຟູສຸຂະພາບ
rehearsal *n* ການຝຶກຊ້ອມ
rehearse *v* ຊ້ອມ
reign *v* ປົກຄອງ
reign *n* ລາດຊະການ
reimburse *v* ໃຊ້ຄືນ
rein *v* ຄວບຄຸມ, ບັງຄັບ
rein *n* ການຄວບຄຸມ
reindeer *n* ກວາງ ເຣນເດຍ
reinforce *v* ສິ່ງກຳລັງເພີ່ມ
reinforcements *n* ກອງໜູນ
reiterate *v* ເວົ້າຊ້ຳ
reject *v* ປະຕິເສດ
rejection *n* ການປະຕິເສດ
rejoice *v* ຍິນດີ

rejoin *v* ກັບຄືນເຂົ້າຮ່ວມອີກ
related *adj* ພົວພັນ
relationship *n* ການພົວພັນ
relative *adj* ໂດຍພົວພັນກັນ
relative *n* ພີ່ນ້ອງ
relax *v* ພັກຜ່ອນ
relax *n* ການພັກຜ່ອນ
relay *v* ທ່າຍທອດ
release *v* ປົດປ່ອຍ
relegate *v* ຂັບໄລ່
relent *v* ຜ່ອນໃຫ້
relentless *adj* ເຊິ່ງບໍ່ຍອມຜ່ອນຜັນ
relevant *adj* ເຂົ້າປະເດັນ
reliable *adj* ເຊື່ອຖືໄດ້
reliance *n* ຄວາມໄວ້ວາງໃຈ
relic *n* ຂອງທີ່ລະລຶກ
relief *n* ຄວາມຮູ້ສຶກກັບເກົາ
relieve *v* ບັນເທົາ, ຜັດປ່ຽນ
religion *n* ສາສະໜາ
religious *adj* ແຫ່ງສາສະໜາ
relinquish *v* ສະຫຼະ, ລົ້ມເລິກ
relish *v* ມ່ວນຊື່ນ
relive *v* ປະສົບອີກ
relocate *v* ຍ້າຍທີ່ໃໝ່
relocation *n* ການຍ້າຍທີ່ໃໝ່
reluctant *adj* ບໍ່ເຕັມໃຈ
reluctantly *adv* ຢ່າງບໍ່ເຕັມໃຈ
rely on *v* ເຊື່ອໃຈ
remain *v* ຄ້າງຢູ່, ເຫຼືອຢູ່
remainder *n* ສ່ວນທີ່ເຫຼືອຢູ່
remaining *adj* ເຊິ່ງເຫຼືອຢູ່
remains *n* ຊາກສົບ

remake

remake *v* ເຮັດໃໝ່
remark *v* ສັງເກດ
remark *n* ຂໍ້ສັງເກດ
remarkable *adj* ຢ່າງປະຫຼາດ
remarry *v* ແຕ່ງດອງໃໝ່
remedy *v* ປິ່ນປົວ, ບັນເທົາ
remedy *n* ການປິ່ນປົວ
remember *v* ຈື່, ຈື່ຈຳ
remembrance *n* ຄວາມຊົງຈຳ
remind *v* ເຕືອນ
remission *n* ການຜ່ອນຄາຍ
remit *v* ສົ່ງກັບ, ຍົກເລີກ
remittance *n* ການສົ່ງເງິນ
remodel *v* ປຸງແຕ່ງໃໝ່
remorse *n* ການສຳນຶກຜິດ
remorseful *adj* ສຳນຶກຜິດ
remote *adj* ຫ່າງໄກ
removal *n* ການເຄື່ອນຍ້າຍໄດ້
remove *v* ເອົາອອກ
remunerate *v* ຈ່າຍຄ່າຊົດເຊີຍ
renew *v* ຕໍ່ອາຍຸ
renewal *n* ການເພີ່ມໃໝ່
renounce *v* ລະທິ້ງ
renovate *v* ປັບປຸງໃໝ່
renovation *n* ການປັບປຸງໃໝ່
renowned *adj* ເຊີ່ງມີຊື່ສຽງ
rent *v* ເຊົ່າເຮືອນ
rent *n* ການເຊົ່າເຮືອນ
reorganize *v* ຈັດແຈງໃໝ່
repair *v* ສ້ອມແປງ
reparation *n* ການຊົດເຊີຍ
repatriate *v* ສົ່ງຄືນກັບປະເທດ

repay *v* ຈ່າຍເງິນຄືນ
repayment *n* ການຈ່າຍເງິນຄືນ
repeal *v* ຍົກເລີກ
repeal *n* ການຍົກເລີກ
repeat *v* ເຮັດຄືນອີກ
repel *v* ຍູ້ອອກ, ຂັບໄລ່
repent *v* ເສຍໃຈຕາມຫຼັງ
repentance *n* ຄວາມເສຍໃຈ
repetition *n* ການຊ້ຳອີກ
replace *v* ເອົາໃສ່ແທນ
replacement *n* ການໃສ່ແທນ
replay *n* ຫຼິ້ນຊ້ຳ
replenish *v* ເຕີມ
replete *adj* ອິ່ມບູນ
reply *v* ຕອບ
reply *n* ການຕອບ
report *v* ລາຍງານ
report *n* ບົດລາຍງານ
reportedly *adv* ຕາມລາຍງານ
reporter *n* ນັກສື່ຂ່າວ
repose *v* ນອນພັກຜ່ອນ
repose *n* ການນອນພັກຜ່ອນ
represent *v* ແທນ
repress *v* ກົດໄວ້, ລະງັບໄວ້
repression *n* ຄວາມອົດກັ້ນ
reprieve *n* ການບັນເທົາ
reprint *v* ພິມໃໝ່
reprint *n* ການພິມໃໝ່
reprisal *n* ການແກ້ແຄ້ນ
reproach *v* ຕິຕຽນ
reproach *n* ການຕິຕຽນ
reproduce *v* ຜະລິດຄືນ

reproduction *n* ແບບຈຳລອງ
reptile *n* ສັດເລືອຄານ
republic *n* ສາທາລະນະລັດ
repudiate *v* ປະຕິເສດ
repugnant *adj* ເປັນບ່ວະບັກ
repulse *v* ວັງກວດ
repulse *n* ການຂັບໄລ່ອອກ
repulsive *adj* ໜ້າວັງກວດ
reputation *n* ຊື່ສຽງ
reputedly *adv* ຢ່າງມີຊື່ສຽງ
request *v* ຂໍຮ້ອງ
request *n* ການຂໍຮ້ອງ
require *v* ຕ້ອງການ
requirement *n* ຄວາມຕ້ອງການ
rescue *v* ຊ່ວຍຊີວິດ
rescue *n* ການຊ່ວຍຊີວິດ
research *v* ຄົ້ນຄວ້າ
research *n* ການຄົ້ນຄວ້າ
resemblance *n* ຄວາມຄືກັນ
resemble *v* ຄ້າຍຄືກັນ
resent *v* ສິ່ງຄືນ
resentment *n* ການສິ່ງຄືນ
reservation *n* ການຈອງໄວ້
reserve *v* ຈອງໄວ້
reservoir *n* ອ່າງນ້ຳ
reside *v* ອາໄສຢູ່
residence *n* ບ່ອນຢູ່
residue *n* ສ່ວນທີ່ເຫຼືອ
resign *v* ຂໍລາອອກ
resignation *n* ການຂໍລາອອກ
resilient *adj* ຍືດຢຸ່ນ
resist *v* ຕໍ່ຕ້ານ

resistance *n* ການຕໍ່ຕ້ານ
resolute *adj* ເດັດດ່ຽວ
resolution *n* ການແກ້ບັນຫາ
resolve *v* ຕົກລົງໃຈ
resort *v* ຫັນໄປອາໃສ
resounding *adj* ຢ່າງດັງຊັດ
resource *n* ຊັບສິນ
respect *v* ນັບຖື
respect *n* ຄວາມນັບຖື
respiration *n* ການຫາຍໃຈ
respite *n* ການຢຸດພັກຊົ່ວຄາວ
respond *v* ຕອບ
response *n* ຄຳຕອບ
responsible *adj* ມີຄວາມຮັບຜິດຊອບ
responsive *adj* ເຊິ່ງຕອບສະໜອງ
rest *v* ຢຸດພັກຜ່ອນ
rest *n* ການຢຸດພັກຜ່ອນ
rest room *n* ຫ້ອງນ້ຳ
restaurant *n* ພັດຕະຄານ
restful *adj* ສະຫງົບ
restitution *n* ການຊົດໃຊ້
restless *adj* ບໍ່ໄດ້ພັກຜ່ອນ
restore *v* ຟື້ນຄືນ
restrain *v* ຍັບຍັ້ງ, ຫ້າມ
restraint *n* ການຍັບຍັ້ງ
restrict *v* ຈຳກັດ
result *n* ເປັນຜົນໃຫ້
resume *v* ໃຈຄວາມ
resurface *v* ປຽນໜ້າໃໝ່
resurrection *n* ການຄືນຊີບ
retain *v* ເກັບໄວ້
retaliate *v* ຕອບໂຕ້**

R

retaliation n ການແກ້ແຄ້ນ
retarded adj ປັນຍາອ່ອນ
retention n ການເກັບຮັກສາ
retire v ຖອນຕົວ, ອອກໄປ
retirement n ການອອກບຳນານ
retract v ຫົດ, ຖອນຄຳເວົ້າ
retreat v ຖອຍເພື່ອຮັບມື
retreat n ການຖອຍ
retrieval n ການແກ້ໄຂ
retrieve v ກອບກູ້, ດຶງຄືນ
retroactive adj ຊຶ່ງມີຜົນຍ້ອນຫຼັງ
return v ກັບຄືນ
return n ການກັບຄືນ
reunion n ການຊຸມນຸມກັນ
reveal v ເປີດເຜີຍ
revealing adj ຊຶ່ງເຜີຍແຜ່ໃຫ້ຮູ້
revel v ມ່ວນຊື່ນ
revelation n ການເປີດເຜີຍ
revenge v ແກ້ແຄ້ນ
revenge n ການແກ້ແຄ້ນ
revenue n ລາຍໄດ້, ພາສີ
reverence n ການເຄົາລົບນັບຖື
reversal n ການພິກກັບ
reverse n ຖອຍກັບ, ກັບກັນ
reversible adj ຊຶ່ງພິກກັບໄດ້
revert v ກັບສູ່ສະພາບເດີມ
review v ທົບທວນ
review n ການລາຍງານຄືນ
revise v ທວນຄືນ
revision n ການປັບປຸງໃໝ່
revive v ຟື້ນສະຕິຄືນ
revoke v ເພິກຖອນ

revolt v ປະຕິວັດ
revolt n ການປະຕິວັດ
revolting adj ການປະຕິວັດ
revolve v ປິ່ນອ້ອມ
revolver v ປືນຫັນລີ
revue n ລະຄອນສຽງດີ
revulsion n ຄວາມຮູ້ສຶກກຽດຊັງ
reward v ໄດ້ລາງວັນ
reward n ລາງວັນ
rewarding adj ຊຶ່ງໄດ້ລາງວັນ
rheumatism n ພະຍາດປວດຄໍ່ຕໍ່
rhinoceros n ໂຕແຣດ
rhyme n ກອນ, ຄຳສຳພັດ
rhythm n ຈັງຫວະ
rib n ເຣັດຕະຫຼີກ
ribbon n ໂບ
rice n ເຂົ້າ
rich adj ຮັ່ງມີ
rid of iv ປັບອົດສະທະຈາກ
riddle n ປັນຫາ, ຄຳທາຍ
ride iv ຂີ່
ridge n ສັນພູ
ridicule v ເຣັດຕະຫຼີກ
ridicule n ການເຣັດຕະຫຼີກ
ridiculous adj ໜ້າຢາກຫົວ
rifle n ປືນຍາວ
rift n ຮອຍແຕກ
right adv ເໝາະສົມ, ຄວນ
right adj ທາງເບື້ອງຂວາ
right n ສິດທີ
rigid adj ແຂງ, ແໜ້ນ
rigor n ຄວາມເຂັ້ມງວດ

rim *n* ธิม, ຂອບ
ring *iv* ดังทะดัง
ring *n* ແຫວນ
rinse *v* ໄລເຄື່ອງ
riot *v* ຈະລະຈົນ
riot *n* ການຈາລະຈົນ
rip *v* ฉิก, ตัด
rip apart *v* ແບ່ງອອກຈາກ
rip off *v* ຄິດເກີນມູນຄ່າ
ripe *adj* ສຸກ, ບໍ່ດິບ
ripen *v* ເຮັດໃຫ້ສຸກ
ripple *n* ນໍ້າເພື່ອນ
rise *iv* ລຸກຂຶ້ນ, ຂຶ້ນ
risk *v* ສ່ຽງອັນຕະລາຍ
risk *n* ການສ່ຽງໄພ
risky *adj* ທີ່ສ່ຽງໄພ
rite *n* ພິທີ
rival *n* ຄູ່ແຂ່ງ
rivalry *n* ການແຂ່ງຂັນກັນ
river *n* ແມ່ນໍ້າ
rivet *v* ຕິຕະປູ
riveting *adj* ໜ້າຕະລຶງ
road *n* ຖະໜົນ
roam *v* ທ່ອງທ່ຽວ
roar *v* ແຜດສຽງ
roar *n* ການແຜດສຽງຮ້ອງ
roast *v* ປີ້ງ, ອົບ
roast *n* ຊີ້ນປີ້ງແລ້ວ
rob *v* ຂີ້ລັກ
robber *n* ຄົນຂີ້ລັກ
robbery *n* ການຂີ້ລັກ
robe *n* ເສື້ອຄຸມ

robust *adj* ແຂງແຮງ
rock *n* ກ້ອນຫິນ
rocket *n* ຈະຫລວດ
rocky *adj* ເປັນຫິນ
rod *n* ໄມ້ສ້າວ
roll *v* ມ້ວນ
romance *n* ເລື່ອງຄວາມຮັກ
roof *n* ຫຼັງຄາ
room *n* ຫ້ອງ, ບ່ອນ
roomy *adj* ໃຫຍ່, ກວ້າງ
rooster *n* ໄກ່ຜູ້ໂອກ
root *n* ຮາກເຄົ້າ
rope *n* ເຊືອກ
rosary *n* ສາຍລູກປະຄຳ
rose *n* ດອກກຸຫລາບ
rosy *adj* ມີສີບົວ
rot *v* ເຮັດໃຫ້ເນົ່າເປື່ອຍ
rot *n* ຂອງເນົ່າ
rotate *v* ໝຸນ
rotation *n* ການໝຸນ
rotten *adj* ເນົ່າ
rough *adj* ຫຍາບ, ຊາ
round *adj* ມົນ, ກົມ
roundup *n* ການຈັບກຸ່ມກັນ
rouse *v* ຂອງວ້າໃຈ
rousing *adj* ຕື່ນເຕັ້ນ
route *n* ຫົນທາງ
routine *n* ລະບຽບການ
row *v* ພາຍເຮືອ
row *n* ແຖວ
rowdy *adj* ພານ, ຊີ້ດື້
royal *adj* ແຫ່ງກະສັດ

royalty n อำนາດກະສັດ
rub v ຖູ, ຂັດ
rubber n ຢາງ
rubbish n ເຄື່ອງຕິໂອະ
rubble n ເສດຫິນເສດປູນ
ruby n ທັບທິມ
rudder n ຫາງເສືອເຮືອ
rude adj ຫຍາບຄາຍ
rudeness n ຄວາມຫຍາບຄາຍ
rudimentary adj ເບື້ອງຕົ້ນ
rug n ຜ້າປູ, ພົມ
ruin v ທຳລາຍ, ເພພັ້ງ
ruin n ຊາກເພພັ້ງ
rule v ຫຼຸກຄາານ
rule n ກົດລະບຽບ
ruler n ໄມ້ບັນທັດ
rum n ເຫຼົ້າເຂົ້າສາລີ
rumble v ດັງກ້ອງ, ຟ້າຮ້ອງ
rumble n ສຽງດາງດັ່ງ
rumor n ຂ່າວລື
run iv ແລ່ນ
run away v ແລ່ນຫນີ
run into v ແລ່ນເຂົ້າມາ
run out v ໝົດ
run over v ຣັດທາງເກີນ
run up v ແລ່ນຂຶ້ນ
runner n ຜູ້ແລ່ນ
rupture n ການແຕກອອກ
rupture v ແຕກອອກ
rural adj ຊົນນະບົດ
ruse n ອຸບາຍ
rush v ຟ້າວ

Russia n ລັດເຊຍ
Russian adj ຄົນລັດເຊຍ
rust v ເຂົ້າໝ້ຽງ
rust n ຂີ້ໝ້ຽງ
rustic adj ແຕ່ງຊົນນະບົດ
rust-proof adj ກັນເຂົ້າຂີ້ໝ້ຽງ
rusty adj ເປັນຂີ້ໝ້ຽງ
ruthless adj ບໍ່ມີຄວາມປານີ

S

sabotage v ທຳການຮ້າຍ
sabotage n ການທຳການຮ້າຍ
sack v ໃສ່ຖົງ
sack n ຖົງ
sacred adj ສັກສິດ
sacrifice n ການເສຍສະຫຼະ
sad adj ໂສກເສົ້າ
sadden v ເຮັດໃຫ້ໂສກເສົ້າ
saddle n ອານມ້າ
sadist n ຄົນຊາດິດ
sadness n ຄວາມໂສກເສົ້າ
safe adj ປອດໄພ
safeguard n ສິ່ງປົກປ້ອງ
safety n ຄວາມປອດໄພ
sail v ແລ່ນເຮືອໃບ
sail n ໃບ
sailboat n ເຮືອໃບ
sailor n ຜູ້ແລ່ນເຮືອ

saint *n* ນັກບຸນ
salad *n* ຍຳສະລັດ
salary *n* ເງິນເດືອນ
sale *n* ການຂາຍ
sale slip *n* ໃບຂາຍ
salesman *n* ຄົນຂາຍເຄື່ອງ
saliva *n* ນ້ຳລາຍ
salmon *n* ປາຊາມອນ
saloon *n* ຫ້ອງໃຫຍ່
salt *n* ເກືອ
salty *adj* ເຄັມ
salvage *v* ເກັບທ້ອນໄວ້, ກູ້
salvation *n* ການຟື້ນໂຫດ
same *adj* ຄືກັນ
sample *n* ຕົວຢ່າງ
sanctify *v* ອວຍພອນ
sanction *v* ຮັບຮອງເອົາ
sanction *n* ການວິງໂຫດ
sanctity *n* ຄວາມສັກສິດ
sanctuary *n* ບ່ອນຫຼົບໄພ
sand *n* ດິນຊາຍ
sandal *n* ເກີບຊັ້ງງານ
sandpaper *n* ກະດາດຊາຍ
sandwich *n* ແຊນວິດ
sane *adj* ບໍ່ເປັນບ້າ
sap *n* ຍາງໄມ້
sap *v* ດູດອອກ
saphire *n* ຫິນ ຊາພາຍ
sarcasm *n* ການຫາກຫາງ
sarcastic *adj* ແດກດັນ
sardine *n* ປາຊາດິນ
satanic *adj* ຮ້າຍກາດ

satellite *n* ດາວຫຼວງ
satire *n* ການສຽດສີ
satisfaction *n* ຄວາມພໍໃຈ
satisfactory *adj* ໜ້າພໍໃຈ
satisfy *v* ເຮັດໃຫ້ພໍໃຈ
saturate *v* ເຮັດໃຫ້ບູກ
Saturday *n* ວັນເສົາ
sauce *n* ນ້ຳຈິ້ມ
saucepan *n* ໝໍ້ກະທະຫຼັງ
saucer *n* ຈານຮອງຈອກ
sausage *n* ໄສ້ກອກ
savage *adj* ປ່າເຖື່ອນ
savagery *n* ຄວາມດຸຮ້າຍ
save *v* ຊ່ວຍຊີວິດ
savings *n* ສິ່ງທີ່ທ້ອນໄດ້
savior *n* ຜູ້ຊ່ວຍຊີວິດ
savor *v* ໄດ້ກິ່ນ, ຊີມລົດ
saw *iv* ຕັດດ້ວຍເລື່ອຍ
saw *n* ເລື່ອຍ
say *iv* ເວົ້າ, ບາກ
saying *n* ການເວົ້າ
scaffolding *n* ຄ້າງໄວ້ກໍ່ສ້າງ
scald *v* ເຮັດໃຫ້ຮ້ອນຈັດ
scale *v* ປີ່ນ
scale *n* ຊິງຊັ່ງ, ສັດສ່ວນ
scalp *n* ຫັງຫົວ
scam *n* ການສໍ້ສົນ
scan *v* ສະແກນ
scandal *n* ເລື່ອງໜ້າອາຍ
scandalize *v* ເວົ້າຂວັນ
scapegoat *n* ແພະຮັບບາບ
scar *n* ແປ້ວ

scarce *adj* ທີ່ບໍ່ພຽງພໍ
scarcely *adv* ທີ່ຫາຍາກ
scarcity *n* ຄວາມຫາຍາກ
scare *v* ເຮັດໃຫ້ຢ້ານ
scare *n* ຄວາມຢ້ານ
scarf *n* ຜ້າພັນຄໍ
scary *adj* ໜ້າຢ້ານກົວ
scatter *v* ຫວ່ານໄປ
scenario *n* ສະຖານະການ
scene *n* ສາກ, ທົງທັດ
scenery *n* ພາບພູມີປະເທດ
scenic *adj* ພາບວິວງາມ
scent *n* ກິ່ນຫອມ, ກິ່ນ
sceptic *adj* ເຊື່ອສິ່ງໃສ
schedule *v* ຈັດຕາຕະລາງເວລາ
schedule *n* ຕາຕະລາງເວລາ
scheme *n* ແຜນການ
schism *n* ຄວາມແຕກແຍກ
scholar *n* ນັກປາດ
scholarship *n* ທືນການສຶກສາ
school *n* ໂຮງຮຽນ
science *n* ວິທະຍາສາດ
scientific *adj* ທີ່ເປັນວິທະຍາສາດ
scientist *n* ນັກວິທະຍາສາດ
scissors *n* ມີດຕັດ
scoff *v* ຄຳເຍັ້ຍ
scold *v* ດ່າ
scolding *n* ການຮ້ອງດ່າ
scooter *n* ສະກຸດເຕີ
scope *n* ໄວຍະກວ້າງ
scorch *v* ຈຸດ, ເຜົາ
score *n* ມົດເພງ, ຄະແນນ
score *v* ເຮັດເອົາຄະແນນ
scorn *v* ດູຖູກ
scornful *n* ການດູຖູກ
scorpion *n* ແມງງອດ
scoundrel *n* ຄົນຊົ່ວ
scour *v* ຂັດຖູ
scourge *n* ໄມ້ແສ້
scout *n* ເອົາອະຊິນ
scramble *v* ຍາດກັນ
scrambled *adj* ຄົນໃຫ້ທົ່ວກັນ
scrap *n* ຂອງເສດເຫຼືອ
scrap *v* ຕິກັນ, ຕີ້ມ
scrape *v* ເກົາ, ຂຸດ
scratch *v* ຂຸດຂີດ
scratch *n* ຮອຍຂຸດ
scream *v* ຮ້ອງສັ່ນ
scream *n* ການຮ້ອງດັງ
screech *v* ຮ້ອງສຽງກິດ
screen *n* ຈໍຊິເນມາ, ໜ້າຈໍ
screen *v* ປົກປິດ, ປ້ອງກັນ
screw *v* ບິດກວງ
screw *n* ຕະປູກວງ
screwdriver *n* ເຫຼັກໄຂຄວງ
scribble *v* ຂຽນຄົງໄກ່ເຂ່ຍ
script *n* ບົ້ໃຊ້ແທນເງິນ
scroll *n* ມ້ວນເຈ້ຍ
scrub *v* ຊກຖູ
scrupulous *adj* ຖີ່ຖ້ວນ
scrutiny *n* ການກວດສອບ
scuffle *n* ການຕໍ່ສູ້
sculptor *n* ຜູ້ຄັດລາຍ
sculpture *n* ການຄັດລາຍ

send

sea *n* ທະເລ
seafood *n* ອາຫານທະເລ
seagull *n* ນົກນາງນວນ
seal *v* ຕິດອັດ
seal *n* ແມວນ້ຳ
seal off *v* ປິດພະນຶກ
seam *n* ຮອຍຍິບ
seamless *adj* ບໍ່ມີຮອຍຕໍ່
search *v* ຄົ້ນຫາ
search *n* ການຄົ້ນຫາ
seashore *n* ຊາຍຝັ່ງທະເລ
seasick *adj* ເມົາເຮືອ
seaside *adj* ແຄມຝັ່ງທະເລ
season *n* ລະດູການ
seasonal *adj* ຕາມລະດູການ
seasoning *n* ເຄື່ອງບຸງວົດຊາດ
seat *n* ບ່ອນນັ່ງ
seated *adj* ຜູ້ງເວີກ
secede *v* ແຍກຕົວອອກ
secluded *adj* ເປັນສ່ວນຕົວ
seclusion *n* ການແຍກຕົວ
second *n* ທີສອງ
secondary *adj* ທີສອງ
secrecy *n* ຄວາມລັບ
secret *n* ຄວາມລັບ
secretary *n* ເລຂານຸການ
secretly *adv* ຢ່າງລັບໆ
sect *n* ນິກາຍ
section *n* ສ່ວນທີ່ຕັດອອກ
sector *n* ພາກ, ສ່ວນ
secure *v* ປອດໄພ
secure *adj* ທີ່ປອດໄພ

security *n* ຄວາມປອດໄພ
sedate *v* ງຽບ, ຊ້າ
sedation *n* ການງຽບ
seduce *v* ອ້ອຍອອນ, ລໍ້ໃຈ
seduction *n* ການອ້ອຍອອນ
see *iv* ເຫັນ
seed *n* ແກ່ນ
seedless *adj* ບໍ່ມີແກ່ນ
seedy *adj* ເສົ້າໝອງ
seek *iv* ສອກຫາ
seem *v* ຄ້າຍກັບວ່າ
see-through *adj* ໂປ່ງຜ່ານ
segment *n* ກຸ່ມ, ທ່ອນ
seize *v* ຈັບໝັ້ນ
seizure *n* ການຈັບກຸມ
seldom *adv* ໜ້ອຍທີ່ສຸດ
select *v* ເລືອກ
selection *n* ການເລືອກ
self-concious *adj* ຮູ້ສຶກຕົວ, ສຳນຶກ
self-esteem *n* ຄວາມນັບຖືຕົວເອງ
self-evident *adj* ແນ່ຈັດ
selfish *adj* ເຫັນແກ່ຕົວ
selfishness *n* ຄວາມຄັບແຄບ
self-respect *n* ການເຄົາລົບຕົວເອງ
sell *iv* ຂາຍ
seller *n* ຜູ້ຂາຍ
sellout *n* ຂາຍຂອງວົດລາຄາ
semblance *n* ຮູບຮ່າງໜ້າຕາ
semester *n* ເທີມ
senate *n* ສະພາສູງ
senator *n* ສະມາຊິກສະພາສູງ
send *iv* ສົ່ງ

sender n ຜູ້ສົ່ງ, ເຄື່ອງສົ່ງ
senile adj ເຖົ້າ, ແກ່
senior adj ອະວຸໂສ
seniority n ລະດັບອະວຸໂສ
sense v ສຳພັດ
sense n ອາລົມ, ຄວາມຮູ້ສຶກ
senseless adj ໂງ່
sensible adj ມີເຫດຜົນ
sensitive adj ມີຄວາມຮູ້ສຶກໄວ
sensual adj ກ່ຽວກັບລາຄະ
sentence v ພິພາກສາ, ຕັດສິນ
sentence n ປະໂຫຍກ
sentiment n ຄວາມຮູ້ສຶກທາງໃຈ
sentry n ທະຫານຍາມ
separate v ແຍກອອກ
separate adj ທີ່ແຍກອອກແລ້ວ
separation n ການແຍກອອກ
September n ເດືອນກັນຍາ
sequel n ພັນສືບເນື່ອງ
sequence n ການຕໍ່ເນື່ອງກັນ
serenade n ເພງກ່ອມສາວ
serene adj ສະຫງົບ, ແຈ່ມໃສ
serenity n ຄວາມສະຫງົບງຽບ
sergeant n ນາຍສິບເອກ
series n ລຳດັບ, ຊຸດ
serious adj ເຄັ່ງຂັດ, ເຄັ່ງຕຶງ
seriousness n ຄວາມເຄັ່ງຂັດ
sermon n ຄຳສັ່ງສອນ
serpent n ງູຮ້າຍ
serum n ຊີຣ່າ
servant n ຄົນໃຊ້
serve v ຮັບໃຊ້

service n ການບໍລິການ
service v ໃຫ້ບໍລິການ
session n ພາກຮຽນ, ຕອນ
set n ຊຸດ, ເຄື່ອງ
set iv ຕັ້ງ, ວາງ
set about v ກະຈາຍຂ່າວ
set off v ອອກເດີນທາງ
set out v ອອກເດີນທາງໄປ
set up v ຕັ້ງຂຶ້ນ, ກໍ່ຂຶ້ນ
setback n ການເຊື່ອມຖອຍ
setting n ການຕິດຕັ້ງ
settle v ຕັ້ງຖິ່ນຖານ
settle down v ປັກຫຼັກ
settle for v ຍອມຮັບ
settlement n ການຕັ້ງຖິ່ນຖານ
settler n ຜູ້ຕັ້ງຖິ່ນຖານ
setup n ການຈັດຂຶ້ນ
seven adj ເຈັດ
seventeen adj ສິບເຈັດ
seventh adj ທີສິບເຈັດ
seventy adj ເຈັດສິບ
sever v ແຍກສ່ວນ
several adj ຫຼາຍ
severance n ການຕັດຂາດ
severe adj ຮຸນແຮງ
severity n ຄວາມຮຸນແຮງ
sew v ຫຍິບແສ່ວ
sewage n ນ້ຳໂສໂຄກ
sewer n ທໍ່ນ້ຳເປື້ອນ
sewing n ການຫຍິບ
sex n ເພດ
sexuality n ເລື້ອງທາງເພດ

short

shabby *adj* ໂຊມ, ມໍຊໍ
shack *n* ຕູບ, ເພີງ
shackle *n* ກະແຈມື
shadow *n* ເງົາ
shady *adj* ເຕັມໄປດ້ວຍຮົ່ມເງົາ
shake *iv* ສັ່ນ
shaken *adj* ສັ່ນ
shaky *adj* ສັ່ນ
shallow *adj* ຕື້ນ, ບໍ່ເລິກ
sham *n* ການປອມແປງ
shambles *n* ໂຮງຂ້າສັດ
shame *v* ອາຍ
shame *n* ຄວາມອັບອາຍ
shameful *adj* ໜ້າອາຍໜ້າ
shameless *adj* ຢ່າງອັບອາຍ
shape *v* ເຮັດເປັນຮູບຕ່າງໆ
shape *n* ຮູບຕ່າງໆ
share *v* ມີສ່ວນ
share *n* ຫຸ້ນສ່ວນ
shareholder *n* ຜູ້ຖືຫຸ້ນ
shark *n* ປາສະຫຼາມ
sharp *adj* ຄົມ, ແຫຼມ
sharpen *v* ຝົນໃຫ້ແຫຼມຄົມ
sharpener *n* ເຄື່ອງແຫຼມສໍ
shatter *v* ເຮັດໃຫ້ແຕກກະຈາຍ
shave *v* ແຖ
she *pro* ລາວ (ຜູ້ຍິງ)
shear *iv* ຕັດຂົນໃຫ້ສັ້ນ
shed *iv* ລົ້ນ, ປິດ
sheep *n* ແກະ, ຍອງ
sheets *n* ແຜ່ນ, ຜືນ
shelf *n* ຊັ້ນ, ຖ້ານ

shell *n* ເປືອກຫອຍ
shelter *v* ປົກປິດ, ກັ້ນບັງ
shelter *n* ບ່ອນຊຸ້ນ, ເຈບ
shelves *n* ຊັ້ນວາງ
shepherd *n* ຄົນລ້ຽງແກະ
shield *v* ປ້ອງກັນ
shield *n* ເຄື່ອງປ້ອງກັນ
shift *n* ການປ່ຽນບ່ອນເວລາ
shift *v* ປ່ຽນບ່ອນຫຼືເວລາ
shine *iv* ເຫຼື້ອມ, ສ່ອງແສງ
shiny *adj* ທີ່ເຫຼື້ອມ
ship *n* ກຳປັ່ນ
shipwreck *n* ເຮືອແຕກ
shipyard *n* ອູ່ສ້ອມເຮືອ
shirk *v* ຫຼີກລ້ຽງ
shirt *n* ເສື້ອເຊີດ
shiver *v* ສັ່ນໜາວ
shiver *n* ການສັ່ນຕົວ
shock *v* ຕົກໃຈເປັນລົມ
shock *n* ກະຕຸກ
shocking *adj* ເຊິ່ງຕົກໃຈສຸດຂິດ
shoddy *adj* ຄຸນນະພາບຕ່ຳ
shoe *n* ເກີບ
shoelace *n* ເຊືອກເກີບ
shoestore *n* ຮ້ານຂາຍເກີບ
shoot *iv* ຍິງ, ທ່າຍຮູບ
shoot down *v* ຍິງຕົກ
shop *v* ຊື້ເຄື່ອງຂອງ
shop *n* ຮ້ານຄ້າ
shopping *n* ການຊື້ເຄື່ອງຂອງ
shore *n* ແຄມທະເລ
short *adj* ສັ້ນ, ບໍ່ດົນ

shortage

shortage *n* ຄວາມຂາດແຄນ
shortcoming *n* ຈຸດອ່ອນ
shortcut *n* ເສັ້ນທາງລັດ
shorten *v* ເຮັດໃຫ້ສັ້ນ
shorthand *n* ຊວງຫຍໍ້
shortlived *adj* ມີອິດສັ້ນ
shortly *adv* ໂດຍຫຍໍ້
shorts *n* ໂສ້ງຂາສັ້ນ
shortsighted *adj* ເຊິ່ງສາຍຕາສັ້ນ
shot *n* ຍາສັກ
shotgun *n* ປືນສັ້ນ
shoulder *n* ບ່າໃຫຍ່
shout *v* ຮ້ອງແຮງງ
shout *n* ສຽງຮ້ອງດັງ
shouting *n* ການຮ້ອງດັງ
shove *v* ຊຸກຍູ້ໄປ
shove *n* ການຍູ້
shovel *n* ຊ້ວນ
show *iv* ສະແດງ
show off *v* ອ້າງ, ສະແດງ
show up *v* ເປັນຮູບເປັນຮ່າງ
showdown *n* ການປະເຊີນຫນ້າ
shower *n* ຝາຝົນ
shred *v* ຈີກເປັນຕ່ອນໆ
shred *n* ຕ່ອນເສດ
shrewd *adj* ສະຫຼາດ, ສຸຂຸມ
shriek *v* ຮ້ອງສຽງແຫຼມ
shriek *n* ສຽງດັງແຈດຫຼ
shrimp *n* ກຸ້ງ
shrine *n* ສານເຈົ້າ
shrink *iv* ຫົດຕົວ, ທອຍຫນີ
shroud *n* ຜ້າຫໍ່ສົບ

shrouded *adj* ທີ່ຄຸມໄວ້
shrub *n* ຕົ້ນໄມ້ຂະຫນາດນ້ອຍ
shrug *v* ຍົກໄຫລ່
shudder *n* ອາການສັ່ນກິດ
shudder *v* ສັ່ນກິດ
shuffle *v* ຍ່າງເຕາະໄປ, ສັບ
shun *v* ຫຼີກອອກຈາກ
shut *iv* ອັດ
shut off *v* ປິດລົງ
shut up *v* ເຈົ້າຍາກ
shuttle *v* ແຫຼ້ງກັບໄປກັບມາ
shy *adj* ຂີ້ອາຍ
shyness *n* ຄວາມອາຍ
sick *adj* ເຈັບປ່ວຍ
sicken *v* ເຮັດໃຫ້ເຈັບປ່ວຍ
sickening *adj* ເປັນຫນ້າອົນຫົດ
sickle *n* ກ່ຽວ
sickness *n* ຄວາມເຈັບປ່ວຍ
side *n* ຂ້າງ
sidestep *v* ຫຼີກລ່ຽງ
sidewalk *n* ທາງຍ່າງ
siege *n* ການອ້ອມລ້ອມ
siege *v* ລ້ອມໂຈມຕີ
sift *v* ຮ່ອນ
sigh *n* ການຖອນໃຈໃຫຍ່
sigh *v* ຖອນໃຈໃຫຍ່
sight *n* ສາຍຕາ
sightseeing *v* ທ່ອງທ່ຽວ
sign *v* ເຊັນຊື່
sign *n* ເຄື່ອງຫມາຍ
signal *n* ໃຫ້ສັນຍານ
signature *n* ລາຍເຊັນ

sketch

significance n ຄວາມສຳຄັນ
significant adj ສຳຄັນ
signify v ມີຄວາມໝາຍ
silence n ຄວາມສະຫງົບງຽບ
silence v ເຮັດໃຫ້ມິດ, ມິດງຽບ
silent adj ງຽບ, ນິ່ງ
silhouette n ພາບເງົາ
silk n ໄໝ
silly adj ໂງ່, ອ່ອນແອ
silver n ເງິນ, ສີເງິນ
silversmith n ຊ່າງຕີເງິນ
silverware n ເຄື່ອງເງິນ
similar adj ທີ່ຄ້າຍຄືກັນ
similarity n ຄວາມຄືກັນ
simmer v ຂົ້ວງໃຫ້ໜືດ
simple adj ງ່າຍດາຍ
simplicity n ຄວາມງ່າຍດາຍ
simplify v ເຮັດໃຫ້ງ່າຍດາຍ
simply adv ພຽງແຕ່
simulate v ຈຳລອງ, ປອມ
simultaneous adj ພ້ອມກັນ
sin v ເຮັດບາບ
sin n ບາບ
since c ເນື່ອງຈາກ
since pre ຕັ້ງແຕ່
since then adv ຕັ້ງແຕ່ນັ້ນມາ
sincere adj ຊື່ສັດ
sincerity n ຄວາມຈິງໃຈ
sinful adj ກາບີ, ຊົ່ວຮ້າຍ
sing iv ຮ້ອງເພງ
singer n ນັກຮ້ອງ
single n ຢ່າງດຽວ, ຜູ້ດຽວ

single adj ໂສດ
singlehanded adj ແຕ່ຜູ້ດຽວ
singleminded adj ທີ່ກຳນົດແນ່ນອນ
singular adj ເອກະພົດ
sinister adj ອັບປີ, ອຸບາດ
sink iv ຈົມ
sink in v ຈົມລົງ
sinner n ຜູ້ເຮັດບາບ
sip v ຈິບ
sip n ການຈິບ
sir n ທ່ານ
siren n ສຽງສັນຍານ
sirloin n ຊີ້ນສັນນອກ
sissy adj ມີລັກສະນະຄືຜູ້ຍິງ
sister n ເອື້ອຍຫຼືນ້ອງສາວ
sister-in-law n ເອື້ອຍຫຼືນ້ອງໄພ້
sit iv ນັ່ງ
site n ທີ່ຕັ້ງ
sitting n ການນັ່ງປະຈຳທີ່
situated adj ທີ່ຕັ້ງຢູ່
situation n ສະຖານະການ
six adj ຫົກ
sixteen adj ສິບຫົກ
sixth adj ທີຫົກ
sixty adj ຫົກສິບ
size n ຂະໜາດ
size up v ເພີ່ມຂະໜາດຂຶ້ນ
skate v ແລ່ນສະເກັດ
skate n ຄົນແລ່ນສະເກັດ
skeleton n ໂຄງກະດູກ
skeptic adj ສິງໃສ
sketch v ຮ່າງພາບ

sketch 142

sketch n ການຮ່າງພາບ
sketchy adj ຄ້າວໆ
ski v ແລ່ນສະກີ
skill n ຄວາມຊໍານານ
skillful adj ມີຄວາມຊໍານານ
skim v ເຮັດໃຫ້ລຽບ, ຕັກ
skin v ລອກໜັງ
skin n ຜິວໜັງ
skinny adj ຈ່ອຍຫຍາງ
skip v ເຕັ້ນຂ້າມ
skip n ການເຕັ້ນ
skirt n ສິ້ນ, ກະໂປງ
skull n ຫົວກະໂຫຼກ
sky n ທ້ອງຟ້າ
skylight n ປ່ອງຢັ້ງເຫິງຫັງຫຄາ
skyscraper n ຕຶກສູງ
slab n ແຜ່ນໜາ
slack adj ຫຍ່ອນ, ຊ້າ
slacken v ເບົາມື, ຜ່ອນ
slacks n ໂສ້ງແບບຫຼົ້ມ
slam v ອັດເຂົ້າແຮງ
slander n ໃສ່ຄວາມ
slanted adj ອງ, ຄົດ
slap n ການຕົບໜ້າ
slap v ຕົບໜ້າ
slash n ຮອຍຟັນ
slash v ຟັນ
slate n ຫີນກະດານ
slaughter v ຂ້າສັດ
slaughter n ການຂ້າສັດ
slave n ຂ້າທາດ
slavery n ຄວາມເປັນທາດ

slay iv ຂ້າ
sleazy adj ສິກກະປິດ
sleep iv ນອນ
sleep n ການນອນ
sleeve n ແຂນເສື້ອ
sleeveless adj ທີ່ບໍ່ມີແຂນເສື້ອ
slender adj ແອວບາງຢ່າງນ້ອຍ
slice n ແຜ່ນບາງໆ
slide iv ເລື່ອນໄປ
slightly adv ຢ່າງເລັກໜ້ອຍ
slim adj ບາງ
slip v ມື້
slip n ສະລິບຂອງຜູ້ຍິງ
slipper n ເກີບແຕະ
slippery adj ມື້ນ
slit iv ຮອຍແຕກ
slob adj ທີ່ໂງ່
slogan n ຄໍາຂວັນ
slope n ຄ້ອຍ
sloppy adj ເປັນຂີ້ເລວ
slot n ປ່ອງນ້ອຍໆ
slow adj ຊ້າ, ໂງ່
slow down v ແລ່ນໃຫ້ຊ້າລົງ
slowly adv ຢ່າງຊ້າໆ
sluggish adj ຂີ້ຄ້ານ
slum n ສະລໍາ
slump v ລາຄາຕົກ
slump n ຕົກວິບໃວ
slur v ເວົ້າບໍ່ຊັດເຈນ
sly adj ຂີ້ໂກງ
smack n ການຕົບ
smack v ຕົບໜ້າ

small *adj* ນ້ອຍ
small print *n* ການພິມໂຕນ້ອຍ
smallpox *n* ໄຂ້ຫັວະເພີດ
smart *adj* ສະຫຼາດ, ເຈົ້າຊູ້
smash *v* ທຸບ, ຕ່ອຍ
smear *n* ການເປີເປື້ອນ
smear *v* ທາໃຫ້ເປື້ອນ
smell *iv* ດົມກິ່ນ
smelly *adj* ມີກິ່ນ, ສົ່ງກິ່ນ
smile *v* ຍິ້ມ
smile *n* ການຍິ້ມ
smith *n* ຊ່າງຕີໂລຫະ
smoke *v* ສູບຢາ
smoked *adj* ທີ່ຮົມຄວັນ
smoker *n* ຄົນສູບຢາ
smoking gun *n* ປືນຄວັນ
smooth *v* ເຮັດໃຫ້ກ້ຽງ
smooth *adj* ກ້ຽງ
smoothly *adv* ຢ່າງຮຽບຮ້ອຍ
smoothness *n* ຄວາມຮຽບຮ້ອຍ
smother *v* ຫາຍໃຈຫອບ
smuggler *n* ຜູ້ລັກລອບ
snail *n* ຫອຍ
snake *n* ງູ
snapshot *n* ການຖ່າຍພາບໄວ
snare *v* ດັກ, ຫຼອກຈັບ
snare *n* ບ່ວງ, ແຮ້ວ
snatch *v* ຊຶກຊວຍ
sneak *v* ຊັບຊີ່
sneeze *v* ຈາມ
sneeze *n* ການຈາມ
sniff *v* ສືບກິ່ນ

sniper *n* ມືປືນຊັບຈ້າງ
snitch *v* ແຈບລັກ
snooze *v* ງີບຫຼັບ
snore *v* ນອນກົນ
snore *n* ການນອນກົນ
snow *v* ຫິມມະຕົກ
snow *n* ຫິມມະ
snowfall *n* ຈຳນວນຫິມມະຕົກ
snowflake *n* ເມັດຫິມມະ
snub *v* ດຸຫມິ່ນ
snub *n* ການດຸຫມິ່ນ
soak *v* ຈຸ່ມ, ແຊ່
soak in *v* ຊຶມອອກ
soak up *v* ຈຸ່ມໃນ
soar *v* ບິນເຈີດຂຶ້ນ
sob *v* ຮ້ອງໃຫ້ສະອຶກສະອື້ນ
sob *n* ສຽງສະອື້ນ
sober *adj* ເພັບະມານ
so-called *adj* ບອກບໍ່ຖືກ
sociable *adj* ເຂົ້າກັບຄົນງ່າຍ
socialism *n* ລະບົບສັງຄົມນິຍົມ
socialist *adj* ທີ່ເປັນສັງຄົມນິຍົມ
socialize *v* ຄົບຫາສະມາຄົມ
society *n* ສັງຄົມ, ຊຸມຊົນສູງ
sock *n* ຖົງຕີນ
sod *n* ຈຸ່ມຫຍ້າ
soda *n* ໂສດາ
sofa *n* ຕັ່ງອື້ຍາວ
soft *adj* ອ່ອນ
soften *v* ເຮັດໃຫ້ອ່ອນ
softly *adv* ຢ່າງອ່ອນງ
softness *n* ຄວາມອ່ອນໂຍນ

soggy

soggy *adj* ປຽກຊຸ່ມ
soil *v* ເຮັດໃຫ້ເປື້ອນ
soil *n* ດິນ
soiled *adj* ຊົກມົກ
solace *n* ການປອມໃຈ
solar *adj* ກ່ຽວກັບດວງອາທິດ
solder *v* ເຊື່ອມໂລຫະ
soldier *n* ທະຫານ
sole *n* ສົ້ນທ່ອງຕີນ
sole *adj* ອັນດຽວ
solely *adv* ໂດຍລຳພັງ
solemn *adj* ຂຶງຂັງ, ເຄັ່ງຂຶມ
solicit *v* ຂໍຮ້ອງ, ຊັກຊວນ
solid *adj* ແຂງ, ແກ່ນ
solidarity *n* ຄວາມສາມັກຄີ
solitary *adj* ໂດດດ່ຽວ
solitude *n* ການຢູ່ໂດດດ່ຽວ
soluble *adj* ທີ່ແກ້ບັນຫາໄດ້
solution *n* ວິທີແກ້ບັນຫາ
solve *v* ແກ້ບັນຫາ
solvent *adj* ທີ່ມີເງິນພຽງພໍ
somber *adj* ມືດມົວ, ຊຶມເສົ້າ
some *adj* ບາງ, ຈັກໜ້ອຍ
somebody *pro* ຄົນໃດຄົນໜຶ່ງ
someday *adv* ມື້ໃດມື້ໜຶ່ງ, ບາງມື້
somehow *adv* ໂດຍວິທີໃດໜຶ່ງ
someone *pro* ຜູ້ໃດຜູ້ໜຶ່ງ
something *pro* ບາງສິ່ງບາງຢ່າງ
sometimes *adv* ບາງເທື່ອ
someway *adv* ດ້ວຍວິທີໃດໜຶ່ງ
somewhat *adv* ຈັ່ງໃດຈັ່ງໜຶ່ງ
son *n* ລູກຊາຍ

song *n* ເພງ
son-in-law *n* ລູກເຂຍ
soon *adv* ໃນບໍ່ຊ້ານີ້
soothe *v* ເຮັດໃຫ້ສະບາຍໃຈ
sorcerer *n* ໝໍມົດ
sorcery *n* ອາຄົມ, ຄາຖາ
sore *n* ຕຸ່ມ
sore *adj* ເຈັບ, ບວດ
sorrow *n* ຄວາມໂສກເສົ້າ
sorrowful *adj* ໂສກເສົ້າ
sorry *adj* ຂໍໂທດ
sort *n* ຊະນິດ, ປະເພດ
sort out *v* ຄັດແຍກ
soul *n* ວິນຍານ
sound *n* ສຽງ
sound *v* ສົ່ງສຽງ
sound out *v* ສົ່ງສຽງອອກ
soup *n* ນ້ຳຊຸບ, ແກງ
sour *adj* ສົ້ມ
source *n* ທີ່ມາ, ທີ່ເກີດ
south *n* ພາກໃຕ້
southern *adj* ທາງໃຕ້
southerner *n* ຄົນທາງພາກໃຕ້
souvenir *n* ຂອງທີ່ລະນຶກ
sovereign *adj* ອະທິປະໄຕ
sovereignty *n* ອະທິປະໄຕ
soviet *adj* ກ່ຽວກັບໂຊວຽດ
sow *iv* ຫວ່ານເມັດ
spa *n* ສະປາ
space *n* ອະວະກາດ
space out *v* ເຮັດໃຫ້ແຍກກັນ
spacious *adj* ກວ້າງໃຫຍ່

splinter

spade *n* ຊ້ອນ
Spain *n* ປະເທດແອັດສະປາຍ
span *v* ກ່າຍຂົວ
span *n* ລະຍະເວລາ
Spaniard *n* ຄົນແອັດສະປາຍ
spank *v* ຕີກົ້ນ
spare *v* ສະຫງວນໄວ້
spare *adj* ຫວ່າງ
sparingly *adv* ຢ່າງປະຍັດ
spark *n* ໝາກໄຟ
spark off *v* ປະກາຍອອກ
spark plug *n* ຫົວຫງຸນ
sparkle *v* ເປັນແສງແວວວາວ
sparrow *n* ນົກຈອກ
sparse *adj* ກະຈັດກະຈາຍ
spasm *n* ອາການກະຕຸກ
speak *iv* ເວົ້າ
speaker *n* ຜູ້ບັນລະຍາຍ
spear *n* ຫອກ
spearhead *v* ເປັນຫົວຫອກ
special *adj* ພິເສດ
specialize *v* ຊ່ຽວຊານ
specialty *n* ຂອງພິເສດ
species *n* ສາຍພັນ
specific *adj* ເຈາະຈົງ
specimen *n* ຂອງຕົວຢ່າງ
speck *n* ຈຸດນ້ອຍໆ
spectacle *n* ການສະແດງ
spectator *n* ຜູ້ເບິ່ງ
speculate *v* ຄາດ, ຄາດຄະເນ
speculation *n* ຄວາມຄິດ
speech *n* ຄຳປາໃສ

speechless *adj* ເວົ້າບໍ່ໄດ້
speed *iv* ໄປໄວ
speed *n* ຄວາມໄວ
speedily *adv* ວ່ອງໄວ
speedy *adj* ຢ່າງໄວ
spell *iv* ອ່ານໃຫ້ຊັນ
spell *n* ມົນ, ເວດມົນ
spelling *n* ການສະກົດຄຳ
spend *iv* ຈ່າຍ, ໃຊ້
spending *n* ການໃຊ້ຈ່າຍ
sperm *n* ໂຕອະສຸຈິ
sphere *n* ຮູບມົນ
spice *n* ເຄື່ອງເທດ
spicy *adj* ເຜັດ
spider *n* ແມງມຸມ
spiderweb *n* ໃຍແມງມຸມ
spill *iv* ຈ່ານໄປ, ຂວ້າ
spill *n* ເສດ
spin *iv* ເຂັ້ນຝ້າຍ, ປັ່ນ
spine *n* ກະດູກສັນຫຼັງ
spineless *adj* ຂີ້ຢ້ານ
spinster *n* ສາວແກ່
spirit *n* ວິນຍານ, ຜີ
spiritual *adj* ທີ່ເປັນວິນຍານ
spit *iv* ຖົ່ມນ້ຳລາຍ
spite *n* ຄວາມແຄ້ນໃຈ
spiteful *adj* ມີຈິດຕະບາຮ້າຍ
splash *v* ເອົານ້ຳສາດໃສ່
splendid *adj* ວິເສດ, ສະຫງ່າງາມ
splendor *n* ຄວາມຮຸ່ງເຮືອງ
splint *n* ເຝືອກ
splinter *n* ສ້ຽນ, ເກັດ

S

split

split *n* ຄວາມແຕກແຍກ
split *iv* ຜ່າ
split up *v* ແຍກອອກ
spoil *v* ຕາມໃຈໂພດ
sponge *n* ຟອງນ້ຳ
sponsor *n* ຜູ້ອຸປະຖຳ
spontaneous *adj* ໂດຍຕົວເອງ
spooky *adj* ໜ້າຢ້ານ
spool *n* ແກນມ້ວນສາຍ
spoon *n* ບ່ວງ
spoonful *n* ເຕັມບ່ວງ
sporadic *adj* ເກີດຂຶ້ນເປັນຊ່ວງໆ
sport *n* ກິລາ
sportman *n* ນັກກິລາ
sporty *adj* ໂຊອວດ
spot *v* ຮັດເປັນຈຸດ
spot *n* ຈຸດດ່າງ
spotless *adj* ສະອາດບໍ່ມີຈຸດດ່າງ
spotlight *n* ສະປອດໄລ້
spouse *n* ຄູ່ຜົວເມຍ
sprain *v* ເຮັດໃຫ້ເຄັດ
sprawl *v* ນອນຍຽດ
spray *v* ສີດນ້ຳ, ພົ່ນນ້ຳ
spread *iv* ເຮັດໃຫ້ກະຈາຍ
spring *iv* ດິດ, ເຕັ້ນຂຶ້ນເຕັ້ນລົງ
spring *n* ສະປຣິງໃບໄມ້ປີ່
springboard *n* ກະດານໂດດນ້ຳ
sprinkle *v* ຝົນລົງເມັດນ້ອຍໆ
sprout *v* ຫນໍ່
spruce up *v* ເຮັດໃຫ້ເປັນລະບຽບ
spur *v* ຈັດໃຫ້ໄປໄວ
spur *n* ເກີອໄກ່

spy *v* ສືບເລື່ອງລັບ
spy *n* ນັກສືບ
squalid *adj* ສິກກະປົກ
squander *v* ໃຊ້ຈ່າຍສະຫຸຍສະລ້າຍ
square *adj* ມົນທົນ
square *n* ຮູບຈະຕຸລັດ
squash *v* ຄັ້ນ
squeak *v* ເຮັດສຽງດັງຄິດຫນຽດຫຽດ
squeaky *adj* ເຊິ່ງຮ້ອງສຽງແຫຼມ
squeamish *adj* ຕົກໃຈງ່າຍ
squeeze *v* ບີບຄັ້ນ
squeeze in *v* ອັດເຂົ້າໄປ
squeeze up *v* ເຄື່ອນເຂົ້າໄປໃຫ້ຕິດ
squid *n* ປາຮີ່ດີ
squirrel *n* ໂຕກະຮອກ
stab *v* ແທງ
stab *n* ການແທງ
stability *n* ຄວາມຫນັກຫນ່ຽງ
stable *adj* ຫນັກຫນ່ຽງ
stable *n* ຄອກມ້າ
stack *v* ກອງກັນຂຶ້ນ
stack *n* ກອງ
staff *n* ພະນັກງານ
stage *n* ເວທີສະແດງ
stage *v* ສະແດງເທິງເວທີ
stagger *v* ເຊ, ບໍ່ຫນ່ຽງ
staggering *adj* ທີ່ເຊ, ທີ່ບໍ່ຫນ່ຽງ
stagnant *adj* ນິ້ງ
stagnate *v* ຢູ່ນິ້ງ, ຢຸດນິ້ງ
stagnation *n* ການຢຸດນິ້ງ
stain *v* ເປື້ອນ
stain *n* ຮອຍເປື້ອນ

stair *n* ຂັ້ນໃດ
staircase *n* ແມ່ຂັ້ນໃດ
stairs *n* ຂັ້ນໃດຫຼາຍຂັ້ນ
stake *n* ຫຼັກຫຼື້
stake *v* ວາງເດີມພັນ
stale *adj* ເວັຍ, ເກົ່າ
stalemate *n* ການຄຸມເຊີງກັນຢູ່
stalk *v* ຈອບຄຸບ
stalk *n* ກັ້ນ, ກ້ານ
stall *n* ຮ້ານນ້ອຍ
stall *v* ປ້ອງເຂົ້າຄອກ
stammer *v* ປາກພໍ່າ
stamp *v* ສະແຕມ
stamp *n* ສະແຕມ
stamp out *v* ສະແຕມອອກ
stampede *n* ການແຕກຕື່ນ
stand *iv* ຢືນ
stand *n* ບ່ອນວາງ, ເຄື່ອງ
stand for *v* ອົດທົນຕໍ່, ແທນ
stand out *v* ເປັນຈຸດເດັ່ນ
stand up *v* ຢືນຂຶ້ນ
standard *n* ມາດຕະຖານ
standing *n* ຖານະ, ຊື່ສຽງ
standpoint *n* ຈຸດຢືນ
standstill *adj* ຈົນກວ່າ
staple *v* ຫຍິບເຈ້ຍ
staple *n* ເຫຼັກຫຍິບເຈ້ຍ
stapler *n* ເຄື່ອງຫຍິບເຈ້ຍ
star *n* ດາວ
starch *n* ແປ້ງມັນ
starchy *adj* ເປັນແປ້ງ
stare *v* ກີ້ງຕາເບີ່ງ

stark *adj* ແຂງ
start *v* ຕັ້ງຕົ້ນ, ເລີ່ມຕົ້ນ
start *n* ການເລີ່ມຕົ້ນ
startle *v* ເຮັດໃຫ້ຕື່ນ
startled *adj* ຂວັນຫາຍ
starvation *n* ຄວາມກະຫາຍ
starve *v* ອົດຢາກອາຫານ
state *n* ວັດ, ສະພາບ
state *v* ແຈ້ງໃຫ້ຮູ້
statement *n* ລາຍງານ
station *n* ສະຖານນີ
stationary *adj* ປະຈຳທີ່, ຕິງທີ່
stationery *n* ອຸປະກອນການງານ
statistic *n* ສະຖິຕິ
statue *n* ຮູບປັ້ນ, ຮູບຫຼໍ່
status *n* ຕຳແໜ່ງ, ຖານະ
statute *n* ກົດຂໍ້ບັງຄັບ
staunch *adj* ເດັດດ່ຽວ
stay *v* ຢູ່
stay *n* ການພັກ
steady *adj* ໝັ້ນວແໜ້ນ
steak *n* ຊີ້ນສະເຕັກ
steal *iv* ລັກ
stealthy *adj* ຫຼົບຫຼີກຫຼີກ
steam *n* ໜັງ
steel *n* ເຫຼັກກ້າ
steep *adj* ຊັນ
stem *n* ຫົວເຮືອ, ກ້ານ
stem *v* ອັດ, ຕັດກ້ານ
stench *n* ກິ່ນເໝັນ
step *n* ບາດຍ່າງ
step down *v* ຖອຍຫຼັງ

step out v ກ້າວອອກໄປ
step up v ກ້າວຂຶ້ນໄປ
stepbrother n ອ້າຍລ້ຽງ
step-by-step adv ເທື່ອລະຂັ້ນ
stepdaughter n ລູກລ້ຽງ (ຜູ້ຍິງ)
stepfather n ພໍ່ລ້ຽງ
stepladder n ຂັ້ນໃດພັບໄດ້
stepmother n ແມ່ລ້ຽງ
stepsister n ເອື້ອຍລ້ຽງ
stepson n ລູກລ້ຽງ (ຜູ້ຊາຍ)
sterile adj ທີ່ຂ້າເຊື້ອ
sterilize v ຂ້າເຊື້ອ
stern n ທ້າຍເຮືອ
stern adj ເຂັ້ມງວດ
sternly adv ຢ່າງເຂັ້ມງວດ
stew n ເອາະ
stewardess n ພະນັກງານເສີບ
stick v ຕິດ
stick iv ແຫງ
stick around v ຄ້າ, ຄ້າຢູ່
stick out v ຍື່ນອອກມາ
stick to v ຕິດກັບ
sticker n ຜູ້ຄັ່ງຂັດ
sticky adj ໜຽວ
stiff adj ແຂງ
stiffen v ແຂງກະດ້າງ
stiffness n ຄວາມເມື່ອຍລ້າ
stifle v ເຮັດໃຫ້ອຶດອັດ
stifling adj ຫາຍໃຈຫອບ
still adj ບໍ່ເໜັງຕີງ
still adv ຍັງ
stimulant n ສິ່ງກະຕຸ້ນໃຈ

stimulate v ຕິງດຸດຈິດໃຈ
stimulus n ຕົວກະຕຸ້ນ
sting iv ບັກ, ຕອດ
sting n ແຜທີ່ຖຶກຕອດ
stingy adj ຂີ້ໜຽວ
stink iv ເຮັດໃຫ້ເໝັນ
stink n ກິ່ນເໝັນ
stinking adj ເຮັດໃຫ້ເໝັນຄາວ
stipulate v ຕົກລົງກັນ
stir v ຄົນ
stir up v ກໍ່ໃຫ້ເກີດຂຶ້ນ
stitch v ຫຍິບ
stitch n ຮອຍຫຍິບ
stock v ເກັບກອງໄວ້
stock n ຮັ້ນສ່ວນ
stocking n ຖົງຕີນຍາວ
stockpile n ຄັງສິນຄ້າ
stockroom n ຫ້ອງເກັບເຄື່ອງ
stomach n ທ້ອງ, ກະເພາະ
stone n ຫິນ
stone v ແກວ່ງກ້ອນຫິນ
stool n ຕັ່ງສາມຂາ
stop v ຢຸດ
stop n ການຢຸດ
stop by v ແວະ
stop over v ຄ້າງຄືນນອກບ້ານ
storage n ການເກັບ
store v ເກັບໄວ້
store n ຮ້ານຄ້າ
stork n ຈຳພວກນົກກະສາ
storm n ພາຍຸ
stormy adj ມີພາຍຸ

stunning

story *n* ນິຍານ, ເລື້ອງ
stove *n* ເຕົາໄຟ
straight *adj* ຊື່, ກົງ
straighten out *v* ຍຽດອອກໃຫ້ຊື່
strain *v* ເຄັ່ງ
strain *n* ຄວາມເຄັ່ງຕຶງ
strained *adj* ເຊິ່ງເຮັດໃຫ້ຕຶງ
strainer *n* ເຄື່ອງກອງນ້ຳ
strait *n* ຄວາມຄັບແຄບ
stranded *adj* ທີ່ຢູ່ແຄມຝັ່ງ
strange *adj* ແປກ, ປະຫຼາດ
stranger *n* ຄົນແປກໜ້າ
strangle *v* ບີບຄໍ, ຮັດຄໍ
strap *n* ສາຍຮັດ
strategy *n* ຍຸດທະວິທີ
straw *n* ເຟືອງ
strawberry *n* ສະຕໍເບີຣີ
stray *adj* ກະຈັດກະຈາຍ
stray *v* ໄປທົ່ວທິບ
stream *n* ກະແສ, ຫ້ວຍ
street *n* ຫົນທາງ
streetcar *n* ລົດລາງ
streetlight *n* ໄຟຢູ່ຕາມທາງ
strength *n* ຄວາມເຂັ້ມແຂງ
strengthen *v* ແຂງແຮງຂຶ້ນ
strenuous *adj* ເຄັ່ງຄຽດ
stress *n* ສຽງໜັກ
stressful *adj* ຕຶງຄຽດ
stretch *n* ເນື້ອທີ່
stretch *v* ຍຽດ, ຊື້ອອກ
stretcher *n* ຕຽງຫາມ
strict *adj* ເຄັ່ງຂັດ

stride *iv* ໂຍບກ້າງ
strife *n* ການພິດທຽງກັນ
strike *n* ການຕ່ອຍຕີ
strike *iv* ປະຕິວັດຍຸດວຽກ
strike back *v* ຕີກຄືນ
strike out *v* ພາດໂອກາດ
strike up *v* ເລີ້ມສະແດງ
striking *adj* ເຊິ່ງໂດດເດັ່ນ
string *n* ເຊືອກ
stringent *adj* ເຂັ້ມງວດ
strip *n* ເສັ້ນ, ແຖບແຜ່ນ
strip *v* ແກ້ເຄື່ອງນຸ່ງ
stripe *n* ລາຍຍາວ
striped *adj* ເປັນເສັ້ນຍາວ
strive *iv* ພະຍາຍາມ
stroke *n* ບາດຕີ
stroll *v* ຍ່າງຫຼິ້ນ
strong *adj* ແຂງແຮງ
structure *n* ໂຄງສ້າງ
struggle *v* ດີ້ນລົນ
struggle *n* ການດີ້ນລົນ
stub *n* ຕໍ, ໂຕນຕົ້ນ
stubborn *adj* ດື້ດຶງ, ຫົວແຂງ
student *n* ນັກສຶກສາ
study *v* ຮຽນ
stuff *n* ສິ່ງຂອງ
stuff *v* ອັດໃສ່
stuffing *n* ການຍັດໃສ່
stuffy *adj* ຕັນດັງ
stumble *v* ເຕະສະດຸດ
stun *v* ເຮັດໃຫ້ຊຶ່
stunning *adj* ໜ້າປະຫຼາດໃຈ

stupid *adj* ໂງ່ຈ້າ
stupidity *n* ຄວາມໂງ່
sturdy *adj* ທົນທານ
stutter *v* ເວົ້າກະຕຸກກະຕັກ
style *n* ແບບ, ຊົງ
subdue *v* ປາບປາມ
subdued *adj* ງຽບ, ງຽບສະຫງົບ
subject *v* ເຮັດໃຫ້ໄດ້ຮັບ
subject *n* ປະຫານ
sublime *adj* ດີເລີດ
submerge *v* ຈຸ່ມລົງໃນນ້ຳ
submissive *adj* ອ່ອນນ້ອມ
submit *v* ສະເໜີ, ຍອມ
subpoena *n* ໝາຍສານ
subsequent *adj* ເຊິ່ງຕາມມາ
subsidiary *adj* ເປັນຮອງ
subsidize *v* ສົງເຄາະເງິນ
subsidy *n* ເງິນສະໜັບສະໜູນ
subsist *v* ລອດຊີວິດ
substance *n* ສານ, ຊັບສິນ
substantial *adj* ແຂງແຮງ
substitute *v* ເຮັດແທນກັນ
substitute *n* ຄຳທີ່ໃຊ້ແທນໄດ້
subtitle *n* ຫົວຂໍ້ຫຍ່ອຍ
subtle *adj* ເລິກເຊິ່ງ
subtract *v* ລົບອອກ
subtraction *n* ການລົບອອກ
suburb *n* ຊານເມືອງ
subway *n* ລົດໄຟໃຕ້ດິນ
succeed *v* ໄດ້ຮັບຜົນສຳເລັດ
success *n* ຄວາມສຳເລັດ
successful *adj* ເປັນຜົນສຳເລັດ

successor *n* ຜູ້ສືບທອດ
succulent *adj* ມີນ້ຳຫຼາຍ
succumb *v* ຍອມຈຳນົນ
such *adj* ເຊັ່ນ
suck *v* ດູດກືນ
sucker *adj* ດູດ
sudden *adj* ທັນທີທັນໃດ
suddenly *adv* ທັນໃດນັ້ນ
sue *v* ຟ້ອງ
suffer *v* ທົນທໍລະມານ
suffer from *v* ທຸກທໍລະມານຈາກ
suffering *n* ຄວາມທໍລະມານ
sufficient *adj* ພຽງພໍ
sugar *n* ນ້ຳຕານ
suggest *v* ສະເໜີ, ແນະນຳ
suggestion *n* ການແນະນຳ
suicide *n* ການຂ້າຕົວຕາຍ
suit *n* ການຟ້ອງຮ້ອງ
suitable *adj* ທີ່ເໝາະສົມ
suitcase *n* ຫີບເດີນທາງ
sullen *adj* ບຸດບຶ້ງ
sulphur *n* ມາດ
sum *n* ຈຳນວນ
sum up *v* ຫຍໍ້ເຄື່ອງ
summarize *v* ສະຫຼຸບ
summary *n* ການສະຫຼຸບ
summer *n* ລະດູຮ້ອນ
summit *n* ທີ່ສູງສຸດ
summon *v* ເອີ້ນຕົວມາ
sumptuous *adj* ຟຸມເຟືອ
sun *n* ຕາເວັນ
sunblock *n* ການປ້ອງກັນແດດ

swamped

sunburn *n* ຜິວຕາກແດດໃໝ້
Sunday *n* ວັນທິດ
sundown *n* ເວລາຕາເວັນຕົກ
sunglasses *n* ແວ່ນຕາກັນແດດ
sunken *adj* ຈົມຢູ່ພື້ນນ້ຳ
sunny *adj* ແດດແຈ້ງ
sunrise *n* ຕາເວັນຂຶ້ນ
sunset *n* ຕາເວັນຕົກ
superb *adj* ດີເລີດ
superfluous *adj* ຫຼາຍເກີນໄປ
superior *adj* ທີ່ສູງກວ່າ
superiority *n* ຄວາມເໜືອກວ່າ
supermarket *n* ຮ້ານຄ້າ
superpower *n* ມະຫາອຳນາດ
supersede *v* ແທນ, ແທນທີ່
superstition *n* ການເຊື່ອງົມງາຍ
supervise *v* ດູແລ, ຄວບຄຸມ
supervision *n* ການດູແລກວດກາ
supper *n* ອາຫານຄ່ຳ
supple *adj* ປັບຕົວໄດ້ງ່າຍ
supplier *n* ຜູ້ຜະລິດສິນຄ້າ
supplies *n* ການຈັດຫາໃຫ້
supply *v* ແຈກຈ່າຍໃຫ
support *v* ອຸດໜູນ
supporter *n* ຜູ້ສະໜັບສະໜູນ
suppose *v* ສົມມຸດວ່າ
supposing *c* ສົມມຸດວ່າ
supposition *n* ການຄາດຄະເນ
suppress *v* ຂົ່ມໄວ້, ຢາບ
supremacy *n* ຄວາມຫຍັ່ງໃຫຍ່
supreme *adj* ສູງສຸດ
surcharge *n* ການເກັບເງິນເພີ່ມ

sure *adj* ແນ່ໃຈ
surely *adv* ຢ່າງຄັກແນ່
surf *v* ຫຼິ້ນກະດານໂຕ້ຄື້ນ
surface *n* ຜິວໜ້າ
surge *n* ການເພີ່ມຂຶ້ນຢ່າງໄວວາ
surgeon *n* ສັນຍະກຳ
surgical *adv* ກ່ຽວກັບການຜ່າຕັດ
surname *n* ນາມສະກຸນ
surpass *v* ເກີນກວ່າ
surplus *n* ຈຳນວນເກີນ
surprise *v* ເຮັດໃຫ້ຕື່ນເຕັ້ນ
surprise *n* ຄວາມຕື່ນເຕັ້ນ
surrender *v* ຍອມແພ
surrender *n* ການຍອມແພ້
surround *v* ອ້ອມລ້ອມ
surveillance *n* ການເຝົ້າລະວັງ
survey *n* ສຳຫຼວດ
survival *n* ການຢັງມີຊີວິດຢູ່
survive *v* ລອດຊີວິດ
survivor *n* ຜູ້ຢູ່ລອດ
suspect *v* ສົງໄສ
suspect *n* ຜູ້ຖືກສົງໄສ
suspend *v* ຍົກໄວ້ກ່ອນ
suspenders *n* ສາຍຈ່ອງໂສ້ງ
suspension *n* ການຍຸດຊົ່ວຄາວ
suspicion *n* ຮ່ອງຮອຍ
suspicious *adj* ສົງໄສ
sustain *v* ຄ້ຳຈູ
sustenance *n* ການບຳລຸງລ້ຽງ
swallow *v* ກິນ
swamp *n* ບຶງ, ໜອງ
swamped *adj* ວົ້ນມີ

swan

swan *n* ຫົງ
swap *v* ແລກປ່ຽນ
swap *n* ການແລກປ່ຽນ
swarm *n* ຝູງ
sway *v* ແກວ່ງໄກວ
swear *iv* ສາບານ, ຈົ່ມວ່າ
sweat *n* ເຫື່ອ
sweat *v* ເຫື່ອອອກ
sweater *n* ເສື້ອຂົນສັດຖັກ
Sweden *n* ປະເທດ ສະວິເດນ
Sweedish *adj* ກ່ຽວກັບສະວິເດນ
sweep *iv* ປັດ
sweet *adj* ຫວານ
sweeten *v* ເຮັດໃຫ້ຫວານ
sweetheart *n* ຫວານໃຈ, ຊູ້ຮັກ
sweetness *n* ຄວາມຫວານ
sweets *n* ຂະຫນົມຫວານ
swell *iv* ໄຄ່, ພອງ
swelling *n* ການໄຄ່ພອງ
swift *adj* ວ່ອງໄວ, ວອດເວວ
swim *iv* ລອຍນ້ຳ
swimmer *n* ນັກລອຍນ້ຳ
swimming *n* ການລອຍນ້ຳ
swindle *v* ໂກງ, ຕົ້ມໂກງ
swindle *n* ການໂກງ
swindler *n* ຄົນໂກງ
swing *iv* ແກວ່ງໄປມາ
swing *n* ໂອນຊາ
switch *v* ປ່ຽນ, ສັບປ່ຽນ
switch *n* ໄມ້ສີ້, ກົງຕັກໄຟຟ້າ
switch off *v* ປິດສະວິດ
switch on *v* ເປີດສະວິດ

swivel *v* ຫມຸນ
swollen *adj* ບວມ, ໄຄ່
sword *n* ດາບ
swordfish *n* ປາກ
syllable *n* ພະຍາງ
symbol *n* ສັນຍາລັກ
symbolic *adj* ເປັນເຄື່ອງຫມາຍ
symmetry *n* ສັດສ່ວນ
sympathize *v* ເຫັນໃຈ
symphony *n* ວົງດຸລິຍາງ
synthesis *n* ການສັງເຄາະ
syphilis *n* ພະຍາດຊິຟິລິດ
syringe *n* ກະບອກດູດຍາ
syrup *n* ນ້ຳເຊື່ອມ
system *n* ລະບົບ
systematic *adj* ເຮັ້ງເປັນລະບົບ

table *n* ໂຕະ
tablecloth *n* ຜ້າປູໂຕະ
tablespoon *n* ບ່ວງຊິດເຂງ
tablet *n* ເມັດ, ກ້ອນ
tack *n* ຕະປູນ້ອຍ
tackle *v* ໂດດໃສ່ໃຫ້ລົ້ມ
tact *n* ພິບໄຫວ
tactful *adj* ມີພິບໄຫວດີ
tactical *adj* ກ່ຽວກັບຍຸດທະວິທີ
tactics *n* ຍຸດທະວິທີ

tag *n* ປ້າຍຕິດກະເປົາ
tail *n* ຫາງ, ທ້າຍ
tail *v* ຕິດຕາມ
tailor *n* ຊ່າງຕັດເຄື່ອງ
tainted *adj* ດ່າງພ້ອຍ, ເສຍ
take *iv* ຈັບ, ເອົາ
take apart *v* ມ້າງອອກ
take away *v* ເອົາອອກໄປ
take back *v* ເອົາໄປສົ່ງຄືນ
take in *v* ໄປເບິ່ງ
take off *v* ແກ້ອອກ
take out *v* ເອົາອອກ
take over *v* ຮັບໜ້າທີ່ເພີ້ມ
tale *n* ເວົ້າງ່າວ
talent *n* ພອນສະຫວັນ
talk *v* ເວົ້າວິມ
talkative *adj* ເວົ້າຫຼາຍ
tall *adj* ສູງ
tame *v* ເຮັດໃຫ້ເຊື່ອງ
tangent *n* ເສັ້ນຕັງຫຼືເສັ້ນໂຄ້ງ
tangerine *n* ໝາກກ້ຽງ
tangible *adj* ຈັດເຈນ
tangle *n* ການຫຍຸ້ງ
tank *n* ວິດຖັງ, ຖັງໃສ່ນ້ຳ
tantamount to *adj* ທີ່ທັດທຽມກັນໄປ
tantrum *n* ຄວາມໂມໂຫຮ້າຍ
tap *n* ກ໊ອກນ້ຳ
tape *n* ເທັບຕິດ
tapestry *n* ພົມ, ຜ້າ
tar *n* ຍາງບຸຫາງ
tardy *adv* ຊັກຊ້າ, ວົງເວ
target *n* ເປົ້າໝາຍ

tariff *n* ອັດຕາພາສີຂາເຂົ້າ
tarnish *v* ເຮັດໃຫ້ເສື່ອມເສຍ
tart *n* ຂະໜົມ ທາຣທ໌
tartar *n* ຄົບຕາຣ໌ຕາ
task *n* ພາລະກິດ
taste *v* ຊິມ
taste *n* ວິດຊາດ
tasteful *adj* ມີວິດຊາດດິ
tasteless *adj* ບໍ່ມີວິດຊາດ
tasty *adj* ແຊບ
tavern *n* ໂຮງຂາຍເຫຼົ້າ
tax *n* ພາສີ
tea *n* ຊາ
teach *iv* ສິດສອນ
teacher *n* ຄູສອນ
team *n* ຄະນະ, ທິມ
teapot *n* ໝໍ້ຊາ
tear *iv* ຈີກ, ເຄື່ອນທີ່ໄວ
tear *n* ນ້ຳຕາ
tearful *adj* ຮ້ອງໄຫ້, ນ້ຳຕາໄຫຼ
tease *v* ຍອກວ່, ວ້ວງນ
teaspoon *n* ບ່ວງຊາ
technical *adj* ທາງວິຊາການ
technician *n* ຊ່າງຜູ້ຊ່ວງວຽກ
technique *n* ເຕັກນິກ
technology *n* ເຕັກໂນໂລຊີ
tedious *adj* ໜ້າເບື່ອ
tedium *n* ຄວາມໜ້າເບື່ອ
teenager *n* ໄວໜຸ່ມ
teeth *n* ແຂ້ວ
telegram *n* ໂທລະເລກ
telepathy *n* ໂທລະຈິດ

telephone

telephone *n* ໂທລະສັບ
telescope *n* ກ້ອງສ່ອງທາງໄກ
television *n* ໂທລະທັດ
tell *iv* ບອກ, ເວົ້າ
teller *n* ຜູ້ເວົ້ານິທານ
telling *adj* ທີ່ມີຂໍ້ມູນ
temper *n* ອາລົມ
temperature *n* ອຸນນະພູມ
tempest *n* ລົມພາຍຸ
temple *n* ວັດ, ວິຫານ
temporary *adj* ຊົ່ວຄາວ
tempt *v* ລໍ້ໃຫ້ຮັດຊ້ອ
temptation *n* ສິ່ງລໍ້ໃຈ
tempting *adj* ລໍ້ໃຈ
ten *adj* ສິບ
tenacity *n* ຄວາມດື້ດຶງ
tenant *n* ຜູ້ເຊົ່າ
tendency *n* ຄວາມເອນອຽງ
tender *adj* ອ່ອນຫວານ
tenderness *n* ຄວາມຮັກ
tennis *n* ເທນນິສ
tenor *n* ແນວໂນ້ມ
tense *adj* ເຄັ່ງ
tension *n* ຄວາມຕຶງເຄັ່ງ
tent *n* ຕູບ, ກະໂຈມ
tentacle *n* ຫນວດສັດ
tentative *adj* ອັນບໍ່ທັນແນ່ນອນ
tenth *n* ທີສິບ
tenuous *adj* ທີ່ບໍ່ສຳຄັນ
tepid *adj* ອົບອຸ່ນ, ຈິດຊືດ
term *n* ພາກຮຽນ
terminate *v* ສິ້ນສຸດ

terms *n* ເງື່ອນໄຂ
terrace *n* ຊັ້ນຕາມຂ້າງພູ
terrain *n* ພູມິປະເທດ
terrestrial *adj* ກ່ຽວກັບພື້ນດິນ
terrible *adj* ເປັນຕາຢ້ານ
terrific *adj* ເກັ່ງຫຼາຍ, ດີວິເວ
terrify *v* ເຮັດໃຫ້ຫວາດກົວ
terrifying *adj* ເຮັດໃຫ້ຫວາດກົວ
territory *n* ດິນແດນ, ທຸ່ງ
terrorism *n* ລັດທິກໍ່ການຮ້າຍ
terrorist *n* ຜູ້ກໍ່ການຮ້າຍ
terrorize *v* ກໍ່ການຮ້າຍ
terse *adj* ກະທັດຮັດ, ສັ້ນ
test *v* ທົດລອງ, ສອບເສັງ
test *n* ການທົດລອງ
testament *n* ພິໄນກຳ
testify *v* ເປັນພະຍານ
testimony *n* ພະຍານຫຼັກຖານ
text *n* ບົດຂອງເລື່ອງ
textbook *n* ປື້ມຮຽນ
texture *n* ເນື້ອຜ້າ, ລວດລາຍ
thank *v* ຂອບໃຈ
thankful *adj* ຄວາມຮູ້ສຶກຍິນດີ
thanks *n* ຂອບໃຈ
that *adj* ນັ້ນ
thaw *v* ເປື່ອຍເປັນນ້ຳ
thaw *n* ການເປື່ອຍເປັນນ້ຳ
theater *n* ໂຮງລະຄອນ
theft *n* ການຂີ້ລັກ
theme *n* ເນື້ອຫາ, ທຳນອງ
themselves *pro* ໂດຍພວກເຂົາເອງ
then *adv* ແລ້ວ

theologian n ນັກເທວະວິທະຍາ
theology n ສາສະຫນາສຶກສາ
theory n ທິດສະດີ
therapy n ປິ່ນປົວ
there adv ຫັ້ນ, ທີ່ນັ້ນ
therefore adv ເພາະສະນັ້ນ
thermometer n ບາຫຼອດ
these adj ເຫຼົ່ານີ້
thesis n ບົດນິພົນ
they pro ພວກເຂົາ
thick adj ຫນາ, ຂຸ່ນ
thicken v ເຮັດໃຫ້ຫນາ
thickness n ຄວາມຫນາ
thief n ຄົນຂີ້ລັກ
thigh n ກົກຂາ, ຂາໂຕ້
thin adj ຈ່ອຍ, ບາງ
thing n ເຄື່ອງຂອງ
think iv ຄິດ
thinly adv ບາງເບົາ
third adj ທີສາມ
thirst v ຫິວນ້ຳ
thirsty adj ຢາກດື່ມນ້ຳ
thirteen adj ສິບສາມ
thirty adj ສາມສິບ
this adj ນີ້
thorn n ຫນາມ
thorny adj ທີ່ມີຫນາມ
thorough adj ຕະຫຼອດການ
those adj ນັ້ນ
though c ເຖິງຢ່າງໃດກໍ່ຕາມ
thought n ຄວາມຄິດ
thoughtful adj ເອົາໃຈ

thousand adj ພັນຫນຶ່ງ
thread v ຮ້ອຍເຂັມ
thread n ກວາ, ໄຫມຫຍິບ
threat n ການຂູ່ເຂັນ
threaten v ຂູ່ເຂັນ
three adj ສາມ
thresh v ພາດເຂົ້າ
threshold n ຕີນປະຕູ
thrifty adj ມັດທະຍັດ
thrive v ຈະເລີນ
throat n ຄໍຫອຍ
throb n ສັ່ນ
throne n ບັນລັງ
throng n ຝູງຊົນ, ຊົນ
through (thru) pre ຜ່ານ, ໂດຍ
throw iv ແກວ່ງ
throw away v ຄວ່າງຖິ້ມ
throw up v ຮາກ
thug n ນັກເລງ
thumb n ນິ້ວໂປ້
thumbtack n ເຂັມມຸດ
thunder n ສຽງຟ້າຮ້ອງ
thunderbolt n ສາຍຟ້າ
thunderstorm n ພາຍຸຝົນ
Thursday n ວັນພະຫັດ
thus adv ເພາະສະນັ້ນ
thwart v ຂັດຂວາງ
thyroid n ຕ່ອມຄໍຫອຍ
tickle v ເຮັດໃຫ້ກະດວນ
tickle n ແຫຍ່ໃຫ້ກະດວນ
ticklish adj ກະດວນ, ຂີ້ໂມໂຫ
tidal wave n ຄື້ນທະເລ

tide n ນ້ຳຂຶ້ນນ້ຳລົງ
tidy adj ນ້ຳຂຶ້ນນ້ຳລົງ
tie v ມັດ, ຜູກ
tie n ກະລະວັດ
tiger n ເສືອ
tight adj ຄັບ, ແໜ້ນ
tighten v ຮັດເຂົ້າ
tile n ດິນຂໍ
till v ກຽມທີ່ດິນ
tilt v ງ່ຽງ, ເດື້ອງ
timber n ທ່ອນໄມ້
time n ເວລາ
time v ຈັບເວລາ
timeless adj ຕະຫຼອດໄປ
timely adj ຖືກເວລາ
times n ການເວລາ
timetable n ຕາຕະລາງ
timid adj ຂີ້ອາຍ
timidity n ຄວາມຂີ້ອາຍ
tin n ດີນບຸກ, ກະປອງ
tiny adj ນ້ອຍງ
tip n ສົ້ນ, ເງິນລາງວັນ
tiptoe n ປາຍຕີນ
tired adj ເມື່ອຍ
tiredness n ຄວາມອິດເມື່ອຍ
tireless adj ບໍ່ເບື່ອ, ບໍ່ເມື່ອຍ
tiresome adj ໜ້າລຳຄານ
tissue n ເຈ້ຍເຊັດບາງໆ
title n ຍົດ, ຊື່ທິວເລື້ອງ
to pre ເຖິງ
toad n ໂຕຄັນຄາກ
toast v ປິ້ງເຂົ້າຈີ່, ອວຍໄຊ

toast n ເຂົ້າຈີ່ປິ້ງ
toaster n ເຄື່ອງປິ້ງເຂົ້າຈີ່
tobacco n ຍາເສັ້ນ
today adv ມື້ນີ້
toddler n ຄົນຍ່າງໂຊເຊ
toe n ນິ້ວຕີນ
toenail n ເລັບຕີນ
together adv ນຳກັນ
toil v ເຮັດງານຫຼາຍ
toilet n ຫ້ອງນ້ຳ
token n ຂອງຂວັນ
tolerable adj ພໍທົນໄດ້
tolerance n ການທົນທານ
tolerate v ທົນທານ
toll n ຄ່າຈ້າງ, ພາສີ
toll v ຕີລະຄັງ
tomato n ໝາກເດັ່ນ
tomb n ຂຸມຜັງສົບ
tomorrow adv ມື້ອື່ນ
ton n ໂຕນ
tone n ສຳນຽງ
tongs n ຄີມຄີບ
tongue n ລີ້ນ
tonic n ຢາບຳລຸງ
tonight adv ຄືນນີ້
tonsil n ຕ່ອມທອມຊິນ
too adv ເໝືອນກັນ
tool n ເຄື່ອງມື
tooth n ແຂ້ວ
toothache n ເຈັບແຂ້ວ
toothpick n ໄມ້ຈິ້ມແຂ້ວ
top n ຈອມ, ຍອດ

transcend

topic n ຫົວເລື່ອງ
topple v ໂຄ່ນລົ້ມ
torch n ໄຟສາຍ
torment v ທໍລະມານ
torment n ການທໍລະມານ
torrent n ກະແສນ້ຳທີ່ໄຫຼແຮງ
torrid adj ຮ້ອນອົບເອົ້າ
torso n ລຳຕົວ
tortoise n ເຕົ່າ
torture v ທໍລະມານ
torture n ການທໍລະມານ
toss v ໂຍນໄປ
total adj ທັງໝົດ
touch n ການສຳພັດ
touch v ຈັບບາຍ
touch on v ຕິດຕໍ່ໄດ້ທີ່
touch up v ສຳພັດເຖິງ
touching adj ການສຳພັດ
tough adj ແຂງແຮງ
toughen v ເຮັດໃຫ້ແຂງແກ່ນ
tour n ທ່ອງທ່ຽວ
tourism n ການທ່ອງທ່ຽວ
tourist n ນັກທ່ອງທ່ຽວ
tow v ແກ່, ລາກ
tow truck n ລົດບັນທຸກກາພ້ວງ
towards pre ມາຫາ, ໄປຫາ
towel n ຜ້າເຊັດຕົວ
tower n ຫໍຄອຍ
towering adj ທີ່ຢູ່ບ່ອນສູງ
town n ເມືອງ
toxic adj ເບື່ອ, ເປັນພິດ
toxin n ພິດສັດຕ່າງໆ

toy n ເຄື່ອງຫຼິ້ນຂອງເດັກນ້ອຍ
trace v ນຳຮອຍ
track n ຮອຍຕີນ
track v ນຳຮອຍຕີນ
traction n ການລາກ
tractor n ລົດໄຖນາເດີ
trade n ການຄ້າຂາຍ
trade v ຄ້າຂາຍ
trademark n ຫຍີ່ຫໍ້ການຄ້າ
trader n ຜູ້ປະກອບການ
tradition n ປະເພນີ
traffic n ການຈໍລະຈອນ
traffic v ຄ້າຂາຍ
tragedy n ເລື່ອງໂສກ
tragic adj ໂສກເສົ້າ
trail v ຕິດຕາມ
trail n ຮອຍ, ທາງ
trailer n ລົດພ່ວງ
train n ລົດໄຟ
train v ຝຶກແອບ
trainee n ຜູ້ເຂົ້າອົບຮົມ
trainer n ຜູ້ຝຶກ
training n ການຝຶກອົບຮົມ
trait n ອຸປະນິດໃສ
traitor n ຜູ້ທໍລະຍົດ
trajectory n ເສັ້ນໂຄຈອນ
tram n ລົດລາງ
trample v ຢ່ຳ, ທຶບ
trance n ຄວາມມຶນງົງ
tranquility n ຄວາມງຽບສະຫງົບ
transaction n ການຕິດຕໍ່ກັນ
transcend v ຢູ່ເໜືອ

transcribe

transcribe v ท่ายเอาตั้นสะบับ
transfer v โอน, ย้าย
transfer n ใบบ่งมอัดเม
transform v ปรุนสะพาบ
transformation n ทานปรุนรุบ
transfusion n ถ่ายเลือด
transient adj ฉิ่อคาอ
transit n ก้อๆส่อๆขาๆ
transition n ทานปรุน
translate v ແປພາສາ
translator n ຜູ້ແປພາສາ
transmit v ส่ๆใบ, สีสาน
transparent adj ส่อๆๆอด, ใส
transplant v ปุทก่าย, ย้าย
transport v ຂົນສົ່ງ
trap n ແຮ້ວ, ทับดัท
trash n ຂີ້ເຫຍື້ອ
trash can n ຖັງຂີ້ເຫຍື້ອ
traumatic adj ท่ๆอทับบาดแผ
traumatize v เป็นบาดแผ
travel v เดินขาๆ
traveler n นัทเดินขาๆ
tray n ถาด
treacherous adj ຂາຍຊາດ
treachery n ການຂາຍຊາດ
tread iv ยู่บ
treason n ทะบด
treasure n ຊັບສົມບັດ
treasurer n ຜູ້ດູແລຊັບສິນ
treat v ຮັກສາ, ລ້ຽງ
treat n ສິ່ງທີ່ລ້ຽງ
treatment n ການດູແລປິ່ນປົວ

treaty n สิบทิสับยา
tree n ตั้นไม้
tremble v สั่น
tremendous adj ใทย่เทิอทำบ
tremor n ทานสั่นไทอ
trench n ຂຸມຕື້ນໃຫ, ຄູ
trend n ทิดทาๆ, ແນວ
trendy adj เฉิ่าปับทับบิยม
trespass v ล่วๆล้ำเຂດແດນ
trial n ການສອບ
triangle n ຮູບສາມຫຼ່ຽມ
tribe n ຊົນເຜົ່າ
tribulation n ถวามยาทลำบาท
tribunal n สานยุดติทำ
tribute n ส่อยสาอาทอน
trick v ขอทลอๆเอๆ
trick n อุบาย
trickle v ไทเป็นยิด
tricky adj ມີຫຼ່ຽມ
trigger v ตั้าตั้น
trigger n ไทปิน
trim v ตัดຂอບອອກ
trimmings n ทิ่าไม้ทิ่ทิทลวม
trip n ການເດີນທາງໄປ
trip v เຄາະຂາ, ສະດຸດ
triple adj ສາມເທົ່າ
tripod n ม้าบั่าทิ่มีสามຂາ
triumph n ໄຊຊະນະ
trivial adj เວົ້າງມ້ອຍໆ
trivialize v ເຮັດຄືວ່າບໍ່ສຳຄັນ
trolley n ລົດລາກ, ລົດເຂັນ
troop n ทอๆทะขาน

twist

trophy n ລາງວັນໄຊຊະນະ
tropic n ເຂດຮ້ອນ
tropical adj ກ່ຽວກັບເຂດຮ້ອນ
trouble n ຄວາມເດືອດຮ້ອນ
trouble v ລົບກວນ
troublesome adj ຍາກລຳບາກ
trousers n ສົ້ງຂາຍາວ
truce n ການພັກລົບ
truck n ລົດບັນທຸກ
trucker n ຄົນຂັບລົດບັນທຸກ
trumped-up adj ແສແສ້ງ
trumpet n ແກ
trunk n ງວງຊ້າງ, ລຳຕົ້ນ
trust v ເຊື່ອໃຈ
trust n ຄວາມໄວ້ວາງໃຈ
truth n ຄວາມຈິງ
truthful adj ຊື່ສັດ, ຖືກຕ້ອງ
try v ລອງໃຈ
tub n ອ່າງໃຫຍ່
tuberculosis n ພະຍາດວັນນະແຫ້ງ
Tuesday n ວັນອັງຄານ
tuition n ຄ່າຮຽນ
tulip n ດອກທິວລິບ
tumble v ຕົກລົງມາ, ລົ້ມ
tummy n ທ້ອງ
tumor n ເນື້ອງອກ
tumult n ສຽງອຶກກະທຶກ
tumultuous adj ອຶກກະທຶກຄຶກໂຄມ
tuna n ປາທູນາ
tune n ທຳນອງເພງ
tune v ປັບຫາສະຖານນີ
tune up v ບິດຂຶ້ນ

tunic n ເສື້ອຄຸມ
tunnel n ອຸໂມງ
turbine n ກັງຫັນ
turbulence n ຄວາມວຸ້ນວາຍ
turf n ດິນຫຍ້າ
Turkey n ໄກ່ງວງ
turmoil n ຄວາມຫຍຸ້ງຍາກ
turn n ການລ້ຽວ
turn v ລ້ຽວ
turn back v ກັບມາ, ຫັນກັບ
turn down v ປະຕິເສດ
turn in v ໄປນອນ
turn off v ມອດ
turn on v ເປີດ
turn out v ມີຜົນ, ປະກົດຂຶ້ນ
turn over v ຂວ້ຳລົງ
turn up v ພິກຂຶ້ນ, ຫາງ
turret n ປ້ອມຍາມ
turtle n ເຕົ່າ
tusk n ງາຊ້າງ
tutor n ການສອນພິເສດ
tweezers n ແໝັກຄິມ
twelfth adj ທີສິບສອງ
twelve adj ສິບສອງ
twentieth adj ທີຊາວ
twenty adj ຊາວ
twice adv ສອງເທື່ອ
twilight n ຊ່ວງເວລາສຸດທ້າຍ
twin n ແຝດ
twinkle v ເປັນແສງຫຍິບຫຍັບ
twist v ບິດ
twist n ການບິດງໍໂຄ້ງ

twisted *adj* ທີ່ຜິດສິນລະທຳ
twister *n* ຜູ້ຮັດໃຫ້ຜິດຮູບຮ່າງ
two *adj* ສອງ
tycoon *n* ນັກທຸລະກິດທີ່ຮັ່ງມີ
type *n* ປະເພດ, ຮູບແບບ
type *v* ຂຽນແບບດີດພິມ
typical *adj* ເຊິ່ງເປັນຕົວຢ່າງ
tyrant *n* ຜູ້ຊະເດັດການ

ugliness *n* ຄວາມໜ້າຢ້ານກາງ
ugly *adj* ໜ້າຂີ້ລຽດ
ulcer *n* ຝີ, ບາດທີ່ມີໜອງ
ultimate *adj* ສຸດທ້າຍ
ultimatum *n* ຄຳຂາດ
ultrasound *n* ຄື້ນອຸນຕາຣາຊາວ
umbrella *n* ຄັນຮົ່ມ
umpire *n* ຜູ້ຕັດສິນ
unable *adj* ບໍ່ສາມາດ
unarmed *adj* ບໍ່ໄດ້ຕິດອາວຸດ
unassuming *adj* ເຊິ່ງຖ່ອມຕົວ
unattached *adj* ບໍ່ມີຄູ່
unaware *adj* ເຊິ່ງບໍ່ຮູ້ຕົວມາກ່ອນ
unbearable *adj* ທົນບໍ່ໄດ້
unbeatable *adj* ບໍ່ມີທາງໄດ້ຊະນະ
unbiased *adj* ເຊິ່ງບໍ່ລຳອຽງ
unbroken *adj* ບໍ່ຂາດຕອນ
unbutton *v* ປົດກະດຸມ

uncertain *adj* ທີ່ບໍ່ແນ່ໃຈ
uncle *n* ອາວ
uncomfortable *adj* ອຶດອັດ
unconscious *adj* ເຊິ່ງຂາດສະຕິ
uncover *v* ບໍ່ໄດ້ປິດ
undeniable *adj* ທີ່ປະຕິເສດບໍ່ໄດ້
under *pre* ຢູ່ລຸ່ມ, ນ້ອຍກວ່າ
undercover *adj* ລິກລັບ, ລີ້ລັບ
underdog *n* ຜູ້ຊະນະບາບ
underground *adj* ໃຕ້ດິນ
underlie *v* ເປັນພື້ນຖານ
underline *v* ຂີດເສັ້ນກ້ອງ
undermine *v* ຂຸດ, ທຳລາຍ
underneath *pre* ແຊງຢູ່ພາຍໃຕ້
underpass *n* ທາງຂ້າງລຸ່ມ
understand *v* ເຂົ້າໃຈ
undertake *v* ສັນຍາ
underwear *n* ຊຸດຊັ້ນໃນ
underwrite *v* ຮັບປະກັນ
undeserved *adj* ບໍ່ສົມຄວນ
undesirable *adj* ບໍ່ຕ້ອງການ
undisputed *adj* ບໍ່ອາດໂຕ້ແຍ້ງໄດ້
undo *v* ປົດ
undoubtedly *adv* ຢ່າງບໍ່ໜ້າສິງໃສ
undress *v* ຖອດ
undue *adj* ບໍ່ເໝາະສົມ
unearth *v* ເປີດເຜີຍ
uneasiness *n* ຄວາມບໍ່ສະບາຍໃຈ
uneasy *adj* ເຊິ່ງບໍ່ສະບາຍໃຈ
uneducated *adj* ເຊິ່ງບໍ່ມີການສຶກສາ
unemployed *adj* ເຊິ່ງຫວ່າງງານ
unending *adj* ທີ່ບໍ່ສິ້ນສຸດ

unequal *adj* ທີ່ບໍ່ເທົ່າກັນ
unequivocal *adj* ຊັດເຈນ
uneven *adj* ເຊິ່ງບໍ່ລຽບ
uneventful *adj* ສະຫງົບ, ປົກກະຕິ
unexpected *adj* ທີ່ບໍ່ໄດ້ຄາດໄວ້
unfailing *adj* ບໍ່ສິ້ນສຸດ
unfair *adj* ເຊິ່ງບໍ່ຍຸຕິທຳ
unfairly *adv* ໂດຍບໍ່ຖືກຕ້ອງ
unfairness *n* ຄວາມອະຍຸຕິທຳ
unfaithful *adj* ເຊິ່ງບໍ່ຊື່ສັດ
unfamiliar *adj* ເຊິ່ງບໍ່ຄຸ້ນເຄີຍ
unfasten *v* ປົດ, ຄາຍອອກ
unfavorable *adj* ເຊິ່ງບໍ່ຫນ້າພໍໃຈ
unfit *adj* ເຊິ່ງບໍ່ເຫມາະສົມ
unfold *v* ແຜ່ອອກ
unforeseen *adj* ທີ່ບໍ່ຄາດ
unfounded *adj* ບໍ່ມີຫາກຫານ
unfriendly *adj* ເຊິ່ງບໍ່ເປັນມິດ
ungrateful *adj* ອັກກະຕັນຍູ
unhappiness *n* ຄວາມທຸກໃຈ
unhappy *adj* ເສຍໃຈ
unharmed *adj* ບໍ່ໄດ້ຮັບບາດເຈັບ
unheard-of *adj* ທີ່ທຍາຍຄາຍ
unhurt *adj* ບໍ່ເປັນອັນຕະລາຍ
unification *n* ການຮວມກັນ
uniform *n* ເຄື່ອງແບບ
unify *v* ທ້ອນໂຮມກັນ
unilateral *adj* ມີຂ້າງດຽວ
union *n* ການໂຮມກັນ
unique *adj* ອັນດຽວ
unit *n* ຫນ່ວຍ
unite *v* ຮ່ວມເຂົ້າກັນ

unity *n* ຄວາມສາມັກຄີ
universal *adj* ທົ່ວໂລກ
universe *n* ຈັກກະວານ
university *n* ມະຫາວິທະຍາໄລ
unjust *adj* ບໍ່ຍຸດຕິທຳ
unknown *adj* ບໍ່ຮູ້ຈັກ
unlawful *adj* ຜິດກົດຫມາຍ
unleaded *adj* ບໍ່ມີຊິນ
unleash *v* ປ່ອຍ
unless *c* ເວັ້ນແຕ່
unlike *adj* ແຕກຕ່າງ
unlikely *adj* ບໍ່ແມ່ນບອນ
unlimited *adj* ບໍ່ມີຂອບເຂດ
unload *v* ຂົນລົງ, ປົດປ່ອຍ
unlock *v* ໄຂກະແຈ
unlucky *adj* ບໍ່ມີໂຊກ
unmarried *adj* ບໍ່ໄດ້ແຕ່ງງານ
unmask *v* ເຜີຍຄວາມຈິງ
unmistakable *adj* ແນ່ແທ້
unnecessary *adj* ບໍ່ຈຳເປັນ
unnoticed *adj* ບໍ່ມີໃຜສັງເກດ
unoccupied *adj* ບໍ່ມີໃຜຢູ່
unpack *v* ເປີດອອກ
unpleasant *adj* ບໍ່ເປັນທີ່ພໍໃຈ
unplug *v* ຖອດປັກສຽບ
unpopular *adj* ທີ່ບໍ່ມີໃຜນິຍົມ
unpredictable *adj* ທວາຍບໍ່ຖືກ
unprofitable *adj* ບໍ່ໄດ້ປະໂຫຍດ
unprotected *adj* ບໍ່ມີການປ້ອງກັນ
unravel *v* ແກ້, ປົດປ່ອຍ
unreal *adj* ລວງຕາ, ຫງມ
unrealistic *adj* ລວງ

unreasonable

unreasonable *adj* ບໍ່ມີເຫດຜົນ
unrelated *adj* ທີ່ບໍ່ກ່ຽວຂ້ອງ
unreliable *adj* ໄວ້ໃຈບໍ່ໄດ້
unrest *n* ຄວາມບໍ່ສະຫງົບ
unsafe *adj* ບໍ່ປອດໄພ
unselfish *adj* ບໍ່ເຫັນແກ່ຕົວ
unspeakable *adj* ເວົ້າບໍ່ໄດ້
unstable *adj* ບໍ່ແນ່ນອນ, ບໍ່ທ່ຽງ
unsteady *adj* ບໍ່ໝັ້ນຄົງ
unsuitable *adj* ເຊິ່ງບໍ່ເໝາະສົມ
unsuspecting *adj* ບໍ່ສົງໃສ
unthinkable *adj* ນອກປະເດັນ
untie *v* ແກ້, ແກະອອກ
until *pre* ກະທັ້ງ, ຈົນເຖິງ
untimely *adj* ບໍ່ຖືກກາລະເທສະ
untrue *adj* ບໍ່ຈິ້ງຈັດ
unusual *adj* ຜິດປົກກະຕິ
unveil *v* ເອົາຜ້າຄຸມອອກ
unwillingly *adv* ຢ່າງບໍ່ເຕັມໃຈ
unwind *v* ຜ່ອນຄາຍ
unwise *adj* ບໍ່ສະຫຼາດ
unwrap *v* ແກະຫໍ່ອອກ
upcoming *adj* ເຊິ່ງກຳລັງຈະເກີດຂຶ້ນ
update *v* ເຮັດໃຫ້ທັນສະໄໝ
upgrade *v* ອັບລະດັບ
upheaval *n* ການຖິກວົບກວນ
uphill *adv* ຂຶ້ນໂນນ
uphold *v* ສະໜັບສະໜູນ
upholstery *n* ເຄື່ອງເບາະ
upkeep *n* ການບຳລຸງຮັກສາ
upon *pre* ເໜືອ, ເທິງ
upper *adj* ສູງກວ່າ

upright *adj* ທີ່ຕັ້ງຂຶ້ນ
uprising *n* ການປະຕິວັດ
uproar *n* ຄວາມວຸ້ນວາຍ
uproot *v* ຖອນຕົ້ນໄມ້
upset *v* ພິກຂວ້ຳ
upside-down *adv* ຄວ້ຳ, ປີ້ນກັບ
upstairs *adv* ໃນໃຈ
uptight *adj* ຕຶງດວດ
up-to-date *adj* ທັນສະໄໝ
upturn *n* ຫັນຂຶ້ນ
upwards *adv* ທາງເໜືອຂຶ້ນໄປ
urban *adj* ເປັນວັກສະນະເມືອງ
urge *n* ແຮງກະຕຸ້ນ
urge *v* ກະຕຸ້ນ
urgency *n* ການຮີບຮ້ອນ
urgent *adj* ເວັ້ງດ່ວນ
urinate *v* ຖ່າຍເບົາ
urine *n* ນ້ຳບັດສະວະ
urn *n* ອ່າງ, ໂກດ
us *pro* ພວກເຮົາ
usage *n* ການໃຊ້
use *v* ນຳໃຊ້
use *n* ການນຳໃຊ້
used to *adj* ເຄີຍ, ເຊິ່ງເຄີຍ
useful *adj* ມີປະໂຫຍດ
usefulness *n* ທິນດິ
useless *adj* ເຊິ່ງບໍ່ມີປະໂຫຍດ
user *n* ຜູ້ໃຊ້
usher *n* ຜູ້ຊີ້ບ່ອນໃຫ້ນັ່ງ
usual *adj* ເປັນປົກກະຕິ
usurp *v* ຊ່ວງຊິງ
utensil *n* ເຄື່ອງໃຊ້ໃນເຮືອນຄົວ

uterus *n* ມົດລູກ
utilize *v* ໃຊ້ປະໂຫຍດ
utmost *adj* ສຸດຂີດ, ສຸດກຳລັງ
utter *v* ເວົ້າອອກມາ

vacancy *n* ຕຳແໜ່ງຫວ່າງ
vacant *adj* ເປົ່າຫວ່າງ, ຫວ່າງ
vacate *v* ເຮັດໃຫ້ເປົ່າ
vacation *n* ຍາມພັກ
vaccine *n* ວັກຊິນ
vacillate *v* ປ່ຽນໄປປ່ຽນມາ
vagrant *n* ຄົນຈອນຈັດ
vague *adj* ບໍ່ແຈ່ມແຈ້ງ
vain *adj* ອວດອົ່ງ
vainly *adv* ຢ່າງບໍ່ມີປະໂຫຍດ
valiant *adj* ກ້າຫານ
valid *adj* ມີເຫດຜົນ
validate *v* ເຮັດໃຫ້ມີເຫດຜົນ
validity *n* ຄວາມຖືກຕ້ອງ
valley *n* ຮ່ອມພູ
valuable *adj* ມີຄ່າ
value *n* ລາຄາ
valve *n* ວິ້ນສູບ, ສູບບັບ
vampire *n* ຈອຍດູດເລືອດ
van *n* ວິດຕຸ້
vandalize *v* ທຳລາຍຊັບສິນ
vanguard *n* ຜູ້ນຳທາງສັງຄົມ

vanish *v* ຫາຍໄປ
vanity *n* ຄວາມຫະນົງຕົວ
vanquish *v* ປາບໃຫ້ໝົດ
variable *adj* ທີ່ປ່ຽນແປງໄດ້
varied *adj* ແຕກຕ່າງກັນ
variety *n* ຄວາມຫຼາກຫຼາຍ
various *adj* ຕ່າງໆ, ຫຼາຍ
varnish *v* ທາໃຫ້ເຫຼື້ອມ
varnish *n* ນ້ຳມັນທາໃຫ້ເຫຼື້ອມ
vary *v* ແຕກຕ່າງ
vase *n* ໂຖໃສ່ດອກໄມ້
vast *adj* ກວ້າງໃຫຍ່
veal *n* ຊີ້ນງົວນ້ອຍ
veer *v* ຫັນເຫ, ເບນ
vegetable *n* ຜັກ
vegetation *n* ພືດຜັກ
vehicle *n* ຍານພາຫະນະ
veil *n* ຜ້າປິດໜ້າ
vein *n* ເສັ້ນເລືອດດຳ
velocity *n* ຄວາມໄວ
velvet *n* ກຳມະຍີ່
venerate *v* ນັບຖື
vengeance *n* ການແກ້ແຄ້ນ
venison *n* ຊີ້ນກວາງ
venom *n* ພິດ
vent *n* ຊ່ອງລົມ
ventilate *v* ຖ່າຍອາກາດ
venture *v* ພະຈົນໄພ
venture *n* ການພະຈົນໄພ
verb *n* ຄຳກີລິຍາ
verbally *adv* ທາງຄຳເວົ້າ
verdict *n* ຄຳຕັດສິນ

verge

verge n ຂອບ, ຮິມ
verification n ພິສູດ
verify v ກວດສອບ
verse n ກາບກອນ, ກະວີ
versed adj ເຊິ່ງມີປະສົບການ
version n ເລື່ອງລາວ, ສະບັບ
versus pre ຕໍ່ສູ້ກັບ
vertebra n ກະດູກສັນຫຼັງ
very adv ຫຼາຍ, ແທ້
vessel n ທໍ່ອຍຊາມ
vest n ເສື້ອຊ້ອນໃນ
vestige n ຮ່ອງຮອຍ
veteran n ທະຫານຜ່ານເສິກ
veterinarian n ສັດຕະວະແພດ
veto v ຄັດຄ້ານ, ຫ້າມ
viaduct n ສະພານຂ້າມ
vibrant adj ມີຊີວິດຊີວາ
vibrate v ສະເທືອນ
vibration n ການສະເທືອນ
vice n ການກະທຳຜິດ
vicinity n ບໍລິເວນໃກ້ຄຽງ
vicious adj ຫາວຸນ, ໂຫດຫ້ຽມ
victim n ຜູ້ຮັບເຄາະ
victimize v ຮັ່ງແກ່ງ
victor n ຜູ້ມີໄຊຊະນະ
victorious adj ເຊິ່ງມີໄຊຊະນະ
victory n ໄຊຊະນະ
view n ທິດທັດ
view v ເບິ່ງ
viewpoint n ທັດສະນະ
vigil n ການຍອມເດິກ
village n ໝູ່ບ້ານ

villager n ຊາວບ້ານ
villain n ຜູ້ຮ້າຍ
vindicate v ປົກປ້ອງສິດ
vindictive adj ອາຄາດ
vine n ເຄືອໄມ້
vinegar n ນ້ຳສົ້ມ
vineyard n ໄຮ່ໝາກອາງຸ່ນ
violate v ລະເມີດ, ທຳລາຍ
violence n ຄວາມຮຸນແຮງ
violent adj ຮຸນແຮງ
violet n ສີມ່ວງ
violin n ໄວໂອລິນ
violinist n ນັກໄວໂອລິນ
viper n ຜູ້ປະສົງຮ້າຍ
virgin n ຜູ້ສາວບໍລິສຸດ
virginity n ຄວາມບໍລິສຸດ
virile adj ທີ່ແຂງແຮງຄືຜູ້ຊາຍ
virtue n ຄຸນງາມຄວາມດີ
virtually adv ຢ່າງແທ້ຈິງ
virulent adj ທີ່ມີພິດຮຸນແຮງ
virus n ໄວຣັສ
visible adj ທີ່ສ່ອງເຫັນໄດ້
vision n ຄວາມຝັນ
visit n ການຢ້ຽມຢາມ
visit v ຢາມ
visitor n ຜູ້ມາຢ້ຽມຢາມ
visual adj ກ່ຽວກັບການເບິ່ງເຫັນ
visualize v ເຮັດໃຫ້ເບິ່ງເຫັນ
vital adj ທີ່ກ່ຽວກັບຊີວິດ
vitality n ກຳລັງກາຍ
vitamin n ວິຕາມິນ
vivacious adj ມີຊີວິດຊີວາ

vivid *adj* ແຈ່ມໃສ
vocabulary *n* ຄຳສັບ
vocation *n* ອາຊີບ
vogue *n* ສະໄໝນິຍົມ
voice *n* ສຽງເວົ້າ
void *adj* ເປົ່າຫວ່າງ
volcano *n* ພູເຂົາໄຟ
volleyball *n* ບານສົ່ງ
voltage *n* ແຮງດັນໄຟຟ້າ
volume *n* ບໍລິມາດ, ສະບັບ
volunteer *n* ອາສາສະໝັກ
vomit *v* ຮາກ
vomit *n* ຮາກ
vote *v* ລົງຄະແນນສຽງ
vouch for *v* ຢືນຢັນ
voucher *n* ໃບສຳຄັນຈ່າຍ
vow *v* ສາບານ
vowel *n* ສະຫຼະ
voyage *n* ການເດີນທາງ
voyager *n* ຜູ້ເດີນທາງ
vulgar *adj* ຫຍາບຄາຍ
vulgarity *n* ຄວາມຫຍາບຄາຍ
vulnerable *adj* ສ່ຽງ, ເປັນໄພ
vulture *n* ແຮ້ງ

wafer *n* ອາເຟີ
wag *v* ແກວ່ງໄກ, ກະດິກ
wage *n* ຄ່າຈ້າງ
wagon *n* ຕູ້ລົດໄຟ
wail *v* ຮ້ອງໃຫ້ຄ່ຳຄວນ
wail *n* ການສົ່ງສຽງຄ່ຳຄວນ
waist *n* ແອວ
wait *v* ຖ້າ, ຄອຍຖ້າ
waiting *n* ການລໍຄອຍ
waive *v* ສະຫຼະສິດ
wake up *iv* ຕື່ນຂຶ້ນ
walk *v* ຍ່າງ
walk *n* ການຍ່າງ
wall *n* ຝາ, ກຳແພງ
wallet *n* ກະເປົ໋າເງິນ
walnut *n* ຫມາກວໍລນັດ
walrus *n* ຊ້າງນ້ຳ
waltz *n* ຈັງຫວະວົງ
wander *v* ໄປຢ່າງບໍ່ມີຈຸດຫມາຍ
wane *v* ລົດລົງເລື້ອຍໆ
want *v* ຕ້ອງການ
war *n* ສົງຄາມ
warden *n* ຜູ້ເບິ່ງແຍງ
wardrobe *n* ຕູ້ເສື້ອຜ້າ
warehouse *n* ສາງມ້ຽນເຄື່ອງ
warfare *n* ເສິກສົງຄາມ
warm *adj* ອົບອຸ່ນ, ອຸ່ນ
warm up *v* ເຮັດໃຫ້ອຸ່ນ
warmth *n* ຄວາມອົບອຸ່ນ

warn v ຕັກເຕືອນໄພ
warning n ການເຕືອນໄພ
warp v ຄົດ, ງໍ
warped adj ບໍ່ເອນອງງ
warrant v ຮັບຮອງໄດ້ຮັບ
warrant n ໝາຍເກາະ
warranty n ການຮັບປະກັນ
warrior n ນັກຮົບ
warship n ກຳປັ່ນຮົບ
wart n ກ້ອນນ້ອຍໆ
wary adj ລະມັດລະວັງ
wash v ລ້າງ, ຊັກ
washable adj ສາມາດຊັກໄດ້
wasp n ໂຕຕໍ່
waste v ເຮັດໃຫ້ເສຍ
waste n ຂອງທິ້ມ
wasteful adj ຟຸມເຟືອ
watch n ຄົນຍາມ
watch v ເບິ່ງ, ຈ້ອງ
watch out v ລະວັງ
watchmaker n ຊ່າງເຮັດໂມງ
water n ນ້ຳ
water v ຕິດນ້ຳ
water down v ເຮັດໃຫ້ເຈືອຈາງ
waterfall n ນ້ຳຕົກ
waterheater n ເຄື່ອງເຮັດນ້ຳຮ້ອນ
watermelon n ໝາກໂມ
waterproof adj ກັນນ້ຳ
watershed n ລຸ່ມນ້ຳ
watertight adj ກັນນ້ຳ
watery adj ເປັນນ້ຳ
watt n ວັດຫ໌

wave n ຄວາມທີ່ຮ້ອນສຸດ
waver v ສັ່ນ, ແກວ່ງໆ
wavy adj ເປັນຄື້ນ
wax n ໃຫຍ່ຂຶ້ນ
way n ວິທີທາງ
way in n ວິທີທາງເຮັດ
way out n ທາງອອກ
we pro ພວກເຮົາ
weak adj ອ່ອນແອ
weaken v ເຮັດໃຫ້ອ່ອນລົງ
weakness n ຄວາມອ່ອນແອ
wealth n ຄວາມຮັ່ງມີ
wealthy adj ຮັ່ງມີ
weapon n ອາວຸດຕ່າງໆ
wear n ຄວາມຊຸ້ຍຫ້ຽນ
wear iv ນຸ່ງຖຶ, ສວມໃສ່
wear down v ຄ່ອຍໆຊຸ້ຍຫ້ຽນ
wear out v ໃຊ້ຈົນເກົ່າ
weary adj ເໝື່ອຍ, ເບື່ອໜ່າຍ
weather n ດິນຟ້າອາກາດ
weave iv ຕ່ຳທູກ
web n ໃຍ
web site n ເວັບໄຊທ໌
wed iv ແຕ່ງດອງ
wedding n ການແຕ່ງດອງ
wedge n ທິ້ມ, ຫຼັກວັດ
Wednesday n ວັນພຸດ
weed n ຕິກເຊື້ອ
weed v ກຳຈັດຫຍ້າ
week n ອາທິດ
weekday adj ວັນເຮັດການ
weekend n ທ້າຍອາທິດ

widow

weekly *adv* ທຸກອາທິດ
weep *iv* ຮ້ອງໄຫ້
weigh *v* ມີນ້ຳໜັກ
weight *n* ນ້ຳໜັກ
weird *adj* ປະຫຼາດ
welcome *v* ຍິນດີ
welcome *n* ຍິນດີຕ້ອນຮັບ
weld *v* ເຊື່ອມຕໍ່
welder *n* ຊ່າງເຊື່ອມຕໍ່
welfare *n* ສະຫວັດດີພາບ
well *n* ດີ
well-known *adj* ມີຊື່ສຽງ
well-to-do *adj* ຮັ່ງມີ
west *n* ທາງທິດຕາເວັນຕົກ
western *adj* ທາງທິດຕາເວັນຕົກ
westerner *adj* ຄົນຕາເວັນຕົກ
wet *adj* ປຽກ
whale *n* ປາວານ
wharf *n* ທ່າເຮືອ
what *adj* ແມ່ນຫຍັງ
whatever *adj* ແມ່ນຫຍັງກໍຕາມ
wheat *n* ເຂົ້າສາລີ
wheel *n* ກົງກວຽນ, ກົງລົດ
wheelchair *n* ວີລນັ່ງ
wheeze *v* ຫາຍໃຈສຽງຫວິດ
when *adv* ເວລາໃດ
whenever *adv* ເມື່ອໃດກໍຕາມ
where *adv* ບ່ອນໃດ, ຢູ່ໃສ
whereabouts *n* ບ່ອນຢູ່
whereas *c* ໃນຂະນະທີ່
whereupon *c* ຕໍ່ຈາກນັ້ນ
wherever *c* ບ່ອນໃດກໍຕາມ

whether *c* ຫຼືວ່າ
which *adj* ເຊິ່ງ, ທີ່
while *c* ໃນຂະນະທີ່
whim *n* ຄວາມຄິດເພີ້ຝັນ
whine *v* ຄາງ, ຫອນ
whip *v* ຂ້ຽນຕີດ້ວຍໄມ້
whip *n* ໄມ້ແສ້
whirl *v* ໝູນວຽນ
whirlpool *n* ນ້ຳວົນ
whiskers *n* ຫນວດແມວ
whisper *v* ຊື້ມ
whisper *n* ການຊື້ມ
whistle *v* ເປົ່າປາກ
whistle *n* ຫມາກຫວິດ
white *adj* ສີຂາວ
whiten *v* ທາຍເປັນສີຂາວ
whittle *v* ເຫຼົາ
who *pro* ໃຜ, ຜູ້ທີ່
whoever *pro* ໃຜກໍຕາມ
whole *adj* ຫມົດ, ຕະຫຼອດ
wholehearted *adj* ເຕັມໃຈ
wholesale *n* ຂາຍເຫມົາ
wholesome *adj* ດີ, ບໍລິສຸດ
whom *pro* ໃຜ, ເຊິ່ງ
why *adv* ເປັນຫຍັງ
wicked *adj* ຊົ່ວຮ້າຍ
wickedness *n* ຄວາມໂຫດຮ້າຍ
wide *adj* ກ້ວາງ
widely *adv* ຢ່າງກວ້າງຂວາງ
widen *v* ຈະຫຍາຍອອກ
widespread *adj* ແພ່ຫຼາຍ
widow *n* ແມ່ຫມ້າຍ

widower

widower n ພໍ່ໝ້າຍ
width n ຄວາມກວ້າງ
wield v ແກວ່ງໄກວ, ໃຊ້
wife n ເມຍ
wig n ຜົມປອມ
wiggle v ແກວ່ງໄປແກວ່ງມາ
wild adj ປ່າເຖື່ອນ, ປ່າ
wild boar n ໝູປ່າ
wildlife n ສັດປ່າ
will n ຄວາມຕັ້ງໃຈ
willfully adv ມັ່ງມັ້ນ
willing adj ເຕັ່ງມີຄວາມຕັ້ງໃຈ
willingly adv ຢ່າງເຕັມໃຈ
willingness n ຄວາມເຕັມໃຈ
willow n ກິກໄມ້ບະເພດໜຶ່ງ
wily adj ເຈົ້າເລ່
wimp adj ອ່ອນແອ
win iv ຊະນະ
win back v ໄດ້ຮັບໄຊຊະນະຄືນ
wind n ພັນອ້ອມ
wind iv ລົມ
wind up v ໝູນຂຶ້ນ
winding adj ເຕັ່ງພັນຮອບ
windmill n ກັງຫັນລົມ
window n ປ່ອງຢ້ຽມ
windpipe n ຫຼອດລົມ
windshield n ແກ້ວໜ້າລົດ
windy adj ລົມແຮງ
wine n ເຫຼົ້າແວັງ
winery n ໂຮງຣັດເຫຼົ້າອາງຸ່ນ
wing n ປີກ
wink n ຍິບຕາ

wink v ຍິບຕາ
winner n ຜູ້ຊະນະ
winter n ລະດູໜາວ
wipe v ເຊັດ
wipe out v ທໍາລາຍ
wire n ສາຍໂລຫະ
wireless adj ທີ່ບໍ່ມີສາຍ
wisdom n ສະຕິປັນຍາ
wise adj ສະຫຼາດ
wish v ປາດຖະໜາ
wish n ຄວາມປະສົງ
witch n ແມ່ມົດ
with pre ກັບ, ນຳ
withdraw v ຖອຍຄືນ, ຖອນ
withdrawal n ການຖອຍ
withdrawn adj ການຖອຍ
wither v ຫ່ຽວແຫ້ງ
withhold iv ຍັບຍັ້ງ
within pre ພາຍໃນ
without pre ພາຍນອກ
withstand v ທົນຕໍ່
witness n ພະຍານ
witty adj ມີພິບໄຫວ
wives n ເມຍ
wizard n ຜູ້ວິເສດ, ພໍ່ມົດ
wobble v ອອກແວກ
woes n ຄວາມເຈັບປວດ
wolf n ໝາປ່າ
woman n ຜູ້ຍິງທັ່ງຄົນ
womb n ມົດລູກ
women n ຜູ້ຍິງຫຼາຍຄົນ
wonder v ຢາກຮູ້ວ່າ

X-ray

wonder n ຄວາມປະຫຼາດໃຈ
wonderful adj ວິເສດ
wood n ໄມ້
wooden adj ເຮັດດ້ວຍໄມ້
wool n ຂົນສັດ
woolen adj ທີ່ເປັນຂົນສັດ
word n ຄຳ, ຂ່າວສານ
wording n ການໃຊ້ຄຳ
work n ວງງານ
work v ເຮັດວຽກ
work out v ແກ້ໄຂບັນຫາໄດ້
worker n ກຳມະກອນ
workshop n ສຳມະນາ
world n ໂລກ
worldwide adj ທົ່ວໂລກ
worm n ຂີ້ກະເດືອນ, ດ້ວງ
worn-out adj ເຖົ່າໃຊ້ຈົນເກົ່າ
worrisome adj ເຊິ່ງໜ້າວິຕົກ
worry v ກັງວົນໃຈ
worry n ເຮັດໃຫ້ອຸກໃຈ
worse adj ຂີ້ຮ້າຍກວ່າເກົ່າ
worsen v ຊຸດໂຊມລົງ
worship n ການໄຫວ້
worst adj ຂີ້ຮ້າຍທີ່ສຸດ
worthless adj ບໍ່ມີຄ່າ
worthy adj ສົມຄວນໄດ້ຮັບ
would-be adj ເຊິ່ງຢາກາຈະເປັນ
wound n ບາດແຜ
wound v ເຮັດໃຫ້ບາດເຈັບ
woven adj ຕ່ຳທຸກ
wrap v ຫໍ່
wrap up v ຫໍ່ຫຸ້ມ

wrapping n ການຫໍ່ຫຸ້ມ
wrath n ຄວາມໃຈຮ້າຍ
wreath n ພວງມາລາ
wreck v ມ້າງເພ
wreckage n ການທຳລາຍ
wrench n ກະແຈໄຂນັອດ
wrestle v ປ້ຳ
wrestler n ນັກມວຍປ້ຳ
wrestling n ກິລາມວຍປ້ຳ
wretched adj ເຄາະຮ້າຍ
wring iv ບິດ
wrinkle v ຫງໍ່ງ
wrinkle n ຮອຍຫງໍ່ງ
wrist n ຂໍ້ມື
write iv ຂຽນ
write down v ຈົດບັນທຶກໄວ້
writer n ນັກຂຽນ
writhe v ຊັກດີ້ນຊັກງ
writing n ການຂຽນ
written adj ຂຽນ
wrong adj ຜິດພາດ

X-mas n ບຸກຄະຕິດສະມາດ
X-ray n ສ່ອງໄຟຟ້າ

yacht n ເຮືອໃບທ່ຽວ
yam n ມັນດ້າງ
yard n ຫຼາ, ເດິ່ນບ້ານ
yarn n ເສັ້ນດ້າຍ
yawn n ການຫາວ
yawn v ຫາວ
year n ປີ
yearly adv ປະຈຳປີ
yearn v ຢາກໄດ້, ຄິດຮອດ
yeast n ເຊື້ອເຫຼົ້າ
yell v ຮ້ອງ, ໂຮ
yellow adj ສີເຫຼືອງ
yes adv ແມ່ນແລ້ວ
yesterday adv ມື້ວານນີ້
yet c ຈັ່ງຊັ້ນກໍດີ
yield v ຍອມໃຫ້, ໃຫ້ຜົນ
yield n ຜົນທີ່ໄດ້ຮັບ
yoke n ໃສແອກ
yolk n ໄຂ່ແດງ
you pro ທ່ານ, ເຈົ້າ
young adj ໜຸ່ມ
youngster n ເດັກນ້ອຍ
your adj ຂອງທ່ານ
yours pro ຂອງທ່ານ
yourself pro ຂອງທ່ານເອງ
youth n ໄວໜຸ່ມສາວ
youthful adj ໜຸ່ມສາວ

zap v ຂ້າ, ຍິງ
zeal n ການເຊື່ອໂພດ
zealous adj ໝັນ
zebra n ມ້າລາຍ
zero n ເລກສູນ
zinc n ສັງກະສີ
zip code n ລະຫັດໄປສະນີ
zipper n ຊິບຕິດເຄື່ອງນຸ່ງ
zone n ເຂດແດນ
zoo n ສວນສັດ
zoology n ວິຊາກ່ຽວກັບສັດ

Lao-English

Abbreviations

a - article
n - noun
e - exclamation
pro - pronoun
adj - adjective
adv - adverb
v - verb
iv - irregular verb
pre - preposition
c - conjunction

ກ

ແກງ n bulge
ໄກ adj faraway
ແກງ n trumpet, clarinet
ເກົ້າ v counterfeit
ແກ່ v haul, tow
ແກ້ v untie, unravel
ແກະ n sheep
ໄກ່ n chicken
ໃກ້ pre near
ເກາະ n island
ເກົາ v scrape
ເກາະ v catch
ໂດຍ pre by
ເກົ່າ adj old, stale
ເກົ້າ adj nine
ເກົ່າແກ່ adj antiquated
ເກົ້າສິບ adj ninety
ເກົ້າຕິມ n bun
ເກົ້າອີ້ n armchair
ເກາະກັນ v agglomerate
ແກ່ເກີນໄວ adj precocious
ເກາະກຣິນແລນ n Greenland
ແກ້ໄຂ v mend, amend
ເກາະຂາ v trip
ແກ້ໄຂໄດ້ v extricate
ແກ້ໄຂໃຫ້ເໝາະ v adjust
ແກ້ໄຂບັນຫາໄດ້ v work out
ແກ້ໄຂບໍ່ໄດ້ adj insoluble
ແກ້ເຄື່ອງນຸ່ງ v strip
ແກ້ແຄ້ນ v avenge

ເກັ່ງ adj competent
ເກັ່ງຫຼາຍ adj terrific
ແກະໂຕຜູ້ n ram
ເກາະນ້ອຍ n isle
ໄກ່ແມ່ n hen
ໃກ້ກັບ pre about
ແກ່ກວ່າ n elder
ໃກ້ຄຽງd adj adjacent
ແກ້ງເຮັດ v pretend
ໄກ່ງວງ n Turkey
ແກ້ສ n gas
ໃກ້ສິດ adj intimate, nearby
ແກະສະລັກ v carve
ໃກ້ຊິດ adj close
ໃກ້ຊິດັບ v flicker
ເກີດ v be born
ເກີດ n splinter
ເກີດໃໝ່ n newborn
ເກີດຂຶ້ນ v occur, happen
ເກີດຂຶ້ນທັນທີ v explode
ເກີດຂຶ້ນພ້ອມກັນ v coincide
ເກີດຂຶ້ນອິກ v recur
ເກີດພາບຫຼອນ v hallucinate
ໃກ້ຕາຍ n deathbed
ໃກ້ຕາຍ adj dying
ແກ່ຕົວ v apologize
ແກ່ນ n seed
ແກ່ນ adj solid
ແກະນ້ອຍ n lamb
ໄກ່ນ້ອຍ n chick
ເກີນກວ່າ v surpass
ເກີນຂອບເຂດ v overstep
ເກີບ n footwear, shoe

ເກັບ v keep
ເກັບໃສ່ກະແຈໄວ້ v lock up
ເກີບແຕະ n slipper
ແກັບັນຫາ v solve
ເກີບໂບກ n boot
ເກັບໄວ້ v store, retain
ເກັບກ່ຽວ v harvest, reap
ເກັບກອງໄວ້ v gather, stock
ເກັບຂຶ້ນ v pick up
ເກີບລັງດານ n sandal
ເກັບທ້ອນໄວ້ v salvage
ໄກ່ຜູ້ n cock
ໄກ່ຜູ້ໂຕກ n rooster
ໄກ່ຟ້າ n pheasant
ແກ້ວ n glass, cheek
ແກ້ວຄຣິດຕາວ n crystal
ແກວ່ງໄປແກວ່ງມາ v wiggle
ແກ້ວສະທ້ອນເງົາ n looking glass
ແກ້ວຕາ n lense
ແກ້ວມໍລະກົດ n emerald
ແກ້ວໜ້າລົດ n windshield
ແກະຫໍ່ອອກ v unwrap
ເກືອ n salt
ເກືອໄກ່ n spur
ເກືອບ adv almost
ເກືອບຈະ adv nearly
ເກືອບຈະບໍ່ໜ້ adv barely
ເກືອບຈະບໍ່ມີ adv hardly
ແກ້ອອກ v take off
ແກະອອກ v untie
ແກງ n soup
ໂກງ v swindle
ເກງໃຈ adj thoughtful

ແກສອນຕຶ້ງ n pollen
ໂກຍ n pitchfork
ເກຍລົດ n gear
ໂກດ n urn
ເກນ v recruit
ແກນ n core; axle
ໂກນ adj hollow
ໂກນ n cavity
ເກນທະຫານ v enlist
ແກນມ້ວນສາຍ n spool
ໄກປືນ n trigger
ແກມ n game
ແກວ່ງ v waver; throw
ແກວ່ງໄກ v wag
ແກວ່ງໄກວ v sway, wield
ແກວ່ງໃບມາ v fluctuate, swing
ແກວ່ງກ້ອນຫິນ v stone
ໄກອອກໄປ adv away
ໄກອອກໄປອີກ adv farther
ກາ n brand
ກ້າ v dare
ກູ້ເງິນໃໝ່ v refinance
ກ້າເຊີດ v dare
ກະເກນ v compel
ກະໂຄງການ v project
ກ້ຽງ adj smooth
ກິ່ງ n limb
ກຸ້ງ n prawn, shrimp
ກົ່ງ v bend
ກົ່ງຄ້ຳ v incline
ກົ່ງໄມ້ທີ່ຖືກລົ້ມ n trimmings
ກົ້ງຕາເບິ່ງ v stare
ກຸ້ງມັງກອນ n lobster

ກົ່ງວົງ v bend down
ກະແຈ n key, lock
ກະແຈຂັນບູລອງ n wrench
ກະແຈໃສ່ມື n handcuffs
ກະໂຈມ n pavilion, tent
ກະແຈມື n shackle
ກະໂຈມໄຟ n lighthouse
ກະແຊ n stream
ກະແສນ້ຳ n flow
ກະແສນ້ຳທີ່ໄຫຼແຮງ n torrent
ກ່າຍເອົາຕົ້ນສະບັບ v transcribe
ກ່າຍຂ້າມ v span
ກະເດັນຄືນ v rebound
ກະໂດດ v bounce, leap
ກາໂຕລິກ adj catholic
ກ້ານ n stalk, stem
ກິ່ນ n odor
ກົ້ນ n bottom
ກັ່ນ v distill, refine
ກັ້ນ v block
ກັ້ນ adj bound
ກິ່ນເໝັນ n stench, stink
ກັ່ນຕອງ v filter
ກັ້ນບັງ v shelter
ກັ້ນບໍ່ຢູ່ n incontinence
ກິ່ນຫອມ n fragrance, scent
ກະເບິ່ງ v reckon
ກະເປົາເງິນ n purse, wallet
ກະເປົາໂສ້ງ n pocket
ກະໂປງສັ້ນ n miniskirt
ກາໄປສະນີ n postmark
ກະໂພກ n hip
ກາເຟ n coffee

ກຸ່ມ n group
ກຣາມ n gram
ກຸ່ມ n constellation
ກ້າມຊີ້ນ n muscle
ກຸ່ມດາວ n constellation
ກຸ່ມດວງກັນ n ally
ກ້າມປູ n claw, pincers
ກະໂລ່ງໃສ່ນ້ຳມັນ n gallon
ກະແລ້ມ n ice cream
ກິໂລແມັດ n kilometer
ກິໂລກຣາມ n kilogram
ກິໂລວັດ n kilowatt
ກ່ຽວ n sickle
ກ່າວເກີນລິງ v overstate
ກ່າວເຖິງ v mention
ກ່າວໂທດ v denounce
ກ້າວໄປໜ້າ v move forward
ກ້າວກ່າຍ v meddle
ກ່ຽວກັບ pre regarding
ກ່ຽວກັບແຂ້ວ adj dental
ກ່ຽວກັບເຂດຮ້ອນ adj tropical
ກ່ຽວກັບເງິນທຶນ adj financial
ກ່ຽວກັບເຈົ້າສາວ adj bridal
ກ່ຽວກັບເຊື້ອເຈົ້າ adj regal
ກ່ຽວກັບໂຊວຽດ adj soviet
ກ່ຽວກັບເດັກ adj puerile
ກ່ຽວກັບໂປໂລຍ adj Polish
ກ່ຽວກັບເຍຍລະມັນ adj German
ກ່ຽວກັບເລກຈຸດ adj decimal
ກ່ຽວກັບໂລຫະ adj metallic
ກ່ຽວກັບການສົມທິດ adj conjugal
ກ່ຽວກັບການບຳເພັນ adj ascetic
ກ່ຽວກັບການຜ່າຕັດ adv surgical

ກ່ຽວກັບການພັງ adj acoustic
ກ່ຽວກັບການຮ້ອງໃຫ້ n crying
ກ່ຽວກັບກິລາ adj athletic
ກ່ຽວກັບຂົ້ວໂລກ adj polar
ກ່ຽວກັບຄວາມຄິດ adj cerebral
ກ່ຽວກັບຄວາມຈິງ adj factual
ກ່ຽວກັບຈິດໃຈ adj psychic
ກ່ຽວກັບສາຍພັນ adj genetic
ກ່ຽວກັບສະໝອງ adj mental
ກ່ຽວກັບຊາຍຝັ່ງ adj coastal
ກ່ຽວກັບຍີ່ປຸ່ນ adj Japanese
ກ່ຽວກັບຍຸດທະວິທີ adj tactical
ກ່ຽວກັບຍິວ adj Jewish
ກ່ຽວກັບດ້ານຂ້າງ adj lateral
ກ່ຽວກັບດວງອາທິດ adj solar
ກ່ຽວກັບຕົວເມືອງ adj civic
ກ່ຽວກັບທະເລ adj marine
ກ່ຽວກັບທະວີບ adj continental
ກ່ຽວກັບທ້ອງຖິ່ນ adj regional
ກ່ຽວກັບທ້ອງຟ້າ adj celestial
ກ່ຽວກັບນິວເຄຼຍ adj nuclear
ກ່ຽວກັບນາງຟ້າ adj angelic
ກ່ຽວກັບນອກແວ adj Norwegian
ກ່ຽວກັບນ້ຳ adj aquatic
ກ່ຽວກັບບາດແຜ adj traumatic
ກ່ຽວກັບປະຈຸຖິນ adj Portuguese
ກ່ຽວກັບຜູ້ກົດຂີ່ adj despotic
ກ່ຽວກັບຜູ້ຍິງ adj feminine
ກ່ຽວກັບພື້ນດິນ adj terrestrial
ກ່ຽວກັບມະເຮັງ adj cancerous
ກ່ຽວກັບຢາ adj medicinal
ກ່ຽວກັບຢາລະບາຍ adj laxative
ກ່ຽວກັບລະເບີດ adj explosive

ກ່ຽວກັບລາຄະ adj sensual
ກ່ຽວກັບລະຄອນ adj dramatic
ກ່ຽວກັບຫົວໃຈ adj cardiac
ກ່ຽວກັບອາກາດ adj climatic
ກ່ຽວກັບອັງກິດ adj English
ກ່ຽວກັບອິດສະລາມ adj Islamic
ກ່ຽວກັບອາຕົມ adj atomic
ກ່ຽວກັບອິຕາລີ adj Italian
ກ່ຽວກັບອາລົມ adj emotional
ກ່ຽວກັບຮ່າງກາຍ adj bodily
ກ້າວຂຶ້ນໄປ v step up
ກ່ຽວຂ້ອງ v deal
ກ່າວຄຳປາໄສ v address
ກ່ຽວດອງກັບ adj akin
ກ່າວທົ່ວໄປ v generalize
ກ່ຽວພັນ v involve
ກ່ຽວພັນກັບ v implicate
ກ່າວຍືນຍັນ v confirm
ກ່າວຫາ v accuse
ກ້າວໜ້າ v advance
ກ້າວໜ້າ adv forward
ກ້າວໜ້າ n progress
ກ່າວອ້າງ v allege
ກ້າວອອກໄປ v step out
ກ້າຫານ adj brave, daring
ກົກເຄົ້າ n root
ກະກຽມ v arrange
ກາກາວ n cocoa
ກັກໄວ້ adj pent-up
ກັກກັນ n crib
ກົກຂາ n thigh
ກັກຂັງ v confine
ກັກຕົວໄວ້ v detain

ກົກຫນັງສື adj illiterate
ກາງ v put up
ກຸງ n city
ກົງ adj straight
ກາງແຈ້ງ n air
ກົງໄປກົງມາ adj direct
ກົງກັນຂ້າມ adv opposite
ກາງຄືນ n night
ກົງສຸນ n consul
ກົງຕັກໄຟຟ້າ n switch
ກົງຕໍ່ເວລາ adj prompt, punctual
ກົງມ້ວນສາຍເບັດ n reel
ກົງວິດ n wheel
ກາງລະດູຮ້ອນ n midsummer
ກົງວຽນ n wheel
ກັງວົນໃຈ v worry
ກັງຫັນ n turbine
ກັງຫັນລົມ n windmill
ກາງອາກາດ n midair
ກະຈຸກ n knot
ກະຈາຍ v disperse
ກະຈາຍຂ່າວ v set about
ກະຈາຍສຽງ v broadcast
ກະຈັດກະຈາຍ adj sparse
ກະຊິກຳ n agriculture
ກະຊວງ n department
ກາຍເປັນ v become
ກາຍເປັນສີແດງ v redden
ກາຍເປັນສີຂາວ v whiten
ກາຍເປັນຫີນ adj petrified
ກາຍະວິພາກ n anatomy
ກຸດ v curl
ກົດ n precept

ກັດ v gnaw
ກຽດ n prestige
ກູດ adj curly
ກັດ v bite
ກະດິກ v wag
ກະດູກ n bone
ກະດູກແກ້ມ n cheekbone
ກະດູກແຂນ n radius
ກະດູກສັນຫຼັງ n backbone, vertebra
ກົດເກນ n limitation
ກະດູກມິດ n collarbone
ກະດິ່ງ n bell
ກະດິ່ງຂອງໂມງປຸກ n alarm
ກັດເຈາະ v corrode
ກະດາດແຂງ n cardboard
ກະດາດຊາຍ n sandpaper
ກະດານໂດດນ້ຳ n springboard
ກະດານດຳ n blackboard
ກະດຸມ n button
ກະດຽມ adj ticklish
ກົດໄວ້ v repress
ກົດກັ້ນ v blockade
ກັດກິນ v eat away
ກົດກອກຫຍ້າ n butt
ກົດຂີ່ v oppress
ກົດຂວາງ v hinder
ກົດຂວງ v block
ກົດຂໍ້ບັງຄັບ n statute
ກົດຈະການ n enterprise
ກຽດຊັງ adj averse
ກຽດຕິຍົດ n honor
ກົດຕ່ຳ v depress

ກົດລະບຽບ n code, rule
ກົດໝາຍ n law
ກະຕ່າ n basket
ກິຕ້າ n guitar
ກະຕຸ້ນ v prod
ກະຕ່າຍ n rabbit
ກະຕ່າຍປ່າ n hare
ກະຕຸ້ນ v incite, urge, motivate
ກາຕົ້ມນ້ຳ n kettle
ກະຕຸກ v jolt, shock
ກະທຽນ n hut, cottage
ກະຕີວິວລີ້ນ adj lively
ກະຕວງ v anticipate
ກະຖັງ n pail
ກະທັ້ງ pre until
ກະຫັດຮັດ adj terse, concise
ກະທົບ v bounce
ກະທົບໃສ່ v bump into
ກະທຽມ n garlic
ກືນ v eat, swallow
ກິນໂກ n gimmick
ການແກ້ໄຂ n amendment; retrieval
ການແກ້ແຄ້ນ n revenge
ການເກີດ n birth
ການເກີດໃໝ່ n rebirth
ການເກີດຂຶ້ນ n happening
ການເກັບ n storage
ການແກ້ບັນຫາ n resolution
ການເກັບກ່ຽວ n harvest
ການເກັບຂຶ້ນ n pickup
ການເກັບພາສີ n imposition
ການເກັບຮັກສາ n retention
ການເກີດຫ້າມ n prohibition

ການໂກງ n corruption
ການເຂົ້າ n entree
ການເຂົ້າໃກ້ n approach
ການເຂົ້າໃຈຜິດ n delusion
ກິນເຂົ້າແລງ v dine
ກັນເຂົ້າຂີ້ໝ້ຽງ adj rust-proof
ການເຂົ້າຍຶດ n capture
ການເຂົ້າຮຽນ n attendance
ການແຂ່ງຂັນ n competition
ການແຂ່ງຂັນກັບ n rivalry
ການແຂງຕົວ n coagulation
ການຄາລົບນັບຕື n reverence
ການເຄື່ອນໄຫວ n motion
ການເຄື່ອນຍ້າຍ n move
ການເຄື່ອນຍ້າຍໄດ້ n removal
ການເຄື່ອນທີ່ n movement
ການເຄື່ອນລົງມາ n descent
ການໄຄ່ພອງ n swelling
ການໂຄສະນາ n publicity
ການເຈາະ n perforation
ການແຈ້ງ n notification
ການເຈັບບ່ວຍ n illness
ການແຈກຢາຍ n distribution
ການໂຈມຕີ n clash, combat
ການໃສ່ແທນ n replacement
ການເສື່ອມ n declension
ການເສື່ອມໂຊມ n deterioration
ການເສື່ອມລາຄາ n depreciation
ການເສື່ອມລົງ n decline
ການໃສ່ຮ້າຍ n calumny
ການໂສກເສົ້າ n mourning
ການເສຍກຽດ n dishonor
ການເສຍສະຫຼະ n sacrifice

ການເສບຕິດ n addiction
ການໃຊ້ n expense, usage
ການເຊົ່າເຮືອນ n rent
ການໃຊ້ເຫື່ອດງວ n disposal
ການໃຊ້ໃນທາງຜິດ n misuse
ການໃຊ້ເຫດຜົນ n reasoning
ການເຊື່ອໂພດ n zeal
ການເຊື່ອງມງວາຍ n superstition
ການເຊື່ອຟັງ n obedience
ການເຊື່ອມຕໍ່ n articulation
ການເຊື່ອມຖອຍ n setback
ການໃຊ້ຄຳ n wording
ການໃຊ້ຈ່າຍ n expenditure, spending
ການເຊັນເຊີ n censorship
ການເຊື່ອມຕໍ່ n connection
ການແຊກແຊງ n intervention
ການແຊກຊຶມ n infiltration
ການແຍກຕົວ n seclusion
ການແຍກອອກ n separation
ການໄຕ່ຍືນ n hearing
ການເດີນຂະບວນ n parade
ການເດີນທາງ n journey
ການເດີນທາງໄປ n trip
ການໄດ້ມາ n acquisition
ການໂດດ n jump
ການໂດດຈ້ອງ n parachute
ການໂດດລົງ n plunge
ການເຕັ້ນ n dance, skip
ການແຕ່ງດອງ n matrimony
ການແຕ່ງຕັ້ງ n appointment
ການໂຕ້ຕາຍ v counter
ການໂຕ້ທຽງ n contest
ການເຕີບໃຫຍ່ n growth

ການແຕ້ມ n draw
ການເຕີມເຕັມ n fulfillment
ການໂຕ້ວາທີ n debate
ການເຕືອນໄພ n alert
ການແຕກຕື່ນ n stampede
ການແຕກຫັກ n fracture
ການແຕກອອກ n rupture
ການໄຖ່ຖອນ n redemption
ການແທງ n piercing, stab
ການແນະນຳ n guidance
ການເນລະເທດ n exile
ການເບິ່ງ n look
ການເບິ່ງໃນແງ່ດີ n optimism
ການເບິ່ງກ່ອນ n preview
ການແບ່ງເປັນສ່ວນ n ration
ການປົດເປື້ອນ n smear
ການເປີດ n opening
ການເປີດເຜີຍ n candor, revelation
ການປັບວິມ n blackout
ການປ່ອຍເປັນນ້ຳ n thaw
ການປ່ອຍກາຍ n nudity
ການໄປທ່ຽວ n outing
ການເຜົາໃຫມ້ n burn, combustion
ການແຜດສງງຮ້ອງ n roar
ການເຝ້າລະວັງ n surveillance
ການເພີ່ມໃສ່ n addition
ການເພີ່ມຂຶ້ນ n increase
ການພິດເພີນ n gusto
ການເລີ່ມຕົ້ນ n start, beginning
ການເລື່ອນຊັ້ນ n promotion
ການໄລ່ຕາມ n chase, pursuit
ການແລ່ນເຮືອ n navigation
ການເລືອກ n choice, selection

ການເລືອກກິນ n diet
ການເລືອກຕັ້ງ n election, poll
ການເລືອດຕົກ n hemorrhage
ການໄລ່ອອກ n expulsion
ການແລກປ່ຽນ n change
ກັ້ນໄວ v hold back
ການເອົ້າ n saying
ການເອົ້າຂວັນ n gossip
ການເວລາ n times
ການເຫົ່າຫອນ n howl
ການເຫັງໃຈ n abuse
ການໃຫ້ເຊົ່າ n lease
ການເຫັງອົດ n intolerance
ການໃຫ້ສິນບົນ n bribery
ການໃຫ້ຍເຕັມທີ n maturity
ການເຫັນແກ່ຕົວ n egoism
ການເຫັນດີນຳ n approval
ການເຫັນຫ່າງ n isolation
ການໄຫຼບ່າເຂົ້າມາ n influx
ກິນໃຫ້ໝົດ v raid
ການໃຫ້ອະໄພ n pardon
ການໃຫ້ອຳນາດ n authorization
ການເອີ້ນ n call, calling
ການເອີ້ອມ n burp, belch
ການໂອ້ອວດ n pomposity
ການເຮັດໃຫ້ອຸ່ນ n heating
ການເຮັດຊ້ຳ n duplication
ການເຮັດຕະຫຼົກ n ridicule
ການເຮັດທາລຸນ n mistreatment
ການເຮັດທໍ່ນ້ຳ n plumbing
ການເຮັດໜ້າຫຍຸ້ງ v frown
ການໂຮມກັນ n union
ການກະໂດດ n leap

ການກ່າວເຖິງ n mention
ການກ້ຽວສາວ n courtship
ການກ່າວອ້າງ n allegation
ການກະກຽມ n preparation
ການກັງຂັງໄວ້ n detention
ການກະລາຍສຽງ n broadcast
ການກິດກັ້ນ n deprivation
ການກົດຂີ່ n oppression
ການກະຕຸ້ນ n activation
ການກະຕຸກ n jolt
ການກະຕອງ n anticipation
ການກະທຳ n action, deed
ການກະທຳຜິດ n vice
ການກິນບາດດຽວ n gulp
ການກະບົດ n conspiracy
ການກັບຄືນ n return
ການກະມາໃຫມ່ n recurrence
ການກວດແກ້ n correction
ການກວດກາ n patrol
ການກວດສອບ n inspection
ການກອດຮັດ n hug
ການກໍ່ການຮ້າຍ n sabotage
ການກໍ່ກວນ n mischief
ການກຳຈັດ n purge
ການກໍ່ສ້າງ n construction
ການກໍ່ຕັ້ງ n inception
ການຂູ່ເຂັນ n threat
ການຂຶ້ນທະບຽນ n registration
ການຂ້າກັນ n killing
ການຂີ້ຕົວະ n lie
ການຂ້າຕົວຕາຍ n suicide
ການຂຽນ n lash
ການຂຶ້ນ v ascend

ການຂຶ້ນລາຄາ n advance
ການຂ້າມ n passage
ການຂ້ມເຊົ້າງ n leash
ການຂົ່ມຂູ່ v assault
ການຂົ່ມຂືນ n rape
ການຂີ້ລັກ n robbery, theft
ການຂາຍ n sale
ການຂາຍຊາດ n treachery
ການຂາຍປະມູນ n auction
ການຂາດ n absence
ການຂັດແຍ້ງກັນ n collision
ການຂັດຂືນຄຳສັ່ງ n mutiny
ການຂັດຂວາງ n blockage, interruption
ການຂາດອາຫານ n malnutrition
ການຂຽນ n writing
ການຂຽນແບບ n drawing
ການຂົນສົ່ງ n carriage
ການຂັບ n drive
ການຂັບໄລ່ n deportation
ການຂັບໄລ່ອອກ n repulse
ການຂີ້ລັກ n espionage
ການຂະຫຍາຍ n enlargement
ການຂໍໂທດ n absolution
ການຂໍລາອອກ n resignation
ການຂໍຮ້ອງ n request
ການຄຸ່ເຂັນ n extortion
ການຄ້າຂາຍ n commerce
ການຄົ້ນຄວ້າ n research
ການຄົ້ນພົບ n discovery
ການຄົ້ນຫາ n search
ການຄຸກຄາມ n harassment
ການຄົງຢູ່ n persistence
ການຄົດໂກງ n depravity

ການຄາດເດົາ n conjecture
ການຄາດການ n prospect
ການຄາດຄະເນ n supposition
ການຄາດຕະກຳ n homicide, manslaughter
ການຄິດລ່ວງໜ້າ n premeditation
ການຄາດໝາຍ n expectation
ການຄູນ n multiplication
ການຄືນເງິນໃຫ້ n refund
ການຄືນຊີບ n resurrection
ການຄຸມເຊີງກັນຢູ່ n stalemate
ການຄົວກິນ n cooking
ການຄວັດລາຍ n sculpture
ການຄອບຄຸມ n dominion
ການຄອບຄອງ n domination
ການຄຳນວນ n calculation
ການງານ n career
ການງູບ n sedation
ການຈື່ໄດ້ n recognition
ກົນຈັກ n mechanism
ການຈ້າງງານ n employment
ການຈ່າຍ n payment
ການຈ່າຍເງິນຄືນ n repayment
ການຈັບກຸ່ມກັນ n roundup
ການຈຸ່ມ n immersion
ການຈົ່ມ n moan
ການຈິກ n peck
ການຈາກໄປ n exodus
ການຈາກກັນ n parting
ການຈູງໃຈ n influence
ການຈັດແຈງ n arrangement
ການຈັດແບ່ງ n allotment
ການຈັດຕັ້ງ n setup

ການຈັດຕັ້ງ *n* organization
ການຈັດປະເພດ *n* assortment
ການຈັດຫາ *n* provision
ການຈັດຫາໃຫ້ *n* supplies
ການຈູບ *n* kiss
ການຈັບ *n* grasp
ການຈົບ *n* closure
ການຈັບກຸມ *n* arrest, seizure
ການຈາມ *n* sneeze
ການຈາລຶກ *n* engraving
ການຈາວະລົບ *n* riot
ການຈອງໄວ້ *n* reservation
ການຈຳກັດ *n* confinement
ການຈຳນຳ *n* mortgage
ການຈໍລະຈອນ *n* traffic
ການສ້າງ *n* creation
ການສ່ຽງ *n* avoidance
ການສົ່ງເງິນ *n* remittance
ການສົ່ງເສີມ *n* contribution
ການສ່ວງໂຊກ *n* lottery
ການສ່ຽງໄພ *n* risk
ການສ້າງໃໝ່ *n* recreation
ການສົ່ງຄືນ *n* resentment
ການສະແດງ *n* performance
ການສະເທືອນ *n* vibration
ການສັ່ນໄຫວ *n* tremor
ການສິ້ນສຸດ *n* completion, end
ການສັ່ນຕົວ *n* shiver
ການສິ້ນຫວັງ *n* despair
ການສະແຫວງຫາ *n* quest
ການສະເໜີ *n* proposition
ການສະເໜີບົດ *n* proposal
ການສູ້ຮົບ *n* battle
ການສະກັດກັ້ນ *v* intercept
ການສະກົດຄຳ *n* spelling
ການສະກົດຈິດ *n* hypnosis
ການສຶກສາຮ່ຳຮຽນ *n* learning
ການສັກຢາ *n* injection
ການສັງເກດ *n* observation
ການສັງເກດພາດ *n* oversight
ການສັງເຄາະ *n* synthesis
ການສັງຫານ *n* carnage
ການສະສົມ *n* collection
ການສຽດສີ *n* innuendo, satire
ການສະທ້ອນກັບ *n* reflection
ການສັນຍາ *n* contract
ການສົນທະນາ *n* conversation
ການສັນລະເສີນ *n* praise
ການສາບແຊ່ງ *n* damnation
ການສັບສົນ *n* confusion
ການສືບສວນ *n* investigation
ການສົມທຽບ *n* comparison
ການສາລະພາບ *n* confession
ການສະຫຼາຍຕົວ *n* dissolution
ການສະຫຼຸບ *n* summary
ການສະຫຼົບ *n* anesthesia
ການສະຫຼັບກັນ *n* interchange
ການສະຫງົບ *n* appeasement
ການສະຫງົບເສິກ *n* armistice
ການສະໝັກ *n* enrollment
ການສວດມົນ *n* chant, prayer
ການສອດ *n* insertion
ການສອດຄ່ອງກັນ *n* conformity
ການສອນ *n* pedagogy
ການສອນພິເສດ *n* tutor
ການສອບ *n* trial

ການສອບເສັງ *n* examination	ການຍິ້ມ *n* smile
ການສໍ້ໂກງ *n* racketeering	ການຍິກ *n* pinch
ການສໍ້ສົນ *n* scam	ການຍົກເລີກ *n* annulment
ການສໍານຶກບາບ *n* penance	ການຍົກໃຫ້ *n* offer
ການສໍານຶກຜິດ *n* remorse	ການຍົກຂຶ້ນ *n* elevation
ການສໍາພັດ *n* touch	ການຍົກຍ້ອງ *n* commendation
ການສໍາພັດ *adj* touching	ການຍົກຍໍ *n* adulation
ກັນຊາ *n* hashish	ການຍິງປືນ *n* gunfire
ການຊື້ *n* purchase	ການຍັງມີຊີວິດຢູ່ *n* survival
ການຊື້ເຄື່ອງຂອງ *n* shopping	ການຍຶດເກາະ *n* grip
ການຊື້ຂາຍ *n* deal	ການຍັດໃສ້ *n* stuffing
ການຊື່ນຊົມ *n* admiration	ການຍຶດເວລາ *n* defiance
ການຊຶມ *n* whisper	ການຍຶດຊັບສິນ *n* confiscation
ການຊົກ *n* punch	ການຍຸຕິ *n* closure
ການຊັກກະຕຸກ *n* convulsion	ການຍຶດອອກ *n* extension
ການຊັກຊ້າ *n* delay	ການຍຶນຍັນ *n* insistence
ການຊັກຊວນ *n* persuasion	ການຍິນຍອມ *n* compliance
ການຊົກມວຍ *n* boxing	ການຍົ່ວເຍົ້າ *n* provocation
ການຊົດໃຊ້ *n* restitution	ການຍົ່ວຍວນ *n* seduction
ການຊົດເຊີຍ *n* compensation	ການຍອມເຊີກ *n* vigil
ການຊົດເຊີຍ *n* reparation	ການຍອມແພ້ *n* surrender
ກັນຊົນ *n* bumper	ການຍອມໃຫ້ *n* concession
ການຊິມ *n* sip	ການຍອມຮັບ *n* acceptance
ການຊຸມນຸມກັນ *n* reunion	ການດິ້ນລົນ *n* struggle
ການຊ່ວຍເຫຼືອ *n* help	ການດື່ມ *n* drink
ການຊ່ວຍຊີວິດ *n* rescue	ການດູແລ *n* care
ການຊໍ້າອີກ *n* repetition	ການດູແລປິ່ນປົວ *n* treatment
ການຊໍາລະລ້າງບາບ *n* purification	ການດຶງດູດໃຈ *n* attraction
ການຊໍາລະໜີ້ *n* liquidation	ການດັດແປງ *n* adaptation
ການຍູ້ *n* shove	ການດູຖູກ *n* affront, insult
ການຍ່າງ *n* walk	ການດູໝິ່ນ *n* blasphemy
ການຍ່າງຫຼິ້ນ *n* promenade	ການດຳນໍ້າ *v* dive
ການຍ້າຍທີ່ໃໝ່ *n* relocation	ການດຳນໍ້າ *n* diving

ການຕິ *n* hit
ການຕັ້ງຄ້າຍ *n* camp
ການຕັ້ງຄັນ *n* gestation
ການຕັ້ງຖິ່ນຖານ *n* settlement
ການຕົກ *n* downfall, fall
ການຕັກເຕືອນ *n* admonition
ການຕົກປາ *adj* fishy
ການຕົກທາງ *n* derailment
ການຕົກລົງ *n* agreement
ການຕີຊ້າງ *n* beating
ການຕາຍ *n* death, demise
ການຕັດ *n* cut
ການຕິດເຊື້ອ *n* infection
ການຕັດຂາດ *n* severance
ການຕິດຂັດມານຳ *n* attachment
ການຕັດສິນໃຈ *n* decision
ການຕິດຕັ້ງ *n* installation, setting
ການຕິດຕໍ່ *n* affiliation, dealings
ການຕິດຕໍ່ກັບ *n* transaction
ການຕິດຕໍ່ສື່ສານ *n* contact
ການຕິງງຸນ *n* reproach
ການຕູນ *n* cartoon
ການຕົບ *n* smack
ການຕົບແຕ່ງ *n* décor
ການຕົບມື *n* applause
ການຕົບໜ້າ *n* slap
ການຕະຫຼຸມພ້ອມ *n* expedition
ການຕະຫຼົກ *n* prank
ການຕໍ່ອາຍຸຕິ *n* strike
ການຕ້ອນຮັບ *n* reception
ການຕອບ *n* answer, reply
ການຕອບແທນ *n* atonement
ການຕອບຮັບ *n* feedback

ການຕໍ່ເນື່ອງ *n* continuation
ການຕໍ່ເນື່ອງກັນ *n* sequence
ການຕໍ່ສູ້ *n* fight
ການຕໍ່ສູ້ກັບ *n* conflict
ການຕໍ່ຕ້ານ *n* resistance
ການຕໍ່ພາບ *n* mosaic
ການຕໍ່ລອງ *n* negotiation
ການຖ່າຍສຳເນົາ *n* copy, photocopy
ການຖ່າຍພາບໄວ *n* snapshot
ການຖ່າຍຮູບ *n* photography
ການຖິ້ມ *n* drop
ການຖິ້ມລະເບີດ *n* bombing
ການຖັກແສ່ວ *n* embroidery
ການຖືກຈັບກຸມ *n* captivity
ການຖາກຖາງ *n* sarcasm
ການຖຽງກັນ *n* altercation, argument
ການຖືກລົບກວນ *n* upheaval
ການຖວາຍ *n* consecration
ການຖອຍ *n* recess, retreat
ການຖອຍ *adj* withdrawn
ການທ້າທາຍ *n* challenge
ການທຸ່ມເທ *n* exertion
ການທັກທາຍ *n* greetings
ກິນທາງປາກ *v* ingest
ການທາສີ *n* paint, painting
ການທູດ *n* diplomacy
ການທິດລອງ *n* experiment
ການທົນທານ *n* tolerance
ການທ່ອງທ່ຽວ *n* tourism
ການທຳໂທດ *n* punishment
ການທຳລາຍ *n* destruction

ການທຳລາຍລ້າ *n* holocaust
ການທຳລາຍລ້າງ *n* devastation
ການທໍລະຍົດ *n* betrayal
ການທໍລະມານ *n* torment
ການບຳງສະມາທິ *n* meditation
ການນັບ *n* count
ການນັບໃໝ່ *n* recount
ການນັບຖອຍຫຼັງ *n* countdown
ການນວດ *n* massage
ການນອນ *n* sleep
ການນອນກົນ *n* snore
ການນອນຫງິບດຽວ *n* nap
ກັນນ້ຳ *adj* watertight
ການນຳໃຊ້ *n* use
ການນຳສົ່ງໃຫ້ *n* delivery
ການບ້ານ *n* homework
ການບຸກທຳຮ້າຍ *n* assassination
ການບີກພ່ອງ *n* defection
ການບຸກລຸກ *n* intrusion
ການບັງຄັບ *n* coercion
ການບັງຄັບ *adj* compelling
ການບິດເບືອນ *n* distortion
ການບິດງໍ່ໄດ້ງໍ່ *n* twist
ກົບບາດດຽວ *v* gulp
ການບິດປະສົມກັນ *n* mixture
ການບິນ *n* aviation, flight
ການບັນເທົາ *n* reprieve
ການບັນທຶກ *n* recording
ການບັນລຸ *n* attainment
ການບັນລະຍາຍ *n* lecture
ການບີບອັດ *n* compression
ການບວດ *n* ordination
ການບວດເປັນພະ *n* priesthood

ການບອກໃຫ້ເປັນໃນ *n* hint
ການບອກປະຕິເສດ *n* rebuff
ການບໍ່ມີອາວົມ *n* apathy
ການບຳລຸງກຳລັງ *n* nourishment
ການບຳລຸງລ້ຽງ *n* sustenance
ການບຳລຸງຮັກສາ *n* upkeep
ການບໍ່ຮຽບຮ້ອຍ *n* mess
ການບໍລິໂພກ *n* consumption
ການບໍລິການ *n* service
ການບໍລິຈາກ *n* donation
ການປະເຊີນໜ້າ *n* showdown
ການປ່ຽນ *n* transition
ການບຸ້ນ *n* holdup
ການປ່ຽນແປງ *n* conversion
ການປິ້ນຄືນ *n* convert
ການປຸ້ນຈີ້ *n* heist
ການປຸ້ນຈີ້ເຮືອບິນ *n* hijack
ການປຸ້ນທາງທະເລ *n* piracy
ການປ່ຽນບ່ອນເວລາ *n* shift
ການປິ່ນປົວ *n* cure, remedy
ການປ່ຽນຮູບ *n* transformation
ການປະເມີນ *n* assessment
ການປຸກ *n* awakening
ການປະກາດ *n* declaration
ການປະກົດ *n* appearance
ການປະກັນໃພ *n* assurance
ການປົກຄອງ *n* government
ການປຶກສາຫາລື *n* consultation
ການປົກປ້ອງ *n* defense
ການປູກຝັງ *n* cultivation
ການປະກອບກັນ *n* compound
ການປຸງ *n* concoction
ການປົງສົບ *n* funeral

ການບະລິບສໍພໍ n flattery
ການປະສົມ n blend, fusion
ການປະຊຸມ n meeting
ການປະຊຸມສະພາ n congress
ການປະດິດ n invention
ການປິດບັງ n coverage
ການປິດປາກ n gag
ການປິດປ່ອຍ n liberation
ການປິດລ້ອມ n blockade
ການປົດອາວຸດ n disarmament
ການປະຕິເສດ n denial, refusal
ການປະຕິວັດ n revolt
ການປະຕິວັດ adj revolting
ການປະຕິຮູບ n reform
ການປະທ້ວງ n insurgency
ການບິນ n fly
ການປີນໄຕ່ n climbing
ການປົນເປື້ອນ n contamination
ການປະນີປະນອມ n compromise
ການປະນາມ n condemnation
ການບິນຂຶ້ນ n lift-off
ການປາບ n conquest
ການປັບໃຊ້ n deployment
ການປຽບທຽບ n allegory
ການປັບປຸງ n improvement
ການປັບປຸງໃຫມ່ n revision
ການປະພຶດຜິດ n misconduct
ການປະລະ n abandonment
ການປ້ອງກັນ n protection
ການປ້ອງກັນແດດ n sunblock
ການປ່ອຍ n emission, launch
ການປ່ອຍໄປ n dismissal
ການປ່ອຍປະ n negligence

ການປ່ອຍອອກ n discharge
ການປະຮ້າງ n divorce
ການປອງຮ້າຍ n malignancy
ການປອມໃຈ n solace
ການປອມແປງ n forgery, sham
ການຜ່າຊາກສົບ n autopsy
ການຜ່າຕັດ n operation
ການຜ່າຕັດອອກ n amputation
ການຜູກຂາດ n monopoly
ການຜູກມັດ n objection
ການຜິດກັນ n brawl
ການຜິດສິນລະທຳ n immorality
ການຜິດຖຽງ n discord, quarrel
ການຜິດຖຽງກັນ n dispute
ການຜິດພາດ n lapse
ການຜະລິດ n generation
ການຜະລິດຜົນ n production
ການຜ່ອນຄາຍ n remission
ການຜ່ອນສົ່ງ n installment
ການຜ່າຜືນ n outrage
ການຝຶກສອນ n coaching
ການຝຶກຊ້ອມ adj practising
ການຝຶກອົບຮົມ n training
ການພຸ້ງ n leaning
ການພົ້ນໂທດ n salvation
ການພັກ n stay
ການພັກເຊົາ n lodging
ການພິກກັບ n reversal
ການພັກຜ່ອນ n relax
ການພັກລົບ n truce
ການພັງທະລາຍ n collapse
ການພະລິບໄພ n adventure
ການພິຈາລະນາ n discretion

ການພັດ *n* blow
ການພັດທະນາ *n* development
ການພາດພິງເຖິງ *n* allusion
ການພະນັນ *n* bet
ການພັນລະນາ *n* description
ການພິມ *v* print
ການພິມ *n* printing
ການພິມໃຫມ່ *n* reprint
ການພິມຕ່າງໆ *n* publication
ການພົວພັນ *n* relationship
ການພື້ນຄືນ *n* recovery
ການພື້ນຕົວ *n* rally
ການຟ້ອງຮ້ອງ *n* litigation
ການມາເຖິງ *n* coming
ການມີເລືອດໄຫຼ *n* bleeding
ການມາເຖິງ *n* Advent
ການມຶນງາ *n* numbness
ການມີຢູ່ *n* existence
ການມ່ວນຊື່ນ *n* enjoyment
ການມອດ *n* blowout
ການມໍລະນະ *n* doom
ການຢູ່ *n* presence
ການຢູ່ໂດດດ່ຽວ *n* solitude
ກິນຢ່າງປະເປືອນ *v* cram
ການຢັ່ງຮູ້ *n* intuition
ການຢ້ຽມຍາມ *n* visit
ການຢິກ *n* nip
ການຢຸດ *n* stop
ການຢຸດຊົ່ວຄາວ *n* suspension
ການຢຸດຍິງ *n* cease-fire
ການຢຸດນິ່ງ *n* stagnation
ການຢຸດພັກຜ່ອນ *n* rest
ການຢຸດພະຍາຍາມ *n* chunk

ການຢືນຢັນ *n* confirmation
ການຢັບຢັ້ງ *n* deterrence
ການຢືມ *n* burrow
ການຮັບຮູ້ *n* awareness
ການລ້າງ *n* clearance
ການລ້ຽງ *n* raise
ການລ້າງບາບ *n* christening
ການລ່າສັດ *n* hunting
ການລຽນແບບ *n* imitation
ການລະເບີດ *n* explosion, eruption
ການລະເບີດອອກ *n* outburst
ການລະເມີດ *n* infraction
ການລົ້ມລະລາຍ *n* bankruptcy
ການລົ້ມລອງ *n* foretaste
ການລະເລຍ *n* neglect
ການລ້ຽວ *n* turn
ການລະເວັ້ນ *n* abstinence
ການລາກ *n* traction
ການລັກເຄື່ອງ *n* burglary
ການລັກຄະໂມຍ *n* larceny
ການລັກພາຕົວ *n* kidnapping
ການລັກວາງເພີງ *n* arson
ການລົງໂທດ *n* sanction
ການລົງຈອດ *n* landing
ການລົງທຶນ *n* investment
ການລາຍງານຄືນ *n* review
ການລົດຄ່າ *n* devaluation
ການລົດລາຄາ *n* discount
ການລົນນະລົງ *n* campaign
ການລູບ *n* pat
ການລົບກວນ *n* disturbance
ການລົບອອກ *n* subtraction
ການລືມເລືອນ *n* oblivion

ການລູກ *n* abortion, miscarriage
ການບ່ວງລ້ຳ *n* invasion
ການລ້ອມຮົ້ວ *n* fencing
ການວມກັນ *n* combination
ການລອຍນ້ຳ *n* swimming
ການລ້ວງນ *n* mockery
ການລໍ້ລວງ *n* enticement
ການລຳອຽງ *n* predilection
ການລຳຄອຍ *n* waiting
ການວິເຄາະ *n* analysis
ການວາງສະແດງ *n* display
ການວັດແທກ *n* measurement
ການຫຼິ້ນ *n* play
ການຫຼີກລ້ຽງ *n* evasion
ກົນຫຼາຍ *n* gorge
ການຫາໄດ້ງ່າຍ *n* availability
ການຫຸດລົງ *n* decrease
ການຫຸດລົງ *v* ebb
ການຫົບຫັນ *n* escapade
ການຫັກກລົບ *n* deduction
ການຫາຍໃຈ *n* breath, respiration
ການຫາຍໃຈເຂົ້າ *n* aspiration
ການຫາຍໃຈໃຫຍ່ *n* sigh
ການຫາຍໄປ *n* disappearance
ການຫົດຕົວ *n* contraction
ການຫົດຫູ່ *n* depression
ການຫັ້ນໃຈຫອບ *v* gasp
ການຫາວ *n* yawn
ການຫົວ *n* laugh, laughter
ການຫຼອກລວງ *n* hoax, fraud
ກົນຫຍ້າ *v* graze
ການຫຍຸ້ງ *n* tangle
ການຫຍິບ *n* sewing

ການຫຍໍ້ *n* abbreviation
ການຫຍັ້ສ່ວນ *n* condensation
ການຫວນຄືນ *n* comeback
ການຫໍຫຸ້ມ *n* wrapping
ການຫຍິ່ນປະຫມາດ *n* libel
ການຫັ້ນຫມາຍ *n* engagement
ການຫັນກວອງ *n* ferment
ການຫຸນ *n* rotation
ການຫຸນວຽນ *n* circulation
ການອ້າງເຖິງ *n* reference
ການອາໃສ່ *n* dependence
ການອ່ານ *n* reading
ການອ່ານຄ້ວງ *v* browse
ການອະໄພໂທດ *n* amnesty
ການອັກເສບ *n* inflammation
ການອຽງ *n* inclination
ການອຸດຫນຸນ *n* patronage
ການອຸທິດໃຫ້ *n* dedication
ການອະນຸຍາດ *n* license, permission
ການອະນຸມັດ *n* ratification
ການອະນຸລັກ *n* conservation
ການອະນຸລັກ *v* conserve
ການອາບນ້ຳ *n* bath
ການອົບພະຍົບ *n* immigration
ການອັບອາຍ *n* mortification
ການອ້ອມລ້ອມ *n* siege
ການອອກແບບ *n* design
ການອອກໄປ *n* exit
ການອອກບຳນານ *n* retirement
ການອຳພາງ *n* camouflage
ການອຳລາ *n* farewell
ການຮ່າງພາບ *n* sketch

ການຮື້ຖອນ n demolition
ການຮົ່ວໄຫລ n leak
ການຮັກສາ n maintenance
ການຮຸກຮານ n aggression
ການຮຽກຮ້ອງ n pretension
ການຮຽງເປັນແນວ n lining
ການຮັບເຂົ້າ n admittance
ການຮັບກວນ n interference
ການຮັບປະກັນ n warranty
ການຮັບປະລິນຍາ n graduation
ການຮັບມໍລະດົກ n inheritance
ການຮີບຮ້ອນ n urgency
ການຮັບຮອງ n endorsement
ການຮ່ວມກັນ n coalition
ການຮ່ວມສຳພັນ n alliance
ການຮ່ວມມື n collaboration
ການຮ້ອງໃຫ້ n cry
ການຮ້ອງຂໍ n appeal
ການຮ້ອງຄາງ n groan
ການຮ້ອງດ່າ n scolding
ການຮ້ອງດັງ n shouting
ການຮວບຮວມ n gathering
ການຮວມກັນ n unification
ກົບ n frog
ກັບ pre with
ກັບ n box
ການບູເຣເຕີຣ໌ n carburetor
ກະບົດ v conspire
ກະບົດ n rebel, treason
ກົບໃບ n leaf
ກັບໄຟ n match
ການໄຫວ້ n worship
ກັບກັນ n reverse

ກາບກອນ n verse
ກັບຄືນ v return
ກັບຄືນໄປ v go back
ກັບຄືນມາ v come back
ກັບສູ່ສະພາບເດີມ v revert
ກັບດ້ານ v flip
ກັບດັກ n pitfall, trap
ກີບດອກໄມ້ n petal
ກັບຕັນເຮືອ n captain
ກັບມາ v turn back
ກະບອກ n cylinder
ກະບອກຫຼືດຢາ n syringe
ກະບອງ n baton
ກະບອງສັ້ນ v bludgeon
ກະປູ n crab
ກະປຸກອອມສິນ n piggy bank
ກະປ໋ອງ n can
ກະປ໋ອງສະເປ n canister
ກະປອງ n tin
ກວມທີ່ດິນ v till
ກຸມພາ n February
ກາວ adj sinful
ກິລາ n sport
ກະດິ່ງຂອງປະຕູ n doorbell
ກິລາເບດສ໌ບອນ n baseball
ກິລາຄາລາເຕ້ n karate
ກິລາສູ້ງົວ n bull fight
ກິລິຍາ n manner
ກິລິຍາ n attitude
ກິລິຍາຊ່ວຍທິສາມ n participle
ກະລັດ n carat
ກະລຸນາ adj benign
ກິລາບິນລຽດ n billiards

ກິລາມວຍປ້ຳ n wrestling
ກະລະວັດ n tie
ກາລະວັດ n necktie
ກະລ່ຳດອກ n cauliflower
ກະລໍຣີ n calorie
ກາວ n glue
ກຸວ n thread
ກະວີ n verse
ກວ້າງ adj broad, wide
ກວ້າງຂວາງ adj broad
ກະວົນກະວາຍ adj anxious
ກ້ວຍ n banana
ກະຮົດ n carrot
ກະຫາຍເລືອດ adj bloodthirsty
ກ້ອກ n pipe
ກ໊ອກນ້ຳ n tap
ກ້ອງສ່ອງທາງ n transit
ກ້ອງສ່ອງທາງໄກ n binoculars, telescope
ກ້ອງຖ່າຍຮູບ n camera
ກ່ອນ adj former
ກ້ອນ n clot
ກ່ອນ adv before
ກ້ອນເຂົ້າຈີ່ n loaf
ກ້ອນເລືອດ n clot
ກ້ອນໂລຫະ n ingot
ກ່ອນເວລາ adv beforehand
ກ້ອນກົມນ້ອຍໆ n pellet
ກ່ອນກຳນົດ adj premature
ກ້ອນຂີ້ຫິນ n cobblestone
ກ່ອນຕາເວັນຕົກ n dusk
ກ້ອນນ້ອຍ n wart
ກ້ອນນ້ຳແຂງໃຫຍ່ n iceberg

ກ່ອນປະຫວັດສາດ adj prehistoric
ກ້ອນຫິນ n rock
ກ່ອນໜ້າ adv before
ກ່ອນໜ້າ adj prior
ກ່ອນໜ້ານີ້ adv formerly
ກຣາຟິກ adj graphic
ກວ້າງໃຫຍ່ adj spacious, vast
ກັກມືເອີ້ນ v beckon
ກວາງ ເຣນເດຍ n reindeer
ກວາງໂຕຜູ້ n buck
ກວດ v edit, correct
ກວດແກ້ v correct
ກວດເບິ່ງ v go over, look into, check
ກວດສອງເທື່ອ v double-check
ກວດສອບ v examine, verify
ກວນໝາກໄມ້ n jam
ກອກນ້ຳ n faucet
ກອກຍາໃຫຍ່ລິກາ n cigar
ກອງ n heap, pile, stack
ກອງໂຈນ n guerrilla
ກອງໄຟ n bonfire
ກອງເຮືອ n fleet
ກອງກັບຂຶ້ນ v stack
ກອງຄາຣາວານ n caravan
ກອງຈຳນວນໃຫຍ່ n bulk
ກອງທັບ n army
ກອງທັບເຮືອ n navy
ກອງທະຫານ n battalion, troop
ກອງບັນຊາການ n headquarters
ກອງປະຊຸມ n conference
ກອງພັນ n brigade
ກອງພັນທະຫານ n regiment

ກອງວວມກັນ v huddle
ກອງຫຍ້າ n haystack
ກອງໜູນ n reinforcements
ກອງຮ້ອຍ n company
ກອດ v embrace
ກອດຈູບ n caress
ກອດຕິດ v cling
ກອດຮັດ v hug
ກອນ n rhyme
ກອນສັ້ນ n lay
ກອນບະຕະ n bolt, latch
ກອບ adj crunchy, crispy
ກອບກູ້ v retrieve
ກຳປັ່ນໃຫຍ່ n ark
ກຳປັ່ນຮົບ n warship
ກຳແພງ n wall
ກຳໄຟ v fire, ignite
ກໍໃຫ້ເກີດ v cause, invoke
ກໍໃຫ້ເກີດຂຶ້ນ v stir up
ກຳແໜ້ນ v clench
ກໍການຮ້າຍ v terrorize
ກຳກັບ v officiate
ກໍກວນ v harass, hassle
ກໍກວມ adj cloudy
ກໍຂຶ້ນ v set up
ກຳຈັດ v frustrate, curtail
ກຳຈັດຈົນໝົດສິ້ນ v eradicate
ກຳຈັດຫຍ້າ v weed
ກໍສ້າງ v build
ກຳນົດ v assign, impose
ກຳນົດໃຫ້ v allocate
ກຳນົດການ n agenda
ກຳບັງ n cloak

ກຳບັງ adj covert
ກຳປັ່ນ n ship
ກຳປັ້ນ n fist
ກໍປະທ້ວງ v mob
ກຳມື v grip
ກຳມະກອນ n laborer, worker
ກຳມະຢີ່ n velvet
ກຳລັງ n force
ກຳລັງໃໝ້ adj ablaze
ກຳລັງກາຍ n vitality
ກໍລະນີ n event, instance

ຂ

ໄຂ v open
ໄຂ n egg
ໄຂ້ n fever
ແຂ້ n alligator
ເຂົາ n horn
ເຂົ້າ v enter
ເຂົ້າ n rice
ເຂົ້າໃຈ v apprehend, understand
ເຂົ້າໃຈງ່າຍ adj luminous
ເຂົ້າໃຈບໍ່ດີ v discern
ເຂົ້າໃຈຜິດ adj erroneous
ເຂົ້າໃຈຜິດ v misunderstand
ເຂົ້າເຖິງໄດ້ adj accessible
ເຂົ້າແທນທີ່ v substitute
ເຂົ້າໃນປະເທດ adv inland
ເຂົ້າໄປໃກ້ v approach
ເຂົ້າໄປໃນ v go in

ເຂົ້າເລື້ອງ adj pertinent
ເຂົ້າແລງ n diner, dinner
ເຂົ້າໂອດສຳເລັດຮູບ n oatmeal
ເຂົ້າກັນ v harmonize, mingle
ເຂົ້າກັນໄດ້ v match
ເຂົ້າກັບຄົນງ່າຍ adj sociable
ເຂົ້າຄ້າຍ v camp
ເຂົ້າຈີ່ n bread
ເຂົ້າຈີ່ປີ້ງ n pastry, toast
ເຂົ້າສູ່ລະບົບ v log in
ເຂົ້າສາລີ n wheat
ເຂົ້າສາລີຂົ້ວ n popcorn
ເຂົ້າຍຶດ v capture
ເຂົ້າທາງໃນ adj inward
ເຂົ້າບາເລ່ n barley
ເຂົ້າປະເດັນ adj relevant
ເຂົ້າມາ v come in
ເຂົ້າມາຍ່ອຍ v hand out
ເຂົ້າວຽນແຖວ v line up
ເຂົ້າໝັງ v rust
ເຂົ້າຮ່ວມ v associate, join
ເຂັ້ງຂຶມ adj austere
ເຂົາສັດ n horn
ໄຂ່ແດງ n yolk
ເຂັ້ມຂຸ້ນ adj intense
ເຂັ້ມງວດ adj stern, stringent
ເຂົາວົງກົດ n labyrinth
ໄຂ່ຂາວ n egg white
ແຂ່ງຂັນ v race
ແຂ່ງຂັນ v compete
ໄຂ່ຈືນ n omelette
ແຂ້ຕີນເປັດ n alligator
ໄຂ້ຫໍລະພິດ n smallpox

ເຊັນຜ້າຍ v spin
ເຊັມ n needle
ໄຂ່ມຸກ n pearl
ເຊັມຂັດ n pin
ເຊັມທິດ n compass
ເຊັມມຸດ n thumbtack
ແຂ້ວ n tooth, teeth
ແຂ້ວກົກ n molar
ແຂ້ວບອມ n dentures
ໄຂ້ຫວັດໃຫຍ່ n flu, influenza
ແຂກ n guest
ໄຂກະແຈ v unlock
ແຂງ adj firm, rigid, stiff
ແຂງກົດໍດີ v stiffen
ແຂງແຮງ adj strong, robust
ແຂງແຮງຂຶ້ນ v strengthen
ເຂດ n area
ເຂດແດນ n boundary, zone
ເຂດກັ້ນ n barrier
ເຂດຂົ້ວໂລກ adj arctic
ເຂດສາສະໜາ n parish
ເຂດຊົນນະບົດ n countryside
ເຂດຮ້ອນ n tropic
ແຂນ n arm
ແຂນເສື້ອ n sleeve
ແຂນສອກ n elbow
ແຂນຫຼືຂາຫຼືປີກ n limb
ໄຂມັນ n grease
ແຂວງ n province
ແຂວນ v dangle
ຂາ n leg
ຂ້າ v kill, slay, cut down
ຂີ່ v ride

ຂູ່ v blackmail, frighten
ຂີ້ໂກງ adj sly
ຂູ່ເຂັນ v threaten, extort
ຂ້າເຊື້ອ v disinfect
ຂ້າເຊື້ອ n disinfectant
ຂີ້ເຖົ່າ n ash
ຂີ້ໃນໃຈ adj ticklish
ຂີ້ໂລບ adj avaricious
ຂີ້ເຫຼົ້າ adj alcoholic
ຂີ້ເຫຼົ້າເມົາຢາ adj intoxicated
ຂີ້ເຫຍື້ອ n garbage, junk
ຂີ້ແຮ້ n armpit
ຂີ້ກະເດືອນ n worm
ຂີ້ກ້າວ adj aggressive
ຂີ້ຂະໂມຍ v burglarize
ຂີ້ຄ້ານ adj lazy, sluggish
ຂີ້ຄຸຍ v brag
ຂ້າຄົນ n assassin
ຂ້າງ adv aside
ຂ້າງ pre beside
ຂ້າງ n side
ຂ້າງງ pre alongside
ຂ້າງນອກ adv out
ຂ້າງໜ້າ n front
ຂ້າສັດ v slaughter
ຂຸ່ຍ n flute
ຂີ້ດື້ adj rowdy, dissolute
ຂີ້ຄຽດ adj averse
ຂ້າດ້ວຍໄຟຟ້າ v electrocute
ຂາໃຕ້ n thigh
ຂີ້ຕົມ n mud
ຂີ້ຕົມໜຽວ n clay
ຂີ້ຕົວະ v lie

ຂີ້ຖີ່ adj frugal
ຂ້າທາດ n slave
ຂຶ້ນ v rise
ຂຸ່ນ adj thick
ຂົນແກະ n fleece
ຂັ້ນໃດ n ladder, stair
ຂັ້ນໃດເລື່ອນ n elevator, escalator
ຂັ້ນໃດພັບໄດ້ n stepladder
ຂັ້ນໃດຫຼາຍຂັ້ນ n stairs
ຂັ້ນໃດໜ້າບ້ານ n doorstep
ຂັ້ນໂນນ adv uphill
ຂຶ້ນໄປທາງເທິງ v go up
ຂຶ້ນຂີ່ v mount
ຂຶ້ນຍານພາຫະນະ v board
ຂ້ຽນຕີດ້ວຍໄມ້ v whip
ຂັ້ນພື້ນຖານ adj fundamental
ຂຶ້ນມາ v come up
ຂຶ້ນຢູ່ກັບ v depend
ຂຶ້ນຢູ່ກັບ adj dependent
ຂີ້ຝຸ່ນ n dirt, dust
ຂ້າພະເຈົ້າ pro I
ຂ້າມ pre across
ຂີ້ມູກ n mucus
ຂົ່ມໄວ້ v suppress
ຂົ່ມຂືນ v abuse, rape
ຂົ່ມຂູ່ adj daunting
ຂະໂມຍ n burglar
ຂ້າມທະເລ adv overseas
ຂີ້ຢ້ານ v chicken out
ຂີ້ຢ້ານ adj spineless
ຂີ້ລັກ v burglarize
ຂີ້ລັງແຄ n dandruff
ຂ່າວ n news

ຂົວໂລກ n pole
ຂ້ວງໃຫ້ຜິດ v simmer
ຂ່າວສານ n word
ຂ່າວລື n rumor
ຂີ້ຫູ n earwax
ຂີ້ຫຼິ້ນ adj playful
ຂີ້ໜຽວ adj cheap, stingy
ຂີ້ໝ້ຽງ n rust
ຂີ້ອົ່ງອອງຫອງ adj arrogant
ຂີ້ອາຍ adj bashful, shy, timid
ຂີ້ຮ້າຍກວ່າເກົ່າ adj worse
ຂີ້ຮ້າຍທີ່ສຸດ adj worst
ຂາຄູ່ n buddy
ຂີງ n ginger
ຂັງໄວ້ adj pent-up
ຂຶງຂັງ adj solemn
ຂັງຄຸກ v incarcerate
ຂຶງອອກ v stretch
ຂາຍ v sell
ຂາຍເໝົາ n wholesale
ຂາຍຊາດ adj treacherous
ຂາຍໜ້າ adj degrading
ຂາດ v lack
ຂຸດ v undermine
ຂັດ v rub, polish
ຂາດ adj absent
ຂາດແຄນ adj insufficient
ຂາດໃຈ v pass away
ຂີດເສັ້ນ v draw
ຂີດເສັ້ນກ້ອງ v underline
ຂັດແຍ້ງ pre against
ຂັດແຍ້ງ v contradict
ຂັດແຍ້ງກັບ v collide

ຂຸດຂິດ v scratch
ຂັດຂວາງ v thwart, obstruct
ຂຸດຄົ້ນ v dig, excavate
ຂັດຄ້ານ v object
ຂາດຄວາມໝັ້ນໃຈ v falter
ຂັດຄໍ v heckle
ຂົງ v bend
ຂັດລ້າງຈະ v cut off
ຂີດຈຳກັດ n limit
ຂັດສູງສຸດ adj maximum
ຂຸດດ້ວຍເລັບ v claw
ຂຸດບໍ່ແຮ່ v mine
ຂີດອອກ v cross out
ຂັນ n chalice
ຂຽນ v write
ຂຽນ adj written
ຂົນເຄື່ອງ v cart
ຂຽນແບບຕົວພິມ v type
ຂຽນໄວ້ v mark down
ຂຽນເຊັງ n autograph
ຂຽນຄືໄກ່ເຂ່ຍ v scribble
ຂົນສົ່ງ v carry, transport
ຂົນສັດ n fur, wool
ຂົນຕາ n eyelash
ຂຽນຕີ v lash
ຂຸນທ້າວ n duke
ຂົນນົກ n feather
ຂຸນນາງ n aristocrat
ຂົນລົງ v unload
ຂັນລາງວັນ n chalice
ຂຽນຫຍໍ້ n shorthand
ຂົບ v bite
ຂົບ adj pushy

ຂັບເຄື່ອນ v propel
ຂັບໄລ່ v dispel, oust
ຂັບໄລ່ v deport, relegate
ຂັບຂີ່ດ v drive
ຂະບວນ n array
ຂະບວນແຫ່ n procession
ຂະບວນການ v process
ຂັບອອກ v eject, evict
ຂັບອອກໄປ v drive away
ຂີປະນາວຸດ n missile, projectile
ຂົມ adj bitter
ຂຸມຝັງສົບ n tomb
ຂຸມຢູ່ຕາມຫົນທາງ n pothole
ຂຸມຫົບໄພ n trench
ຂົວ n bridge
ຂ້ວຍກັນ v criss-cross
ຂົວທຽບເຮືອ n pier
ຂຽວອຸ່ມທຸ່ມ adj lush
ຂະຫຍາຍ v broaden
ຂະຫຍາຍຫຼາຍ v enlarge
ຂະຫຍັນ adj diligent
ຂະຫນາດ n dimension, size
ຂະຫນາດໃຫຍ່ n magnitude
ຂະຫນານກັນ adj collateral
ຂະຫນົມ n candy
ຂະຫນົມ ທາຣດ໌ n tart
ຂະຫນົມໄຂ່ n cake
ຂະຫນົມຄຸກກີ້ n cookie
ຂະຫນົມຈິ່ງກາກ n bubble gum
ຂະຫນົມບັງ n biscuit
ຂະຫນົມພາຍ n pie
ຂະຫນົມພຸດດິ່ງ n pudding
ຂະຫນົມຫວານ n sweets

ຂ້ອຍ pro I
ຂ້ອຍເອງ pro myself
ຂ້ອນຂ້າງ adv rather
ຂ້ອນຂ້າງອຸ່ນ adj lukewarm
ຂັດ v carve
ຂວານ n ax
ຂວານນ້ອຍ n hatchet
ຂວັນຫາຍ adj startled, nervous
ຂວດແກ້ວ n bottle
ຂວດໂຫ n jar
ຂວ້າ v spill
ຂວ້າບາດ v boycott
ຂວ້ຳລົງ v overturn, turn over
ຂອງ pre of
ຂອງເສດເຫຼືອ n scrap
ຂອງແທ້ adj genuine
ຂອງແທ້ n authenticity
ຂອງແທ້ດັ່ງເດີມ adj authentic
ຂອງເນົ່າ n rot
ຂອງເຫຼືອ n leftovers
ຂອງແຫຼວ n fluid
ຂອງໃຫມ່ n novelty
ຂອງເຮົາເອງ pro ours
ຂອງກິນໄດ້ n foodstuff
ຂອງຂ້ອຍ pro mine
ຂອງຂ້ອຍ adj my
ຂອງຂວັນ n gift, token
ຂອງຕົນເອງ adj own
ຂອງຕົວຢ່າງ n specimen
ຂອງທິ້ມ n waste
ຂອງທີ່ໃຊ້ວຽງຂາງ n bleach
ຂອງທີ່ສົ່ງມາ n consignment
ຂອງທ່ານ adj your

ຂອງທ່ານ pro yours
ຂອງທ່ານເອງ pro yourself
ຂອງທີ່ລະນຶກ n souvenir
ຂອງບູຊາ n offering
ຂອງພິເສດ n specialty
ຂອງພວກເຮົາ adj our
ຂອງລາວ (ຜູ້ຊາຍ) pro his
ຂອງລາວ (ຜູ້ຍິງ) pro hers
ຂອງວັໃຈ v rouse
ຂອງຫວານ n dessert
ຂອບ n curb, rim
ຂອບເຂດ n extent
ຂອບໃຈ v thank
ຂອບໃຈ n thanks
ຂອບນອກສຸດ n perimeter
ຂອບຟ້າ n horizon
ຂອບໜ້າເຈ້ຍ n margin
ຂໍ້ເສຍ n flaw
ຂໍ້ແຕກຕ່າງ n contrast
ຂໍ້ເກາະ n hook
ຂໍ້ກ່າວຫາ n charge
ຂໍ້ຂ້ອງໃຈ n grievance
ຂໍ້ຄວາມ n message
ຂໍ້ຈຳກັດ n constraint
ຂໍ້ສະເໜີແນະ v counsel
ຂໍ້ສັງເກດ n remark
ຂໍ້ສັນຍາ n pact
ຂໍ້ຕົກລົງຮ່ວມກັນ n covenant
ຂໍ້ຕີນ n ankle
ຂໍ້ຕໍ່ n joint, link
ຂໍ້ທີ່ບໍ່ພໍໃຈ n complaint
ຂໍໂທດ adj sorry
ຂໍໂທດ v apologize

ຂໍ້ບົກພ່ອງ n defect, fault
ຂໍ້ມື n wrist
ຂໍ້ມູນ n information
ຂໍ້ຫຍຸ້ງຍາກ n disadvantage
ຂໍ້ຫຍ່ອຍ n clause
ຂໍ້ອ້າງ n plea
ຂໍຫານ v beg, beg
ຂໍຢືມ v borrow
ຂໍລາອອກ v resign
ຂໍ້ຫ້ອຍເຄື່ອງ n hanger
ຂໍຮ້ອງ v ask, solicit, beg
ຂໍຮ້ອງໃຫ້ຄົນອື່ນ v intercede

ຄ

ໄຄ່ v swell
ເຄາະ v knock
ເຄົາ n beard
ເຄື່ອນໄຫວສຽງດັງ v creak
ເຄິ່ງ n half
ເຄັ່ງ v strain
ເຄັ່ງ adj tense
ເຄັ່ງຂັດ adj serious, strict
ເຄັ່ງຂີມ adj solemn
ເຄັ່ງຄຽດ adj strenuous
ເຄັ່ງຕຶງ adj serious
ເຄື່ອງ n set, stand
ເຄື່ອງເງິນ n silverware
ເຄື່ອງໃຊ້ n appliance
ເຄື່ອງແຕ່ງກາຍ n costume

ເຄື່ອງເຕືອນໃຈ n memento
ເຄື່ອງເທດ n spice
ເຄື່ອງໂທລະສັບ n phone
ເຄື່ອງເບາະ n upholstery
ເຄື່ອງແບບ n uniform
ເຄື່ອງເປົ່າຜົມ n dryer
ເຄື່ອງໄລ່ເລກ n calculator
ເຄື່ອງເລື່ອຍໄມ້ n chainsaw
ເຄື່ອງແຫຼມສໍ n sharpener
ເຄື່ອງເຮັດນ້ຳຮ້ອນ n waterheater
ເຄື່ອງເຮືອນ n furniture
ເຄື່ອງກັ່ນກອງ n filter
ເຄື່ອງກັ້ນທົບທາງ n barricade
ເຄື່ອງກະຈາຍສຽງ n amplifier
ເຄື່ອງກີດກັ້ນ n barrage
ເຄື່ອງກີດຂວາງ n hindrance
ເຄື່ອງກອງນ້ຳ n strainer
ເຄື່ອງຂອງ n thing
ເຄື່ອງຂອງທີ່ປຸ້ນມາ n booty
ເຄື່ອງຄິດໄລ່ເລກ n computer
ເຄື່ອງຈັກ n engine, motor
ເຄື່ອງສົ່ງ n sender
ເຄື່ອງສູບນ້ຳ n pump
ເຄື່ອງສຳອາງ n cosmetic
ເຄື່ອງຊ່ວຍໃຫ້ຟູ n buoy
ເຄື່ອງຍົກ v overhaul
ເຄື່ອງດື່ມ n beverage, drink
ເຄື່ອງດື່ມເຢັນໆ n refreshment
ເຄື່ອງດື່ມປະສົມເຫຼົ້າ n booze
ເຄື່ອງຕີ v batter
ເຄື່ອງຕົ້ມ n boiler
ເຄື່ອງຕັດ n cutter
ເຄື່ອງຕັດກະແສໄຟ n thermostat

ເຄື່ອງຕົບແຕ່ງ n furnishings, garnish
ເຄື່ອງຖ້ວຍຊາມ n porcelain
ເຄື່ອງທີ່ລັກມາ n loot
ເຄື່ອງທານ n alms
ເຄື່ອງຫງຸມ adj harmless
ເຄື່ອງນຸ່ງ n apparel
ເຄື່ອງນຸ່ງຫົ່ງ n dress
ເຄື່ອງນຸ່ງນອນ n pajamas
ເຄື່ອງນຸ່ງຮົ່ມ n cloth, clothing
ເຄື່ອງບົດ n mixer
ເຄື່ອງບິນໂຈມຕີ n raider
ເຄື່ອງບັນທຶກ n load
ເຄື່ອງບ່ອນນອນ n bedding
ເຄື່ອງປີ້ງເຂົ້າຈີ່ n toaster
ເຄື່ອງບັນ n blender
ເຄື່ອງປັ້ນດິນເຜົາ n ceramic
ເຄື່ອງປະກອບ n complement
ເຄື່ອງປຸງວັດຖຸຊາດ n seasoning
ເຄື່ອງປຸງອາຫານ n condiment
ເຄື່ອງປະດັບ adj fitting
ເຄື່ອງປະດັບ n ornament
ເຄື່ອງປັບ n adapter
ເຄື່ອງປັບອາກາດ n conditioner
ເຄື່ອງປະຫານຊີວິດ n guillotine
ເຄື່ອງປ້ອງກັນ n shield
ເຄື່ອງຜູກມັດ n bond
ເຄື່ອງຜະລິດໄຟຟ້າ n generator
ເຄື່ອງຜາກ n parcel
ເຄື່ອງພິມ n printer
ເຄື່ອງຟັງຫູ n headphones
ເຄື່ອງມີທີ່ມີໃບມິດ n cutlery
ເຄື່ອງລ້າງຈານ n dishwasher

ເຄື່ອງລົບ n eraser
ເຄື່ອງວັດສະດັບ n level
ເຄື່ອງຫັ້ນສວງ n deck
ເຄື່ອງຫ້າມລໍ້ n brake
ເຄື່ອງຫຍິບເຈ້ຍ n stapler
ເຄື່ອງຫມາຍ n badge, sign
ເຄື່ອງຫມາຍ n apostrophe
ເຄື່ອງອັດສຽງ n recorder
ເຄື່ອງອຸປະກອນ n material
ເຄື່ອງອາວຸດ n armaments
ເຄື່ອນ v budge
ເຄື່ອນ n dam
ເຄື່ອນເຂົ້າໄປໃກ້ໆ v squeeze up
ເຄື່ອນໄຫວ v act
ເຄື່ອນຍ້າຍ v move
ເຄື່ອນທີ່ adj dynamic
ເຄື່ອນທີ່ໄວ v tear
ເຄື່ອນທີ່ບໍ່ໄດ້ adj immobile
ເຄາະຮ້າຍ adj fatal, wretched
ໂຄ້ງ adj crooked
ໂຄ້ງ n arc, curve
ໂຄ້ງໄປ v curve
ໂຄ່ງຮ່າງ n framework
ເຄີຍ adv ever
ເຄີຍ adj used to
ແຄັດເຊຍ n cashier
ຄັດລົບ n gimmick
ໂຄ່ນຕົ້ນໄມ້ v log
ໂຄ່ນລົ້ມ v topple
ເຄັມ adj salty
ໂຄໂລນ n cologne
ເຄືອໄມ້ n vine
ເຄືອຍາດ n kinship

ໂຄງ n carcass
ໂຄງກະດູກ n skeleton
ໂຄງການ n project
ໂຄງກອນ n poem
ໂຄງງານ n layout
ໂຄງສ້າງ n structure
ໂຄງສ້າງພື້ນຖານ n frame
ໂຄງຫຍັກ n feature
ໂຄສະນາ v advertise
ແຄບ adj narrow
ແຄບຊຸນ n capsule
ເຄພິວ n curfew
ແຄມ n edge
ໂຄມາ n coma
ໂຄມໄຟ n lantern, lamp
ແຄມທະເລ n beach, shore
ແຄມຝັ່ງທະເລ adj seaside
ແຄວ້ນ n region
ຄູ່ n partner
ຄູ່ແຂ່ງ n contender, rival
ຄ່າໃຊ້ຈ່າຍ n cost, expense
ຄ່າໂດຍສານ n fare
ຄ່າໄປສະນີ n postage
ຄູ່ກັນ n couple
ຄູ່ກັນໄປ n parallel
ຄຸເຂົ່າ v kneel
ຄ້າຂາຍ adj commercial
ຄ້າຂາຍ v trade, traffic
ຄີບ v clip
ຄ້າງໄວ້ກໍ່ສ້າງ n scaffolding
ຄ້າງຄືນນອກບ້ານ v stop over
ຄ້າງຢູ່ v remain
ຄ່າຈ້າງ n toll, wage

ຄ່າຈ້າງ v hire
ຄ່າສໍາປະສິດ n coefficient
ຄ່າຊົດເຊີຍ n indemnity
ຄ້າຍກັບວ່າ v seem
ຄ້າຍຄື adj approximate
ຄ້າຍຄືກັນ v resemble
ຄ້າຍຄືຖົງ adj baggy
ຄ້າຍທະຫານ n garrison
ຄູ່ຕໍ່ສູ້ n opponent
ຄ່າທໍານຽມ n dues, fee
ຄັ້ນ v squash
ຄຸ້ນເຄີຍ n acquaintance
ຄຸ້ນແຄັນ adj familiar
ຄຸ້ນຄິດ v meditate
ຄົ້ນຄວ້າ v research
ຄື້ນຄວາມຮ້ອນ n heatwave
ຄື້ນທະເລ n tidal wave
ຄົ້ນພົບ v discover, find out
ຄົ້ນຫາ v comb, search
ຄື້ນອຸນຕຣາຊາວ n ultrasound
ຄູ່ບ່າວສາວ n couple
ຄ່າປີ້ບິນ n airfare
ຄູ່ຜົວເມຍ n spouse
ຄຸ້ມ n district
ຄູ່ມື n handbook
ຄຸ້ມຄັ້ງ adj frenzied
ຄິ້ວ n brow, eyebrow
ຄ້າວງ adj sketchy
ຄ່າຮຽນ n tuition
ຄຸກ n jail, prison
ຄຸກໃຕ້ດິນ n dungeon
ຄືກັນ adj same
ຄືກັນ adv also

ຄັກແນ່ adj accurate
ຄິກັບໝາຈອກ adj foxy
ຄຸກຄາມ v intimidate
ຄາງ v moan
ຄາງກະໄຕ n chin, jaw
ຄຽງຂ້າງ adv abreast
ຄັງສົນຄ້າ n stockpile
ຄົງທີ່ adj stationary
ຄູສອນ n teacher
ຄາຊີໂນ n casino
ຄາຍອອກ v unfasten
ຄາດ n rake
ຄິດ v think
ຄົດ v warp
ຄະດີ n case
ຄິດເກີນມູນຄ່າ v rip off
ຄົດໂກງ adj deprave
ຄະດີຄວາມ n lawsuit
ຄັດແຍກ v sort out
ຄົດໃນໃຈ v conjure up
ຄົດແພງເກີນໄປ v overcharge
ຄັດເລືອກ v elect
ຄາດການ v guess
ຄິດກະບົດ v conspire
ຄິດຂື້ນ v devise
ຄາດຄະເນ v presume
ຄັດຄ້ານ v deplore, veto
ຄົດຄ້ານ adj challenging
ຄົດຄ້ວ adj devious
ຄັດສຕາດ n custard
ຄຽດຊັງ v abhor
ຄົດດີ n goodwill
ຄົດຝັນ v daydream

ຄາດລິດ n clutch
ຄິດລ່ວງໜ້າ v premeditate
ຄາດວ່າ v expect
ຄິດຮອດ v yearn
ຄິດຮອດບ້ານ adj homesick
ຄະຕິ n maxim
ຄະທາ n baton
ຄານ v crawl, creep
ຄູນ v multiply
ຄົນ v stir
ຄົນ n people
ຄະນະ n team
ຄົນໂກງ n rascal
ຄະນະກຳມະການ n committee
ຄົນໂງ່ n idiot, jerk
ຄົນໂງ່ແລະດື້ n mule
ຄົນຄືນໃຫ້ v refund
ຄົນແຄະ n dwarf
ຄົນເຈົ້າຊູ້ v flirt
ຄົນແຈ້ງຂ່າວ n informer
ຄົນເຈັບນອກ n outpatient
ຄົນເຈັບໜັກ n invalid
ຄົນເສຍນິດໄສ adj pervert
ຄົນໃຊ້ n servant, attendant
ຄົນໃດຄົນໜຶ່ງ pro somebody
ຄະນິດສາດ n arithmetic
ຄົນໂດຍສານ n passion
ຄົນເຕ້ຍ n midget
ຄະນະທູດ n embassy
ຄະນະຕະລາການຄວາມ n jury
ຄະນະບໍລິຫານ n management
ຄະນະປະສານສຽງ n choir
ຄົນບັບບ້າ n psychopath

ຄົນແບກໜ້າ n stranger
ຄະນະຜູ້ແທນ n delegation
ຄົນເຝົ້າປະຕູ n porter
ຄົນເລັ່ງ n accelerator
ຄົນເລ່ນສະເກັດ n skate
ຄົນໂລບ n glutton
ຄົນໃຫ້ທົ່ວກັນ adj scrambled
ຄະນະອາຈານ n faculty
ຄົນແອັດສະປານ n Spaniard
ຄົນເອີຣົບ adj European
ຄົນເຮັດເຂົ້າຈີ່ n baker
ຄົນເຮັດສວນ n gardener
ຄົນເຮັດບັນຊີ n accountant
ຄົນກໍ່ສ້າງ n builder
ຄົນຂີ້ສໍ້ v cheat
ຄົນຂີ້ດື້ n rascal
ຄົນຂີ້ຕົກ n miser
ຄົນຂີ້ຢ້ານ n coward
ຄົນຂີ້ລັກ n robber, thief
ຄົນຂີ່ລົດຖີບ n cyclist
ຄົນຂາຍເຄື່ອງ n salesman
ຄົນຂາຍເພັດພອຍ n jeweler
ຄົນຂາຍຊີ້ນ n butcher
ຄົນຂາຍປື້ມ n bookseller
ຄົນຂຸດບໍ່ແຮ່ n miner
ຄົນຂັບລົດ n chauffeur
ຄົນຂັບລົດບັນທຸກ n trucker
ຄົນຂໍທານ n beggar
ຄຸນຄ່າ n merit
ຄົນຄາຍ n itchiness
ຄຸນຄວາມດີ adj benevolent
ຄົນງານ n labor
ຄົນງານປະຈຳເຮືອ n crew

ຄຸນງາມຄວາມດີ *n* virtue
ຄົນຈ້າ *n* idiot
ຄົນຈອນຈັດ *n* vagrant
ຄົນສົ່ງຂ່າວ *n* courier
ຄົນສັນໂດດ *n* loner
ຄົນສູບຢາ *n* smoker
ຄຸນສົມບັດ *v* attribute
ຄົນສະຫຼາດ *n* genius
ຄົນຊັ້ນຊົນບາງ *adj* bourgeois
ຄົນຊົ່ວ *n* scoundrel
ຄົນຊາດິດ *n* sadist
ຄົນຊົນນະບົດ *n* countryman
ຄົນຍ່າງ *n* pedestrian
ຄົນຍ່າງໂສເຊ *n* toddler
ຄົນຍາມ *n* watch
ຄົນຍິວ *n* Jew
ຄົນຕ່າງແດນ *n* alien
ຄົນຕ່າງປະເທດ *n* foreigner
ຄົນຕາເວັນຕົກ *adj* westerner
ຄົນຕາເວັນອອກ *n* easterner
ຄົນຕາດຕາ *n* tartar
ຄົນຕີບ *n* pedal
ຄົນທີ່ຕໍ່ສູ້ກັນ *n* combatant
ຄົນທີ່ຢູ່ອາໄສ *n* inhabitant
ຄົນທີ່ໝາຍຮັກ *n* affinity
ຄົນທີ່ອ່ອນກວ່າ *adj* junior
ຄົນທາງພາກໃຕ້ *n* southerner
ຄົນທຳມະດາ *n* layman
ຄືນນີ້ *adv* tonight
ຄຸນນະພາບ *n* quality
ຄຸນນະພາບຕໍ່າ *adj* shoddy
ຄົນນອກຮີດ *adj* heretic
ຄົນບ້າ *n* madman
ຄົນບ້າບ *n* crank
ຄົນບໍ່ສູບຢາ *n* nonsmoker
ຄົນບໍ່ຊື່ສັດ *n* jackal
ຄົນບໍ່ດີ *n* bandit
ຄົນບໍ່ນຸ່ງເສື້ອຜ້າ *n* nudist
ຄົນປ່າເຖື່ອນ *n* barbarian
ຄົນພະເນຈອນ *n* bum, drifter
ຄົນມາໃໝ່ *n* newcomer
ຄົນມີສະກຸນສູງ *adj* nobleman
ຄົນລີ້ໄພ *n* fugitive
ຄົນລ້ຽງແກະ *n* shepherd
ຄົນລ້ຽງເດັກ *n* nanny
ຄົນລ້ຽງງົວ *n* cowboy
ຄົນລຸ້ນຫຼັງ *n* posterity
ຄົນລັດເຊຍ *adj* Russian
ຄົນຫຼິ້ນກົນ *n* magician
ຄົນຫຼິ້ນອອກແກນ *n* organist
ຄົນຫຼັງສັດທີ່ພິການ *adj* cripple
ຄົນຫາປາ *n* fisherman
ຄົນຫຼອກລວງ *n* hawk, crook
ຄົນອາເມຣິກາ *adj* American
ຄົນອັນຕະພານ *n* gangster
ຄົນຮົ່ມ *n* umbrella
ຄົນຮັກ *n* lover
ຄົນຣູນແບບ *n* copier
ຄຸນບ້າງ *n* bucket
ຄັບ *adj* tight
ຄູບາ *n* priest
ຄາບເຂົ້າ *n* meal
ຄົບຄ້າ *v* associate
ຄົບຄັ້ງ *adj* congested
ຄົບຖ້ວນ *adj* entire
ຄົບຖ້ວນ *v* complete

ຄົບຫາສະມາຄົມ *v* socialize	ຄວັນ *n* fumes
ຄົບຫົນບ *n* clamp	ຄວາມໃກ້ສິດ *n* intimacy
ຄົບປາ *n* fin	ຄວາມເຂົ້າໃຈ *n* perception
ຄູປອງ *n* coupon	ຄວາມເຂົ້າໃຈຜິດ *n* misgivings
ຄົຜິສາດ *adj* diabolical	ຄວາມເຂັ້ມຂຶດ *n* austerity
ຄູຜຶກສອນ *n* coach	ຄວາມເຂັ້ມແຂງ *n* concentration
ຄົມ *n* pliers	ຄວາມເຂັ້ມງວດ *n* rigor
ຄົມ *adj* sharp	ຄວາມເຄັ່ງຂຶດ *n* seriousness
ຄຸມເຄືອ *adj* obscure	ຄວາມເຄັ່ງຕຶງວດ *n* strait
ຄຸມເຄືອງ *v* blur	ຄວາມເຄັ່ງຕຶງ *n* strain
ຄົມຄີບ *n* tongs	ຄວາມເຄົາລົບ *n* compliment
ຄົມຊັດ *adv* clearly	ຄວາມເຄາະຮ້າຍ *n* adversity
ຄະລາຣີເນັດທ໌ *n* clarinet	ຄວາມແຄ້ນໃຈ *n* grudge, spite
ຄາວເຄົາ *n* counter	ຄວາມໂງ່ *n* stupidity
ຄົວເຮືອນ *n* household	ຄວາມເຈົ້າເຫຼ່ *n* hypocrisy
ຄົວກິນ *v* cook	ຄວາມເຈັບໃຈ *n* rancor
ຄາວຕີ້ *n* county	ຄວາມເຈັບປ່ວຍ *n* sickness
ຄົບຫມາກໄມ້ *adj* fruity	ຄວາມເຈັບປວດ *n* ordeal, woes
ຄ໋ອກເທວ *n* cocktail	ຄວາມແຈ່ມແຈ້ງ *n* clearness
ຄ່ອງແຄ້ວ *adj* agile	ຄວາມໃຈກ້ວາງ *n* generosity
ຄ່ອງແຄ້ວ *adj* deft	ຄວາມໃຈບຸນ *n* charity
ຄ້ອຍ *n* slope	ຄວາມໃຈຮ້າຍ *n* anger, wrath
ຄ່ອຍໆຕາຍໄປ *v* die out	ຄວາມເສື່ອມໂຊມ *n* decadence
ຄ່ອຍໆຫຼຸຍຫ້ຽນ *v* wear down	ຄວາມໂສກເສົ້າ *n* sadness
ຄ້ອນ *n* hammer	ຄວາມເສຍໃຈ *n* repentance
ຄ້ອນຕີ *n* hammock	ຄວາມເສຍດາຍ *n* regret, loss
ຄຣິດສຕຽນ *adj* christian	ຄວາມສຸ້ *n* dismay
ຄຣິມ *n* cream	ຄວາມເຊື່ອຖື *n* belief
ຄຣິມທາຜິວ *n* lotion	ຄວາມແຊບປົນ *n* appetite
ຄລິກ *v* click	ຄວາມໄດ້ປຽນ *n* expediency
ຄລີນິກ *n* clinic	ຄວາມເດືອດຮ້ອນ *n* trouble
ຄວ່າງຖິ້ມ *v* throw away	ຄວາມໂດດດ່ຽວ *n* loneliness
ຄວາຍ *n* buffalo	ຄວາມຕັ້ງໃຈ *n* willingness

ຄວາມແຕກແຍກ n schism, split
ຄວາມແຕກຕ່າງ n difference
ຄວາມແຕກຕ່າງ n distinction
ຄວາມແຕກຕື່ນ n panic
ຄວາມເທົ່າທຽມກັນ n parity
ຄວາມເປື່ອຍເປີຍ n decay
ຄວາມແນ່ນອນ n certainty
ຄວາມໂນ້ມອຽງ n propensity
ຄວາມບື່ອໜ່າຍ n disgust
ຄວາມເປົ່າປ່ຽວ n desolation
ຄວາມເປ່ເພ n disrepair
ຄວາມເປີດເຜີຍ n frankness
ຄວາມເປັນໂສດ n celibacy
ຄວາມເປັນໄປໄດ້ n likelihood
ຄວາມເປັນແມ່ n maternity
ຄວາມເປັນເລີດ n excellence
ຄວາມເປັນກົດ n acidity
ຄວາມເປັນຄົນ n human being
ຄວາມເປັນຈິງ n reality
ຄວາມເປັນສັດຕຣູ n hostility
ຄວາມເປັນທາດ n slavery
ຄວາມເປັນຜູ້ນຳ n leadership
ຄວາມເປັນພີ່ນ້ອງ n fraternity
ຄວາມເປັນພໍ່ n fatherhood
ຄວາມເປັນຢູ່ n livelihood
ຄວາມໄຝ່ສູງ n ambition
ຄວາມເພີດເພີນ n amusement
ຄວາມເມື່ອຍລ້າ n fatigue
ຄວາມແມ່ນຍຳ n precision
ຄວາມໂມໂຫ n fury
ຄວາມໂມໂຫຮ້າຍ n rage, tantrum
ຄວາມເມດຕາ n clemency
ຄວາມເຢັນ n coolness

ຄວາມເລິກ n depth
ຄວາມເລິກລັບ n mystery
ຄວາມໂລບ n greed
ຄວາມໄວ n pace, speed
ຄວາມໄວ້ວາງໃຈ n trust
ຄວາມແວວວາວ n gloss
ຄວາມເຫຼື້ອມໃສ n adoration
ຄວາມເຫຼື່ອເຟືອ n glut
ຄວາມແຫ້ງແລ້ງ n drought
ຄວາມເຫັນ n opinion
ຄວາມໂຫດ n brutality
ຄວາມໂຫດຮ້າຍ n atrocity
ຄວາມເໝາະສົມ n fitness
ຄວາມເອື້ອເຟື້ອ n hospitality
ຄວາມເອນອຽງ n tendency
ຄວາມໂອຫັງ n impertinence
ຄວາມແອອັດ n congestion
ຄວາມໄຮ້ດຽງສາ n innocence
ຄວາມກ້າ n audacity
ຄວາມກຸ້ວກາດ n furor
ຄວາມກ່ຽວພັນ n concern
ຄວາມກ້າຫານ n courage
ຄວາມກັງວົນ n anxiety
ຄວາມກັງວົນໃຈ n distress
ຄວາມກຽດຊັງ n animosity
ຄວາມກົດດັນ n pressure
ຄວາມກະຕັນຍູ n ingratitude
ຄວາມກະຕືລືລົ້ນ n eagerness
ຄວາມກະທັດຮັດ n brevity
ຄວາມກະລຸນາ n kindness
ຄວາມກ້ວາງ n width
ຄວາມກະຫາຍ n starvation
ຄວາມຂີ້ຄ້ານ n laziness

ຄວາມຂີ້ຖີ່ *n* avarice
ຄວາມຂີ້ຢ້ານ *n* cowardice
ຄວາມຂີ້ອາຍ *n* timidity
ຄວາມຂາດເຂີນ *n* deficiency
ຄວາມຂາດເເຄນ *n* lack, shortage
ຄວາມຂີດງວດ *n* aversion
ຄວາມຂົມຂື່ນ *n* bitterness
ຄວາມຂອບໃຈ *n* appreciation
ຄວາມຄ້າຍຄືກັບ *n* analogy
ຄວາມຄືກັນ *n* similarity
ຄວາມຄິດ *n* idea, thought
ຄວາມຄາດເຄື່ອນ *n* deviation
ຄວາມຄິດເພີ້ຝັນ *n* whim
ຄວາມຄິດເຫັນ *n* notion
ຄວາມຄິດສ້າງສັນ *adj* creative
ຄວາມຄາດໝາຍ *n* expectancy
ຄວາມຄິດຮ້າຍ *n* malice
ຄວາມຄັບແຄບ *n* selfishness
ຄວາມຄືບໜ້າ *n* headway
ຄວາມງ່າຍ *n* ease
ຄວາມງ່າຍດາຍ *n* simplicity
ຄວາມງົດງາມ *n* splendor
ຄວາມງຽບ *n* quietness
ຄວາມງຽບສະຫງັດ *n* lull
ຄວາມງຽບສະຫງົບ *n* tranquility
ຄວາມງາມ *n* beauty
ຄວາມຈົ່ງຮັກພັກດິ *n* loyalty
ຄວາມຈະເລີນ *n* prosperity
ຄວາມຈິງ *n* fact, truth
ຄວາມຈິງໃຈ *n* sincerity
ຄວາມຈືດ *n* paleness
ຄວາມຈິບຫາຍ *n* havoc
ຄວາມຈຸພາຍໃນ *n* contents

ຄວາມຈຳເປັນ *n* need
ຄວາມສຸກ *n* happiness
ຄວາມສົກກະປົກ *n* meanness
ຄວາມສັກສິດ *n* holiness
ຄວາມສູງ *n* height
ຄວາມສົງສານ *n* pity
ຄວາມສົດຊື່ນ *n* freshness
ຄວາມສົນໃຈ *n* interest
ຄວາມສົນໃສ *n* doubt
ຄວາມສູນເສຍ *n* calamity
ຄວາມສະບາຍ *n* comfort
ຄວາມສັບສົນ *n* disorder
ຄວາມສຸພາສິດ *n* motto
ຄວາມສຸພາບ *n* decency
ຄວາມສາມັກຄີ *n* unity
ຄວາມສາມາດ *n* ability
ຄວາມສົມດຸນ *n* poise
ຄວາມສີວິໄລ *n* civilization
ຄວາມສະຫງາດ *n* aptitude
ຄວາມສະຫງູວໃຈ *n* inkling
ຄວາມສະຫງ່າງາມ *n* nobility
ຄວາມສະຫງົບ *n* calm
ຄວາມສະຫງົບບົງບ *n* serenity
ຄວາມສະໜຸກ *n* pleasure
ຄວາມສະອາດ *n* hygiene
ຄວາມສຳເລັດ *n* success
ຄວາມສຳຄັນ *n* significance
ຄວາມຊື່ສັດ *n* honesty
ຄວາມຊື່ຕົງ *n* allegiance
ຄວາມຊຸ່ມ *n* humidity
ຄວາມຊຸ່ມຊ້າມ *n* clumsiness
ຄວາມຊາວລິທິນາມ *n* glory
ຄວາມຊົ່ວ *n* harm

ຄວາມຊັງ n hatred
ຄວາມຊົງຈຳ n recollection
ຄວາມຊັດເຈນ n clarity
ຄວາມຊັບຊ້ອນ n complexity
ຄວາມຊ່ວຍເຫຼືອ n aid, backing
ຄວາມຊ້ຳຊາກ n monotony
ຄວາມຊຳນານ n mastery, skill
ຄວາມຍາກ n difficulty
ຄວາມຍຸດຕິທຳ adv partially
ຄວາມຍິນຍອມ n consent
ຄວາມຍິນດີ n delight
ຄວາມຍາວ n length
ຄວາມດ n grace
ຄວາມດີ n goodness
ຄວາມດື້ n obstinacy
ຄວາມດື້ດຶງ n tenacity
ຄວາມດຶງດູດໃຈ n charm
ຄວາມດຸຮ້າຍ n savagery
ຄວາມຕັ້ງໃຈ n intention, will
ຄວາມຕື່ນເຕັ້ນ n surprise
ຄວາມຕ້ານທານ n strength
ຄວາມຕົກໃຈ n fright
ຄວາມຕົກຕະລຶງ n consternation
ຄວາມຕົກລົງໃຈ n determination
ຄວາມຕຶງຕຶ່ງ n tension
ຄວາມຕ້ອງການ n demand
ຄວາມຕໍ່ເນື່ອງ n continuity
ຄວາມຖີ່ n frequency
ຄວາມຖືກຕ້ອງ n validity
ຄວາມຖືຕົວ n pride
ຄວາມທຸ່ນທ່ຽງ n stability
ຄວາມທຸກ n poverty
ຄວາມທຸກໃຈ n unhappiness

ຄວາມທຸກຍາກ n misery
ຄວາມທະນົງຕົວ n vanity
ຄວາມທຳມະດາ n mediocrity
ຄວາມທໍລະມານ n suffering
ຄວາມນຸ້ມນວນ n gentleness
ຄວາມນັບຖື n respect
ຄວາມນອບນ້ອມ n meekness
ຄວາມບ້າ n craziness
ຄວາມບ້າກັງວົນ n frenzy
ຄວາມບາກບັ່ນ n diligence
ຄວາມບັງເອີນ n contingency
ຄວາມບໍ່ເຊື່ອຟັງ n disobedience
ຄວາມບໍ່ໄວ້ໃຈ n distrust
ຄວາມບໍ່ໄວ້ວາງໃຈ n mistrust
ຄວາມບໍ່ສົນໃຈ n indifference
ຄວາມບໍ່ສະບາຍ n ailment
ຄວາມບໍ່ສຸພາບ n discourtesy
ຄວາມບໍ່ສົມດູນ n imbalance
ຄວາມບໍ່ສະຫງົບ n unrest
ຄວາມບໍ່ສຳຄັນ n futility
ຄວາມບໍ່ຊື່ສັດ n dishonesty
ຄວາມບໍ່ຊັດແຈ້ງ n obscurity
ຄວາມບໍ່ນັບຖື n disrespect
ຄວາມບໍ່ປອດໄພ n insecurity
ຄວາມບໍ່ພໍໃຈ n displeasure
ຄວາມບໍ່ມັກ n dislike
ຄວາມບໍ່ໝັ້ນຄົງ n instability
ຄວາມບໍ່ອົດທົນ n impatience
ຄວາມບໍ່ຮູ້ n ignorance
ຄວາມບໍລິສຸດ n purity
ຄວາມບໍລິບູນ n perfection
ຄວາມປ່າເຖື່ອນ n barbarism
ຄວາມປັ່ນບ່ວນ n commotion

ຄວາມປະສົງ n wish
ຄວາມປາດທະໜາ n desire
ຄວາມປີຕິຍິນດີ n joy
ຄວາມປານີ n mercy
ຄວາມປັ້ນກັ້ນ v mash
ຄວາມປະພຶດຕິ n decorum
ຄວາມປະຢັດ n frugality
ຄວາມປະລາໄຊ n defeat
ຄວາມປະຫຼາດໃຈ n wonder
ຄວາມປອງດອງ n rapport
ຄວາມປອດໄພ n safety
ຄວາມປອບໃຈ n consolation
ຄວາມຜິດ n error, mistake, offense
ຄວາມຜິດພາດ n blunder
ຄວາມຜິດຫວັງ n chagrin
ຄວາມຜັນແປ n diversion
ຄວາມຝັນ n dream, vision
ຄວາມພິການ n deformity
ຄວາມພຶງພໍໃຈ n satisfaction
ຄວາມພະຍາຍາມ n effort
ຄວາມພິທັກ n custody
ຄວາມພ້ອມ n readiness
ຄວາມພໍໃຈ n liking
ຄວາມພໍປະມານ n moderation
ຄວາມຟ້າວພັ່ງ n haste
ຄວາມມັ່ງຄັ່ງ n opulence
ຄວາມມະໂຫທານ n immensity
ຄວາມມັກ n fondness
ຄວາມມີກຽດ n dignity
ຄວາມມັກຢ່າງຫຼາຍ n penchant
ຄວາມມີສິສັນ n color
ຄວາມມືດ n darkness
ຄວາມມືດດຳ n blackness
ຄວາມມືດມົນ n gloom
ຄວາມມືນເມົາ n drunkenness
ຄວາມມຶນງົງ n trance
ຄວາມມ່ວນຊື່ນ n entertainment
ຄວາມຢ້ານ n awe, fear
ຄວາມລົ້ມເຫຼວ n failure, flop
ຄວາມລັງເລ n hesitation
ຄວາມລັງກຽດ n loathing
ຄວາມລັບ n privacy, secret; confidence
ຄວາມລາມົກ n obscenity
ຄວາມລະມັດລະວັງ n caution
ຄວາມລະອາຍ n blush
ຄວາມລະອຽດອ່ອນ n delicacy
ຄວາມລອບຄອບ n prudence
ຄວາມລຳບາກ n affliction
ຄວາມວຸ້ນວາຍ n muddle, uproar
ຄວາມວິນວຽນ n dizziness
ຄວາມວິປະລິດ n insanity
ຄວາມຫຼຸ້ຍຫຼ້ຽນ n wear
ຄວາມຫຼາກຫຼາຍ n variety
ຄວາມຫຼົງໄຫຼ n obsession
ຄວາມຫາຍາກ n scarcity
ຄວາມຫີວ n hunger
ຄວາມຫົວດື້ n bigotry
ຄວາມຫຼອກລວງ n deceit
ຄວາມຫຍິ່ງໃຫຍ່ n supremacy
ຄວາມຫຍຸ້ງຍາກ n turmoil
ຄວາມຫຍາບຄາຍ n vulgarity
ຄວາມຫວັງ n hope
ຄວາມຫວັງດີ n regards
ຄວາມຫວາດກົວ n horror, phobia

ຄວາມຫວານ n sweetness
ຄວາມຫນາ n thickness
ຄວາມຫນ້າເຊື່ອຖື n credibility
ຄວາມຫນ້າເບື່ອ n banality, boredom
ຄວາມຫນ້າສົນໃຈ n amenities
ຄວາມຫນ້າຢ້ານ v dread
ຄວາມຫນ້າຢ້ານກາວ n ugliness
ຄວາມຫນາແຫນ້ນ n density
ຄວາມຫັນກ n heaviness
ຄວາມຫນາວ n coldness
ຄວາມຫັ້ງຄົງ n affluence
ຄວາມຫມາຍ n meaning
ຄວາມຫມາຍວ່າ v mean
ຄວາມຫມຸດຫມັດ n nuisance
ຄວາມອາດາດ n feud
ຄວາມອາຍ n shyness
ຄວາມອະຍຸຕິທຳ n injustice
ຄວາມອິດເມື່ອຍ n tiredness
ຄວາມອຸດົມສົມບູນ n plenty
ຄວາມອົດກັ້ນ n repression
ຄວາມອິດສາ n envy
ຄວາມອົດທົນ n fortitude
ຄວາມອົບອຸ່ນ n warmth
ຄວາມອັບອາຍ n shame
ຄວາມອ່ອນໂຍນ n softness
ຄວາມອ່ອນແອ n weakness
ຄວາມຮູ້ n knowledge
ຄວາມຮູ້ແລະທັກສະ n know-how
ຄວາມຮັ່ງມີ n wealth
ຄວາມຮູ້ສຶກ n feeling, sense
ຄວາມຮູ້ສຶກກາງບຸ້ງ n gratitude
ຄວາມຮູ້ສຶກຍົບດີ adj thankful

ຄວາມຮູ້ສຶກທາງໃຈ n sentiment
ຄວາມຮູ້ສຶກບົນເທົາ n relief
ຄວາມຮູ້ສຶກຜິດ n guilt
ຄວາມຮັກ n affection, love, tenderness
ຄວາມຮຸນແຮງ n severity, violence
ຄວາມຮັບຜິດຊອບ n liability
ຄວາມຮຽບຮ້ອຍ n smoothness
ຄວາມຮ້ອນ n heat
ຄວນ adv right
ຄວນໄດ້ຮັບ v merit
ຄວນຈະ v ought to
ຄວບຄຸມ v regulate, control
ຄວນໃຫ້ສິດ n proximity
ຄວ່ຳ adv upside-down
ຄວ່ຳ v capsize
ຄອກສັດ n barn
ຄອກມ້າ n stable
ຄອກລ້ຽງສັດ n ranch
ຄອງ n canal
ຄອຍທ່າ v await, wait
ຄອນໂດ n condo
ຄອບຄົວ n family
ຄອບຄອງ v dominate
ຄອບງຳ adj domineering
ຄອບງຳ v overwhelm
ຄອມມຸຍນິດ n communism
ຄໍ n neck
ຄຳ n word, gold
ຄ້າໄວ້ໃຫ້ v brace for
ຄ້າຊູ v sustain
ຄຳເຊື່ອມ n conjunction

ຄຳເຊີນ n invitation
ຄຳເຍ້ຍ v scoff
ຄຳເຕືອນ n notice
ຄຳແທນນາມ n pronoun
ຄຳເພີ້ມເຕີມໃສ່ v affix
ຄຳກ່າວຫາ n accusation
ຄຳກິລິຍາ n verb
ຄຳກອນ n poetry
ຄຳກຳມະວິເສດ n adverb
ຄຳຂາດ n ultimatum
ຄຳຂວັນ n slogan
ຄຳຂໍໂທດ n apology
ຄຳຄຸນນາມ n adjective
ຄຳສັ່ງ n decree, order
ຄຳສັ່ງສອນ n precept
ຄໍເສື້ອ n collar
ຄຳສັນຍາ n promise
ຄຳສັນຍາລັກ n legend
ຄຳສັບ n vocabulary
ຄຳສາບານ n oath
ຄຳສຸພາສິດ n proverb
ຄຳຕິຊົມ n criticism
ຄຳຕັດສິນ n award, verdict
ຄຳຕອບ n response
ຄຳຖາມ n question
ຄຳທີ່ໃຊ້ແທນໄດ້ n substitute
ຄຳທວາຍ n riddle
ຄຳທຳນາຍ n prediction
ຄຳນາມ n noun
ຄຳນວນ v calculate
ຄຳນວນໃນ v reckon on
ຄຳນວນບໍ່ຖືກ v miscalculate
ຄຳນຳ n foreword

ຄຳນຳ n preface
ຄຳນຳຫນ້າ n prefix
ຄຳບຸພະບົດ n preposition
ຄຳປາໄສ n speech
ຄຳພິດຕິຕະສາດ n bible
ຄຳຟ້ອງ n accusation
ຄຳວິຈານ n criticism
ຄຳຮ້ອງ n petition
ຄຳຮ້ອຍແກ້ວ n prose
ຄວດ n bottleneck
ຄໍຫອຍ n throat

ງ

ແງະ v break open
ໂງ່ adj dull, silly, dim
ແງ້ງ adj faint
ເງື່ອນໄຂ n terms
ເງື່ອນໄຂ n condition
ໂງ່ງາວ adj ignorant
ໂງ່ຈ້າ adj stupid
ເງິນ n silver, means
ແງ້ນ v crave
ເງິນເຊັນ n cent
ເງິນເດືອນ n salary
ເງິນໂດລາ n dollar
ເງິນໃຕ້ໂຕະ n kickback
ເງິນແຖມ n bonus
ເງິນເພີ້ມ n bonus
ເງິນເຟີ້ n inflation
ເງິນກ້ອນ n lump sum

ເງິນຄືນ n rebate
ເງິນສົດ n cash
ເງິນສະໜັບສະໜູນ n subsidy
ເງິນດາວ n down payment
ເງິນຕາຮາ n money, currency
ເງິນທີ່ຫາມາໄດ້ n earnings
ເງິນທຶນ n fund, funds
ເງິນປະກັນ n bail
ເງິນປອນ n pound
ເງິນລາງວັນ n tip
ເງິນລາຍໄດ້ n proceeds
ເງິນວາງມັດຈຳ n deposit
ເງິນຫຼຽນ n coin
ໂງ່ນຫີນ n boulder
ເງິນອັດ n penny
ເງິນອັດສິບເຊັນ n dime
ເງິບ n shelter
ແງ່ຮ້າຍ n pessimism
ໂງນເງນ adj flimsy
ງູ n snake
ງ່າໄມ້ n bough
ງ່ຽງ v tilt
ງ່າຍງ adj plain
ງ່າຍດາຍ adv easily
ງ່າຍດາຍ adj simple
ງ້າວ n bill
ງູເຫຼືອມ n python
ງຶກຫົວ v nod
ງາຊ້າງ n ivory, tusk
ງັດ v break open
ງົດງາມ adj picturesque
ງານສະແດງ n exhibition, fair
ງານສິນລະປະ n artwork

ງານສົບ n burial
ງານສະໜູນ n paperwork
ງານລ້ຽງ n banquet, feast
ງານອະດິເຫຼກ n hobby
ງູບ v sedate
ງູບສະຫງັບ adj subdued
ງົບປະມານ n budget
ງົບຫຼັບ v snooze
ງາມ adj aesthetic, gorgeous
ງົວ n cow
ງົວໂຕຜູ້ n ox
ງົວໂຕຜູ້ຫຼາຍຕົວ n oxen
ງົວກະທິງ n bison, bull
ງົວຄວາຍ n cattle
ງົວປ່າ n bison
ງວງຊ້າງ n trunk
ງໍ v warp, flex

ໃຈ n mind
ໂຈະ v adjourn
ເຈາະ v drill
ເຈົ້າ pro you
ເຈົ້າແຂວງ n governor
ເຈົ້າແຂວງກຳແພງ n mayor
ເຈົ້າເລ່ adj wily
ເຈົ້າຂອງ n owner
ເຈົ້າສາວ n bride
ເຈົ້າຊູ້ adj handsome, smart
ເຈົ້າຊາຍ n prince

ເຈົ້າຊີວິດ n monarch
ເຈົ້າຍິງ n princess
ເຈົ້າທີ່ດິນ n landlord
ເຈົ້າບ້ານ n master
ເຈົ້າບ່າວ n bridegroom
ເຈົ້າພາບ n host
ເຈົ້າໜີ້ n creditor
ເຈົ້າອາວາດວັດ n abbot
ເຈາະຈົງ adj specific
ໃຈແຍກ v classify
ໃຈແຂງ adj adamant
ໃຈແຄບ adj mean
ໃຈແຄບ n pettiness
ແຈ້ງ adj crisp
ແຈ້ງ v notify
ແຈ້ງໃຫ້ຮູ້ v inform, state
ແຈ້ງສະຫວ່າງ adj bright, cloudless
ແຈ້ງສະຫວ່າງ v light
ເຈ້ຍ n paper
ເຈ້ຍເຊັດບາງງ n tissue
ເຈ້ຍສຳລັບພິມ n fine print
ເຈ້ຍບັນທຶກ n memo
ເຈ້ຍຫູ n eardrum
ເຈັດ adj seven
ເຈັດສິບ adj seventy
ໃຈເຕັ້ນ n beat
ເຈັບ adj hurt, sore
ເຈັບ n ache
ເຈັບແຂ້ວ n toothache
ເຈັບແຄັ້ນ n agony
ເຈັບໃຈ n agony
ເຈັບຄໍ n angina
ເຈັບບ່ວຍ adj ailing, sick, ill

ເຈັບປວດ v agonize
ເຈັບປວດ adj poignant
ເຈັບຫູ n earache
ເຈັບຫົວ n headache
ແຈ່ມແຈ້ງ adj clear, distinct
ແຈ່ມໃສ adj serene, vivid
ເຈືອຈາງ v dissolve
ເຈືອປົນ v adulterate
ໃຈກາງສີມ n nave
ແຈກແຈງອອກ v enumerate
ໃຈກວ້າງ adj charitable
ແຈກຈ່າຍໃຫ້ v supply
ແຈກຢາຍ v distribute
ໃຈກວ້າງ adj broadminded
ໃຈຄວາມ v resume
ໃຈຈົດໃຈຈໍ່ adj engrossed
ເຈຍດູດເລືອດ n vampire
ໂຈດ n plaintiff
ໃຈດີ adj kind, genial
ໃຈດຳ adj callous
ໂຈນ n bandit
ໂຈນສະຫລັດ n pirate
ໂຈນອາກາດ n hijacker
ໃຈບຸນ adj pious, devout
ໂຈມຕີ v assail, attack
ເຈະລາຕໍ່ລອງ v barter
ໃຈລອຍ n distraction
ໃຈຮ້າຍ adj cross, furious
ໃຈຮ້າຍ v anger
ໃຈຮ້າຍ adj angry
ຈີ້ v loot
ຈື່ v remember
ຈື່ໄດ້ v recognize

ຈັ່ງໃດຈັ່ງນັ້ນ adv somewhat
ຈ້າງງານ v employ
ຈົ່ງຊັ້ນກໍດີ c yet
ຈົ່ງຮັກພັກດີ v adhere, cling
ຈົ່ງຮັກພັກດີ adj loyal
ຈູ້ຈີ້ adj fussy, choosy
ຈະແຈ້ງ adv clearly
ຈ່າຍ n pay
ຈ່າຍ v spend, disburse
ຈ່າຍເງິນຄືນ v repay, fund
ຈ່າຍຄ່າຊົດເຊີຍ v indemnify
ຈ່າຍຄືນ v pay back
ຈ່າຍອອກ v pay off
ຈານໃບ v spill
ຈຸ້ມ v plunge
ຈົ່ມ v grumble, moan
ຈຸ່ມ v soak, immerse
ຈຸ່ມໃນ v soak up
ຈົ່ມພຶມພຳ v grouch
ຈົ່ມມຸບມຸງ v mumble, murmur
ຈຸ່ມລົງໃນນ້ຳ v submerge
ຈົ່ມວ່າ n culpability
ຈົ່ມວ່າ v swear
ຈຸ່ມຫຍ້າ n sod
ຈະເລີນ v thrive
ຈະເລີນກ້າວໜ້າ v prosper
ຈາກ pre from
ຈີກ v rip, tear
ຈຸກ n cork
ຈັກ adj any
ຈາກໄປ v depart
ຈີກເປັນຕ່ອນໆ v shred
ຈັກກະພັດ n emperor

ຈັກກະວານ n universe
ຈິກຊໍ n jigsaw
ຈາກທີ່ໄກ adv afar
ຈັກໜ້ອຍ adj some
ຈິງໃຈ adj hearty
ຈິງຈັງ adv earnestly
ຈັງຫວະ n rhythm
ຈັງຫວະວົງ n waltz
ຈຸດ v scorch
ຈົດ v note
ຈັດເກັບ v levy
ຈັດແຈງ v arrange
ຈັດແຈງໃໝ່ v reorganize
ຈັດເປັນແຖວດຽວ v align
ຈັດໃຫ້ໄປໄວ v spur
ຈັດໃຫ້ມີ v institute
ຈັດເອກະສານ v file
ຈັດການ v manage
ຈັດການໄດ້ adj manageable
ຈຸດຂໍ້ຄວາມ n point
ຈັດງານ v operate
ຈຸດສູງສຸດ n apex, climax, crowning
ຈຸດສຸມ n focus
ຈຸດສຳຄັນ n highlight
ຈືດຊືດ adj tepid
ຈຸດດ່າງ n spot
ຈັດຕັ້ງ v organize
ຈິດຕະວິທະຍາ n psychology
ຈຸດໝາຍ n goal
ຈັດທະບຽນ adj patent
ຈຸດນ້ອຍໆ n speck
ຈົດບັນທຶກລົງ v write down

ຈຸດປະສົງ v aim, purpose
ຈຸດຢືນ n standpoint
ຈິດວິປະຫຼາດ adj demented
ຈັດຫາເງິນທຶນໃຫ້ v finance
ຈັດຫາໄວ້ໃຫ້ v cater to
ຈັດຫາໃຫ້ v provide
ຈັດຫາມາໃຫ້ v equip
ຈົດໝາຍ n letter
ຈຸດອ່ອນ n shortcoming
ຈານ n dish, purpose
ຈືນ v fry
ຈູນ v calibrate
ຈານ v dash
ຈົນເຖິງ pre until
ຈົນປະທັງດຽວນີ້ adv hitherto
ຈົນກວ່າ adj standstill
ຈິນຕະນາການ v imagine
ຈານຮອງຈອກ n saucer
ຈູບ v kiss
ຈົບ v conclude
ຈັບ v catch, grab, take
ຈັບໃຈ v fascinate
ຈັບໄວ້ v hold
ຈັບເວລາ v time
ຈັບແໜ້ນ v grasp
ຈັບກຸມ v arrest, capture
ຈົບງາມ adj beautiful
ຈົບງາມດີ adj nice
ຈັບຈ່າຍ v defray
ຈັບຈອງ v occupy
ຈົບສິ້ນ n end
ຈັບຕາຈັບໃຈ adj conspicuous
ຈັບຕົວເປັນກ້ອນ v coagulate

ຈັບບາຍ v touch
ຈັບມືກັນ n handshake
ຈັບວິ່ງ v cease
ຈັບຫັ້ນ v seize
ຈາມ v sneeze
ຈິມ v capsize, sink
ຈຸມຕົວ adj lowly
ຈິມນ້ຳ v drown
ຈິມຢູ່ພື້ນນ້ຳ adj sunken
ຈິມລົງ v sink in
ຈາລຶກໄວ້ v engrave
ຈະລະຈົນ v riot
ຈະລິຍະທຳ n ethics
ຈຸລິນຊີ n microbe
ຈະຫຼວດ n rocket
ຈິ້ງຫຼີດ n cricket
ຈະຫຼາຍອອກ v widen
ຈ້ອງ v watch
ຈ້ອງເບິ່ງ v gaze, look at
ຈ່ອຍ adj thin
ຈ່ອຍແຫ້ງ adj emaciated
ຈ່ອຍຫຼາຍ adj skinny
ຈອກ n cup
ຈອງໄວ້ v reserve
ຈອງຫອງ adj proud
ຈອດເຮືອ v dock, moor
ຈອດຢາງ v recap
ຈອດລົດ v park
ຈອບຄຸບ v stalk
ຈອມ n peak, top
ຈອມພົນ n marshal
ຈຳເປັນ adj necessary
ຈຳເປັນ v need

ຈຳເປັນທີ່ສຸດ adj essential
ຈຳກັດ v constrain
ຈຳກັດວົງ v define
ຈຳກັດວົງຂອບເຂດ v localize
ຈຳຄຸກ v jail, imprison
ຈຳນວນ n amount, sum
ຈຳນວນເກີນ n surplus
ຈຳນວນທີ່ເກີນມາ n excess
ຈຳນວນຫຼາຍ adj loaded
ຈຳນວນຫຼາຍ n multitude
ຈຳນວນຫິມມະຕົກ n snowfall
ຈຳນວນໜ້ອຍ adj few
ຈຳພວກນົກກະສາ n stork
ຈຳລອງ v simulate
ຈໍຣັບພາບ n screen
ຈາະບີ n grease

ຊ

ໃສ n crystal
ໃສ adj transparent
ໄສ້ n guts, bowels
ເສົາ n pillar
ເສົ້າໃຈ adj dismal
ເສົາໄຟຟ້າ n lamppost
ເສົ້າໝອງ adj seedy
ເສົາເຮືອນ n column
ເສົາກະໂດງເຮືອ n mast
ໃສ່ໂຄງ v frame
ໃສ່ເຊື້ອເພີງ v refuel
ເສົາທຸງ n flagpole

ເສັ້ນ n strip, line
ເສັ້ນເຂດແດນ n border
ເສັ້ນເຂດແດນ adj borderline
ເສັ້ນໂຄ້ງ n arch
ເສັ້ນໂຄຈອນ n trajectory
ເສັ້ນໃຍ n fiber
ເສັ້ນໃຍໃໝ n floss
ເສັ້ນເລືອດໃຫຍ່ n artery
ເສັ້ນເລືອດດຳ n vein
ເສັ້ນແວງ n longitude
ເສັ້ນຂະໜານ n latitude
ເສັ້ນສູນສູດ n equator
ເສັ້ນດ້າຍ n yarn
ເສັ້ນຕາຍ n deadline
ເສັ້ນທາງ n course
ເສັ້ນທາງລັດ n shortcut
ເສັ້ນປະສາດ n nerve
ເສັ້ນຜ່າໃຈກາງ n diameter
ເສັ້ນຝັ່ງທະເລ n coastline
ໃສ່ເບາະ v cushion
ໄສ້ເລື່ອນ n hernia
ເສື້ອ n gown
ເສົາອາກາດ n antenna
ເສື້ອໃຫຍ່ n coat, jacket
ເສື້ອກັນຝົນ n raincoat
ເສື້ອຂົນສັດຖັກ n sweater
ເສື້ອຄຸມ n cape, cloak
ເສື້ອຄຸມໃຫຍ່ n overcoat
ເສື້ອຄຸມອາບນ້ຳ n bathrobe
ເສື້ອຊ້ອນໃນ n vest
ເສື້ອຊ້ອນຜູ້ຍີງ n bra
ເສື້ອນອນ n mattress
ເສື້ອຜ້າ n garment

ເສື້ອຜ້າເຄື່ອງນຸ່ງ n clothes
ເສື້ອຜູ້ຍິງ n blouse
ເສື້ອຜ້າທັງຫມົດຊຸດ n outfit
ເສື້ອມເຂົ້າກັນ v blend
ເສື້ອມຕໍ່ v link
ເສື້ອມລົງ v degenerate
ເສື້ອຫຸ້ມເກາະ n armor
ເສື້ອຮັດຮູບ n jersey
ໃສ່ກະແຈປະຕູ v lock
ໃສ່ກະແຈມື v handcuff
ເສິກສົງຄາມ n warfare
ໃສ່ກອກ n sausage
ໃສ່ກອນ v bar
ໃສ່ກອນປະຕູ v bolt
ໃສ່ກອບ v frame
ໃສ່ຄວາມ v accuse, malign
ໃສ່ຄວາມ n slander
ໂສ້ງແບບທຶມ n slacks
ໂສ້ງຂາສັ້ນ n shorts
ໂສ້ງຊ້ອນໃນ n briefs
ໂສ້ງຢືນ n jeans
ເສແສ້ງ v feign
ແສແສ້ງ adj trumped-up
ໃສ່ສຸດ n rectum
ເສັຍ adj stale
ໂສ້ຢືກ n hoist
ໄສ້ຕິ່ງ n appendix
ໄສ້ຕິ່ງອັກເສບ n appendicitis
ໃສ່ຖົງ v sack
ໃສ່ບານພັບ v hinge
ໃສ່ບໍ່ຖືກບ່ອນ v misplace
ໃສ່ບຸຍ v fertilize
ເສີມ v patch

ໃສ່ມົງກຸດ v crown
ເສີມກຳລັງ v beef up
ເສືອ n tiger
ເສື້ອຈິດ n shirt
ໃສແອກ n yoke
ເສືອຈາກົວຣ໌ n jaguar
ເສືອດາວ n leopard
ເສືອດຳ n panther
ໂສກເສົ້າ v mourn
ໂສກເສົ້າ adj sorrowful, sad
ໂສກເສົ້າເສຍໃຈ v grieve
ແສງ adj optical
ແສງໄຟ v blaze
ແສງເລເຊີ n laser
ແສງແວວວາວ v glitter
ແສງສະຫວ່າວ n glimmer
ເສຍ adj tainted
ເສຍ v lose
ເສຍໃຈ v regret
ເສຍໃຈ adj unhappy
ເສຍໃຈຕາມຫຼັງ v repent
ເສຍສະຕິ adj lunatic
ເສຍດາຍ v regret
ເສດ n spill
ໂສດ adj single
ໂສດາ n soda
ເສດໄມ້ n chip
ເສດຂະຫມົມ n crumb
ເສດສ່ວນ n fraction
ເສດຖີ adj millionaire
ເສດຖະກິດ n economy
ເສດຖີພັນລ້ານ n billionaire
ເສດຫິນເສດປູນ n rubble

ແສບ *adj* bitter
ສີ *n* color
ສີ່ *adj* four
ສູ້ *v* cope
ສີ່ແຍກ *n* crossroads
ສື່ກາງ *n* intermediary
ສະເກັດຂອງລູກປືນ *n* shrapnel
ສະແກນ *v* scan
ສ້າງ *v* establish
ສ່ຽງ *adj* vulnerable
ສົ່ງ *v* convey, send
ສັ່ງ *v* boss around
ສ້າງ *v* construct
ສິ່ງໂສໂຄກ *n* filth
ສົ່ງເສີມ *v* contribute
ສົ່ງໃບ *v* transmit
ສ່ຽງໄພ *adj* hazardous
ສ້າງເຊື້ອງ *v* invent
ສົ່ງໃຫ້ *v* deliver, convey
ສ້າງໃໝ່ *v* reconstruct
ສົ່ງໃໝ່ *n* ovation
ສົ່ງກິ່ນ *adj* smelly
ສິ່ງກີດຂວາງ *n* obstruction
ສິ່ງກະຕຸ້ນໃຈ *n* stimulant
ສັ່ງການ *v* command
ສົ່ງກັບ *v* remit
ສົ່ງກໍາລັງເພີ່ມ *v* reinforce
ສ້າງຂຶ້ນ *v* create, produce
ສ້າງຂຶ້ນໃໝ່ *v* rebuild
ສົ້ງຂາຍາວ *n* pants, trousers
ສິ່ງຂອງ *n* object, stuff
ສົ່ງຄືນ *v* resent
ສົ່ງຄືນກັບປະເທດ *v* repatriate

ສ້າງຄວາມເຈັບປວດ *v* inflict
ສຽງສຽງ *v* sound
ສຽງສຽງໃສ *v* amplify
ສຽງສຽງດັງ *v* clamor
ສຽງສຽງອອກ *v* sound out
ສົ່ງສິນຄ້າຂາອອກ *v* export
ສົ່ງສອນ *v* instruct
ສິ່ງທີ່ໃຊ້ປິດຕາ *n* blindfold
ສິ່ງທີ່ໄດ້ມາ *n* acquisition
ສິ່ງທີ່ແຖມທ້າຍ *n* annexation
ສິ່ງທີ່ເປັນຕົ້ນແບບ *n* prototype
ສິ່ງທີ່ເປັນຮູບປະຈໍາ *n* concrete
ສິ່ງທີ່ກົມນ້ອຍໆ *n* globule
ສິ່ງຂວມາ *n* excerpt
ສິ່ງທີ່ຄ້າຍກັບ *n* counterpart
ສິ່ງທີ່ຈາລຶກ *n* inscription
ສິ່ງທີ່ສ້າງສັນ *n* make
ສິ່ງທີ່ຍັງຂາດ *n* deficit
ສິ່ງທີ່ທ້ອນໄດ້ *n* savings
ສິ່ງທີ່ບຸຊາ *n* idol
ສິ່ງທີ່ບໍາບັດເຫງົາ *n* healer
ສິ່ງທີ່ປ່ອຍວັງສີ *n* radiator
ສິ່ງທີ່ຜິດກົດໝາຍ *adj* illegal
ສິ່ງທີ່ພົວພັນກັບ *n* implication
ສິ່ງທີ່ມີໂຕເລກ *n* dial
ສິ່ງທີ່ມີຄ່າ *n* asset
ສິ່ງທີ່ມີຊີວິດ *v* animate
ສິ່ງທີ່ມີຊີວິດ *n* organism
ສິ່ງທີ່ມີມາກ່ອນ *n* precedent
ສິ່ງທີ່ຢູ່ກົງກັນຂ້າມ *n* opposite
ສິ່ງທີ່ລ້ຽງ *n* treat
ສິ່ງທີ່ລະເວັ້ນ *n* omission
ສິ່ງທີ່ຫ້ອຍຍ້ອຍ *n* pendant

ສິ່ງທີ່ຫວ່າງເປົ່າ n emptiness
ສິ່ງທີ່ຫນ້າເປັນໄປໄດ້ n probability
ສິ່ງທີ່ອ້າງອີງເຖິງ n quotation
ສົ່ງທາງໄປສະນີ v mail
ສົ່ງບອກ v bid
ສິ່ງປຸກສ້າງ n edifice
ສິ່ງປົກປ້ອງ n safeguard
ສ້າງປ້ອມ v fortify
ສິ່ງຜິດປົກກະຕິ n paradox
ສິ່ງຜົນກະທົບ v impact
ສິ່ງມະຫັດສະຈັນ n prodigy
ສິ່ງມອບຄືນ v hand over
ສິ່ງລໍ້ໃຈ n temptation
ສ່ຽງອັນຕະລາຍ v risk
ສື່ສານ v transmit
ສີ່ສິບ adj forty
ສະແດງ v portray, show
ສະແດງເຖິງເວທີ v stage
ສະແດງໃຫ້ເຫັນ v display
ສະແດງຄວາມຮັກ adj loving
ສະແດງທ່າທາງ v gesticulate
ສະແດງບອກ v indicate
ສະແດງປະກອບ v demonstrate
ສະແດງວ່າ v denote
ສະແຕມ v stamp
ສະແຕມ n stamp
ສະແຕມອອກ v stamp out
ສີເທົາ adj gray, grayish
ສູ້ທົນ v put up with
ສະເທືອນ v vibrate
ສ້ຽນ n splinter
ສິ້ນ n skirt
ສົ້ນ n tip

ສັ່ນ v quiver, shake
ສັ້ນ adj short, brief
ສັ້ນໆ adj brief
ສັ່ນກົວ v shudder
ສັ້ນສຸດ v terminate
ສັ້ນຕີນ n heel
ສິ້ນຫວັງ adj desperate
ສັ່ນຫນາວ v shiver
ສັ້ນຫນ່ອງຕີນ n sole
ສົ້ມ adj sour
ສຸມສີ່ສຸມຫ້າ adv blindly
ສະເລ່ຍ n average
ສະເລີຍ n defendant
ສະເລີຍ n captive
ສິວ n chisel
ສະເຫີມສະຫຼອງ v celebrate
ສີເຫຼືອງ adj yellow
ສະແຫວງຫາ v chase
ສະເຫນີ v submit, propose
ສະເຫນີຕົວ v check in
ສະເຫນີງ adv always
ສະໄຫມໃຫມ່ adj modern
ສະໄຫມກາງ adj medieval
ສະໄຫມນີຍົມ n vogue
ສະໄຫມບູຮານ n antiquity
ສະເອີ n hiccup
ສາກ n partition
ສຸກ adj ripe
ສຸກເສີນ n emergency
ສະກົດ v hypnotize
ສະກັດ v extract
ສະກຸດເຕີ n scooter
ສະກົດຈິດ v hypnotize

ສາກໄຟ *v* recharge
ສີກົມມະຫາດ *adj* navy blue
ສົກກະປົກ *adj* squalid
ສຶກສາ *v* educate
ສັກສິ *adj* divine
ສັກສິດ *adj* blessed
ສັກດິນາ *n* anarchist
ສັກຍາ *v* inject
ສາກຫຼັງ *n* background
ສາຂາ *n* branch
ສາຂາສຳນັກງານ *n* branch office
ສຸຂະພາບ *n* health
ສຸຂະພາບດີ *adj* healthy
ສຸຂຸມ *adj* shrewd
ສີຂາວ *adj* white
ສີຂຽວແບບຊ້ຳ *adj* livid
ສີຄາມ *adj* blue
ສູງ *adj* tall, high
ສຽງ *n* sound
ສັງເກດ *v* notice
ສັງເກດເຫັນ *v* perceive
ສົງເຄາະ *v* aid
ສຽງເຄາະ *n* knock
ສົງເຄາະເງິນ *v* subsidize
ສົງໃສ *v* doubt, suspect
ສົງໃສ *adl* doubtful
ສິງໂຕ *n* lion
ສິງໂຕແມ່ *n* lioness
ສຽງໂທອອກ *n* dial tone
ສຽງບຶ່ງບັນ *adj* noisy
ສຽງແມງໄມ້ບິນ *n* buzz
ສຽງເວົ້າ *n* voice
ສຽງແຫບ *adj* hoarse

ສັງກະສີ *n* zinc
ສັງກັດ *v* belong
ສູງກວ່າ *adj* upper
ສຽງຄາງ *n* moan
ສຽງຄາງດັງ *n* rumble
ສົງຄາມ *n* war
ສັງຄົມ *n* community
ສົງຄາມສາສະຫນາ *n* crusade
ສູງສົ່ງ *adj* lofty
ສຽງສົ່ມກັນ *n* murmur
ສູງສຸດ *adj* supreme
ສຽງສັນຍານ *n* siren
ສຽງສະອື້ນ *n* sob
ສຽງດັງ *n* noise
ສຽງດັງແຈດຢຸ *n* shriek
ສຽງດັງກ້ອງ *n* boom
ສຽງດັງຄລິກ *v* click
ສຽງດັງປັ້ງ *v* bang
ສຽງດົນຕຣີ *n* melody
ສຽງບິບກະດິ່ງເອິ້ນ *n* buzzer
ສຽງປະສານ *n* harmony
ສຽງພະຍັນຊະນະ *n* consonant
ສຽງຟ້າຮ້ອງ *n* thunder
ສາງມ້ຽນເຄື່ອງ *n* warehouse
ສິງຢູ່ *v* haunt
ສຽງລັ່ນ *n* creak
ສຽງຫຶມງ *v* hum
ສຽງຫົວກິກກາງ *v* giggle
ສຽງຫັນກ *n* stress
ສຽງອຶກກະທຶກ *n* tumult
ສາງອາວຸດ *n* arsenal
ສຽງຮຶ້ມງ *v* buzz
ສຽງຮ້ອງດັງ *n* shout

ສີຈາງ *adj* faded
ສຸຈະລິດ *adj* honest
ສຸສານ *n* cemetery
ສີສັນບາດຕາ *adj* flamboyant
ສະສົມ *v* amass
ສະສົມ *v* accumulate
ສີສະຫວ່າງ *adj* mellow
ສາສະໜາ *n* religion
ສາສະໜາສຶກສາ *n* theology
ສາສະໜາຢິວ *n* Judaism
ສາຍໂລຫະ *n* wire
ສາຍເຫດ *n* motive
ສີຍ້ອມຜ້າ *v* dye
ສາຍແອວ *n* belt
ສາຍການບິນ *n* airline
ສາຍຕາ *n* eyesight
ສາຍຄໍ *n* necklace
ສາຍຈ່ອງໂສ້ງ *n* suspenders
ສາຍສະພາຍ *n* cordon
ສາຍສ້ອຍ *n* chain
ສາຍຕາ *n* sight
ສາຍຕາໄກ *n* foresight
ສາຍຕາສັ້ນ *adj* nearsighted
ສາຍບໍ້າ *n* currency
ສາຍບື *n* navel
ສາຍພັນ *n* species
ສາຍຟ້າ *n* lightning
ສາຍລູກປະຄຳ *n* rosary
ສາຍລວດໃຫຍ່ *n* cable
ສາຍຮັດ *n* strap
ສາຍຮັດບັງຄັບມ້າ *n* bridle
ສາດ *n* mat
ສູດ *n* formula

ສົດ *adj* fresh
ສັດ *n* animal, creature
ສະດູໃບໄມ້ປົ່ງ *n* spring
ສະດູກິນເຈ *n* Lent
ສະດຸດ *v* trip
ສະດຸດຕາ *adj* eye-catching
ສິດໃນການເຂົ້າ *n* entry
ສັດເລືອດຄາບ *n* reptile
ສົດຊ້ອນງ *adv* newly
ສຸດກຳລັງ *adj* utmost
ສຸດຂີດ *adj* utmost
ສາດສະດາຈານ *n* professor
ສັດສ່ວນ *n* proportion
ສັດສອນ *v* teach
ສັດຊື່ *adj* genuine
ສັດຕູ *n* enemy, foe
ສັດຕູພືດ *n* pest
ສັດຕະວະແພດ *n* veterinarian
ສັດຕະວັດ *n* century
ສິດທິ *n* right
ສັດທາ *n* faith
ສຸດທ້າຍ *adj* final, last
ສຸດທ້າຍນີ້ *adv* lastly
ສຸດທີ່ຮັກ *adj* beloved
ສິດທິພິເສດ *n* prerogative
ສີດນ້ຳ *v* spray
ສັດປ່າ *n* beast, wildlife
ສັດປ່າ *adj* brute
ສັດປີກ *n* poultry
ສິດພິເສດ *n* priority
ສັດລ້ຽງ *n* pet
ສັດລ້ຽງຕ່າງໆ *n* livestock
ສະດວກ *adj* expedient

ສະດວກສະບາຍ *n* convenience
ສະດວກດີ *adj* handy
ສະຕິບັນຍາ *n* wisdom
ສະຕຳເບີຣິ *n* strawberry
ສະຖິຕິ *n* statistic
ສະຖານະ *n* position
ສະຖານະການ *n* scenario, situation
ສະຖານກົງສຸນ *n* consulate
ສະຖານທີ່ຕັ້ງ *n* location
ສະຖານທີ່ນັ່ງພັກ *n* lounge
ສະຖານນີ *n* station
ສະຖາບັນ *n* institution
ສະຖາປານາ *v* constitute
ສະຖາປະນິກ *n* architect
ສິຫງວນ *n* crayon
ສາທາລະນະລັດ *n* republic
ສະທ້ອນກັບ *v* reflect
ສານ *n* court, epistle
ສະນັ້ນ *pre* according to
ສິນໃຈ *v* pay
ສານເຈົ້າ *n* shrine
ສິນໃຈຕົວເອງ *v* care for
ສູນເສຍ *v* forfeit
ສິນເຊື່ອ *v* loan
ສານໄຊຢາໄນ *n* cyanide
ສານກາ *n* deed
ສານກາເຟອິນ *n* caffeine
ສູນກາງ *n* center
ສູນກາງຮ່ວມກັນ *adj* concentric
ສິນຄ້າ *n* goods
ສິນຄ້າເຖື່ອນ *n* contraband
ສິນຄ້າທີ່ຂົນສົ່ງ *n* freight
ສິນຄ້າທີ່ມີຢູ່ຮ້ານ *n* inventory

ສິນຄ້າບັນທຸກ *n* cargo
ສິນສົມບັດ *n* dowry
ສັນຊາດ *n* nationality
ສັນຊາດຕະຍານ *n* instinct
ສັນຍາ *n* agreement
ສັນຍະກຳ *n* surgeon
ສານຍຸດຕິທຳ *n* tribunal
ສັນຍານ *n* indication
ສັນຍາວັກ *n* symbol
ສານຕໍ່ *v* carry on
ສິນທິສັນຍາ *n* treaty
ສິນທະນາ *v* converse
ສິນທະປາປາ *n* Pope
ສິນທຳ *n* moral
ສານນິໂກຕິນ *n* nicotine
ສັນນິຖານ *v* presuppose
ສິນບົນ *n* graft, bribe
ສັນພູ *n* ridge
ສານພິດ *n* poisoning
ສູນພັນ *adj* extinct
ສັນລະເສິນ *v* praise
ສິນລະທຳ *n* morality
ສິນລະປະ *n* art
ສານຫນູ *n* arsenic
ສະນ້ຳ *n* pool
ສີນ້ຳຕານ *adj* brown
ສິບ *adj* ten
ສູບ *n* cylinder
ສັບ *v* mince, peck, shuffle
ສິບເກົ້າ *adj* nineteen
ສິບເຈັດ *adj* seventeen
ສາບແຊ່ງ *v* cuss, damn
ສະບາຍດີ *e* hello

ສາບານ v vow
ສະບັບ n version, volume
ສະບັບຮ່າງ n draft
ສັບເປັນຕ່ອນ n chop
ສິບແປດ adj eighteen
ສິບເລື້ອງລັບ v spy
ສິບົວ adj pink
ສິບເອັດ adj eleven
ສືບກິ່ນ v sniff
ສັບກັນ v alternate
ສັບກັນ adj alternate
ສືບຄົ້ນ v ascertain
ສິບສີ່ adj fourteen
ສັບສົນ adj complex
ສັບສົນ v confuse
ສິບສາມ adj thirteen
ສິບສອງ adj twelve
ສັບສົ່ v sneak
ສືບຕໍ v continue
ສືບຕໍ່ຮັກສາໄວ້ v hold on to
ສົບນົກ n beak
ສູບນ້ຳ v pump
ສິບປີ n decade
ສັບບ່ຽນ v alternate
ສັບບ່ຽນ adj alternate
ສູບບັນ n valve
ສູບຢາ v smoke
ສືບຫາ v ascertain
ສິບຫົກ adj sixteen
ສະປາ n spa
ສະປອດໄລ້ n spotlight
ສະພາ n council
ສະພາສູງ n senate

ສະພານຂ້າມ n viaduct
ສະພາບ n condition, state
ສຸພາບ adj polite, decent
ສຸພາບບຸຣຸດ n gentleman
ສະພາວະສົມດຸນ n equilibrium
ສະພາວະລຳບາກ n dilemma
ສີຟ້າ adj blue
ສົມ v add
ສາມ adj three
ສາມີ n husband
ສາມັກຄີ n harmony
ສາມັກຄີກັນ v harmonize
ສະມາຄົມ n association, guild
ສຸມໃສ່ v focus on
ສະມາຊິກ n member
ສາມາດ adj able, capable
ສາມາດ v can, qualify
ສາມາດເຊື່ອຖືໄດ້ adj believable
ສົມເດັດ n majesty
ສາມາດແຕກໄດ້ adj breakable
ສາມາດເຮັດໄດ້ adj eligible
ສາມາດຊັກໄດ້ adj washable
ສາມາດຊັກຈູງໄດ້ adj persuasive
ສາມາດດື່ມໄດ້ adj drinkable
ສາມາດບັນລຸໄດ້ adj attainable
ສາມເທົ່າ adj triple
ສາມັນ adj ordinary
ສາມັນຊົນ adj grassroots
ສີມ່ວງ adj purple, violet
ສົມຄວນ adj proper
ສົມຄວນໄດ້ຮັບ v deserve
ສົມຄວນໄດ້ຮັບ adj worthy
ສາມສິບ adj thirty

ສົມທຽບ v compare
ສົມບູນ v complete
ສົມຜົນ n equation
ສົມມຸດ v assume
ສົມມຸດຕິຖານ n assumption
ສົມມຸດວ່າ v suppose
ສົມມຸດວ່າ c supposing
ສົມຣູ້ຣ່ວມຄິດ v graft
ສະມໍເຮືອ n anchor
ສາລາ n pavilion
ສາລີ n corn
ສຸລິຍະຄາດ n eclipse
ສາລະບຸກິມ n encyclopedia
ສະລິບຂອງຜູ້ຍິງ n slip
ສາລະພາບ v confess
ສີລອກ adj faded
ສະລໍາ n slum
ສິວ n pimple
ສະວ່ານ n drill
ສາວົກ n apostle
ສາວແກ່ n spinster
ສາວໃຊ້ n maid
ສຽງສະທ້ອນ n echo
ສ່ວຍສາອາກອນ n tribute
ສາວຕ້ອນຮັບ n hostess
ສ່ວນ adv lot
ສ່ວນ n sector, portion
ສ່ວນແຍກ n compartment
ສ່ວນໃຫຍ່ adj main, major
ສ່ວນໃຫຍ່ adv mainly
ສ່ວນສຳຄັນ n element
ສ່ວນຕົວ adj personal
ສ່ວນທີ່ເຫຼືອ n residue

ສ່ວນທີ່ເຫຼືອຢູ່ n remainder
ສ່ວນທີ່ສຳຄັນທີ່ສຸດ n basics
ສ່ວນທີ່ຕັດອອກ n section
ສ່ວນນ້ອຍ adj meager
ສ່ວນນຳ n prologue
ສ່ວນປະກອບ n component
ສ່ວນປະສົມ n ingredient
ສ່ວນທ້າຍ n rear
ສ່ວນຫຼາຍ n majority
ສ່ວນຫຼາຍ adv mostly
ສ່ວນຮ້ອຍ n percentage
ສາວບໍລິສຸດ n maiden
ສ້ອມ n fork
ສະຫະ v relinquish
ສະຫະ n vowel
ສະຫະໃຫ້ v bestow
ສະຫະສິດ v waive
ສະຫຼຍ v go through
ສະຫຼາດ adj smart, clever
ສະຫຼາດແກມໂກງ adj cunning
ສະຫຼົດໃຈ adj dismal
ສະຫຼຸບ v summarize
ສະຫຼຸບແບບສັ້ນໆ n briefing
ສະຫຼຸບຄວາມ v recapture
ສະຫຼົບສະໃຫຼ v pass out
ສະຫະກອນ n corporation
ສາຫັດ adj mortal
ສະຫະພາບ n union
ສະຫຼອງ v commemorate
ສະຫງ່າ adj magnificent
ສະຫງ່າງາມ adj imposing, noble
ສະຫງ່າຜ່າເຜີຍ adj majestic
ສະຫງົບ adj calm, peaceful

ສະຫງຽບນິ້ງ *adj* placid
ສະຫງົບລົງ *v* calm down
ສະຫງວນ *v* preserve
ສະຫງວນໄວ້ *v* spare
ສະຫວ່າງ *pre* along
ສະຫວັດດິພາບ *n* welfare
ສະຫວັນ *n* paradise
ສະຫັນບສະຫນູນ *v* bolster, uphold
ສະຫນາມ *n* ground
ສະຫນາມບິນ *n* airport
ສະຫນາມຫຼິ້ນ *n* playground
ສະຫນາມຫຍ້າ *n* lawn
ສະຫມັກ *v* enroll
ສະຫມຽນ *n* clerk
ສະຫມຸນໄພ *n* herb
ສະຫມອງ *n* brain
ສະຫມໍາສະເຫມີ *adj* smooth
ສະອາດ *adj* clean
ສ່ອງແສງ *v* shine
ສ່ອງກັບ *adj* reflexive
ສ່ອງສຸດ *adj* transparent
ສ່ອງບໍ່ສຸດ *adj* opaque
ສ້ອມແປງ *v* fix, repair
ສວນ *n* garden
ສວນສັດ *n* zoo
ສວນສາທາລະນະ *n* park
ສວນຫຼັງບ້ານ *n* backyard
ສວນຫມາກໄມ້ *n* orchard
ສອງ *adj* two
ສອງເທື່ອ *adj* double
ສອງເທື່ອ *adv* twice
ສອດເຂົ້າ *v* insert
ສອບ *v* quiz

ສອບເສັງ *v* test
ສອບສວນ *v* inquire, probe
ສອບສວນ *n* inquiry
ສອບຕົກ *v* flunk
ສໍ່ *v* nag
ສໍ້ໂກງ *v* defraud
ສໍາເນົາ *v* copy
ສໍາເລັດ *v* finish
ສໍາເລັດຮູບ *n* instant
ສໍາຄັນ *adj* central, leading
ສໍາຄັນທີ່ສຸດ *adj* foremost
ສໍາຄັນຫຼາຍ *adj* crucial
ສໍານຶກ *adj* self-concious
ສໍານັກງານ *n* bureau
ສໍານັກງານສານ *n* courthouse
ສໍານຶກຜິດ *adj* remorseful
ສໍານຽງ *n* tone, accent
ສໍາພາດ *n* interview
ສໍາພັດ *v* sense
ສໍາພັດເກັ້ງ *v* touch up
ສໍາພັນທະພາບ *n* fellowship
ສໍາມະເນນ *n* novice
ສໍາມະນາ *n* workshop
ສໍາລັບ *pre* for
ສໍາລັບການປູກຝັງ *adj* arable
ສໍາຫຼວດ *n* survey
ສໍາຫຼວດກວດກາ *v* explore
ສໍາຮອງ *n* backup
ສໍຂາວ *n* chalk
ສໍດໍາ *n* pencil

ສ

ເສ *v* stagger
ໄສ *n* fat
ໃຊ້ *v* apply, wield
ເຊົ່າເຮືອນ *v* rent
ເຊົາບືນ *v* get over
ໃຊ້ເຄື່ອງຈັກ *v* mechanize
ຊື່ງ *adj* which
ເຊິ່ງ *pro* whom
ເຊິ່ງເຂົ້າໃກ້ໄດ້ *adj* approachable
ເຊິ່ງເຂົ້າກັນໄດ້ *adj* compatible
ເຊິ່ງເຂົ້າບໍ່ເຖິງ *adj* inaccessible
ເຊິ່ງສົມດຸງ *adj* debatable
ເຊິ່ງເສຍກຽດ *adj* dishonorable
ເຊິ່ງເສບຕິດໄດ້ *adj* addicted
ເຊິ່ງໃຊ້ແລ້ວທິ້ມ *adj* disposable
ເຊິ່ງໃຊ້ການບໍ່ໄດ້ *adj* ineffective
ເຊິ່ງໃຊ້ຈົນເກົ່າ *adj* worn-out
ເຊິ່ງເດັດດ່ຽວ *adj* decisive
ເຊິ່ງໄດ້ຕົບແຕ່ງ *adj* decorative
ເຊິ່ງໄດ້ລາງວັນ *adj* rewarding
ເຊິ່ງໂດດເດັ່ນ *adj* striking
ເຊິ່ງແຕ່ງ *adj* composed
ເຊິ່ງແຕ່ງດອງ *adj* married
ເຊິ່ງໂຕ້ຖຽງ *adj* contentious
ເຊິ່ງບໍ່ງບໍ່ເຫັນ *adj* invisible
ເຊິ່ງບໍ່ເຫມາະ *adj* disgusting
ເຊິ່ງແບ່ງໄດ້ *adj* divisible
ເຊິ່ງເປັນໂທດ *adj* punishable
ເຊິ່ງເປັນໄປໄດ້ *adj* feasible
ເຊິ່ງເປັນເລກຄິກ *adj* odd
ເຊິ່ງເປັນຂໍ້ບັງຄັບ *adj* mandatory
ເຊິ່ງເປັນສັດຕູ *adj* hostile
ເຊິ່ງເປັນຕົ້ນແບບ *adj* original
ເຊິ່ງເປັນຕົວຢ່າງ *adj* typical
ເຊິ່ງເປັນທີ່ນິຍົມ *adj* favorite
ເຊິ່ງເປັນນ້ຳແຂງ *adj* frozen
ເຊິ່ງເປັນນ້ຳມັນ *adj* greasy
ເຊິ່ງເປັນບາງສ່ວນ *adj* partial
ເຊິ່ງເປັນມັນວາວ *adj* glossy
ເຊິ່ງເປັນລະບົບ *adj* systematic
ເຊິ່ງເປັນລະບຽບ *adj* methodical
ເຊິ່ງເປັນອຳມະຕະ *adj* immortal
ເຊິ່ງເປັນຮູບໄຂ່ *adj* oval
ເຊິ່ງເພີ່ມຂຶ້ນ *adj* additional
ເຊິ່ງເວືອນວາງ *adj* blurred
ເຊິ່ງເຫຼືອຢູ່ *adj* remaining
ເຊິ່ງຫັນດີ *adj* affirmative
ເຊິ່ງໃຫ້ອະໄພ *adj* conducive
ເຊິ່ງໄຫຼອອກມາ *adj* effusive
ເຊິ່ງເຮັດໃຫ້ເສົ້າໃຈ *adj* dejected
ເຊິ່ງເຮັດໃຫ້ແຕກ *adj* crushing
ເຊິ່ງເຮັດໃຫ້ຕຶງ *adj* strained
ເຊິ່ງເຮັດໃຫ້ຫຼງໃຫຼ *adj* enchanting, enthralling
ເຊິ່ງກ່ຽວກັບບວດ *adj* monastic
ເຊິ່ງກັນແລະກັນ *adj* reciprocal
ເຊິ່ງກຳລັງສູ້ຮົບ *adj* engaged
ເຊິ່ງຂັດແຍ້ງກັນ *adj* discordant
ເຊິ່ງຂາດສະຕິ *adj* unconscious
ເຊິ່ງຂາດບໍ່ໄດ້ *adj* indispensable
ເຊິ່ງຈືນໃນນ້ຳມັນ *adj* fried
ເຊິ່ງຈຳເປັນ *adj* frequent
ເຊິ່ງສັ່ງໃຫ້ເຮັດ *adj* bossy

ເຊົ່າສົງໃສ adj sceptic
ເຊົ່າສາຍຕາສັ້ນ adj shortsighted
ເຊົ່າສົນໃຈ adj interested
ເຊົ່າສັບສົນ adj confusing
ເຊົ່າສົມບູນແບບ adj impeccable
ເຊົ່າຊັດເຈນ adj apparent
ເຊົ່າຍືດເຍື້ອ adj protracted
ເຊົ່າຍືດອອກ adj outstretched
ເຊົ່າຍອມຜ່ອນຜັນ adj indulgent
ເຊົ່າຍອມຮັບ adj acceptable
ເຊົ່າຍອມຮັບໄດ້ adj admissible
ເຊົ່າຍອມຮ່ວມມື adj amenable
ເຊົ່າງຸດງ່າ adj nagging
ເຊົ່າຕັ້ງຊື່ຕົງ adj erect
ເຊົ່າຕົກໃຈສຸດຂີດ adj shocking
ເຊົ່າຕັ້ງຕາງອງ adj deliberate
ເຊົ່າຕາຍໄດ້ adj perishable
ເຊົ່າຕິດເຊື້ອ adj infectious
ເຊົ່າຕິດແໜ້ນ adj adhesive
ເຊົ່າຕາມມາ adj subsequent
ເຊົ່າຕ້ອງເຮັດ adj compulsive
ເຊົ່າຕໍ່ເນື່ອງ adj continuous
ເຊົ່າຖືກແອອັດ adj cramped
ເຊົ່າຖືກກົດຂີ່ adj downtrodden
ເຊົ່າຖາວອນ adj permanent
ເຊົ່າຖ່ອມຕົວ adj unassuming
ເຊົ່າຖອດໄດ້ adj detachable
ເຊົ່າທະນົງ adj haughty
ເຊົ່າທ້ອງຜູກ adj constipated
ເຊົ່າທຳລາຍລ້າງ adj devastating
ເຊົ່ານັບບໍ່ຖ້ວນ adj innumerable
ເຊົ່ານຳໃຊ້ບໍ່ໄດ້ຈິງ adj impractical
ເຊົ່ານຳທາງຜິດ adj misguided

ເຊົ່ານຳພາຜິດ adj misleading
ເຊົ່າບໍ່ເຂົ້າກັນ adj incompatible
ເຊົ່າບໍ່ເຂັ້ມງວດ adj lax
ເຊົ່າບໍ່ເຈັບປວດ adj painless
ເຊົ່າບໍ່ເສຍຫາຍ adj intact
ເຊົ່າບໍ່ເຊື່ອພະເຈົ້າ adj godless
ເຊົ່າບໍ່ແຊບ adj distasteful
ເຊົ່າບໍ່ເຕັມໃຈ adj indisposed
ເຊົ່າບໍ່ເປັນມິດ adj unfriendly
ເຊົ່າບໍ່ແພງ adj inexpensive
ເຊົ່າບໍ່ເຫັນດີ adj disagreeable
ເຊົ່າບໍ່ເໝາະສົມ adj unfit, unsuitable
ເຊົ່າບໍ່ຄຸ້ນເຄີຍ adj unfamiliar
ເຊົ່າບໍ່ສິ້ນສຸດ adj endless, infinite
ເຊົ່າບໍ່ສະເໝີພາບ n inequality
ເຊົ່າບໍ່ສະດວກ adj inconvenient
ເຊົ່າບໍ່ສົນໃຈ adj indifferent
ເຊົ່າບໍ່ສະບາຍໃຈ adj uneasy
ເຊົ່າບໍ່ສົມບູນ adj incomplete
ເຊົ່າບໍ່ສຳຄັນ adj insignificant
ເຊົ່າບໍ່ຊື່ສັດ unfaithful
ເຊົ່າບໍ່ລຸກຢູ້ adj discouraging
ເຊົ່າບໍ່ຍອມຮັບ adj inadmissible
ເຊົ່າບໍ່ຕຳເນີ່ອງ adj incoherent
ເຊົ່າບໍ່ຖືກຕ້ອງ adj incorrect
ເຊົ່າບໍ່ປ່ຽນແປງ adj immutable
ເຊົ່າບໍ່ປະສານກັນ adj dissonant
ເຊົ່າບໍ່ພໍໃຈ adj dissatisfied
ເຊົ່າບໍ່ມີເຫດຜົນ adj irrational
ເຊົ່າບໍ່ມີຂໍ້ກຳນົດ adj indefinite
ເຊົ່າບໍ່ມີຈຸດດ່າງ adj spotless
ເຊົ່າບໍ່ມີຊື່ສຽງ adj infamous

ເຊິ່ງບໍ່ມີປະໂຫຍດ adj useless
ເຊິ່ງບໍ່ຍືດຍຸ່ນ adj inflexible
ເຊິ່ງບໍ່ຍຸຕິທຳ adj unfair
ເຊິ່ງບໍ່ລຽບ adj uneven
ເຊິ່ງບໍ່ລຳອຽງ adj unbiased
ເຊິ່ງບໍ່ໜ້າເຊື່ອ adj incredible
ເຊິ່ງບໍ່ອຸດົມສົມບູນ adj infertile
ເຊິ່ງບໍ່ຮູ້ຈັກອິ່ມ adj insatiable
ເຊິ່ງບໍ່ຮອບຄອບ adj indiscreet
ເຊິ່ງບາດກະຫາຍ adj avid
ເຊິ່ງປິດບັງຢູ່ adj hidden
ເຊິ່ງປະທັບໃຈ adj impressive
ເຊິ່ງປັນຍາອ່ອນ adj moron
ເຊິ່ງປອມແປງ adj counterfeit
ເຊິ່ງຜິດສິນລະທຳ adj immoral
ເຊິ່ງຜ່າຝືນ adj outrageous
ເຊິ່ງພິກກັບໄດ້ adj reversible
ເຊິ່ງພັນລະນາ adj descriptive
ເຊິ່ງພັນຣອບ adj winding
ເຊິ່ງພໍ່ບໍ່ເປັນ adj incapable
ເຊິ່ງມີໄຊຊະນະ adj victorious
ເຊິ່ງມີແຕ່ເກີດ adj innate
ເຊິ່ງມີໄມຕີ adj conciliatory
ເຊິ່ງມີໄຫວພິບ adj intelligent
ເຊິ່ງມີກິ່ນເໝັນບໍ່ເບົາ adj fetid
ເຊິ່ງມີຂໍ້ຜິດພາດ adj faulty
ເຊິ່ງມີຄວາມຕັ້ງໃຈ adj willing
ເຊິ່ງມີຄວາມຜິດ adj guilty
ເຊິ່ງມີສາມມິຕິ adj cubic
ເຊິ່ງມີຊື່ສຽງ adj renowned
ເຊິ່ງມີດມົວ adj murky
ເຊິ່ງມີປະສິດທິພາບ adj efficient
ເຊິ່ງມີພະລັງ adj energetic

ເຊິ່ງມີພະລັງຫຼາຍ adj almighty
ເຊິ່ງມີລາຄາ adj pricey
ເຊິ່ງມາລົບກວນ adj annoying
ເຊິ່ງມີອິດທິພົນຕໍ່ adj influential
ເຊິ່ງຢູ່ໃນຂອບເຂດ adj marginal
ເຊິ່ງຢ່າງບໍ່ຈົບສິ້ນ adj pending
ເຊິ່ງຢູ່ສູງສຸດ adj paramount
ເຊິ່ງຢູ່ຕິດຕໍ່ກັນ adj adjoining
ເຊິ່ງຢູ່ຫາງຫຼັງ adj backward
ເຊິ່ງຢູ່ນິ້ງ adj motionless
ເຊິ່ງຢູ່ອາໃສໄດ້ adj inhabitable
ເຊິ່ງຢາກຈະເປັນ adj would-be
ເຊິ່ງລຸກເປັນໄຟ adj fiery
ເຊິ່ງລະຄາຍເຄືອງ adj irritating
ເຊິ່ງລັງເລ adj indecisive
ເຊິ່ງລົດຄ່າລົງ adj demeaning
ເຊິ່ງລົບກວນ adj disturbing
ເຊິ່ງລະອຽດອ່ອນ adj delicate
ເຊິ່ງວັດແທກແມັດ adj metric
ເຊິ່ງຫຼີກລ່ຽງບໍ່ໄດ້ adj inevitable
ເຊິ່ງຫາຍແວບໄປ adj fleeting
ເຊິ່ງຫິວກະຫາຍ adj greedy
ເຊິ່ງຫົວດື້ adj bigot
ເຊິ່ງຫຍຸ້ງຍາກ adj distressing
ເຊິ່ງຫວ່າງງານ adj unemployed
ເຊິ່ງໜ້າຢ້ານ adj formidable
ເຊິ່ງໜ້າວິຕົກ adj worrisome
ເຊິ່ງໜາວຈັດ adj frosty
ເຊິ່ງອ່ານບໍ່ອອກ adj illegible
ເຊິ່ງອະໄພໃຫ້ໄດ້ adj forgivable
ເຊິ່ງອະນຸລັກໄວ້ adj conservative
ເຊິ່ງອັນຕະລາຍ adj poisonous
ເຊິ່ງຮັບໄວ້ adj receptive

ເຊື່ອງຮ່ວມສໍາພັນ *adj* allied
ເຊື່ອງຮ້ອງຮຽງແຫຼມ *adj* squeaky
ເຊື້ອຊ້າ *adj* clumsy
ເຊັ່ນ *pre* like
ເຊັ່ນ *adj* such
ເຊັ່ນເຄີຍ *adv* again
ເຊັ່ນກັນ *adv* either
ເຊັ່ນດຽວກັນ *adj* alike
ໃຊ້ໃນທາງທີ່ຜິດ *v* pervert
ໃຊ້ເປັນຕົວຢ່າງ *adj* exemplary
ເຊົາຍາກ *v* shut up
ເຊື່ອ *v* convince
ເຊື່ອໃຈ *v* rely on, trust
ເຊື່ອໃຈຕົວເອງ *n* confidant
ເຊື່ອໄດ້ *n* authenticity
ເຊື້ອເບັ້ຍ *n* yeast
ເຊື້ອເຫັດ *n* fungus
ເຊື້ອເອົາໄວ້ *n* prejudice
ເຊື່ອງ *v* conceal
ເຊື່ອງໄວ້ *v* hold back
ເຊື່ອຖື *v* believe
ເຊື່ອຖືໄດ້ *adj* faithful, reliable
ເຊື້ອພະຍາດ *n* germ
ເຊື່ອຟັງ *v* obey
ເຊື່ອມໂຍງກັນ *adj* coherent
ເຊື່ອມໂລຫະ *v* solder
ເຊື່ອມຕໍ່ *v* weld, connect
ເຊັກເງິນຄ່າຈ້າງ *n* paycheck
ໂຊໂກແລັດ *n* chocolate
ໂຊໂກວາ *n* cocoa
ໃຊ້ຄືນ *v* reimburse
ແຊ່ແຂງ *adj* freezing
ເຊັ່ນມີປະສົບການ *adj* versed

ໃຊ້ຈົນເກົ່າ *v* wear out
ໄຊໂຍ *v* cheer
ເຊັດ *v* wipe
ເຊີນ *v* invite, please
ເຊັນ *n* autograph
ເຊັນຊື່ *v* sign
ໃຊ້ປະໂຫຍດ *v* utilize
ໃຊ້ຫມົດ *v* exhaust
ເຊືອກ *n* cord, rope
ເຊືອກເກີບ *n* shoelace
ເຊືອກມັດເກີບ *n* lace
ແຊກແຊງ *v* interfere
ໂຊກຊະຕາ *n* fate
ແຊກຊືມ *v* penetrate
ໂຊກດີ *adj* fortunate, lucky
ໂຊກດີ *n* luck
ໂຊກວາດສະຫນາ *n* destiny
ໂຊກຮ້າຍ *n* misfortune
ໄຊຊະນະ *n* triumph, victory
ແຊນວິດ *n* sandwich
ແຊບ *adj* delicious, tasty
ໂຊມ *adj* shabby
ຊ *adj* straight
ຊາ *adj* rough, coarse
ຊາ *n* tea
ຊ້າ *v* sedate
ຊ້າ *adj* slow
ຊີ້ *v* point
ຊື່ *n* name
ຊື້ *v* buy, purchase
ຊື້ເຄື່ອງຂອງ *v* shop
ຊີ້ແຈ້ງດ້ວຍມື *n* gesture
ຊີ້ແຈງ *v* prescribe

ຊື່ກົງ adj direct
ຊ້າກວ່າເກົ່າ adv later
ຊ້າກວ່າເກົ່າ adj later
ຊີ້ຂາດ v arbitrate
ຊື່ຂອງຜູ້ຮັບ n addressee
ຊ່າງເຄື່ອງຈັກ n mechanic
ຊ່າງເຊື່ອມຄຳ n welder
ຊ່າງໄຟຟ້າ n electrician
ຊ່າງໄມ້ n carpenter
ຊ່າງແວ່ນຕາ n optician
ຊ່າງເຫຼັກ n blacksmith
ຊ່າງຮັດໂມງ n watchmaker
ຊ່າງກໍ່ເຮືອນ n mason
ຊ່າງຕີເງິນ n silversmith
ຊ່າງຕີໂລຫະ n smith
ຊ່າງຕັດເຄື່ອງ n tailor
ຊ່າງຕັດຜົມ n barber
ຊ້າງນ້ຳ n walrus
ຊ່າງນ້ຳປະປາ n plumber
ຊ່າງປູນ n bricklayer
ຊ່າງຜູ້ຊ່ວຍຊ່າງ n technician
ຊ່າງຝີມື n artisan
ຊ້າງມະມຸດ n mammoth
ຊ່າງຫຼໍ່ n founder
ຊື່ຈ້າງ n bribe
ຊື່ສຽງ n celebrity, fame
ຊື່ສັດ adj truthful, sincere
ຊາຍຝັ່ງທະເລ n seashore
ຊື່ດັງ adj notorious
ຊີ້ນ n meat
ຊັ້ນ n rank, class
ຊຸ່ນໃຈ v refresh
ຊັ້ນໃຕ້ດິນ n ground floor

ຊີ້ນເອກ adj classy
ຊີ້ນກວາງ n venison
ຊີ້ນຂາຫມູ n ham
ຊີ້ນງົວ n beef
ຊີ້ນງົວນ້ອຍ n veal
ຊີ້ນສະເຕັກ n steak
ຊີ້ນສົດ n flesh
ຊີ້ນສັນບອກ n sirloin
ຊີ້ນສັບ n mincemeat
ຊັ້ນດິນ n layer
ຊັ້ນຕົ້ນ adj initial
ຊັ້ນຕາມຂ້າງພູ n terrace
ຊັ້ນນຳ adj leading
ຊີ້ນປີ້ງແວ້ວ n roast
ຊັ້ນພຸ່ມ n base
ຊັ້ນລ່າງ adv downstairs
ຊີ້ນຫມູ n pork
ຊີ້ນຫມາກໄມ້ n pulp
ຊຶມ v whisper
ຊຸມ adj humid, damp
ຊະແລງ n crowbar
ຊື່ວ່າ adv namely
ຊົ່ວໂມງ n hour
ຊົ່ວຂະນະ adv momentarily
ຊົ່ວຄາວ adj temporary
ຊ່ວງຊານ v specialize
ຊົ່ວຫຼາຍ adj atrocious
ຊົ່ວຮ້າຍ adj wicked, sinful
ຊື່ຫຼິ້ນ n nickname
ຊື່ຫົວເລື້ອງ n title
ຊື່ຫຍໍ້ n initials
ຊົກ v punch
ຊັກ v wash

ຮາກເພພັງ n ruin
ຮີກໂລກ n hemisphere
ຮັກແຫ້ງ v dryclean
ຮັກກະຕຸກ v convulse
ຮັກຂຶ້ນ v hoist
ຮັກຄືນ v strike back
ຮາກສົບ n carcass, corpse
ຮັກສວຍ v snatch
ຮັກຊ້າ v delay
ຮັກຊ້າ adv tardy
ຮຸກຊິນ adj playful
ຮຸກຊວນ v persuade
ຮຸກຍູ້ v pressure
ຮຸກຍູ້ໃບ v shove
ຮັກດິ້ນຣັກງ v writhe
ຮັກຖາມ v interrogate
ຮັກມົກ adj soiled
ຮັກວິດ n laundry
ຮາກຫັກພັງ n debris
ຮິງ n style
ຮັງ v hate, despise
ຮິງເບົ້າ v brew
ຮິງຊັ່ງ n scale
ຮັງຕິແມັດ n centimeter
ຮຸຣິ n fuss
ຮາຍແດນ n frontier
ຮຸດ n series, set
ຮຸດແຈ້ງ v manifest, explicit
ຮຸດໃຊ້ v defray
ຮຸດເຊີຍ v compensate, expiate, redress
ຮຸດເຊຍ v offset
ຮຸດໂຊມລົງ v worsen

ຮຸດກາງຄືນ n nightgown
ຮຸດສ໌ n cheese
ຮຸດຊັ້ນໃນ n underwear
ຮາຕາງ n serpent
ຮຸນ n throng
ຮັນ adj steep
ຮະນະ n conquest
ຮະນິດ n sort
ຮົນເຜົ່າ n tribe
ຮາງເມືອງ n outskirts
ຮິບງາຍອນ n cinnamon
ຮົນຊັ້ນສຸງ n society
ຮົນຊາດຮົນເຜົ່າ n minority
ຮົນບະບົດ n country
ຮົນບະບົດ adj rural
ຮາງບ້ານ n patio
ຮົນລະບະຫານ n irrigation
ຮຸບ n broth
ຮຸບຂົ້ນ n puree
ຮັບສິນ n estate
ຮັບສົມບັດ n belongings, treasure
ຮຸບພະຈອນ n pulse
ຮີມ v sip, taste
ຮີມ v infiltrate
ຮາມ n bowl
ຮິມັ່ງ n mortar
ຮີມເສົ້າ adj somber
ຮີມເຊີຍ v admire
ຮຸມກັນ v get together
ຮຸມນຸມ v crowd, muster
ຮີມຜ່ານ v permeate
ຮີມລົດ v savor
ຮີມອອກ v soak in

ຊິຣຳ *n* serum
ຊາວ *adj* twenty
ຊິວິດ *n* life
ຊາວໂບໂລຍ *n* polish
ຊິວະປະຫວັດ *n* biography
ຊິວະວິທະຍາ *n* biology
ຊາວໄຮ່ *n* farmer
ຊ່ອງ *n* groove
ຊ່ວງເວລາໃນອາດິດ *n* epoch
ຊ່ວງເວລາສຸດທ້າຍ *n* twilight
ຊ່ວງຊີງ *v* usurp
ຊ່ວງວິກິດ *n* crisis
ຊ່ວງຫຼັງຂອງຊິວິດ *n* old age
ຊາວຊົນນະບົດ *n* peasant
ຊ່ວຍເຫຼືອ *v* assist, help
ຊ່ວຍໃຫ້ກຳລັງໃຈ *v* cheer up
ຊ່ວຍຊິວິດ *v* rescue, save
ຊ້ວນ *n* shovel, spade
ຊາວບ້ານ *n* villager
ຊາວອັງກິດ *adj* British
ຊ່ອງ *n* channel
ຊ່ອງໄຟຟ້າ *n* X-ray
ຊ່ອງທາງ *n* chance
ຊ່ອງວິມ *n* outlet, vent
ຊ່ອງຫວ່າງ *n* gap
ຊ້ອນເລັ້ນ *adj* occult
ຊ້ອນກັນ *v* foil
ຊ້ອມ *v* rehearse
ຊວນໄປທາງທີ່ບໍ່ດີ *v* pander
ຊອກລັບພົດ *adj* critical
ຊອກຫາ *v* look for, seek
ຊອງ *v* pack
ຊອງຈົດໝາຍ *n* envelope

ຊອຍ *n* alley
ຊ້ຳບໍ່ໜຳ *adv* furthermore
ຊຳນານ *adj* deft
ຊຳລະລ້າງ *v* irrigate
ຊຳລະຫຼັ້ນ *v* liquidate

ຍ

ໃຍ *n* web
ແຍ່ *v* prod
ເຍາະເຍ້ຍ *v* mock
ເຍົ້າຊະຊົນ *n* scout
ໃຍແມງມຸມ *n* spiderweb
ເຍືອກບ້ຳ *n* jug
ແຍກ *v* come apart, part
ແຍກແຍະໄດ້ *v* discriminate
ແຍກຈາກກັນ *v* break away
ແຍກສ່ວນ *v* sever
ແຍກຕົວອອກ *v* isolate, secede
ແຍກທາງ *v* divorce
ແຍກທາດ *v* decompose
ແຍກອອກ *v* detach
ແຍກອອກໄປ *v* exclude
ໂຍນ *v* cast
ໂຍນໄປ *v* toss
ໂຍນແຮງງ *v* hurl
ແຍມ *n* marmalade
ຢູ້ *v* push
ຢ່າງ *v* hike, walk
ຢ່າງຕິງໄປ *v* shuffle

ຢິ່ງໃຫຍ່ adj monumental
ຢິ່ງໃຫຍ່ຫຼາຍ adj imperial
ຢິ່ງວ່ານັ້ນ adv moreover
ຢຸ້ງວຸ້ນວາຍ adj busy
ຢ່າງຫຼິ້ນ v stroll
ຍ້າຍ v transfer, transplant
ຍຸແຍ່ v instigate
ຍ້າຍໄປ v postpone
ຍ້າຍຂຶ້ນ v move up
ຍ້າຍທີ່ v displace
ຍ້າຍທີ່ໃໝ່ v relocate
ຍ້າຍອອກ v move out
ຍື່ນ v protrude
ຍື່ນມືເຂົ້າມາ v hand in
ຍື່ນອອກມາ v stick out
ຍິ້ມ v smile
ຍີ່ຫໍ້ n brand
ຍີ່ຫໍ້ປືນພົກ n colt
ຍູ້ອອກ v repel
ຍິກ v pinch
ຍັກ n giant
ຍາກ adj hard, difficult
ຍົກໂທດໃຫ້ v forgive
ຍົກເລີກ v cancel, abolish
ຍົກເວັ້ນ pre barring
ຍົກໃຫ້ v offer
ຍົກໄຫຼ່ v shrug
ຍົກຂຶ້ນ v elevate, lift
ຍົກຂຶ້ນມາເວົ້າ v bring up
ຍາກຈົນ adj indigent
ຍຸກສະໄໝ n age, era
ຍົກຍ້ອງ v commend
ຍົກຍ້ອງນັບຖື v esteem

ຍົກຍອກ v embezzle
ຍົກຍໍ v flatter
ຍົກພື້ນ n platform
ຍົກລະດັບ v exalt
ຍາກລຳບາກ adj arduous
ຍົກອອກ v lift off
ຍິງ v shoot
ຍັງ adv still
ຍິງຕົກ v shoot down
ຍັງບໍ່ສົມບູນ adj immature
ຍັງບໍ່ທັນແນ່ນອນ adj tentative
ຍິງປືນ v gun down
ຍົດ n gripe
ຍົດ n title
ຍັດໃສ່ v stuff
ຍາດໄດ້ v attain
ຍົດໄວ້ກ່ອນ v suspend
ຍາດກັນ v scramble
ຍຶດຄອງ v conquer
ຍຶດຈັບ v grip
ຍຶດຊຸບສິນ v confiscate
ຍຶດຍຸ່ນ adj resilient
ຍຸດຕິ v quit
ຍຶດຕິດ v clinch
ຍຸດຕິທຳ adj impartial
ຍຸດທະວິທ n tactics
ຍຸດທະວິທີ n strategy
ຍຶດໝັ້ນ v cherish
ຍືດອອກ v prolong
ຍືດອອກໄປ v protract
ຍົນ n airplane
ຍືນການ v persist
ຍືນຍັນ v insist

ຍົນຍອມ v agree, consent
ຍົນຍອມ adj compliant
ຍິນດີ v welcome
ຍິນດີຕ້ອນຮັບ n welcome
ຍານພາຫະນະ n vehicle
ຍິບຕາ n wink
ຍິບຕາ v wink
ຍຸບຕົວ v cave in
ຍຸບລົງ v lapse
ຍາມພັກ n vacation
ຍາວ adj long
ຍົວະໃຈ v attract
ຍົວະເຍົ້າ v provoke
ຍົວຍວນ v seduce
ຍາວນານ adj perennial
ຍາວອອກໄປ v lengthen
ຍ້ອງຍໍ v applaud
ຍ້ອຍລົງ v drip
ຍ່ອຍອາຫານ v digest
ຍ່ອຍອາຫານ adj digestive
ຍ້ອມ n dye
ຍ້ອມສີ v dye
ແຍງ n sheep
ຍອດ n crest, peak, top
ຍອດພູ n hilltop
ຍອດຮັກ adj darling
ຍອມ v give up, concede
ຍອມແພ້ v surrender
ຍອມໃຫ້ v yield
ຍອມເຮັດຕາມ v capitulate, cooperate
ຍອມຈຳນົນ v succumb
ຍອມຕາມ v comply
ຍອມຕາມໃຈ v indulge
ຍອມຮັບ v concede, assent
ຍ່ຳ v trample
ຍຳສະຫລັດ n salad

ດ

ໄດ້ v get
ເດົາ v guess
ເດັ່ນ adj illustrious
ເດິ່ນ n court
ເດັ່ນກວ່າ v outshine, prevail
ເດັ່ນຊັດ adv apparently
ເດິ່ນຫຍ້າ n turf
ໄດ້ໂອກາດ adj opportune
ເດື່ອງ v tilt
ໄດ້ກິ່ນ v savor
ເດັກກຳພ້າ n orphan
ເດັກຊາຍ n boy, child, kid
ເດັກໜຸ່ມ n lad
ເດັກໜຸ່ມສາວ n juvenile
ເດັກອ່ອນ n infant
ໄດ້ກຳໄລ v gain
ໄດ້ຂໍ້ສະຫຼຸບ v deduce
ໄດ້ຍິນ v hear
ເດັດ v pick
ເດັດຂາດ adj absolute
ເດັດດ່ຽວ adj staunch
ໄດໂນເສົາ n dinosaur
ເດີນສວນສະໜາມ v march

ເດີນທາງ v travel	ໂດຍແທນທີ່ adv instead
ເດີນທາງດ້ວຍລົດເມ v bus	ໂດຍໄວ adv quickly
ເດີນໜ້າ v go ahead	ໂດຍກົງກັນຂ້າມ adv conversely
ໄດ້ປະໂຫຍດ v profit	ໂດຍງ່າຍ adj easy
ໄດ້ຜົນຫຼາຍ adj fruitful	ໂດຍສິ້ນເຊີງ adv entirely
ໄດ້ມາ v acquire	ໂດຍສະເພາະ adj particular
ໄດ້ຮັບ v obtain	ໂດຍສົມບູນ adj outright
ໄດ້ລາງວັນ v reward	ໂດຍຕົວເອງ adj spontaneous
ເດືອນ n month	ໂດຍທົ່ວໄປ adv normally
ເດືອນເມສາ n April	ໂດຍທາງອ້ອມ adj indirect
ເດືອນກັນຍາ n September	ໂດຍທັນທີ adv instantly
ເດືອນກໍລະກົດ n July	ໂດຍບັງເອີນ adj casual
ເດືອນສິງຫາ n August	ໂດຍບັງເອີນ adv incidentally
ເດືອນຕຸລາ n October	ໂດຍບໍ່ຄຳນຶງເຖິງ adv regardless
ເດືອນທັນວາ n December	ໂດຍບໍ່ຍຸຕິທຳ adv unfairly
ເດືອນພະຈິກ n November	ໂດຍປາກເປົ່າ adv orally
ເດືອນພຶດສະພາ n May	ໂດຍປົກກະຕິ adv regularly
ເດືອນມັງກອນ n January	ໂດຍພົວພັນກັບ adj relative
ເດືອນມິຖຸນາ n June	ໂດຍລຳພັງ adv solely
ເດືອນມີນາ n March	ໂດຍວິທີໃດໜຶ່ງ adv somehow
ໄດ້ຮັບບາດເຈັບ v injure	ໂດຍຫຍໍ້ adv shortly
ໄດ້ຮັບປະໂຫຍດ n benefit	ໂດຍຮາກຖານ adj radical
ໄດ້ຮັບປະລິນຍາ v graduate	ໂດດ v jump
ໄດ້ຮັບຜົນສຳເລັດ v succeed	ໂດດໃສ່ v leap
ໄດ້ຮັບມາ v derive	ໂດດໃສ່ໃຫ້ລົ້ມ v tackle
ແດກດັນ adj sarcastic	ແດດແຈ້ງ adj sunny
ແດກຮ່າ v devour	ໂດດຂາດງວ v hop
ແດງ adj red	ໂດດດ່ຽວ adj alone, lonely
ເດຊີ n daisy	ໂດດລົງ v plunge
ໂດຍ pre through (thru)	ເດນມາກ n Denmak
ໂດຍເງື່ອນໄຂ adj conditional	ດີ n fine, well
ໂດຍແຈ່ມແຈ້ງ adv expressly	ດີ adj wholesome, good
ໂດຍແທ້ຈິງ adv really	ດ່າ v curse, scold

ກົ້ adj mischievous
ດ່າ v cuss
ດັ່ງ c as
ດັ່ງຊຸ່ນ pre like
ດັ້ງເດີມ adj orthodox
ດື້ດຶງ adj disobedient
ດ່າງພ້ອຍ adj tainted
ດີໃຈ v exult
ດີໃຈ adj glad
ດື້ດຶງ adj stubborn
ດຸເດືອດ adv furiously
ດ້ານຂ້າງ n flank
ດ້ານຈິດໃຈ adv mentally
ດ້ານມຸມມອງ n facet
ດີ້ນລົນ v struggle
ດ້ານໜ້າ n frontage
ດີ້ນຣົນຕໍ່ສູ້ v battle
ດື່ມ v drink
ດ້າມເຄື່ອງມື n hilt
ດື່ມຫຼາຍຢ່າງໄວງ v guzzle
ດູແລ v care, supervise
ດີເລີດ adj terrific
ດີເລີດ v excel
ດີແລ້ວ adv alright
ດູແລຕໍ່ວ v care about
ດູແລພະຍາບານ v nurse
ດື້ວ v bludgeon
ດຽວ adj alone
ດັກ v snare
ດັກແດ້ n caterpillar
ດີກວ່າເກົ່າ adj better
ດັກຊຸ່ມ v lurk
ດີຂຶ້ນ v improve

ດຶງ v pull
ດັງ adj loud, aloud
ດັງ n nose
ດຶງໄປໜ້າ v pull ahead
ດີງາມ adj classy
ດຶງກະດິງ v ring
ດັງກ້ອງ v rumble
ດຶງຂຶ້ນ v hoist
ດຶງດູດໃຈ v attract, charm
ດຶງດູດລົດໃຈ v stimulate
ດຶງລົງ v pull down
ດຶງອອກ v pull out
ດີດ v spring
ດູດ v engulf, absorb
ດູດ adj sucker
ດູດເຂົ້າຫາກັນ v gravitate
ດັດແປງ v alter, adapt
ດັດແປງໄດ້ adj adaptable
ດັດແປງຕົວເອງ v conform
ດູດກືນ v suck
ດັດຊະນີ n index
ດູດອອກ v sap
ດູຖູກ v scorn
ດີທີ່ສຸດ adj best
ດິນ n soil
ດິນແດນ n territory
ດິນຂໍ n tile
ດິນຈີ່ n brick
ດິນຊາຍ n sand
ດົນຕຣີ n music
ດິນບຸກ n tin
ດິນປືນ n gunpowder
ດິນຟ້າອາກາດ n weather

ດິນລະເບີດ n dynamite
ດິນໜຽວ n clay
ດາບ n sword
ດິບ adj raw
ດັບ v extinguish
ດັບ adj dead
ດາບປາຍປືນ n bayonet
ດົມກິ່ນ v smell
ດຸມລໍ້ລົດ n hub
ດາราสาด n astronomy
ດາວ n star
ດາວເຄາະ n asteroid
ດ້ວງ n worm
ດາວສະເດັດ n meteor
ດ້ວຍໄຟຟ້າ adj electric
ດ້ວຍຈິດใจດີ adv kindly
ດ້ວຍນີ້ adv hereby
ດ້ວຍວິທີໃດໜຶ່ງ adv someway
ດາວທຽມ n satellite
ດ່ວນ n instant
ດ່ວນ adj rapid
ດຽວນີ້ adv now
ດາວບົບພະເຄາະ n planet
ດ່ວນພິເສດ adj express
ດາວຫາງ n comet
ດາວອັງຄານ n Mars
ດິທູาຍ adj bully, great
ດຸໝິ່ນ v snub
ດ້ອຍກວ່າ adj inferior
ດ້ອຍຄ່າ v devalue
ດຸຮ້າຍ adj fierce
ດວງເດືອນ n moon
ດອກໄຟຫຼອດປ້ອມ n bulb

ດອກໄມ້ n flower
ດອກໄມ້ບານ v bloom
ດອກກຸຫຼາບ n rose
ດອກຄາເນຊຸນ n carnation
ດອກທິວລິບ n tulip
ດອກມະລິ n jasmine
ດອງຊາກສົບ v embalm
ດຳ adj black
ດຳເນີນ v carry on
ດຳເນີນການ v execute
ດຳເນີນຊີວິດ v live
ດຳເນີນຕໍ່ໄປ v proceed
ດຳສະໜິດ adj pitch-black
ດຳນ້ຳ v duck
ດຳມິດ adj black

ເຕະ v kick, lash out
ໂຕະ n desk, table
ເຕົ່າ n tortoise, turtle
ເຕົ້າດອກໄມ້ n flowerpot
ເຕົາໄຟ n fireplace, stove
ແຕ່ເຊົ້າ adv early
ໂຕ້ແຍ້ງ v rebut
ໂຕ້ແຍ້ງບໍ່ໄດ້ adj indisputable
ແຕ່ເດີມ adv ever, originally
ເຕັ້ນເບັນຈັງຫວະ v pulsate
ເຕັ້ນຂຶ້ນເຕັ້ນລົງ v spring
ເຕັ້ນຂ້າມ v skip

ເຕັ້ນລຳ v dance
ເຕົາປິ້ງ n grill
ເຕົາອົບ n broiler, oven
ໂຕແກັງກູຣູ n kangaroo
ເຕັກໂນໂລຊິ n technology
ແຕ່ກ່ອນ adj previous
ເຕັກນິກ n technique
ໂຕແຂ້ n crocodile
ແຕ່ງ v compose
ແຕ່ງໂຄງຮ່າງ n outline
ແຕ່ງງານ v conjugate
ແຕ່ງດອງ n marriage
ແຕ່ງດອງ v marry, wed
ແຕ່ງດອງໃໝ່ v remarry
ແຕ່ງຕັ້ງ v nominate
ແຕ່ງຕົວ v clothe
ແຕ່ງຜົມ n hairdo
ແຕ່ງໜ້າ v make up
ໂຕເລຍ n bat
ເຕະສະດຸດ v stumble
ເຕັ້ຍ adj low
ໂຕເຍືອງ n antelope
ໃຕ້ດິນ adj underground
ແຕ່ຜູ້ດຽວ adj singlehanded
ເຕີມ v replenish, fill
ເຕັມ adj full
ແຕ້ມ v draw
ເຕັມໃຈ adj wholehearted
ເຕີມເຊື້ອເພີງ v fuel
ເຕັມໄປແຕ່ດິນ adj moldy
ເຕີມໃໝ່ v refill
ເຕີມນ້ຳມັນເຄື່ອງ v lubricate
ເຕັມບ່ວງ n spoonful

ແຕ່ລະ adj every
ແຕ່ລະຄົນ pro everyone
ແຕ່ລະອັນ adv apiece
ແຕ່ວ່າ c but
ໂຕ້ອາທິ v argue, debate
ໂຕເຫງັ້ນ n raccoon
ເຕືອນ v remind, alert
ເຕືອນໄພ v alert
ເຕືອນລ່ວງໜ້າ v forewarn
ໂຕແຣດ n rhinoceros
ແຕກ n puncture
ແຕກແຫງ v crack
ໂຕກະຮອກ n squirrel
ແຕກກິ່ງ v branch out
ແຕກງ່າຍ adj frail
ແຕກຕ່າງ v differ, vary
ແຕກຕ່າງ adj different
ແຕກຕ່າງກັນ v contrast
ແຕກຕ່າງກັນ adj varied
ແຕກລະອຽດ v crumble
ໂຕກວາງ n deer
ແຕກຫັກ n break
ແຕກໜໍ່ v germinate
ແຕກອອກ v rupture
ໂຕຂີ້ໂຮະ n lizard
ໂຕຄັນຄາກ n toad
ໂຕຊ້າງ n elephant
ໂຕຍຸງ n mosquito
ໂຕຍິຣັບ n giraffe
ໂຕຕຸ່ນ n mole
ໂຕຕໍ່ n wasp
ໂຕນ n ton
ໂຕນາກ n otter

ໂຕານຕົ້ນ n stub
ໂຕປິງ n leech
ໂຕມ້າ n horse
ໂຕມາດ n quarter
ໂຕລິງ n monkey
ໂຕຫມີ n bear
ໂຕຫມັດ n flea
ໂຕອົ່ແຮ້ງ n buzzard
ໂຕອັກສອນ n alphabet
ໂຕອະສຸຈິ n sperm
ໂຕອູດ n camel
ຕະ pre per
ຕິ v lick
ຕາ n eye
ຕີ v beat, hit, flog
ຕູ້ n closet
ຕູ້ໃສ່ເຄື່ອງ n dresser
ຕູ້ເສື້ອຜ້າ n wardrobe
ຕູ້ໃສ່ປຶ້ມ n bookcase
ຕູ້ໃສມີລິ້ນຊັກ n cabinet
ຕູ້ໄປສະນີ n mailbox
ຕູ້ເຢັນ n icebox
ຕັ້ງ v set
ຕ່າງໆ adj various
ຕ່າງໆກັນ adj diverse
ຕັ້ງໃຈ v intend
ຕັ້ງໃຈຈິງ adv earnestly
ຕັ້ງໃຈຜັງ v mind
ຕັ້ງໃຈລະມັດລະວັງ adj attentive
ຕັ້ງແຕ່ pre since
ຕັ້ງແຕ່ນີ້ໄປ adv hence
ຕັ້ງແຕ່ນັ້ນມາ adv since then
ຕັ້ງຂຶ້ນ v erect, set up

ຕັ່ງສາມຂາ n stool
ຕັ້ງຕົ້ນ v commence, start
ຕັ້ງຖິ່ນຖານ v settle
ຕັ້ງທ່າ v pose
ຕັ່ງນັ່ງ n armchair, chair
ຕ່າງປະເທດ adj foreign
ຕ່າງຫາກ adv apart
ຕັ່ງອີ້ຍາວ n sofa
ຕຸ້ຍ adj corpulent, fat
ຕຸ້ຍ v fatten
ຕຸ້ຍເກີນໄປ adj obese
ຕຸ້ຍສົມບູນ adj corpulent
ຕຸ້ຍຫນ້າຮັກ adj chubby
ຕື່ນ v get up, awake
ຕື້ນ adj shallow
ຕົ້ນໄຊປຣັສ n cypress
ຕົ້ນເຕັ້ນ adj rousing
ຕົ້ນໄມ້ n plant, tree
ຕົ້ນໄມ້ໂອກ n oak
ຕົ້ນເຫດ n cause
ຕູ້ນ້ອຍ n chest
ຕົ້ນໂອລິວ n olive
ຕົ້ນຂາ n groin
ຕື່ນຂື້ນ adj awake
ຕື່ນຂື້ນ v wake up
ຕົ້ນສະບັບ n manuscript
ຕົ້ນອາງຸ່ນ n grapevine
ຕົ້ນອໍ້ n reed
ຕູ້ນ້ຳແຂງ n freezer
ຕູບ n hut
ຕຸ່ມ n blister, sore
ຕົ້ມ v boil
ຕົ້ມເຫຼົ້າ v brew

ຕົ້ມຕຸນ v dupe
ຕົ້ມຕຸນ adj fraudulent
ຕົ້ມລົງໄປ v boil down to
ຕຸ້ມຫູ n earring
ຕາເວັນ n sun
ຕາເວັນຂື້ນ n sunrise
ຕາເວັນຕົກ n sunset
ຕູ້ອາຫານ n cupboard
ຕໍ່ອອກ v open up
ຕົ້ຮັດ v pretend
ຕົກ v drop, fail, crash
ຕົກກົ້ນ v spank
ຕົກໃຈ v inspire
ຕົກໃຈເປັນລົມ v shock
ຕົກໃຈງ່າຍ adj squeamish
ຕົກແຕ່ງ v embellish
ຕົກແຕ່ງໃໝ່ v refurbish
ຕັກເຕືອນ v admonish
ຕັກເຕືອນ n advice
ຕັກເຕືອນໄພ v warn
ຕະກຸນ n kinship, caste
ຕະກຸນດຽວກັນ n clan
ຕີກັບ v backfire, hit back
ຕົກໂທມ n mildew
ຕຸກກະຕາ n doll
ຕົກງານ adj jobless
ຕຶກສູງ n skyscraper
ຕົກດິ່ງລົງ v plummet
ຕົກຕະລົງ adj aghast
ຕຶກຕອງ v deliberate
ຕຶກຕອງເບິ່ງ v ponder
ຕົກຕ່ຳ adv downhill
ຕົກລາງ v derail

ຕົກລົງ adv okay
ຕົກລົງ v agree, consent
ຕົກລົງໃຈ v resolve
ຕົກລົງໄດ້ adj agreeable
ຕົກລົງໄປ v fall through
ຕົກລົງໄວ n slump
ຕົກລົງເອກະສັນ n consensus
ຕົກລົງກັນ v stipulate
ຕົກຫຼົ່ນ v leave out
ຕະຂໍ n crook
ຕີຄ່າສູງເກີນໄປ v overrate
ຕົງໄປຕົງມາ adj forthright
ຕົງໄປຫາ adv head-on
ຕົງກາງ n middle
ຕົງກັນ v correspond
ຕົງຄຽດ adj stressful
ຕຽງສອງຊັ້ນ n bunk bed
ຕຽງນອນ n bed, stretcher
ຕາງຫນ້າ adv behalf (on)
ຕາງຫນ້າ v delegate
ຕາງໝ່າຍ n network
ຕິຊົມ v criticize
ຕາຍ adj dead
ຕາຍ v die
ຕາຍສີ v fade
ຕິດ v stick
ຕັດ v disconnect, chop, rip
ຕິດເຊື້ອ v infect
ຕັດໃຫ້ສັ້ນ v cut back
ຕິດແໜ້ນ adj ingrained
ຕັດກ້ານ v stem
ຕັດກັນ v intersect
ຕິດກັບ v stick to

ຕິດກາວ v glue
ຕິດຂັງມາບ້າ v enclose
ຕັດຂົນໃຫ້ສັ້ນ v shear
ຕັດຂອບອອກ v trim
ຕັດສິນ v arbitrate
ຕັດສິນໃຈ v decide
ຕັດສິນໃຈເດັດຂາດ adj deciding
ຕັດສິນບົນ v buy off, bribe
ຕັດດ້ວຍເລື່ອຍ v saw
ຕິດຕັ້ງ v install
ຕິດຕາມ v follow, tail, trail
ຕົມຕົມ n bog
ຕິດຕໍ່ v communicate
ຕິດຕໍ່ໄດ້ທີ່ v touch on
ຕິດຕໍ່ນຳ v deal
ຕິດນຳ v attach
ຕັດຜົມ n haircut
ຕິດພັນ v bind
ຕັດລົງ v curtail
ຕັດຫົວ v decapitate
ຕັດຫຍ້າ v mow
ຕິດໜີ້ v owe
ຕິດອັດ v seal
ຕິດອາວຸດ v arm
ຕິດອາວຸດ adj armed
ຕັດອອກ v abridge, cut out
ຕິງງົນ v rebuke
ຕິຕະປູ v rivet
ຕາຕະລາງ n timetable
ຕາຕະລາງເວລາ n schedule
ຕາຕໍ້ n cataract
ຕີນ n foot, feet
ຕັນ v clog

ຕີນເປົ່າ adj barefoot
ຕີນເອງ pre oneself
ຕີນສົ້ນ n hem
ຕັນດັງ adj stuffy
ຕັນຕົວ n body
ຕີນປະຕູ n threshold
ຕັນຫາລາກະ n lust
ຕີບ v atrophy
ຕີບ adj dense
ຕູບ n shack
ຕັບ n liver
ຕາບເຄື່ອງນຸ່ງ v darn
ຕົບແຕ່ງ v decorate
ຕົບປີກ v flutter
ຕົບມື v applaud, clap
ຕົບໜ້າ v slap, smack
ຕາບອດ adj blind
ຕາບອດ n blindness
ຕະປູ n nail
ຕະປູກຽວ n screw
ຕະປູນ້ອຍ n tack
ຕາມ pre according to
ຕາມໃຈ v pamper
ຕາມໃຈໂພດ v spoil
ຕາມແຖວອນ adj horizontal
ຕາມຍົດຫາກຳ adv adrift
ຕາມຕົວອັກສອນ adj literal
ຕາມທັນ v overtake
ຕາມທຳມະຊາດ adj natural
ຕາມທຳມະດາ adj formal
ຕາມປົກກະຕິ adv ordinarily
ຕາມພັນທຸກຳ adj hereditary
ຕຽມພ້ອມ v furnish

ຕາມລາຍງານ *adv* reportedly
ຕາມລະດູການ *adj* seasonal
ຕາມລຳດັບຊັ້ນ *n* hierarchy
ຕະລົງຊັນ *v* bluff
ຕີລາຄາ *v* appraise
ຕີລະຄັງ *v* toll
ຕີລັງກາ *v* tumble
ຕົວເຊື່ອມ *n* bridge
ຕົວແທນ *n* agent, envoy
ຕົວແບຫຼາຍຕົວ *n* parameters
ຕົວເລັ່ງ *n* accelerator
ຕົວເລກ *n* number
ຕົວຢູ່ໃບໄມ້ *n* ace
ຕົວເອງ *n* auto
ຕົວກາງ *n* mediator
ຕົວກະຕຸ້ນ *n* stimulus
ຕົວຕົນ *n* being
ຕົວຕັ້ງທານ *n* dividend
ຕົວຕະຫຼົກ *n* comedian
ຕົວປະກັນ *n* hostage
ຕົວປະກອບ *n* factor
ຕົວພິມໃຫຍ່ *n* capital letter
ຕົວຢ່າງ *n* example, sample
ຕົວຫານ *n* denominator
ຕົວອຽງ *adj* italics
ຕະຫຼົກ *adj* amusing
ຕະຫຼາດ *n* bazaar, market
ຕະຫຼອດ *adj* whole
ຕະຫຼອດໄປ *adj* everlasting
ຕະຫຼອດການ *adj* thorough
ຕະຫຼອດຄືນ *adv* overnight
ຕະຫຼອດຊີວິດ *adj* lifetime
ຕະຫນ່າງ *n* mesh

ຕ້ອງ *v* have to, must
ຕ້ອງການ *v* require
ຕ້ອງມີກ່ອນ *n* prerequisite
ຕ້ອງຫ້າມ *adj* illicit
ຕ່ອຍ *v* smash
ຕ່ອນ *n* patch
ຕ່ອນເສດ *n* shred
ຕ່ອນອາຫານ *n* morsel
ຕ່ອມ *n* gland
ຕ່ອມຄໍຫອຍ *n* thyroid
ຕ່ອມທອມຊິນ *n* tonsil
ຕ່ອມລູກຫມາກ *n* prostate
ຕອງ *v* speculate
ຕອດ *v* sting
ຕອນ *n* episode, chapter
ຕອນແລງ *n* evening
ຕອນສວຍ *n* afternoon
ຕອນຕົ້ນໄມ້ *v* prune
ຕອນຫນ້າ *n* foreground
ຕອບ *v* answer, reply
ຕອບໂຕ້ *v* retaliate
ຕອບແທນ *v* acquit, atone
ຕໍ *n* stub
ຕໍາ *n* bump
ຕຳແຫນ່ງ *n* status
ຕຳກວ່າ *adv* below
ຕຳກວ່າ *pre* below
ຕຳໃສ່ *v* bump into
ຕໍ່ເຕີມເຂົ້າກັນ *n* annex
ຕໍ່ເນື່ອງ *v* continue, last
ຕໍ່ໄປ *v* last
ຕໍ່ໄປ *adj* next
ຕໍ່ໄປທາງຫນ້າ *adv* onwards

ຕໍ່ໄພຟ້າ v electrify
ຕໍ່າລົງ adj lower
ຕໍ່ໃຫ້ c even if
ຕໍ່າຫຼູກ v weave
ຕໍ່າຫູກ adj woven
ຕໍາແຫນ່ງ v preside
ຕໍາແຫນ່ງ n position, post
ຕໍາແຫນ່ງຫວ່າງ n vacancy
ຕໍາກັນ v crash
ຕໍ່ກັນ v adjoin
ຕໍ່ຈາກນີ້ໄປ adv hereafter
ຕໍ່ຈາກນັ້ນ c whereupon
ຕໍ່ສ v assail
ຕໍ່ສູ້ v fight, oppose
ຕໍ່ສູ້ກັນຕົວຕໍ່ຕົວ n duel
ຕໍ່ສູ້ກັບ pre versus, against
ຕໍ່ຕ້ານ v resist
ຕໍານ n blemish
ຕໍານິ v chastise
ຕໍານິ n culpability
ຕໍານິຕິຕຽນ v blame, censure
ຕໍ່ມາ adv afterwards
ຕໍ່ມາ adj latter
ຕໍ່ລາຄາ v negotiate
ຕໍ່ລອງລາຄາ v bargain, haggle
ຕໍ່ວ່າ v complain
ຕໍາຫູກ v loom
ຕໍາຫຼວດ n police
ຕໍາຫຼວດສານ n bailiff
ຕໍ່ອາຍຸ v renew

ແຖ v shave
ເຖົ້າ adj old, senile
ເຖົ້າກວ່າ n elder
ເຖົ່າຖ່ານ n embers
ເຖິງ pre to
ເຖິງແມ່ນວ່າ c although
ເຖິງຈຸດສູງສຸດ v culminate
ເຖິງຢ່າງໃດກໍ່ຕາມ adv nevertheless
ໂຖໃສ່ດອກໄມ້ n vase
ໄຖ່ຖອນ v redeem
ໄຖດິນ v plow
ໄຖລົງສູ່ເບື້ອງລ່າງ v nosedive
ແຖວ n rank, row
ແຖວຫນ້າ n forefront
ຖູ v rub
ຖ້າ v wait
ຖ່າຍເບົາ v urinate
ຖ່າຍເລືອດ n transfusion
ຖ່າຍທອດ v relay
ຖ່າຍທອດສົດ adj live
ຖ່າຍອາກາດ v ventilate
ຖ່າຍຮູບ v photograph
ຖີ່ຖ້ວນ adj scrupulous
ຖ້ານ n shelf
ຖິ່ນ n territory
ຖ່ານໄຟ n embers, cinder
ຖ່ານຫີນ n charcoal, coal
ຖ້າບໍ່ດັ່ງນັ້ນ adv otherwise
ຖິ້ມ v let down, cast

ຖິ້ມໄວ້ v drop off
ຖິ້ມນ້ຳລາຍ v spit
ຖິ້ມລະເບີດ v bomb
ຖ້າວ່າ c if
ຖົ່ວຂຽວ n green bean
ຖົ່ວວາງບົດ n walnut
ຖົ່ວອານມອນ n almond
ຖົ່ວເຮເຊວ n hazelnut
ຖະແຫຼງ v announce
ຖືເອົາ v avail
ຖືກ adj correct
ຖືກໂຈມຕີ adj beaten
ຖັກແສ່ວ v embroider, knit
ຖືກເວລາ adj timely
ຖືກກ່າວຫາ adv allegedly
ຖືກກັນດີ v get along
ຖືກຈີບ adj pleated
ຖືກຕ້ອງ adv duly
ຖືກຕ້ອງ adj exact, correct
ຖືກຖຽງ v argue
ຖືກຫຼອກ adj dummy
ຖືກຫຼອກງ່າຍ adj gullible
ຖູຂັ້ນ v brush up
ຖົງ n sack, bag, pocket
ຖັງໃສ່ຂີ້ເຫຍື້ອ n bin
ຖົງເດີນທາງ n baggage
ຖັງໄມ້ n barrel
ຖັງຂີ້ເຫຍື້ອ n trash can
ຖົງຊີສ n cyst
ຖົງຕີນ n sock
ຖົງທ້າວຍາວ n stocking
ຖົງຖ້າວຫຍື່ຍາວ n hose
ຖັງນ້ຳ n cistern

ຖົງນ້ຳບີ n gall bladder
ຖົງມື n glove
ຖົງຫິ້ວ n handbag
ຖາດ n tray
ຖານ n platform
ຖານະ n standing
ຖານຂໍ້ມູນ n database
ຖົນຫົນທາງ n road
ຖືພາ n pregnancy
ຖືພາ v conceive
ຖູພື້ນ v mop
ຖາມ v question
ຖົມ v bury
ຖາມ v ask
ຖ່ວງເວລາ v procrastinate
ຖ່ວງຕີງ v bog down
ຖ້ວຍ n bowl
ຖ້ວຍຊາມ n vessel
ຖ້ວມ v flood, inundate
ຖະຫນົນ n avenue
ຖ່ອມຕົວ adj humble, modest
ຖ່ອມຕົວລົງ v deign
ຖອກ v pour
ຖອກທ້ອງ n diarrhea
ຖອຍເພື່ອຮັບມື v retreat
ຖອຍກັບ n reverse
ຖອຍຄືນ v withdraw
ຖອຍຫຼັງ adv back
ຖອຍຫຼັງ v move back
ຖອຍຫົດ v shrink
ຖອດ v undress
ຖອດປັກສຽບ v unplug
ຖອດລະຫັດ v decipher

ຖອດອອກ v dismantle
ຖອນ v abrogate
ຖອນກັບ v recant
ຖອນຄຳເວົ້າ v retract
ຖອນສິດ v disinherit
ຖອນຕົ້ນໄມ້ v uproot
ຖອນຕົວ v retire
ຖອນອອກ v bow out
ຖ້ຳ n grotto, cave
ຖ້ຳທີ່ສັດຢູ່ n den

ຫ

ເຫ v dump
ແຫ້ adv very
ແຫ້ງ adv quite
ເທົ່າກັບ adj equivalent
ເທົ່າທຽມ adj fair
ເທົ່າທຽມກັນ adj equal
ທີລົບກວນ adj bothersome
ເທື່ອລະຂັ້ນ adv step-by-step
ເທື່ອລະໜ້ອຍ adj gradual
ເທື່ອລະໜ້ອຍ adv piecemeal
ເທິງ pre upon, on, above
ເທິງເຈີ້ຍພູ n hillside
ແທ້ງລູກ v abort
ແທ້ຈິງ adj absolute, actual
ເທັບເບັນມ້ວນ n cartridge
ເທັບຕິດ n tape
ເທີມ n semester

ແທງ v pierce, stab, stick
ແທງເອົາ v prick
ໂທດ n penalty
ເທດສະໜາ v preach
ແທນ n lieu
ແທນ v represent
ເທນນິດສ n tennis
ແທນທີ່ v supersede
ໂທລະເລກ n telegram
ເທລົງ v pour
ໂທລະຈິດ n telepathy
ໂທລະສັບ v call, phone
ໂທລະທັດ n television
ເທວະດາ n deity
ເທວະດາຜູ້ຍິງ n goddess
ທາ v anoint
ທີ່ n place
ທີ່ adj which
ທີ່ເກົ່າແກ່ adj ancient
ທີ່ໃກ້ເຂົ້າມາ adj incoming
ທີ່ແກ້ໄຂບໍ່ໄດ້ adj irreparable
ທີ່ເກີດ n source
ທີ່ເກີນກຳນົດ adj overdue
ທີ່ແກ້ບັນຫາໄດ້ adj soluble
ທີ່ແຂງແຮງຄືຜູ້ຊາຍ adj virile
ທີ່ໂງ່ adj slob
ທີ່ເສຍໃຈ adj disappointing
ທີ່ຈະ adj staggering
ທີ່ໃຊ້ເວດມົນ adj charming
ທີ່ໃຊ້ບໍ່ໄດ້ adj futile
ທີ່ໃຊ້ປະດັບ adj ornamental
ທີ່ໃຊ້ພາຍນອກ adj external
ທີ່ແຍກອອກແລ້ວ adj separate

ທີ່ໄດ້ບັງຄັບ adj obliged
ທີ່ບົ່ງເຫັນໄດ້ adj outward
ທີ່ເປັນເຄິ່ງ adj half
ທີ່ເປັນແປ້ວ adj scarce
ທີ່ເປັນຂົນສັດ adj woolen
ທີ່ເປັນຄຣີມ adj creamy
ທີ່ເປັນຄວາມວັນ adj confident
ທີ່ເປັນສິ່ງກະຕຸ້ນ n incentive
ທີ່ເປັນຕາຊັງ adj detestable
ທີ່ເປັນນິດໄສ adj habitual
ທີ່ເປັນພາລະ adj burdensome
ທີ່ເປັນມົງຄົນ adj auspicious
ທີ່ເປັນວິນຍານ adj spiritual
ທີ່ແບກປະຫງາດ adj cranky
ທີ່ເມື່ອຍ adj exhausting
ທີ່ເລິກເຊິ່ງ adv in depth
ທີ່ເຫຼື້ອມ adj shiny
ທີ່ໃຫ້ຄວາມພໍໃຈ adj pleasant
ທີ່ເຫັນແກ່ຕົວ adj introvert
ທີ່ເຫັນໄດ້ງ່າຍ adj obvious
ທີ່ໃຫຍ່ adj large
ທີ່ເໝາະສົມ adj suitable
ທີ່ໂອຫັງ adj impertinent
ທີ່ຮັດໃຫ້ກ່ອມ adj hunched
ທີ່ຮັດໃຫ້ມີຜົນ adj productive
ທີ່ຮັດດ້ວຍມື adj manual
ທ່າເຮືອ n port, harbor
ທິເກົ້າ adj ninth
ທີ່ກ່ຽວກັບກະສິກຳ adj agricultural
ທີ່ກ່ຽວກັບຊີວິດ adj vital
ທີ່ກ່ຽວກັບພະ adj clerical
ທີ່ກ່ຽວຂ້ອງ v involved
ທີ່ກ້າວໜ້າຂຶ້ນ adj progressive

ທີ່ກະທຳຮ່ວມກັນ adj concurrent
ທີ່ກິນໄດ້ adj edible
ທີ່ກັນນ້ຳ adj waterproof
ທີ່ກຳນົດແນ່ນອນ adj singleminded
ທີ່ຂ້າເຊື້ອ adj sterile
ທີ່ຂີ້ຕົວະ adj liar
ທີ່ຂາດໄປ adj missing
ທີ່ຂຽນດ້ວຍມື n handwritting
ທີ່ຄ້າຍຄືກັນ adj similar
ທີ່ຄົງຢູ່ຄືນ adj persistent
ທີ່ຄາດ adj harrowing
ທີ່ຄືດໄດ້ adj conscious
ທີ່ຄົດຄ້ຽວ adj convoluted
ທີ່ຄົບຖ້ວນສົມບູນ adj complete
ທີ່ຄຸມເຄືອ adj ambiguous
ທີ່ຄຸມໄວ້ adj shrouded
ທ່ຽງ n noon
ທົ່ງ n field
ທົ່ງ v ram
ທັ່ງ n anvil
ທ່ຽງຄືນ n midnight
ທັ່ງຕີເຫຼັກ n anvil
ທົ່ງນາ n field
ທົ່ງພຽງ n plain
ທົ່ງລ້ຽງສັດ n pasture
ທ່ຽງວັນ n midday
ທົ່ງຫຍ້າ n prairie
ທີ່ຈະຕ້ອງຈ່າຍ adj payable
ທີ່ສື່ຂ້ມູນ adj telling
ທີ່ສ່ຽງໄພ adj risky
ທີ່ສູງກວ່າ adj superior
ທີ່ສັກສິດ adj holy
ທີ່ສູງສຸດ n summit

ທີ່ສຸດ adj extreme
ທີ່ສາມາດໃຊ້ໄດ້ adj applicable
ທີ່ສະຫງ່າງາມ adj elegant
ທີ່ສ່ອງເຫັນໄດ້ adj visible
ທີ່ສວຍງາມ adj exquisite
ທີ່ສໍາພັນ adj binding
ທີ່ຊັບຊ້ອນ adj convoluted
ທ້າຍ n tail
ທີ່ຍ້າຍໄປມາໄດ້ adj mobile
ທີ່ຍົກເວັ້ນ adj exceptional
ທີ່ຍຶດໝັ້ນ adj entrenched
ທະເຍີທະຍານ adj ambitious
ທ້າຍເຮືອ n stern
ທ້າຍທາຍ adj defiant
ທ້າຍອາທິດ n weekend
ທີ່ດີເລີດ adj ideal, outstanding
ທີ່ດຶງດູດໃຈ adj alluring
ທີ່ດິນ n land
ທີ່ຕັ້ງ n site
ທີ່ຕັ້ງຂຶ້ນ adj located, upright
ທີ່ຕັ້ງຢູ່ adj situated
ທີ່ຕ້ານທານບໍ່ໄດ້ adj irresistible
ທີ່ຕິດຕໍ່ໄດ້ງ່າຍ adj catching
ທີ່ຕິດມານຳ adj attached
ທີ່ຕ້ອງການ adj needy
ທີ່ຕໍ່ສູ້ກັບ adj militant
ທີ່ຖືໄປໄດ້ adj portable
ທີ່ຖາກຖາງ adj cynic
ທີ່ຖຽງກັນ adj controversial
ທີ່ຖຽງບໍ່ໄດ້ adj irrefutable
ທ່າທີ n attitude
ທ່າທາງໆ n complexion
ທ້າທາຍ v challenge, defy

ທ້າທາຍ adj challenging
ທີ່ທົດສອບກ່ອນ adj proven
ທີ່ທັນສະໄໝ adj popular
ທ່ານ n sir
ທ່ານ pro you
ທຸ່ນທ່ຽງ adj stable
ທ່ານໝໍ n doctor
ທ່ານໝໍປົວແຂ້ວ n dentist
ທີ່ບໍ່ງອອກ adj exposed
ທີ່ບັງຄັບ adj compulsory
ທີ່ບາດ adj harrowing
ທີ່ບັນເທົາ adj extenuating
ທີ່ບໍ່ເຄົາລົບ adj disrespectful
ທີ່ບໍ່ໄດ້ຄາດໄວ້ adj unexpected
ທີ່ບໍ່ເທົ່າກຸມ adj unequal
ທີ່ບໍ່ແນ່ໃຈ adj uncertain
ທີ່ບໍ່ກ່ຽວຂ້ອງ adj unrelated
ທີ່ບໍ່ສິ້ນສຸດ adj unending
ທີ່ບໍ່ສໍາຄັນ adj tenuous
ທີ່ບໍ່ຊັດເຈນ adj misty
ທີ່ບໍ່ຕົດ adj broke
ທີ່ບໍ່ທ່ຽງ adj staggering
ທີ່ບໍ່ບອດໄພ adj precarious
ທີ່ບໍ່ມີແຂນເສື້ອ adj sleeveless
ທີ່ບໍ່ມີໃຜນິຍົມ adj unpopular
ທີ່ບໍ່ມີກຳລັງ adj powerless
ທີ່ບໍ່ມີຄວາມປານີ adj merciless
ທີ່ບໍ່ມີຈຸດປະສົງ adj aimless
ທີ່ບໍ່ມີສາຍ adj wireless
ທີ່ບໍ່ມີທີ່ຢູ່ອາໃສ adj homeless
ທີ່ບໍ່ມີລາຄາ adj invaluable
ທີ່ບໍ່ມີລົດຊາດ adj insipid
ທີ່ບໍ່ໜ້າສົນໃຈ adj bland

ທີ່ປ່ຽນແປງໄດ້ *adj* variable
ທີ່ປິ່ນປົວ *adj* curable
ທີ່ປຶກສາ *n* adviser
ທີ່ປະຊຸມ *n* council
ທີ່ປະຕິເສດບໍ່ໄດ້ *adj* undeniable
ທີ່ປິຕິຍິນດີ *adj* joyful
ທີ່ປະຖິ້ມ *adj* deserted
ທີ່ປຽບທຽບກັນ *adj* comparative
ທີແປດ *adj* eighth
ທີ່ປອດໄພ *adj* secure
ທີ່ຜິດຄາດ *adj* unforeseen
ທີ່ຜິດສິນລະທຳ *adj* twisted
ທີ່ເຜີຍອອກໄປ *adj* outgoing
ທີ່ພົບໄດ້ເລື້ອຍໆ *adj* prevalent
ທີ່ມາ *n* source, origin
ທີ່ມີແຂນ *adj* armed
ທີ່ມີຕົ້ນພຽງພໍ *adj* solvent
ທີ່ມີແຕ່ໄຂມັນ *adj* fatty
ທີ່ມີແນວໂນ້ມ *adj* prone
ທີ່ມີກິ່ນຫອມ *adj* aromatic
ທີ່ມີກໍາໄລງາມ *adj* lucrative
ທີ່ມີສານຊືນ *adj* leaded
ທຸ້ມເທ *v* dump
ທີ່ມີປະສົບປະການ *adj* expert
ທີ່ມີພິດຮຸນແຮງ *adj* virulent
ທີ່ມີຢູ່ແລ້ວ *adj* built-in
ທີ່ມີຫນາມ *adj* thorny
ທ່າມກາງ *pre* amid
ທີ່ມວນຊື່ນ *adj* enjoyable
ທີ່ຢູ່ໄກອອກໄປ *adv* beyond
ທີ່ຢູ່ແຄມຝັ່ງ *adj* stranded
ທີ່ຢູ່ທາງແຈ້ງ *adv* outdoor
ທີ່ຢູ່ກົງກັນຂ້າມ *adj* opposite

ທີ່ຢູ່ບ່ອນສູງ *adj* towering
ທີ່ຢູ່ທາງກາງ *adj* medium
ທີ່ຢູ່ຮອບນອກ *adj* outer
ທີ່ຍືດຍາວ *adj* lengthy
ທີ່ຍືດຫົດໄດ້ *adj* elastic
ທະເລ *n* sea
ທີ່ລ້າສະໄຫມ *adj* obsolete
ທີ່ລົບກວນ *adj* infested
ທະເລສາບ *n* lagoon
ທະເລຊາຍ *n* desert
ທີ່ວັ້ວວຽງ *adj* enticing
ທ້າວ *n* mister
ທົ່ວໄປ *adj* generic
ທົ່ວໂລກ *adj* universal
ທີ່ຫົບຢູ່ *n* hideaway
ຫາໃຫ້ເປື້ອນ *v* smear
ຫາໃຫ້ເຫຼື້ອມ *v* varnish
ທີ່ຫັກ *adj* broken
ທີ່ຫາຍາກ *adv* scarcely
ທີ່ຫາຍໃຈຫອບ *adj* puffed
ທີ່ຫາຍາຍຄາຍ *adj* unheard-of
ທີ່ຫນ້າເບື່ອ *adj* bored
ທີ່ຫນ້າຕື່ນເຕັ້ນ *adj* exciting
ທີ່ຫນ້າພູມໃຈ *adj* delightful
ທີ່ຫນ້າຮັກ *adj* adorable
ທີ່ຫັ້ງບຄົງ *adj* affluent
ທີ່ອື່ນໆ *adv* elsewhere
ທີ່ອົດທົນບໍ່ໄດ້ *adj* intolerable
ທີ່ອົດອາດ *adj* lingering
ທີ່ຮູ້ໂດຍທົ່ວໄປ *adj* public
ທີ່ຮັ່ງມີ *adj* affluent
ທີ່ຮ້າຍກາດ *adj* enormous
ທີ່ຮູ້ຕົວ *adj* conscious

ທີ່ຮັກ adj darling
ທີ່ຮັບຜິດຊອບ adj liable
ທີ່ຮົມຄວັນ adj smoked
ທຸກໆ adj every
ທຸກໃຈ adj miserable
ທຸກຊົ່ວໂມງ adv hourly
ທຸກເດືອນ adv monthly
ທຸກອາທິດ adv weekly
ທຸກຄົນ pro everybody
ທຸກສອງອາທິດ adj bimonthly
ທຸກຍາກ n poor
ທັກທາຍ v greet
ທຸກທໍລະມານຈາກ v suffer from
ທຸກມື້ adj everyday
ທຸກຢ່າງ pro everything
ທຸກອັນນີ້ adv nowadays
ທາງ n trail
ທຸງ n banner, flag
ທາງເຂົ້າ n entrance
ທາງເຂົ້າປະຕູ n doorway
ທາງແຍກ n junction
ທາງໃຕ້ adj southern
ທາງເທິງ pre above
ທາງໃນ pre in
ທາງໃນ adj inner, inside
ທາງເບື້ອງຂວາ adj right
ທາງເບື້ອງນອກ adv outdoors
ທາງເລືອກ n alternative, option
ທາງເໜືອຂຶ້ນໄປ adv upwards
ທາງກາງ n middle
ທາງການຮຽນ adj academic
ທາງກ້ອງລຸ່ມ pre beneath
ທາງຂ້າງລ່າງ n underpass

ທາງຂ້າມ n crosswalk
ທາງຄຳເວົ້າ adv verbally
ທັງສອງ adj both
ທາງຊີວະວິທະຍາ adj biological
ທາງຍ່າງ n corridor, path
ທາງດ່ວນ n freeway
ທາງຕັນ n dead end
ທາງນ້ຳໄຫຼ n chute
ທາງບວກ adj positive
ທັງປວງ adj all
ທາງລາດ n ramp
ທາງລົດໄຟ n railroad
ທາງວິຊາການ adj technical
ທາງຫຼັງ adj rear
ທັງໝົດ adj entire, total, all
ທັງໝົດ adv overall, quite
ທາງອາຊີບ adj professional
ທາງອາດຊະຍາກຳ adj criminal
ທາງອ້ອມ n bypass
ທາງອອກ n way out
ທາງຮ່າງກາຍ adj physically
ທາສີ v paint
ທີສີ່ adj fourth
ທີສິບ n tenth
ທີສິບເຈັດ adj seventh
ທີສິບເອັດ adj eleventh
ທີສິບສອງ adj twelfth
ທີສິບຫ້າ adj fifteen
ທີສາມ adj third
ທີສອງ n second
ທີສອງ adj secondary
ທີຊາວ adj twentieth
ທາດ n element

ທາດໄນໂຕເຈັນ n nitrogen
ທາດໂປຣຕີນ n protein
ທາດແຫຼວ n liquid
ທິດເໜືອ n north
ທາດໄອໂອດິນ n iodine
ທິດສະດິ n theory
ທັດສະນະ n idea
ທັດສະນະຄະຕິ n outlook
ທາດຈິນ n lead, mercury
ທິດທາງ n direction, trend
ທາດທອງ n copper
ທາດນິເກວ n nickel
ທາດພລູໂທນຽມ n plutonium
ທາດພົດສະພາດ n phosphorus
ທົດລອງ v test
ທາດອາມໂມນຽມ n ammonia
ທາດຮູບສາມຫຼ່ຽມ n pyramid
ທັນ adv abreast
ທຽນ n candle
ທະນາຄານ n bank
ທະນົງ adj conceited
ທັນໃຈ v breathe
ທະນາຍ n attorney
ທະນາຍຄວາມ n counselor
ທັນໃດນັ້ນ adv suddenly
ທຶນການສຶກສາ n scholarship
ທັນສະໄໝ adj contemporary
ທັນຍະພືດ n cereal
ທົນຕໍ່ v withstand
ທັນທີທີ່ c once
ທັນທີທັນໃດ adj sudden
ທົນທານ adj durable, lasting
ທົນທານ v endure, tolerate

ທົນທໍລະມານ v suffer
ທຶນນິຍົມ n capitalism
ທົນບໍ່ໄດ້ adj unbearable
ທານ້ຳມັນ v anoint
ທຶບ v trample
ທຸບ v smash
ທູບ n incense
ທຽບ pre alongside
ທັບຊ້ອນກັນ v overlap
ທັບທິມ n ruby
ທົບທວນ v review
ທຽບຝັ່ງ adv ashore
ທຽມ adj artificial
ທຸລະກິດ n errand
ທາລຸນ v mistreat
ທາລຸນ adj vicious
ທະວີບ n continent
ທິວທັດ n scene, view
ທີຫ້າ adj fifth
ທີຫົກ adj sixth
ທະຫານ n soldier
ທະຫານສິບໂທ n corporal
ທະຫານຍາມ n sentry
ທະຫານຜ່ານເສິກ n veteran
ທີນຶ່ງ adj first, premier
ທ້ອງ n abdomen
ທ່ອງຂຶ້ນໃຈ v memorize
ທ່ອງຈຳ v recite
ທ່ອງທ່ຽວ v sightseeing
ທ້ອງນ້ອຍ n belly button
ທ້ອງຜູກ v constipate
ທ້ອງຟ້າ n sky
ທ່ອນໄມ້ n log, timber

ຫ້ວນໂຮມກັນ v unify
ທ່ອນທິນ n block
ທິຮ້ອຍ adj hundredth
ທວາຍ v predict
ທວາຍບໍ່ຖືກ adj unpredictable
ທວນຄືນ v revise
ທອດຖິ້ມ v discard
ທໍ່ n duct
ທໍ່ເກັບສຽງ n muffler
ທໍາໂທດ v punish
ທໍ່ຄວັນໄຟ n chimney
ທໍາຄວາມສະອາດ v clean
ທໍາທ່າ v act
ທໍານາຍ v predict, forecast
ທໍານອງ n theme
ທໍານອງເພງ n tune
ທໍ່ນໍ້າ n aqueduct, pipe
ທໍ່ນໍ້າເປື້ອນ n sewer
ທໍາມະເທສະນາ n homily
ທໍາມະເທດສະໜາ n preaching
ທໍາມະຊາດ n nature
ທໍາມະດາ adj normal
ທໍາມະດາສາມັນ adj common
ທໍາລາຍ v destroy, cripple
ທໍາລາຍ n crash
ທໍາລາຍກຽດສັກສີ v debunk
ທໍາລາຍສິ້ນ v exterminate
ທໍາລາຍຉັບສັນ v vandalize
ທໍາລາຍລ້າງ v annihilate, devastate
ທໍາອິດ adj first
ທໍາຮ້າຍ n assault
ທໍລະຍົດ v betray

ທໍລະນີສາດ n geology
ທໍລະມານ v torture

ນ

ໃນ pre in
ເປົ່າ adj bare
ເນົ່າ v decay
ເນົ່າເປື່ອຍ n gangrene
ເນົ່າເປື່ອຍ adj putrid
ເປົ້າບຸມ v bruise
ເນີ້ງ adj oblique
ແນ່ໃຈ adj sure, certain
ແນ່ແທ້ adj unmistakable
ເນັ້ນໜັກ v emphasize
ເນື້ອແທ້ n essence
ເນື້ອແທ້ adj intrinsic
ເນື້ອເພງ n lyrics
ເນື້ອໄມ້ແຂງ n elm
ເນື່ອງຈາກ pre because of
ເນື່ອງຈາກ c since
ເນື້ອງອກ n tumor
ເນື້ອທີ່ n stretch
ເນື້ອຜ້າ n texture
ເນື້ອຫາ n context, theme
ໃນໃຈ adv upstairs
ແນ່ຈັດ adj definite
ແນະນໍາ v introduce
ແນ່ນອນ adj certain
ແນະນໍາ v exhort, suggest
ແນະນໍາໃຫ້ຮູ້ v present

ແນະນຳທິດທາງ v direct	ນິ້ວຕີນ n toe
ໃນເມືອງ n downtown	ນິ້ວມື n digit, finger
ໃນໄລຍະຍາວ adj long-term	ນາກ n swordfish
ໃນເຮືອ adv aboard	ນົກແກ້ວ n parrot
ໃນຂັ້ນເລີ່ມຕົ້ນ adv initially	ນົກແກ້ວນ້ອຍ n parakeet
ໃນຂະນະທີ່ c whereas, while	ນົກເຂົາ n dove
ໃນຂະນະນັ້ນ adv meantime	ນົກເຄົ້າ n owl
ໃນຈຳນວນ pre among	ນົກເຄມີ n chemist
ເນຍ n cheese	ນົກາຍ n sect
ໃນທີ່ສຸດ adv eventually	ນັກໂຍນເຄື່ອງ n juggler
ແນບ adj adjacent	ນັກເດີນທາງ n traveler
ແນບບ່າ v attach	ນັກແຕ່ງ n author
ໃນບໍ່ຊ້ານີ້ adv soon	ນັກແຕ່ງເພງ n composer
ໃນປັດຈຸບັນ adv currently	ນັກເທດ n preacher
ເນລະເທດ v exile, banish	ນັກໂທດ n prisoner
ແນວ n trend	ນັກເທວະວິທະຍາ n theologian
ແນວໄນ້ມ n tenor	ນັກໄນຕິງເກິນ n nightingale
ແນວຄວາມຄິດ n concept	ນັກເປຍໂນ n pianist
ແນວປະກາລັງ n reef	ນັກເພິນກິນ n penguin
ແນວປະຕິບັດ n process	ນັກເລງ n hoodlum, thug
ນີ້ adj this	ນັກໄວໂອລິນ n violinist
ນົກ n bird	ນັກໂຫຣາສາດ n astrologer
ນິ່ງ adj stagnant	ນັກທາງແກ n pigeon
ນັ່ງ v sit	ນັກກະຈອກເທດ n ostrich
ນຸ່ງເຄື່ອງ v dress	ນັກກະສາ n crane
ນັ່ງຕັ່ງ v chair	ນັກກາຍຍະສິນ n acrobat
ນຸ່ງຫົ່ງ v wear	ນັກກະທາ n partridge, quail
ນະໂຍບາຍ n policy	ນັກກະທຸງ n pelican
ນັ້ນ adj that, those	ນັກການເມືອງ n politician
ນ່ານຟ້າ n airspace	ນັກການທູດ n diplomat
ນິ້ວ n inch	ນັກກິລາ n athlete
ນິ້ວໂປ້ n thumb	ນັກຂ້າ n killer
ນິເວດວິທະຍາ n ecology	ນັກຂ່າວ n journalist

ນັກຂຽນ n writer
ນັກຂະໝັ້ນ n canary
ນຶກຄິດ v contemplate
ນັກຄອມມຸຍນິດ adj communist
ນັກຈອກ n sparrow
ນັກສື່ຂ່າວ n reporter
ນັກສະແດງ n actor, artist, player
ນັກສະແດງຍິງ n actress
ນັກສຶກສາ n student
ນັກສະສົມ n collector
ນັກສືບ n spy
ນັກສະໝັກຫຼິ້ນ adj amateur
ນົກຍຸງ n peacock
ນັກຍິງປືນ n gunman
ນັກດື່ມ n drinker
ນັກດິງກະເປົ໋າ n pickpocket
ນັກດົນຕຣີ n musician
ນັກດາຣາສາດ n astronomer
ນັກດຳນ້ຳ n diver
ນັກຕົ້ມຕຸນ n con man
ນັກຕໍ່ສູ້ n cock, fighter
ນັກຖ່າຍຮູບ n photographer
ນັກທຸລະກິດ n businessman
ນັກທຸລະກິດທີ່ຮັ່ງມີ n tycoon
ນັກທ່ອງທ່ຽວ n tourist
ນົກນາງນວນ n seagull
ນັກບິນ n pilot, flier
ນັກບຸນ n saint
ນັກບິນອະວາກາດ n astronaut
ນັກບວດ n friar, hermit
ນັກບວດບິຊອບ n bishop
ນັກບວດຜູ້ຍິງ n priestess
ນັກປາດ n scholar

ນັກປັດຊະຍາ n philosopher
ນັກປະພັນ n author
ນັກປະຫວັດສາດ n historian
ນຶກພາບ v picture
ນັກມວຍ n boxer
ນັກມວຍປ້ຳ n wrestler
ນັກລົງທຶນ n investor
ນັກລອຍນ້ຳ n swimmer
ນັກວາງເພີງ n arsonist
ນັກວິສະວະກອນ n engineer
ນັກວິທະຍາສາດ n scientist
ນົກອິນຊີ n eagle
ນັກອະວາກາດ n cosmonaut
ນັກຮຽນ n pupil
ນັກຮົບ n warrior
ນັກຮ້ອງ n singer
ນາງ ຫຼື ນາງສາວ n miss
ນາງເງືອກ n mermaid
ນາງພະດຸຄັນ n midwife
ນາງຟ້າ n angel
ນາຍ n master, boss
ນິຍາຍບຸຮານຮຸບ n parable
ນາຍແປພາສາ n interpreter
ນິຍາມ n definition
ນາຍຈ້າງ n employer
ນາຍສິບເອກ n sergeant
ນາຍທຶນ n entrepreneur
ນາຍພານ n hunter
ນາຍພົນ n general
ນາຍພັນເອກ n colonel
ນາຍພົນເຮືອ n admiral
ນາຍພັນຕຣີ n major
ນາຍຮ້ອຍໂທ n lieutenant

ນິດໄສ *n* habit, behavior
ນິດເພງ *n* note, score
ນະທີ *n* estuary
ນາທີ *n* minute
ນິທານ *n* fable, story
ນິທານກ້ອມ *n* anecdote
ນິທານບູຮານ *n* myth
ນິທານພື້ນບ້ານ *n* folks
ນັບ *v* count, compute
ນັບຖື *v* adore, venerate
ນັບບໍ່ຖ້ວນ *adj* countless
ນົມ *n* bosom, breast
ນາມແຝງ *n* pseudonym
ນາມສະກຸນ *n* last name, surname
ນາມບັດ *n* card
ນາມມະທຳ *adj* abstract
ນິລັນດອນ *n* eternity
ນະວັດຕະກຳ *n* innovation
ນະວະນິຍາຍ *n* novel
ນ້ອຍ *adj* small
ນ້ອຍງ *n* miniature
ນ້ອຍງ *adj* tiny
ນ້ອຍກວ່າ *adj* fewer, lesser
ນ້ອຍລົງ *v* dwindle
ນ້ອມຄຳນັບ *v* bow
ນາຣົກ *n* hell, purgatory
ນວດ *v* massage
ນອກກົດໝາຍ *adj* illegitimate
ນອກຈາກ *adv* aside from
ນອກຈາກ *pre* except
ນອກຈາກນີ້ *pre* besides
ນອກຈາກນັ້ນ *adv* likewise
ນອກປະເດັນ *adj* unthinkable

ນອກປະເທດ *adv* abroad
ນອກວ່າເຮືອ *adv* overboard
ນອນ *v* sleep
ນອນກົນ *v* snore
ນອນພັກຜ່ອນ *v* repose
ນອນຍຽດ *v* sprawl
ນອນວິງ *v* lie
ນອນຫຼັບ *adj* asleep
ນອບນ້ອມ *adj* meek
ນຳ *v* conduct
ນຳ *pre* with
ນ້ຳ *n* water
ນ້ຳໃຈ *adj* considerate
ນ້ຳໂສໂຄກ *n* sewage
ນ້ຳຊ້ອມ *n* syrup
ນ້ຳເຫືອນ *n* ripple
ນ້ຳໜອງ *n* pus
ນ້ຳກົດ *n* acid
ນ້ຳກ້ອນ *n* ice
ນຳເຂົ້າ *v* import
ນ້ຳຂຶ້ນນ້ຳລົງ *adj* tidy
ນ້ຳຄ້າງ *n* dew
ນ້ຳສົ້ມ *n* vinegar
ນ້ຳສະອາດ *n* dressing
ນຳໃຊ້ *v* use
ນ້ຳຊຸ້ນສຸກ *n* gravy
ນ້ຳສຸບ *n* soup
ນ້ຳຕາ *n* tear
ນ້ຳຕົກ *n* waterfall
ນ້ຳຕານ *n* sugar
ນ້ຳຖ້ວມ *n* deluge, flooding
ນ້ຳນົມ *n* milk
ນ້ຳບີ *n* bile

ນ້ຳບຳລຸງ n tonic
ນ້ຳບັດສະວະ n urine
ນ້ຳເຜິ້ງ n honey
ນ້ຳພຸ n fountain
ນ້ຳພຸຮ້ອນ n geyser
ນ້ຳມຶກ n ink
ນ້ຳມັນ n fat, oil
ນ້ຳມັນເຊື້ອໄຟ n fuel
ນ້ຳມັນເບີ n butter
ນ້ຳມັນແອັດຊັງ n gasoline
ນ້ຳມັນດິບ n petroleum
ນ້ຳມັນທາໃຫ້ເຫຼື້ອມ n varnish
ນ້ຳລາຍ n saliva
ນ້ຳວົນ n whirlpool
ນ້ຳຫອມ n perfume
ນ້ຳຫັນກ n weight
ນ້ຳຫັນກເກີນ adj overweight
ນ້ຳໝາກໄມ້ n juice
ນ້ຳໝາກນາວ n lemonade
ນຳກັນ adv together
ນຳກ່ອນ v precede
ນຳຂຶ້ນບົກ v land
ນຳສະໄໝ adj posh
ນຳທາງໄປ v lead
ນຳພາຜິດ v mislead
ນຳມາໃຊ້ຄືນ v recycle
ນຳລົງຈອດ v land
ນຳອອກ v expose
ນຳຮອຍ v trace
ນຳຮອຍຕິນ v track

ບ

ໂບ n ribbon, sail
ແບ້ n goat
ໃບ້ adj mute
ເບາະ n cushion
ເບົາງ n lightweight
ເບົ້າຫຼໍ່ n foundry, mold
ເບີເກີ n burger
ເບິ່ງ v watch, look, view
ເບິ່ງແຍງ v look after
ເບິ່ງໂລກໃນແງ່ດີ adj optimistic
ເບິ່ງເຫດລ່ວງໜ້າ v foresee
ເບິ່ງຫາຍ v overlook
ເບິ່ງຂ້າມ v glimpse
ເບິ່ງຜ່ານ v look through
ເບັ້ຍບຳນານ n pension
ເບົາມື v slacken
ເບື່ອ adj toxic
ເບື້ອງຕົ້ນ adj elementary
ເບື້ອງລຸ່ມ adv below
ເບື້ອງລຸ່ມ pre below
ເບື້ອງຫຼັງ n background
ເບື່ອໜ່າຍ adj fed up
ເບາະຮອງ n padding
ເບາະຮອງນັ່ງ n couch
ເບີກບານ adj jolly
ເບີກບານໃຈ adj jovial
ແບ່ງ v divide
ແບ່ງເຄິ່ງ v halve
ແບ່ງເປັນສ່ວນ v ration
ແບ່ງໃຫ້ v dispense

ແບ່ງບໍ່ໄດ້ adj indivisible
ແບ່ງປັນໃຫ້ v dole out
ແບ່ງອອກຈາກ v rip apart
ເບ້ຍລ້ຽງ n allowance
ໃບໄມ້ n leaf
ແບກ v bear
ໃບຂາຍ n sale slip
ເບຄອນ n bacon
ໃບສັ່ງຈ່າຍເງິນ n money order
ໃບສໍາຄັນຈ່າຍ n voucher
ໃບສັ່ງແຈງ n prescription
ໂບດ n church, chapel
ໂບດທີ່ສໍາຄັນ n cathedral
ເບນ v decline
ແບນ v flatten
ແບບ n mode, style
ແບບແຜນ n pattern
ແບບຈໍາລອງ n reproduction
ແບບພື້ນບ້ານ adj folksy
ໃບບ່ຽນລິດເມ n transfer
ໃບປະກາດ n certificate
ໃບປີວ n leaflet
ໃບຜັກກ້ານກໍ່າ n mint
ໃບຫຍ້າ n blade
ໃບອະນຸຍາດ n charter
ໃບຮັບ n payslip, receipt
ໃບຮັບປະກັນ n guarantee
ບ້າ n lunacy
ບ້າ adj insane, idiotic
ບ້າເລືອດ adv berserk
ບ່າໃຫຍ່ n shoulder
ບ້າຄັ່ງ adj frenetic
ບັ້ງໄຟດອກ n fireworks

ບັ້ງກະໂພກ n firecracker
ບົ່ງມະຕິພະຍາດ v diagnose
ບ້ານ n home, house
ບ້ານເກີດ n homeland
ບ້ານເກີດ adj native
ບ້ານຂອງໝາ n kennel
ບ້ານນ້ອຍໆ n cottage
ບ້ານພັກ n dwelling
ບາງປັນໂສ້ງ n pantyhose
ບຸ້ມ v dent
ບ້ຽວ adj crooked
ບິກ n pen
ບັກເຕຣີ n bacteria
ບຸກຄົນ n person
ບຸກຄົນ n creature
ບຸກຄົນພາຍນອກ n outsider
ບຸກຄິດສະມາດ n X-mas
ບຸກທໍາຮ້າຍ v assassinate
ບົກພ່ອງ v defect
ບົກພ່ອງ adj deficient
ບຸກລຸກ v invade, overrun
ບາງ adj thin, slim, fine
ບຶງ n quagmire, swamp
ບາງເທື່ອ v may
ບາງເທື່ອ adv perhaps, sometimes
ບາງເບົາ adv thinly
ບັງເອີນ adj coincidental
ບັງການ v boss around
ບາງຄົນ pro anyone
ບັງຄັບ v enforce, compel
ບາງສິ່ງ pro anything
ບາງສິ່ງບາງຢ່າງ pro something
ບາງສ່ວນ adv partly

ບຶງຕົມ *n* bog
ບາງມື້ *adv* someday
ບູຊາ *v* adore
ບາຍບາຍ *e* bye
ບິດ *v* pinch, twist
ບົດ *n* chapter
ບົດ *v* pulverize
ບັດ *n* card
ບີດາ *n* dad
ບາດເຕັ້ນ *n* bounce
ບັດໄປສະນີ *n* postcard
ບາດແຜ *n* wound
ບາດແຜໃຫຍ່ *n* gash
ບົດເພງ *n* lay
ບົດເພງສັນລະເສີນ *n* carol
ບົດເພງສວດມົນ *n* litany
ບົດໃຫ້ມຸ່ນ *v* grind
ບາດກ້າວ *n* footstep
ບົດກວດ *v* screw
ບົດຂື້ນ *v* tune up
ບົດຂັດຫຍໍ *n* compendium
ບົດຂອງເລື່ອງ *n* text
ບົດຄະແນນ *n* ballot
ບົດຄວາມ *n* article
ບົດສະຫຼຸບ *n* conclusion
ບົດສອບຖາມ *n* questionnaire
ບາດຍ່າງ *n* step
ບາດຕີ *n* stroke
ບົດນິພົນ *n* thesis
ບຸກບື້ງ *adj* sullen
ບັດຜ່ານ *n* pass
ບົດລາຍງານ *n* report
ບົດຫັດແຕ່ງ *n* essay

ບາດຫຼວງ *n* patriarch
ບົດຮຽນ *n* lesson
ບິນ *v* fly
ບານ *v* bloom
ບິນເລີດຂື້ນ *v* soar
ບັນເທົາ *v* alleviate
ບັນເທົາ *adj* balmy
ບິນໄປມາ *v* hover
ບັນຈຸໃສ່ຂວດ *v* bottle
ບັນຈຸໃຫ້ *v* allocate
ບັນຈຸກະປ໋ອງ *v* can
ບານສົ່ງ *n* volleyball
ບັນຊີ *n* record
ບັນຊີເຄື່ອງ *v* catalog
ບັນຊີເງິນເດືອນ *n* payroll
ບັນຊີເງິນມ ບັນຊີ *n* account
ບັນຍາກາດ *n* atmosphere
ບັນທຶກ *v* record
ບັນທຸກ *v* cart
ບັນທຶກປະຈຳວັນ *n* memoirs
ບັນທັດຖານ *n* criterion, norm
ບານບ້ວງ *n* basketball
ບານພັບ *n* hinge
ບັນພະບຸລຸດ *n* ancestor, ancestry
ບັນລຸ *v* attain
ບັນລຸເປົ້າໝາຍ *v* fulfill
ບັນລັງ *n* throne
ບັນລະຍາຍ *v* depict, narrate
ບັນຫາ *n* riddle, problem
ບຸນອິສເຕີ *n* Easter
ບາບ *n* heresy, sin
ບິບ *v* wring, press
ບີບແກ *v* honk

ບີບຄໍ *v* strangle	ບວມ *adj* swollen
ບີບຄັ້ນ *v* squeeze	ບອກ *v* tell
ບີບບັງຄັບ *v* coerce	ບອກແຈ້ງ *v* communicate
ບີບອັດ *v* compress	ບອກໃບ້ *n* insinuation
ບາຣ໌ເທັນເດີຣ໌ *n* bartender	ບອກເປັນໃນ *v* hint, imply
ບາຣບີຄິວ *n* barbecue	ບອກເປັນໃນ *adj* implicit
ບຸລຸດໄປສະນີ *n* mailman	ບອກບໍ່ຖືກ *adj* so-called
ບ່ວງ *n* spoon	ບອກປະຕິເສດ *v* rebuff
ບ່ວງຊາ *n* teaspoon	ບອກລັກສະນະ *v* identify
ບ່ວງຄົດເຂົ້າ *n* tablespoon	ບໍ *c* nor
ບ້ວນປາກ *v* gargle	ບໍ່ *adv* not
ບາຫຼອດ *n* thermometer	ບໍ່ເກີດເລື້ອຍໆ *adj* infrequent
ບ່ອນ *n* place, room	ບໍ່ເຄື່ອນໄຫວ *v* immobilize
ບ່ອນໃດ *adv* where	ບໍ່ເຄີຍ *adv* never
ບ່ອນໃດກໍ່ຕາມ *c* wherever	ບໍ່ແຈ່ມແຈ້ງ *adj* vague
ບ່ອນເພິ່ງ *n* refuge	ບໍ່ໃຊ້ *n* disuse
ບ່ອນໃຫ້ຈັບ *n* handle	ບໍ່ເຊື່ອໃຈ *v* distrust
ບ່ອນຂ້າມທາງ *n* crossing	ບໍ່ເຊື່ອໃຈໃນ *v* mistrust
ບ່ອນຈອດລົດ *n* garage, parking	ບໍ່ເຊື່ອຟັງ *adj* disobedient
ບ່ອນຊຸ້ນ *n* shelter	ບໍ່ເຊື່ອຟັງ *v* disobey
ບ່ອນຕັ້ງທຽນ *n* candlestick	ບໍ່ແຊບ *n* distaste
ບ່ອນຕຳນິ *n* flaw	ບໍ່ໄດ້ແຕ່ງງານ *adj* unmarried
ບ່ອນຖິ້ມຂີ້ເຫຍື້ອ *n* dump	ບໍ່ເດັ່ນ *adj* obscure
ບ່ອນນັ່ງ *n* seat	ບໍ່ໄດ້ເລື່ອງ *adj* lame
ບ່ອນຢູ່ *n* residence	ບໍ່ໄດ້ຕິດອາວຸດ *adj* unarmed
ບ່ອນລ້ຽງສັດນ້ຳ *n* aquarium	ບໍ່ໄດ້ປະໂຫຍດ *adj* unprofitable
ບ່ອນວາງ *n* stand	ບໍ່ໄດ້ປິດ *v* uncover
ບ່ອນຫຼົບໄພ *n* asylum, haven	ບໍ່ໄດ້ຜົນ *adj* arid
ບູຮານ *adj* ancient, archaic	ບໍ່ໄດ້ພັກຜ່ອນ *adj* restless
ບູຮານຄະດີ *n* archaeology	ບໍ່ໄດ້ຮັບບາດເຈັບ *adj* unharmed
ບວດ *v* ordain	ບໍ່ເຕັມໃຈ *adj* reluctant
ບວດເປັນນັກບຸນ *v* canonize	ບໍ່ແທ້ *adj* phoney
ບວມ *v* bloat	ບໍ່ແນ່ນອນ *adj* unstable

ບໍ່ເປີດເຜີຍ *adj* clandestine
ບໍ່ເປັນເລື້ອງ *n* nonsense
ບໍ່ເປັນຄືນຳ *adj* dissident
ບໍ່ເປັນທີ່ພໍໃຈ *adj* unpleasant
ບໍ່ເປັນບ້າ *adj* sane
ບໍ່ເປັນລະບຽບ *adj* disoriented
ບໍ່ເປັນຫຍັງ *n* nothing
ບໍ່ເປັນອັນຕະລາຍ *adj* unhurt
ບໍ່ເມື່ອຍ *adj* tireless
ບໍ່ແມ່ນທັງສອງ *adv* neither
ບໍ່ເລິກ *adj* shallow
ບໍ່ໄວ້ໃຈ *adj* distrustful
ບໍ່ເຫັນແກ່ຕົວ *adj* unselfish
ບໍ່ເຫັນດີ *v* disagree
ບໍ່ເຫັນພ້ອມ *v* disprove
ບໍ່ເຫັຼ້ງຕີງ *adj* lifeless, still
ບໍ່ເໝາະສົມ *v* disqualify
ບໍ່ເໝາະສົມ *adj* improper, undue
ບໍ່ເອົາໃຈໃສ່ *v* disregard
ບໍ່ເອນອຽງ *adj* warped
ບໍ່ແຮ່ *n* mine, quarry
ບໍ່ຂາດຕອນ *adj* unbroken
ບໍ່ຄືກັນ *adj* dissimilar
ບໍ່ງາມ *adj* homely
ບໍ່ຈ້າງຕໍ່ໄປ *v* lay off
ບໍ່ຈະເລີນ *v* fall behind
ບໍ່ຈິງ *adj* fictitious
ບໍ່ຈິງຈັງ *adj* frivolous
ບໍ່ຈຳເປັນ *adj* unnecessary
ບໍ່ສິ້ນສຸດ *adj* unfailing
ບໍ່ສົງໃສ *adj* unsuspecting
ບໍ່ສະດວກສະບາຍ *n* discomfort
ບໍ່ສົນໃຈ *adj* disinterested
ບໍ່ສົນໃຈ *v* ignore
ບໍ່ສະບາຍ *adj* ailing
ບໍ່ສຸພາບ *adj* impolite
ບໍ່ສາມາດ *adj* unable
ບໍ່ສົມຄວນ *adj* undeserved
ບໍ່ສະຫຼາດ *adj* unwise
ບໍ່ສາເວັດ *v* fail
ບໍ່ສຳຄັນ *adj* paltry
ບໍ່ສຳພັນກັນ *adj* irrelevant
ບໍ່ຊື່ *adj* devious
ບໍ່ຊື່ສັດ *v* deceive
ບໍ່ຊື່ສັດ *adj* dishonest
ບໍ່ຊຸກຍູ້ *n* discouragement
ບໍ່ຊຸດເຈນ *adj* cloudy
ບໍ່ຍຸດຕິທຳ *adj* unjust
ບໍ່ດ *adv* badly
ບໍ່ດ *adj* impure
ບໍ່ດີ *adj* bad
ບໍ່ດີເຖິງເກີນ *adj* abysmal
ບໍ່ດົນ *adj* short
ບໍ່ດິບ *adj* ripe
ບໍ່ຕົກລົງ *v* disagree
ບໍ່ຕ້ອງການ *adj* needless, undesirable
ບໍ່ຖຶກກາລະເທສະ *adj* untimely
ບໍ່ທໍ່ຖອຍ *v* keep up
ບໍ່ທ່ວງ *v* stagger
ບໍ່ທ່ວງ *adj* unstable
ບໍ່ທັນ *pre* behind
ບໍ່ທຳມະດາ *adj* fancy
ບໍ່ປອດໄພ *adj* unsafe
ບໍ່ພໍໃຈ *adj* disgruntled
ບໍ່ມ *adj* devoid

ບໍ່ມາ *adj* absent
ບໍ່ມີແກ່ນ *adj* seedless
ບໍ່ມີຂອບເຂດ *adj* boundless
ບໍ່ມີໂຊກ *adj* unlucky
ບໍ່ມີໃຜ *pro* nobody, no one
ບໍ່ມີໃຜສັງເກດ *adj* unnoticed
ບໍ່ມີໃຜຢູ່ *adj* unoccupied
ບໍ່ມີໄພ *adj* foolproof
ບໍ່ມີເຫດຜົນ *adj* unreasonable
ບໍ່ມັກ *v* dislike
ບໍ່ມີການຕອບໂຕ້ *adj* passive
ບໍ່ມີການປ້ອງກັນ *adj* unprotected
ບໍ່ມີຂອບເຂດ *adj* unlimited
ບໍ່ມີຄ່າ *adj* null, worthless
ບໍ່ມີຄູ່ *adj* unattached
ບໍ່ມີຄູ່ຄອງ *adj* celibate
ບໍ່ມີຄວາມປານີ *adj* ruthless
ບໍ່ມີຄວາມໝາຍ *adj* meaningless
ບໍ່ມີລັກຢ່າງ *pre* none
ບໍ່ມີຈຸດ *adj* pointless
ບໍ່ມີສາຍ *adj* cordless
ບໍ່ມີສີນລະທຳ *adj* amoral
ບໍ່ມີຊິນ *adj* unleaded
ບໍ່ມີທີ່ເພິ່ງ *adj* defenseless
ບໍ່ມີທາງໄດ້ຊະນະ *adj* unbeatable
ບໍ່ມີບ່ອນໃດເລີຍ *adv* nowhere
ບໍ່ມີບ່ອນຕິໄດ້ *adj* blameless
ບໍ່ມີບ່ອນຕຳນິ *adj* flawless
ບໍ່ມີມູນຄວາມຈິງ *adj* baseless
ບໍ່ມີລູກ *adj* childless
ບໍ່ມີລົດຊາດ *adj* tasteless
ບໍ່ມີອັນເໝືອນ *adj* unique
ບໍ່ມີຮາກຖານ *adj* unfounded

ບໍ່ມີຮອຍຕໍ່ *adj* seamless
ບໍ່ຢຸດຢູ່ຕິງຕ່ຳ *adv* ceaselessly
ບຳລຸງ *v* nurture
ບຳລຸງຮ່າງກາຍ *v* nourish
ບໍ່ລະມັດລະວັງ *adj* reckless
ບໍ່ເຫວ່ງ *adj* carefree
ບໍ່ໝັ້ນຄົງ *adj* unsteady
ບໍ່ອະນຸຍາດໃຫ້ *v* disapprove
ບໍ່ອອກສຽງ *adj* mute
ບໍ່ຮູ້ຈັກ *adj* unknown
ບໍ່ຮອບຄອບ *v* rash
ບໍ່ພໍດີ *adj* misfit
ບໍລິໂພກ *v* consume
ບໍລິເວນ *n* district
ບໍລິເວນໃກ້ຄຽງ *n* vicinity
ບໍລິເວນຊາຍດູດ *n* quicksand
ບໍລິຈາກ *v* donate
ບໍລິສຸດ *n* chastity
ບໍລິສຸດ *adj* chaste, pure
ບໍລິສັດ *n* company, firm
ບໍລິສຸດໃຈ *adj* chaste
ບໍລິມາດ *n* volume
ບໍລິວານ *n* attendant
ບໍລິຫານຜິດ *v* mismanage

ບ

ແບ adj flat
ໄບ v go
ແບະ v paste
ເປົ່າລົມ v blow
ເປົ່າຫວ່າງ adj blank, void
ເປົ້າໝາຍ n target, aim
ເປັ່ງປະກາຍ v gleam
ເປື່ອຍ v decay
ເປືອຍ adj bare
ເປື່ອຍເປັນນ້ຳ v thaw
ເປື້ອນ adj dirty
ເປື້ອນ v stain
ແປ້ງ n flour, powder
ໄປ່ພອງ n blister
ແປ້ງມັນ n starch
ເປີດ v turn on
ເປັດ n duck
ເປີດແງ້ມ adj ajar
ເປີດເຜີຍ v divulge, reveal
ເປີດເຜີຍ adj frank, open
ເປີດກອງປະຊຸມ v convene
ເປີດສາກ v inaugurate
ເປີດສະວິດ v switch on
ເປີດອອກ v unpack
ແປ້ນ n lumber
ເປັນໄຂ້ adj feverish
ເປັນໄຂ້ສັ່ນ v chill
ເປັນເຄື່ອງລາຍ adj symbolic
ເປັນເຈົ້າຂອງ v own
ເປັນເສັ້ນຍາວ adj striped

ເປັນແນວໃດ adv how
ເປັນແບບຢ່າງ adj classic
ເປັນເປີເຊັນ adv percent
ເປັນແປ້ງ adj starchy
ເປັນໄປໄດ້ adv likely
ເປັນໄປໄດ້ adj possible
ເປັນໄປບໍ່ໄດ້ adj impossible
ເປັນໄພ adj vulnerable
ເປັນໄອ v cough
ເປັນກະ n freckle
ເປັນກາງ adj neutral
ເປັນກັນເອງ adj amicable
ເປັນກະບົດ v rebel
ເປັນຂີ້ເລວ adj sloppy
ເປັນຂີ້ຕົມ adj muddy
ເປັນຂີ້ໝ້ຽງ adj rusty
ເປັນຂອງ v belong
ເປັນຂໍ້ສະຫຼຸບ adj conclusive
ເປັນຄູ່ adj dual, even
ເປັນຄູ່ n pair
ເປັນຄັ້ງຄາວ adv occasionally
ເປັນຄື້ນ adj wavy
ເປັນຈິງ adj down-to-earth
ເປັນຈຸດເດັ່ນ v stand out
ເປັນສື່ໃຫ້ v mediate
ເປັນສຸກ adj heavenly
ເປັນສີຄຳ adj golden
ເປັນສີທອງ adj blond
ເປັນສັນຍາລັກ v personify
ເປັນສ່ວນຕົວ adj secluded
ເປັນຊຸເຮື້ອ adj chronic
ເປັນຕາເປັ່ງ adj attractive, glamorous

ເປັນຕາຂົນລຸກ *adj* grisly
ເປັນຕະຄິວ *n* cramp
ເປັນຕາງົງ *adj* dazed
ເປັນຕາຢ້ານ *adj* terrible
ເປັນຕາຢ້ານກົວ *adj* horrible
ເປັນຕາຫົວ *adj* funny
ເປັນຕາຫົວຂວັນ *adj* ludicrous
ເປັນຕາໜ້າເບື່ອ *adj* boring
ເປັນຕາໜ້າຊັງ *adj* crappy
ເປັນຕາຮັກ *adj* amiable
ເປັນທີ່ພໍໃຈ *adj* content, pleasing
ເປັນທີ່ຮາກທອມ *adj* affable
ເປັນທີ່ໝາຍພໍໃຈ *adj* desirable
ເປັນທີ່ຮັກ *adj* dear
ເປັນທຸກ *v* distress
ເປັນທາງການ *adj* official
ເປັນທະນາຍໃຫ *v* champion
ເປັນທຳນຸມ *adj* conventional
ເປັນນ້ຳ *adj* watery
ເປັນບ້າ *adj* crazy, mad
ເປັນບ້າງບໍ່ງ *adj* nutty
ເປັນບາດແຜ *v* traumatize
ເປັນບັນຫາ *adj* problematic
ເປັນປະເພນີ *adj* customary
ເປັນປົກກະຕິ *adj* usual
ເປັນປະທານ *v* preside
ເປັນປໍລະບັກ *adj* repugnant
ເປັນຜູ້ໃຫຍ່ *adj* mature
ເປັນຜົນໃຫ້ *n* result
ເປັນຜົນສຳເລັດ *adj* successful
ເປັນຜົນຮ້າຍ *adj* adverse
ເປັນຜົນຮັບ *adj* consequent
ເປັນຝຸ່ນ *adj* dusty

ເປັນຝອຍງ *adj* fuzzy
ເປັນພີ່ເປັນນ້ອງ *adj* brotherly
ເປັນພີ່ນ້ອງກັນ *adj* fraternal
ເປັນພະເອກ *adj* heroic
ເປັນພາສາອາຣັບ *adj* Arabic
ເປັນພະຍານ *v* testify
ເປັນພັນທະ *adj* obligatory
ແປັນພິມ *n* keyboard
ເປັນພາລະ *v* burden
ແປັນມ້າ *n* bench
ເປັນມາແຕ່ເກີດ *adj* born
ເປັນຢາ *adj* medicinal
ເປັນລາງ *v* foreshadow
ເປັນລົບ *adj* minus
ເປັນລົມ *v* faint
ເປັນລຳດັບ *adj* consecutive
ເປັນວົງວຽນ *adj* circular
ເປັນຫຼັກຖານ *v* underlie
ເປັນຫິນ *adj* rocky
ເປັນຫົວຫອກ *v* spearhead
ເປັນຫຍັງ *adv* why
ເປັນໜ້າອິນຫົວ *adj* sickening
ເປັນໜອງ *v* fester
ເປັນໝັນ *adj* barren
ເປັນອະດີດ *adj* past
ເປັນອິດສະຫຼະຈາກ *v* rid of
ເປັນອັນຕະລາຍ *adj* harmful
ເປັນຣູ *adj* hollow
ເປັນຣຸ *adj* porous
ເປັນຮູບເປັນຮ່າງ *v* show up
ເປັນຮູບປະທຳ *adj* concrete
ເປັນຮອງ *adj* subsidiary
ເປັນຮອຍພັບ *v* crease

ໄປເບິ່ງ v take in
ໄປເປັນໝູ່ n flock
ໄປເລື້ອຍ v frequent
ແປ້ວ n scar
ໄປໄວ v speed
ໄປໃຫ້ພົ້ນ v go away
ເປືອກ n crust, peel
ເປືອກໄມ້ n bark
ເປືອກຕາ n eyelid
ເປືອກຫອຍ n shell
ເປືອກໝາກໄມ້ n hull
ເປືອກໝາກກໍ່ວ n nut-shell
ເປືອຍກາຍ adj naked, nude
ແປກ adj odd, strange
ແປກ n pine
ແປກປະຫຼາດ adj peculiar
ແປງ n brush
ແປງໃຫ້ v allot
ແປງທູແຂ້ວ v brush
ໂປ່ງຜ່ານ adj see-through
ໄປສະນີ n mail
ໄປຊິ v go ahead
ເປຍໂນ n piano
ແປດ adj eight
ແປດສິບ adj eighty
ໄປທົ່ວທິບ v stray
ໄປນອນ v turn in
ໄປນຳ v accompany
ແປປວນ adj fickle
ແປຜິດ v misinterpret
ແປພາສາ v interpret, translate
ໄປຢ້ຽມຢາມ v call on
ໂປຣແກຣມ n program

ແປວໄຟ n flame
ໄປຫັ້ນສາວ v court
ໄປຮ່ວມກັບ v accompany
ປາ n fish
ປີ n year
ປູ v lay
ປ່າ n jungle, forest
ປ່າ adj wild
ປູ້ adj blunt
ປ້າ n aunt
ປີ້ໃຫ້ແບບເຣັນ n script
ປ່າເຖື່ອນ adj wild, savage
ປີ້ງ v grill, roast, broil
ປິ້ງເຂົ້າຈີ່ v toast
ປ່າຊ້າ n cemetery
ປະຊິນໜ້າ v confront, encounter
ປະຊິນໜ້າກັບ v face up to
ປ້າຍ n label, banner
ປຸ່ຍທຳມັກ n compost
ປ້າຍປະກາດ n poster
ປະເດັນ n issue
ປີ້ຕິດກະເປົາ n tag
ປະເທດ ສະວີເດນ n Sweden
ປະເທດກຣີກ n Greece
ປະເທດກຣີກ adj Greek
ປະເທດເບວຢຽມ n Belgium
ປະເທດໂປແລນ n Poland
ປະເທດໄອແລນ n Ireland
ປະເທດໂຮນລັງ n Holland
ປະເທດຊາດ n nation
ປະເທດຍີ່ປຸ່ນ n Japan
ປະເທດນອກແວ n Norway
ປະເທດຝຣັ່ງ n France

ປະເທດອັງກິດ n England
ປະເທດອິຕາລີ n Italy
ປ່ຽນ v switch, convert
ປັ່ນ v scale, spin
ປີ້ນ v convert
ປຸ້ນ v pillage, plunder
ປ່ຽນແປງ v modify, alter
ປ່ຽນແປງບໍ່ໄດ້ adj irrevocable
ປ່ຽນໄປປ່ຽນມາ v vacillate
ປີ້ນກັບ adv upside-down
ປີ້ນຄືນບໍ່ໄດ້ adj irreversible
ປ່ຽນຄວາມສົນໃຈ v divert
ປຸ້ນຈີ້ເຮືອບິນ v hijack
ປຸ້ນສະດົມ v ransack
ປ່ຽນສະພາບ v transform
ປ່ຽນບ່ອນຫຼົ້ງເວລາ v shift
ປິ່ນປົວ v cure, heal
ປິ່ນປົວ n therapy
ປ່ຽນຫນ້າໃຫມ່ v resurface
ປັ່ນອ້ອມ v circle, revolve
ປ່ຽນຮູບໃຫມ່ v remodel
ປະເປືອຍ adj nude
ປະເພດ n sort, type
ປະເພດອາຫານ n cuisine
ປະເພນີ n custom, tradition
ປື້ມ n book
ປູ້ມ n hump
ປ່າມແດງ n rash
ປະເມີນ v assess, appraise
ປະເມີນຜົນ v evaluate
ປື້ມກວດສອບ n checkbook
ປື້ມຂຽນ n notebook
ປື້ມຄູ່ມື n guidelines

ປື້ມນ້ອຍ n booklet
ປື້ມບາງ n pamphlet
ປື້ມບັນທຶກລາຍວັນ n diary
ປື້ມລາຍຊື່ເຄື່ອງ n catalog
ປື້ມຮຽນ n reader, textbook
ປາໂລມາ n dolphin
ປູ່ຫຼືພໍ່ເຖົ້າ n granddad
ປະໂຫຍກ n sentence
ປະໂຫຍດ v benefit
ປາກ n mouth
ປາກ v say
ປີກ n wing
ປູກ v plant
ປັກ v sting
ປຽກ adj humid, wet
ປາກແຂນເສື້ອ n cuff
ປຸກໃຈ v arouse
ປະກາຍອອກ v spark off
ປະກາດ v advertise
ປະກາດ n bulletin
ປະກົດ v appear
ປະກົດການ n phenomenon
ປະກົດຂື້ນ v turn out
ປະກົດຂື້ນອີກ v reappear
ປະກາດຊົມເຊີຍ v acclaim
ປະກາດຫ້າມ n ban
ປາກະຕັກ n anchovy
ປະກັນ v assure, pledge
ປະກັນໄພ n insurance
ປະກັນຕົວອອກ v bail out
ປາກແມ່ນ້ຳ n estuary
ປົກໄວ້ n coverup
ປູກໃຫຍ່ຂື້ນ v grow

ບາກກາ n pen
ບົກກະຕິ adj ordinary
ບຸກຂຶ້ນ v erect
ບາກຄີມ n clamp, pincers
ບົກຄອງ v govern, reign
ບາກຈັດ adj garrulous
ບຶກສາ v confer, consult
ບາກສັດ n muzzle
ບຸງາຊຸ່ມ n moisture
ບຸງາຊຸ່ມ adj soggy
ບຸກຖ່າຍ v transplant
ບົກບິດ v cover, shelter
ບົກບ້ອງສິດ v vindicate
ບຸກຝັງ v cultivate, implant
ບຸກຝັງຄວາມເຊື່ອ v indoctrinate
ບາກພໍ້າ v stammer
ປະກວດ v compete
ບັກຫຼັກ v settle down
ປະກອບ v compose
ປະກອບສ່ວນ v participate
ປະກອບດ້ວຍ v consist, contain
ບາຄອດ n cod
ບົ້ງສັບ v cremate
ປະຈຳເດືອນ n menstruation
ປະຈຳທີ່ adj stationary
ປະຈຳທ້ອງຖິ່ນ adj local
ປະຈຳປີ adj annual, yearly
ປະຈຳວັນ adv daily
ບາສະຈາກ adj deprived
ບີສາດ n devil
ປະສິດທິຜົນ n effectiveness
ປະສິດທິພາບ n proficiency
ປະສານງານ v coordinate

ປະສົບກັບສິ່ງທີ່ບໍ່ດີ v incur
ປະສົບປະການ n experience
ປະສົບອີກ v relive
ປະສົມປະສານ v integrate
ບາສະຫຼາມ n shark
ປະຊາກອນ n population
ບາຊາດີນ n sardine
ປະຊົດປະຊັນ adj ironic
ປະຊາທິປະໄຕ n democracy
ບາຊານມອນ n salmon
ປະຊຸມ v assemble
ປະຊາມະຕິ n referendum
ບາຍຕີນ n tiptoe
ບາຍທາງ n destination
ບາຍນິ້ວ n fingertip
ບິດ v mark, close
ບິດ v shed, unfasten
ບັດ v sweep
ບິດ adj closed
ປະດິດ v devise
ປະດິດຂຶ້ນ v create
ປະດັບ v embellish
ປະດັບປະດາ v adorn
ບິດກະດຸມ v unbutton
ບິດຄວາມ v hush up
ບັດຈຸບັນ adj current, present
ບິດສະວິດ v switch off
ບິດສະຫຼາບັນຫາ n puzzle
ບິດຊະຍາ n philosophy
ບິດຕຳແໜ່ງ v dismiss
ບາດຖະຫນາ v desire, wish
ບິດບັງ v blindfold, conceal
ບິດບາດແຜ v plaster

ບິດບາກ *v* gag
ບິດບ່ອຍ *v* liberate, release
ບິດພະບົກ *v* seal off
ບິດລົງ *v* shut off
ບິດລ້ອມ *v* cordon off
ບິດອາວຸດ *v* disarm
ບິດຊຸ *v* plug
ປະຕູ *n* door, gate
ປະຕູໂຄງ *n* arc
ປະຕິເສດ *v* deny, refuse
ປະຕູກົ່ງ *n* arch
ປະຕິກິລິຍາ *v* react
ປີຕິຍິນດີ *v* exult
ປີຕິຍິນດີ *adj* jubilant
ປະຕິທິນ *n* calendar
ປະຕິທິນໂຫລາສາດ *n* almanac
ປະຕິບັດຕາມ *v* abide by
ປະຕູລະບາຍນ້ຳ *n* floodgate
ປະຕິວັດ *v* revolt
ປະຕິວັດຍຸດຄວງກ *v* strike
ປະຕູຫຼັງ *n* backdoor
ປະຕິຮູບ *v* reform
ປະຖິ້ມ *v* abandon, desert
ປະຖົມ *adj* elementary
ປີທີ່ມີ 366 ມື້ *n* leap year
ປະທະກັບ *v* clash, conflict
ປະທານ *n* chairman
ປາທູນາ *n* tuna
ປະທານາທິບໍດີ *n* president
ປະທັບ *v* engrave
ປະທ້ວງ *v* protest
ປືນ *n* gun
ປີນ *v* climb

ປົນເປື້ອນ *v* contaminate
ປະນາມ *v* denounce
ປານກາງ *adj* mediocre
ປືນກົນ *n* machine gun
ປົນກັນ *v* mix
ປູນຂາວ *n* lime
ປືນຄົກ *n* cannon, pistol
ປືນຄວັນ *n* smoking gun
ປືນສັ້ນ *n* handgun
ປູນຊີເມັນ *n* cement
ປືນຍາວ *n* rifle
ບັນຍາອ່ອນ *n* jerk
ບັນຍາອ່ອນ *adj* retarded
ປູນວາດຝາ *n* mortar
ປືນຫັນວິ *v* revolver
ປາບ *v* conquer
ບັບໃຊ້ *v* deploy
ບັບໃຊ້ເໝາະສົມ *v* manipulate
ປາບໃຫ້ຫມົດ *v* vanquish
ບັບຕົວ *v* adapt
ບັບຕົວໄດ້ງ່າຍ *adj* flexible, supple
ປຽບທຽບ *v* compare
ບັບປຸງໃໝ່ *v* renovate
ປາບປາມ *v* quell, subdue
ບັບຫາສະຖານບີ *v* tune
ປະບ່ອຍ *v* neglect
ປະພຶດ *v* behave
ປະພຶດບໍ່ຖືກຕ້ອງ *v* misbehave
ປາມຶກ *n* octopus
ປະມານ *adv* about
ປະມູນລາຄາ *n* bid
ປະມວນສັບ *n* glossary
ປະຍັດ *v* economize

ບະຍັດ adj frugal, lean
ບະລາໄຊ v defeat
ບະລິນຍາ n degree
ບະລິນຍາຕຣິ n bachelor
ບະລິມານ adj gross
ບະລິມານ n quantity
ບະອະມະນູ n atom
ບະລິມານຢາທີ່ກິນ n dosage
ບາວານ n whale
ບະຫຼາດ adj strange
ບະຫວັດໂດຍຫຍໍ້ n profile
ບະຫວັດການ n chronicle
ບະຫມາດ adj careless
ບະຫມາດ v affront
ບາອິຣິ n squid
ບ່ອງ n hole
ບ້ອງເຂົ້າຄອກ v stall
ບ້ອງກັນ v shield, protect
ບ້ອງກັນລາກ v fend off
ບ້ອງກັນຕົວ v defend
ບ້ອງລ່າຍເງິນ n cage
ບ້ອງນ້ອຍງ n slot
ບ້ອງພູເຂົາໄຟ n crater
ບ້ອງຢັ້ງມ n window
ບ່ອຍ v unleash, launch
ບ່ອຍໃຫ້ເຂົ້າໄປ v let in
ບ່ອຍໃຫ້ພົ້ນຜິດ v absolve
ບ່ອຍຕົວ v acquit
ບ່ອຍທິ້ມ v brush aside
ບ່ອຍນ້ຳອອກ v drain
ບ່ອຍອອກ v discharge
ບ່ອຍອອກມາ v emit
ບ້ອນ v feed

ບ້ອນເຂົ້າ n input
ບ້ອມ n bunker
ບ້ອມຍາມ n turret
ບ້ອມທີ່ມີກຳແພງ n fort
ບ້ອມທະຫານ n fortress
ບະອອກ v omit
ບຣິຊິມ n prism
ບວດ n ache
ບວດ adj sore
ບອກແຂນ n bracelet
ບອກເປືອກ v peel
ບອກຄໍຫມາ n collar
ບອກຫມອນ n pillowcase
ບອງຂ້າ v abduct
ບອງດອງ v reconcile
ບອດ n lung
ບອດໂປງ adj balmy
ບອດໄພ adj safe
ບອດໄພ v secure
ບອບໃຈ v console
ບອມ adj phoney, fake
ບອມ v simulate
ບອມແບງ v forge, falsify
ບອມບິນ v adulterate
ບ້າ v wrestle
ບັລະບັກ n adversary

ຜ

ຜ່ອນຄາຍ v disentangle
ຜ່ອນຈ່າຍຄືນ v amortize
ຜ່ອນຫັນກະບັນເບົາ adj attenuating
ຜ່ອນໃຫ້ v relent
ຜ່າ v chop, split
ຜ່າຍຫນີ v flee
ຜ່າຕັດ v operate
ຜ່າຕັດອອກ v amputate
ຜ່ານ v go under
ຜ່ານ pre through (thru)
ຜ່ານພົ້ນໄປ v elapse
ຜ່ານຮອບໄປ v pass around
ຜ່ານໄປ v pass, pass away
ຜ້າກັ້ງ n curtain
ຜ້າກັນເປື້ອນ n apron
ຜ້າຄຸມຕຽງ n bedspread
ຜ້ານວມຄຸມຕຽງ n quilt
ຜ້ານຳ n chief
ຜ້າປູ n rug
ຜ້າປູໂຕະ n tablecloth
ຜ້າປົກຫົວ n hood
ຜ້າປົກຫນ້າ n veil
ຜ້າພັນຄໍ n scarf
ຜ້າພັນບາດ n gauze
ຜ້າພັນບາດແຜ n bandage
ຜ້າລີນິນ n linen
ຜ້າຫົ່ມ n blanket
ຜ້າຫໍ່ສົບ n shroud
ຜ້າອ້ອມ n diaper
ຜ້າເຊັດຕົວ n towel

ຜ້າເຊັດມື n napkin
ຜ້າແຂວນໄວ້ຮຢ້ອງ n drape
ຜ້າແພມືນ n handkerchief
ຜ້າໃບ n canvas
ຜ້າໃບບັງແດດ n awning
ຜູ້ທຸກທໍລະມານ n martyr
ຜະລິດ v generate
ຜະລິດຄືນ v reproduce
ຜະລິດອອກ v manufacture
ຜະເດັດການ adj authoritarian
ຜະເດັດການ v dictate
ຜິດ adj mistaken
ຜິດກົດຫມາຍ adj unlawful
ຜິດກັນ v quarrel, conflict
ຜິດຖຽງ v hassle
ຜິດຖຽງກັນ v dispute
ຜິດປະເພນີ n adultery
ຜິດປົກກະຕິ adj eccentric
ຜິດປົກກະຕິ adj abnormal
ຜິດພາດ adj corrupt, wrong
ຜີ n ghost, spirit
ຜີ້ງ n bee
ຜີສາດ n evil
ຜີສາດຮ້າຍ n demon
ຜີຕາຍ adj deceased
ຜີມານ n devil
ຜີວຖືກແດດໃຫມ້ n sunburn
ຜີວປາກ v whistle
ຜີວຫນ້າ n complexion, skin
ຜີໂຕໃຫຍ n monster
ຜືນ n sheets
ຜືນແຜ່ນ n strip
ຜູ້ກວດສອບ n inspector

ຜູ້ກະທຳຜິດ	n culprit
ຜູ້ກົດຂີ່	n despot
ຜູ້ກໍ່ກວນ	n mobster
ຜູ້ກໍ່ການຮ້າຍ	n attacker
ຜູ້ກໍ່ຕັ້ງ	n founder
ຜູ້ຂາຍ	n seller
ຜູ້ຂາຍຢາ	n pharmacist
ຜູ້ຂາຍເລຫຼັງ	n auctioneer
ຜູ້ຂົ່ມຂືນ	n rapist
ຜູ້ຂັບຂີ່	n driver
ຜູ້ຂັບໄລ່	n exorcist
ຜູ້ຄ້າຂາຍ	n merchandise
ຜູ້ຄັດຄວາຍ	n sculptor
ຜູ້ຄິດກະບົດ	n conspirator
ຜູ້ຄຸ້ມຄອງ	n guardian
ຜູ້ຄຸມນັກໂທດ	n jailer
ຜູ້ຄ້ຳປະກັນ	n guarantor
ຜູ້ຈາກໄປ	n deserter
ຜູ້ຈັດການ	n manager
ຜູ້ສ້າງສັນ	n maker
ຜູ້ສະໜັບສະໜຸນ	n supporter
ຜູ້ສະໝັກ	n candidate
ຜູ້ສະແຫວງບຸນ	n pilgrim
ຜູ້ສາລະພາບ	n confessor
ຜູ້ສາວ	n girl
ຜູ້ສາວງາມ	n dish
ຜູ້ສາວບໍລິສຸດ	n virgin
ຜູ້ສຶກສາຮ່ຳຮຽນ	n learner
ຜູ້ສື່ຂ່າວ	n herald
ຜູ້ສືບສະກຸນ	n descendant
ຜູ້ສືບທອດ	n successor
ຜູ້ສືບຫາ	n detector
ຜູ້ສູ້ກັບງົວ	n bull fighter
ຜູ້ສູງສັກ	n dignitary
ຜູ້ສົ່ງ	n sender
ຜູ້ສົ່ງເຄື່ອງ	n messenger
ຜູ້ສົມຮູ້ຮ່ວມຄິດ	n accomplice
ຜູ້ສັນໂດດ	n recluse
ຜູ້ສຳນຶກຜິດ	n penitent
ຜູ້ສຳຫຼວດ	n explorer
ຜູ້ຊ່ວຍ	n aide
ຜູ້ຊ່ວຍ	adj auxiliary
ຜູ້ຊ່ວຍຊີວິດ	n savior
ຜູ້ຊ່ວຍປອບໂຍນ	n comforter
ຜູ້ຊ່ວຍເຫຼືອ	n helper
ຜູ້ຊະນະ	n winner
ຜູ້ຊະນະເລີດ	n champion
ຜູ້ຊາຍ	n man
ຜູ້ຊາຍຫຼາຍຄົນ	n men
ຜູ້ຊາຍໂສດ	n guy
ຜູ້ຊີ້ບ່ອນໃຫ້ນັ່ງ	n usher
ຜູ້ຊື້	n buyer
ຜູ້ຊົມເຊີຍ	n admirer
ຜູ້ຊານານ	n marvel
ຜູ້ຍິງ	n gal, lady
ຜູ້ຍິງທີ່ປະຜົວ	n divorcee
ຜູ້ຍິງຫຼາຍຄົນ	n women
ຜູ້ຍິງຫັນງຄົນ	n woman
ຜູ້ຍົບຄຳຮ້ອງ	n applicant
ຜູ້ຍຸແຍ່	n agitator
ຜູ້ດີ	n aristocrat
ຜູ້ແຄວ	n caretaker
ຜູ້ແຄວຊັບສິນ	n treasurer
ຜູ້ແຄວວັດ	n deacon
ຜູ້ແຄວຫ້ອງສະໝຸດ	n librarian
ຜູ້ແຄວເດັກ	n babysitter

ຜູ້ດຽວ *n* single
ຜູ້ຕາງໜ້າ *n* delegate
ຜູ້ຕາງໜ້າປະເທດ *n* regent
ຜູ້ຕິດຕາມ *n* follower
ຜູ້ຕີ *v* batter
ຜູ້ຕັ້ງຊື່ *n* denominator
ຜູ້ຕັ້ງຕົ້ນ *n* pioneer
ຜູ້ຕັ້ງຖິ່ນຖານ *n* settler
ຜູ້ຕັດສິນ *n* arbiter, judge
ຜູ້ກ້າສ່ວຍຊີວິດ *n* lifeguard
ຜູ້ຖືກກັກກັນ *n* inmate
ຜູ້ຖືກສົງໃສ *n* suspect
ຜູ້ຖືກເກນ *n* recruit
ຜູ້ຖືຫຸ້ນ *n* shareholder
ຜູ້ທາສີ *n* painter
ຜູ້ທີ່ *pro* who
ຜູ້ທີ່ຍິງ *n* marksman
ຜູ້ທີ່ມາກ່ອນ *n* precursor
ຜູ້ທີ່ຢູ່ກ່ອນ *n* predecessor
ຜູ້ທີ່ຢູ່ອາໃສ *n* occupant
ຜູ້ທໍລະຍົດ *n* traitor
ຜູ້ທຳລາຍ *n* destroyer
ຜູ້ນຳທ່ຽວ *n* guide
ຜູ້ນຳທາງສັງຄົມ *n* vanguard
ຜູ້ນຳພາ *n* leader
ຜູ້ບອກ *n* informant
ຜູ້ບຸກລຸກ *n* intruder
ຜູ້ບັງຄັບບັນຊາ *n* commander
ຜູ້ບັນລະຍາຍ *n* speaker
ຜູ້ບໍລິຈາກ *n* donor, executive
ຜູ້ບໍລິໂພກ *n* consumer
ຜູ້ປ້ອງກັນ *n* escort
ຜູ້ປ້ອງກັນຕົວ *n* defender

ຜູ້ປະກອບການ *n* trader
ຜູ້ປະກາດ *n* announcer
ຜູ້ປະສານງານ *n* coordinator
ຜູ້ປະສົງຮ້າຍ *n* viper
ຜູ້ປະສົມ *n* blender
ຜູ້ປະສົມປະສານ *n* merger
ຜູ້ປະດິດ *n* creator
ຜູ້ປະຖິ້ມ *n* deserter
ຜູ້ປົກຄອງ *n* curator
ຜູ້ຜະລິດສິນຄ້າ *n* supplier
ຜູ້ຜະເດັດການ *n* dictator, tyrant
ຜູ້ຝຶກ *n* trainer
ຜູ້ຝຶກແອບງານ *n* apprentice
ຜູ້ພິທັກ *n* custodian
ຜູ້ພິພາກສາ *n* magistrate
ຜູ້ພິມ *n* publisher
ຜູ້ຟ້ອງຮ້ອງ *n* prosecutor
ຜູ້ຟັງ *n* listener
ຜູ້ມາຊົມ *n* audience
ຜູ້ມາຟັງ *n* audience
ຜູ້ມາຢ້ຽມຢາມ *n* visitor
ຜູ້ມີບຸນຄຸນ *n* benefactor
ຜູ້ມີໄຊຊະນະ *n* victor
ຜູ້ຢູ່ລອດ *n* survivor
ຜູ້ວິເລີ່ມໂຄງການ *n* mastermind
ຜູ້ລັກພາຕົວ *n* kidnapper
ຜູ້ລັກກອບ *n* smuggler
ຜູ້ວິເສດ *n* wizard
ຜູ້ວີໃຈ *n* explorer
ຜູ້ອ່ານ *n* reader
ຜູ້ອຸປະຖຳ *n* patron
ຜູ້ອົບພະຍົບ *n* refugee
ຜູ້ອຳນວຍການ *n* director

ຜູ້ຮ່ວມມ n collaborator	ຜູ້ໃຈມຕ n assailant
ຜູ້ຮ້ອງທຸກ n plaintiff	ຜູ້ໂດຍສານ n passenger
ຜູ້ຮ້າຍ n villain	ຜູ້ໄດ້ຮັບໄຊຊະນະ n champ
ຜູ້ຮຸກຮານ n aggressor	ຜູ້ໃຊ້ n user
ຜູ້ຮັກສາປະຕູ n goalkeeper	ຜູ້ໃດຜູ້ໜຶ່ງ pro someone
ຜູ້ຮັບພົນມາຍກຳ n heiress	ຜູ້ໃຫ້ເຊົ່າ n lessor
ຜູ້ຮັບມໍລະດົກ n heir	ຜູ້ໃຫຍ່ n adult
ຜູ້ຮັບເຄາະ n victim	ຜູກ v tie, fasten
ຜູ້ຮັບເງິນ n payee	ຜູກຂາດ v monopolize
ຜູ້ກັບເງິນໃນວົດເມ n conductor	ຜູກພັນ v affiliate, commit
ຜູ້ຂ້າອົບຮົມ n trainee	ຜູກມິດ v befriend
ຜູ້ຕິງຂົດ n sticker	ຜູກມັດ v bind, obligate
ຜູ້ສອບຮູບ n underdog	ຜູກເບັນທ n bundle
ຜູ້ສອນໄຊ n loser	ຜູກເບັນທໍ v bundle
ຜູ້ເຊື່ອຖື n believer	ຜັງແຂ້ວ n cavity
ຜູ້ເຊົ່າ n lessee, tenant	ຜົງຊັກຟອກ n detergent
ຜູ້ດົນທາງ n voyager	ຜົນ n outcome, effect
ຜູ້ບົງ n spectator	ຜົນກະທົບ n impact
ຜູ້ບົງແຍງ n warden	ຜົນກຳໄລ n gain, profit
ຜູ້ເລີ້ມຕົ້ນ n beginner	ຜົນງານເອກ n masterpiece
ຜູ້ວ່ານິທານ n teller	ຜົນສືບເນື່ອງ n sequel
ຜູ້ເຫັນເຫດການ n bystander	ຜົນສຳເລັດ n accomplishment
ຜູ້ເຫັນແກ່ຕົວ n egoist	ຜົນດີ n usefulness
ຜູ້ຮັດບາບ n sinner	ຜົນຕາມມາ n consequence
ຜູ້ຮັດຮ່າງ n draftsman	ຜົນທີ່ຕາມມາ n fallout
ຜູ້ແຂ່ງຂັນ n competitor, contestant	ຜົນທີ່ຕາມາ n corollary
ຜູ້ແຕ່ງກອນ n poet	ຜົນທີ່ໄດ້ຮັບ n yield
ຜູ້ແຕ້ມ n painter	ຜົນປະໂຫຍດ n advantage
ຜູ້ແບກຫາມ n bearer	ຜົນຜະລິດ n product
ຜູ້ແປພາສາ n translator	ຜົນພອຍໄດ້ n by-product
ຜູ້ແລ່ນ n runner	ຜົນຫານ n quotient
ຜູ້ແລ່ນເຮືອ n sailor	ຜົນໄດ້ຮັບ n output
	ຜົມ n hair

ຜົມກູດ *n* curl
ຜົມປອມ *n* wig
ຜົມເປຍ *n* braid
ຜັກກະລໍ່າປີ *n* cabbage
ຜັກກາດຫວານ *n* beet
ຜັກສະລັດ *n* lettuce
ຜັກບົ່ວ *n* onion
ຜັກອາກຕິຊົກ *n* artichoke
ຜັກເຊເລຣີ *n* celery
ຜັກເພິດສະລີ *n* parsley
ຜັດຖູ *v* scour
ຜັດປ່ຽນ *v* relieve
ເຜີຍຄວາມລັບ *v* unmask
ເຜີຍແຜ່ *v* propagate
ເຜົາ *v* char
ເຜົາ *n* fuse
ເຜົາສົບ *v* cremate
ເຜົາໃຫມ້ *v* burn
ເຜັດ *adj* spicy
ເຜື້ອ *n* cloud
ເຜືອກ *n* splint
ແຜ່ *v* diffuse, expand
ແຜ່ນ *n* sheets
ແຜ່ນກະດານ *n* board
ແຜ່ນດິສ *n* disk, earth
ແຜ່ນດິນໄຫວ *n* earthquake
ແຜ່ນດິນໃຫຍ່ *n* mainland
ແຜ່ນດິສ *v* dash
ແຜ່ນບາງໆ *n* slice
ແຜ່ນຜ້າ *n* fabric
ແຜ່ນພັບ *n* brochure, leaflet
ແຜ່ນຫຼັງ *n* back
ແຜ່ນຫນາ *n* slab

ແຜ່ລາມງ່າຍ *adj* contagious
ແຜ່ອອກ *v* unfold
ແຜດສຽງ *v* roar
ແຜຫັ່ງກາດອດ *n* sting
ແຜນ *n* ploy
ແຜນການ *n* scheme, plan
ແຜນທີ່ *n* map
ແຜນພາບ *n* diagram
ແຜນພູມ *n* chart
ແຜງຢູ່ພາຍໃຕ້ *pre* underneath
ແຝດ *n* twin
ໄຝ່ສູງ *v* aspire
ໄພອັນຕະລາຍ *n* menace
ໃຜ *adj* any
ໃຜ *pro* who, whom
ໃຜງ *pro* anybody
ໃຜກໍ່ຕາມ *pro* whoever
ໃຜຜູ້ຫນຶ່ງ *pro* anybody

ຟ

ໄຟ *n* fire
ໄຟແຊັກ *n* lighter
ແຟັດ *n* flat
ໄຟເຕືອນໄພ *n* beacon
ຟັນແຂ້ວ *n* gum
ເຟືອງ *n* straw
ເຟືອງຟູ *v* flourish
ໄຟສາຍ *n* flashlight, torch
ແຟຊັ່ນ *n* fad, fashion

ແພນ *n* girlfriend
ໄຟຟ້າ *n* electricity
ໄຟຢູ່ຕາມທາງ *n* streetlight
ໄຟລຸກໄໝ້ *v* flare-up
ຝາ *n* wall, cap
ຝີ *n* ulcer
ຝັ່ງ *adv* ashore
ຝັ່ງທະເລ *n* coast
ຝັ່ງວ່ງມ *adj* inlaid
ຝ້າຍ *n* cotton
ຝ່າຍ *adv* behalf (on)
ຝ່າຍຄ້ານ *n* opposition
ຝາກ *n* depot
ຝຶກແອບ *n* practice
ຝຶກແອບ *v* practise, train
ຝຶກງານ *v* intern
ຝຶກສອນ *v* coach
ຝູງ *n* multitude, swarm
ຝູງເລິກ *adj* seated
ຝູງຊົນ *n* crowd, throng
ຝັງດິນ *v* bury
ຝາຍກັ້ນນ້ຳ *n* dam
ຝັນ *v* dream
ຝົນ *n* rain
ຝືນໃຈ *v* force
ຝົນໃຫ້ແຫຼມຄົມ *v* sharpen
ຝົນຕົກ *v* rain
ຝົນຕົກຕ່ອຍໆ *n* drizzle
ຝົນຜອຍ *v* drizzle
ຝົນລົງເມັດນ້ອຍໆ *v* sprinkle
ຝົນຫ່າໃຫຍ່ *n* downpour
ຝັນຮ້າຍ *n* nightmare
ຝາປິດ *n* cover, lid

ຝາມື *n* palm
ຜອຍທາສີ *n* paintbrush

ພ

ພ້ອມ *adj* ready
ພ້ອມກັນ *adj* simultaneous
ພ້ອມແລ້ວ *adv* already
ພ້າ *n* chopper
ພລາດສະຕິກ *n* plastic
ພວກຂຸນນາງ *n* aristocracy
ພວກຄຸນ *n* clergy
ພວກຊາດນິຍົມ *n* patriot
ພວກນັກຮ້ອງລູກຄູ່ *n* chorus
ພວກຫົວຣຸນແຮງ *adj* extremist
ພວກຫຼອກລວງ *n* cheater
ພວກເຂົາ *pro* they
ພວກເຮົາ *pro* us, we
ພວກເຮົາເອງ *pro* ourselves
ພວກໂຈນ *n* gang
ພວງກະແຈ *n* key ring
ພວງມະໄລ *n* garland
ພວງມາລາ *n* wreath
ພອງ *v* bloat, swell
ພອນຄວາມສຸກ *n* blessing
ພອນສະຫວັນ *n* talent
ພະ *n* clergyman
ພະຄຣິດ *n* cassock
ພະລົງໃພ *v* venture
ພະສົງ *n* monk

ພະຍາງ n syllable
ພະຍາຍາມ v attempt, strive
ພະຍາຍາມຄົ້ນຫາ v fathom out
ພະຍາດ n disease
ພະຍາດກະລະໂຣກ n plague
ພະຍາດຂີ້ເຮື້ອນ n leprosy
ພະຍາດຊິພິລິດ n syphilis
ພະຍາດບ້າໝູ n epilepsy
ພະຍາດບວດຄໍ່ຕໍ່ n rheumatism
ພະຍາດບອດແຫ້ງ n tuberculosis
ພະຍາດພູມແພ້ n allergy
ພະຍາດລະບາດ n epidemic, outbreak
ພະຍາດຫອບຫືດ n asthma
ພະຍາດໝາກເບິດ n mumps
ພະຍາດໝາວໍ້ n rabies
ພະຍາດອະຫິວາ n cholera
ພະຍາດເບົາຫວານ n diabetes
ພະຍາດເປັນລ່ອຍ n paralysis
ພະຍາດເລືອດຈາງ adj anemic
ພະຍາບ v persevere
ພະຍານ n witness
ພະຍານຫຼັກຖານ n testimony
ພະຍາບານ n nurse
ພະຍຸຫິມະ n blizzard
ພະນັກງານ n personnel
ພະນັກງານລັດ n bureaucrat
ພະນັກງານເສີບ n stewardess
ພະນັນ v bet
ພະລາຊາ n king
ພະລາຊິນີ n empress, queen
ພະລາດຊະວັງ n palace
ພະລັງງານ n energy

ພະເຈົ້າ n divinity, God
ພະເນຈອນ v drift
ພະເອກ n hero
ພະແນກສື່ຂ່າວ n press
ພາກ n sector
ພາກຮຽນ n session, term
ພາກໃຕ້ n south
ພາສາ n language
ພາສາທ້ອງຖິ່ນ n dialect
ພາສາຝຸ່ງເສດ adj French
ພາສາແຝງລັງ adj Finnish
ພາສີ n revenue, tax
ພາຊະນະໃສ່ຂອງ n container
ພາຍນອກ adj exterior
ພາຍນອກ adv outside
ພາຍນອກ pre without
ພາຍຫຼັງ pre after
ພາຍຫຼັງ adv afterwards
ພາຍຸ n storm
ພາຍຸຝົນ n thunderstorm
ພາຍເຮືອ v paddle, row
ພາຍໃນ adj inner, interior
ພາຍໃນ pre inside, within
ພາຍໃນອາຄານ adv indoor
ພາຍໃນໃຈ adv inwards
ພາດໂອກາດ v strike out
ພານ adj rowdy
ພາບງົດງາມ adj scenic
ພາບຕໍ່ n jigsaw
ພາບທີ່ລໍ້ລຽນ n caricature
ພາບປະກອບ n illustration
ພາບພູມິປະເທດ n scenery
ພາບລວງຕາ n mirage

ພາບເຄື່ອນໄຫວ n animation
ພາບເງົາ n silhouette
ພາບເໝືອນ n likeness
ພາມາ v bring
ພາລະ n burden
ພາລະກິດ n task
ພາລະຂຶ້ນ n ascendancy
ພາລະນາ v pray
ພາລະບັງເອີນ n coincidence
ພາລະໂສກເສົ້າ n melancholy
ພາໄປ v bring
ພີ່ງພາອາໃສ v lean on
ພິກຂວ້ຳ v upset
ພິກຂຶ້ນ v turn up
ພິກປິ້ນ v flip
ພິການ adj disabled, lame
ພິຈາລະນາ v consider
ພິຈາລະນາໃໝ່ v reconsider
ພິສູດ v prove
ພິສູດ n verification
ພິດ n venom
ພິດສະດານ adj grotesque
ພິດສັດຕ່າງໆ n toxin
ພິຖີພິຖັນຫຼາຍ adj meticulous
ພິທີ n ceremony, rite
ພິທີສວດ n liturgy
ພິທີສວດມົນ n mass
ພິທີສາສະໜາ n cult
ພິທີປົງສົບ n crematorium
ພິທີລ້າງບາບ v christen
ພິທີອວຍພອນ n benediction
ພິທີຮັບມົງກຸດ n coronation
ພິທີເປີດ n inauguration

ພິນ n harp
ພິນທ໌ n pint
ພິນໄຫວ n tact
ພິພາກສາ v sentence
ພິມ v print
ພິມຂຽວ n blueprint
ພິມຜິດ n misprint
ພິມໃໝ່ v reprint
ພິລຶກພິລັ່ນ adj breathtaking
ພິລຶກ adj queer
ພິເສດ adj special
ພິໄນກຳ n testament
ພີ adj fat
ພີ່ນ້ອງ n relative, cousin
ພີ່ນ້ອງທາງແມ່ adj maternal
ພີດຊະຄະນິດ n algebra
ພຶດຕິການ n conduct
ພຶດຕິກຳ n behavior
ພຶດຕິກຳທີ່ບໍ່ຈິງໃຈ n pretense
ພື້ນ n bottom
ພື້ນຖານ n foundation
ພື້ນທີ່ n area
ພື້ນທີ່ປູແລ້ວ n pavement
ພື້ນເຕົາ n hearth
ພຶດຜັກ n vegetation
ພືບ v flutter
ພຸ່ມໄມ້ n bush
ພຸ້ງກັບໄປກັບມາ v shuttle
ພູ n mountain
ພູນ້ອຍ n hill
ພູພຽງ n plateau
ພູມຄຸ້ມກັນ n immunity
ພູມສັນຖານ n landscape

ພູມິສາດ n geography
ພູມິປະເທດ n terrain
ພູມໃຈຫຼາຍ adj elated
ພູເຂົານົີເທວລິກ n ravine
ພູເຂົາໄຟ n volcano
ພົ່ນຄວັນ v fumigate
ພົກຍ່ຽວ n bladder
ພົນລະເມືອງ n citizen
ພົບ v find
ພົບກັບ v meet
ພົບພໍ້ v detect
ພົມ n carpet, rag
ພົວພັນ v entangle
ພົວພັນ adj related
ພຽງພໍ adv enough
ພຽງພໍ adj sufficient
ພຽງເທົ່ານັ້ນ adv merely
ພຽງແຕ່ adj just
ພຽງແຕ່ adv only, simply
ພັກຜ່ອນ v relax
ພັກຜ່ອນຢ່ອນໃຈ n leisure
ພັກພວກ n partisan
ພັງທະລາຍ v collapse, perish
ພັງທະລາຍລົງ v break down
ພັງອອກໄປ v break out
ພັດຕະຄານ n restaurant
ພັດທະນາ v develop
ພັດທະນາການ n evolution
ພັດລົມ n fan
ພັດຫຼາຍຂຶ້ນ v blow up
ພັນ n breed
ພັນບາດແຜ v bandage
ພັນລ້ານ n billion

ພັນລະນາ v describe
ພັນຫຶ່ງ adj thousand
ພັນອ້ອມ n wind
ພັບຕາ v blink
ພໍ່ n father, dad
ພໍ່ຄ້າ n merchant
ພໍ່ຄ້າຄົນກາງ n middleman
ພໍ່ຄົວ n cook
ພໍ່ມົດ n sorcerer
ພໍ່ລ້ຽງ n stepfather
ພໍ່ຫມ້າຍ n widower
ພໍ່ເຖົ້າປູ່ n father-in-law, grandfather
ພໍ່ເຖົ້າແມ່ເຖົ້າ n grandparents
ພໍ່ແມ່ n parents
ພໍສົມຄວນ adj moderate
ພໍຊື້ໄດ້ adj affordable
ພໍຍົນຍອມ adj agreeable
ພໍດີ v fit
ພໍທົນໄດ້ adj tolerable
ພໍປະມານ adj sober
ພໍພຽງ adj adequate, ample
ພໍເຮັດໄດ້ v afford
ພໍໄດ້ adj available
ພໍໄດ້ຍິນ adj audible
ພໍໃຈ v gratify
ພໍໃຊ້ໄດ້ n fairness
ເພງ n song
ເພງກ່ອມສາວ n serenade
ເພງຊາດ n anthem
ເພດ n gender, sex
ເພດຊາຍ n male
ເພດຊາຍ adj masculine

ເພດຍິງ n female
ເພດານ n ceiling
ເພພັງ adj dilapidated
ເພພັງ v ruin
ເພາະສະນັ້ນ adv therefore, thus
ເພາະປູກ v rear
ເພາະວ່າ c because
ເພີດເພີນ v amuse
ເພີ່ມ v augment
ເພີ່ມຂະຫນາດຂຶ້ນ v size up
ເພີ່ມຂຶ້ນ v increase
ເພີ່ມເປັນທະວີຄູນ v redouble
ເພີ່ມໃສ່ v add
ເພີກຖອນ v revoke
ເພີດເພີນ adj entertaining
ເພື່ອນ n comrade, friend
ເພື່ອນສະຫນິດ n crony
ເພື່ອນຊາຍ n boyfriend
ເພື່ອນຍິງ n girlfriend
ເພື່ອນບ້ານ n neighbor
ເພື່ອນຮ່ວມງານ n colleague
ເພື່ອນຮ່ວມຊາດ n compatriot
ເພື່ອນຮັກ n buddy
ເພື່ອນເຈົ້າສາວ n bridesmaid
ເພື່ອນເຈົ້າບ່າວ n best man
ເພື່ອນເດີນທາງ n companion
ເພື່ອນ n peer
ເພື່ອນຕາຍ n mate
ເພົາ n axis
ເພົາລົດ n axle
ເພັດ n diamond
ເພັດສະຄາດ n murderer
ເພັດພອຍ n gem, jewel

ແພ n raft
ແພ່ຫຼາຍ adj widespread
ແພງ adj expensive
ແພງເກີນໄປ adj exorbitant
ແພດ n physician
ແພະຮັບບາບ n scapegoat
ໂພ່ອອກມາ v protrude
ໂພງຂຶ້ນ v inflate
ໂພຊະນາການ n nutrition
ໂພດເຫຼືອ adj awful
ໂພພິບັດ n disaster

ມ

ແມ່ n mummy
ໄມ້ n wood
ເມົາເຫຼົ້າ adj drunk
ເມົາເຮືອ adj seasick
ໄມ້ແສ້ n scourge, whip
ແມ່ເຖົ້າ n granny
ແມ່ເຖົ້າຫຼືແມ່ຢ່າ n mother-in-law
ແມ່ເຖົ້າຫຼືຢ່າ n grandmother
ໄມ້ເນື້ອແຂງ n hardwood
ແມ່ເຫຼັກ n magnet
ເມື່ອໃດກໍ່ຕາມ adv whenever
ເມື່ອໄວງນີ້ adj recent
ເມື່ອຍ adj weary, tired
ເມື່ອບໍ່ດົນມານີ້ adv lately
ເມື່ອປີກ່ອນ adj preceding
ແມ່ເຮືອນ n housewife

ໄມ້ກາງຂວນ n crucifix
ແມ່ກະທັ້ງ c though
ແມ່ຂັ້ນໃດ n staircase
ໄມ້ຄ້ອນ n club
ໄມ້ຄ້ອນເທົ້າ n cane
ໄມ້ໂຄຣແວບ n microwave
ໄມ້ຈີ້ມແຂ້ວ n toothpick
ໄມ້ສ້ n switch
ໄມ້ສ້າວ n rod
ແມ່ຊີ n nun
ເມັດ n grain, tablet
ແມັດ n meter
ເມັດເລືອດ n corpuscle
ເມັດພືດ n grain
ເມັດຫິມມະ n snowflake
ໄມ້ຕີປິກໄກ່ n racket
ແມ່ທ້ອງ n parasite
ແມ່ນແລ້ວ adv alright, yes
ແມ່ນຫຍັງ adj what
ແມ່ນຫຍັງກໍຕາມ adj whatever
ແມ່ນ້ຳ n river
ໄມ້ບັນທັດ n ruler
ໄມ້ພາຍ n oar
ແມ່ມົດ n witch
ແມ່ລ້ຽງ n stepmother
ໂມເລກຸນ n molecule
ໂມໂຫ v rampage
ໂມໂຫຮ້າຍ adj irate
ເມືອງ n town
ເມືອງໃຫຍ່ n city
ເມືອງຫຼວງ n capital
ເມກ n cloud
ໂມງ n clock

ແມງໄມ້ n bug, insect
ແມງໄມ້ປີກແຂງ n beetle
ແມງກະເບື້ອ n butterfly
ແມງງອດ n scorpion
ແມງສາບ n cockroach
ໂມງປຸກ n alarm clock
ແມງມຸມ n spider
ເມຍ n wife
ເມຍລັບ n mistress
ເມດຕາ adj gracious, benign
ໄມຕິຈິດ n goodwill
ໄມລ໌ n mile
ແມວ n cat
ແມວນ້ອຍ n kitten
ແມວນ້ຳ n seal
ມາ v come
ມີ v afford, have
ມື n hand
ມື້ n day
ມື້ເຊົ້າ n morning
ມື້ໃດມື້ຫນຶ່ງ adv someday
ມ້າແມ່ n mare
ມີໂຄຣໂຟນ n microphone
ມຸ່ງໄປ adj bound for
ມ້າງເພ v wreck
ມຸ່ງຄັ່ງ v flourish
ມຸ້ງມັ້ນ adv willfully
ມຸ່ງຫນ້າ v head for
ມຸ່ງຫມັ້ນ adj committed
ມຸ່ງຫມັ້ນ v intend
ມ້າງອອກ v take apart
ມີໃຈໂອນອຽງ adj predisposed
ມີໃຈຈົດຈໍ່ adj eager

ມີເຈດຕະບາຮ້າຍ *adj* spiteful
ມີແສງສະຫວ່າງ *adv* alight
ມີໂຊກ *adj* blessed
ມີຕັນຫາຫຼາຍ *adj* lustful
ມາເຖິງ *v* arrive
ມື່ນ *v* slip
ມື່ນ *adj* slippery
ມື້ນີ້ *adv* today
ມ້ານັ່ງໃນໂບດ *n* pew
ມື່ນໄຫຼ *v* glide
ມະໂນພາບ *n* imagination
ມີປືອກຫຼາຍ *adj* husky
ມື້ພັກ *n* holiday
ມ້າມ *n* pancreas
ມີເມກຫຼາຍ *adj* overcast
ມ້າລາຍ *n* zebra
ມື້ວານນີ້ *adv* yesterday
ມີເຫາ *adj* lousy
ມີເຫດຜົນ *adj* reasonable
ມະໂຫຫານ *adj* immense
ມື້ອື່ນ *adv* tomorrow
ມະເຮັງ *n* cancer
ມັກ *adj* fond
ມັກ *v* like
ມີກິ່ນ *adj* smelly
ມີການສຶກສາ *adj* literate
ມາກ່ອນ *n* antecedent
ມາກມາຍ *adj* plentiful
ມັກຫຼາຍກວ່າ *v* prefer
ມີຂ້າງດຽວ *adj* unilateral
ມີຂົນຫຼາຍ *adj* hairy
ມີຄ່າ *adj* valuable
ມີຄວາມສຸກ *adj* happy

ມີຄວາມສາມາດໃນ *v* major in
ມີຄວາມຊຳນານ *adj* skillful
ມີຄວາມໝາຍ *adj* meaningful
ມີຄວາມໝາຍ *v* signify
ມີຄວາມຮູ້ສຶກໄວ *adj* sensitive
ມົງກຸດ *n* crown
ມັງກອນ *n* dragon
ມາຈາກ *v* come from
ມີສີສັນ *adj* colorful
ມີສັດທາ *adj* devout
ມີສິນລະປະ *adj* artistic
ມີສີບົວ *adj* rosy
ມີສ່ວນ *v* share
ມີຊື່ສຽງ *adj* famous
ມີຊີວິດ *adj* alive
ມີຊີວິດສັ້ນ *adj* shortlived
ມີຊີວິດຊີວາ *adj* dashing
ມີຊີວິດຊີວາ *v* hearten
ມີຊີວິດຢູ່ດົນກວ່າ *v* outlive
ມາຍອອກ *v* loosen
ມາດ *n* sulphur
ມີດ *n* knife, cutter
ມັດ *n* bundle
ມັດ *v* tie
ມືດ *adj* dark
ມິດງ *v* silence
ມີດແຖ *n* razor
ມີດແຖ *n* blade
ມັດເຟືອງ *n* bale
ມາດາມ *n* madam
ມີດຂ *n* bill
ມັດຈຳ *n* pledge
ມັດສະກິດ *n* mosque

ມີດສັບ *n* chopper
ມຸດສະລິມ *adj* Muslim
ມັດສະຕາດ *n* mustard
ມີດສອງຄົມ *n* dagger
ມາດຕາ *n* clause
ມີດຕັດ *n* scissors
ມາດຕະຖານ *n* standard
ມິດຕະພາບ *n* friendship
ມັດທະຍັດ *adj* thrifty
ມຸດນ້ຳ *v* duck
ມືດມົນ *adj* somber
ມືດມົວ *adj* gloomy
ມົດລູກ *n* uterus, womb
ມີຕັນຫາ *adj* lewd
ມີຕັນຫາລາຕະ *v* lust
ມືຖື *n* cellphone
ມີທາດເຄມີ *adj* chemical
ມົນ *n* spell
ມະນຸດ *n* mankind
ມະນຸດກິນຄົນ *n* cannibal
ມະນຸດຊາດ *n* humankind
ມູນຄ່າ *v* cost
ມົນຄາຖາ *n* magic
ມູນສັດ *n* dung
ມັນດ້າງ *n* yam
ມີນທິນ *n* blemish
ມີນທິນ *adj* square
ມັນຝຣັ່ງ *n* potato
ມັນຝຣັ່ງຈືນ *n* fries
ມັນໝູ *n* lard
ມີນ້ຳນົມ *adj* milky
ມີນ້ຳຫຼາຍ *adj* succulent
ມີນ້ຳໜັກ *v* weigh

ມີນ້ຳໜັກກວ່າ *v* outweigh
ມີປະໂຫຍດ *adj* beneficial
ມີປະສິດທິຜົນ *adj* effective
ມີປືນຮັບຈ້າງ *n* sniper
ມີຜົນ *v* turn out
ມີຜົນຕໍ່ *v* affect
ມີຝົນສະເໝີ *adj* rainy
ມີຝີມື *n* craft
ມີພາຍຸ *adj* stormy
ມີພົບໄຫວ *adj* astute, witty
ມີພົບໄຫວດີ *adj* tactful
ມີພະລັງ *adj* dynamic
ມີພາລະໜັກ *adj* laden
ມາພໍ້ *v* come across
ມຸມ *n* angle, corner
ມີມາແຕ່ເດີມ *adj* primitive
ມີມາລະຍາດ *adj* genteel
ມີຢູ່ *v* exist
ມາຢູມ *v* come over
ມີລິແມັດຕິ *n* millimeter
ມີລູກ *adj* pregnant
ມີລັກສະນະຜູ້ຍິງ *adj* sissy
ມີລີກຣາມ *n* milligram
ມາລະຍາດ *n* etiquette
ມາລະຍາດສັງຄົມ *n* manners
ມີລົດຊາດດີ *adj* tasteful
ມີລົມແຮງເປັນບາດ *adj* gusty
ມືວ *adj* dark
ມີວຽກຫຼາຍ *adv* busily
ມ່ວນ *n* fun
ມ່ວນ *adj* melodic
ມ້ວນ *v* roll
ມ້ວນເຈ້ຍ *n* scroll

ມ່ວນຊື່ນ *adj* merry, alive
ມ່ວນຊື່ນ *v* revel, relish
ມາຫາ *pre* towards
ມີທ່າງົມ *adj* tricky
ມີຫຼາຍ *v* abound
ມີຫຼາຍກວ່າ *v* predominate
ມະຫາສະມຸດ *n* ocean
ມະຫັດສະຈັນ *n* miracle
ມະຫັດສະຈັນ *adj* prodigious
ມະຫັນຕະໄພ *n* cataclysm
ມະຫາວິທະຍາໄລ *n* university
ມະຫາອຳນາດ *n* superpower
ມີຫຍັງອີກ *adv* plus
ມີໜ້າ *v* attend
ມີໜ້າຕາດີ *adj* good-looking
ມີໜວດມີເຄົາ *adj* bearded
ມີໝອກກົ້ວ *adj* hazy
ມີອັນຕະລາຍ *adj* dangerous
ມາຮອດ *v* get in, arrive
ມວ່ນຊື່ນ *v* enjoy
ມວນກະດູກ *n* marrow
ມອງ *n* net
ມອດ *v* blow out
ມອບໃຫ້ *v* award, bestow
ມອບຊັບສິນ *v* bequeath
ມອບໝາຍ *v* appoint
ມົງ *pre* by
ມ່າມີ *n* mummy
ມົ່ຊົ *adj* shabby
ມໍຟີນ *n* morphine
ມໍລະດົກ *n* legacy

ຍ

ເຍັນ *adj* cool
ເຍັນຈັດ *adj* ice-cold
ເຍັນຊາ *adj* frigid
ເຍັນລົງ *v* cool
ໄຍບກວ້າງ *v* stride
ຢ *pre* at
ຢາ *n* medicine, drug
ຢັ້ *v* reach
ຢູ່ *v* stay, be
ຢູ່ໃກ້ຊິດ *v* adjoin
ຢ່າງວ່ອງໄວ *adv* fluently
ຢູ່ໃສ *adv* where
ຢູ່ເສີຍ *adj* idle
ຢູ່ໄດ້ດົນກວ່າ *v* outlast
ຢູ່ຕໍ່ *v* linger
ຢູ່ເຫນືອ *v* transcend
ຢາແກ້ເຈັບຫົວ *n* aspirin
ຢາແກ້ປວດ *n* painkiller
ຢູ່ຂ້າງ *pre* beside
ຢ່າງໃກ້ຊິດ *adv* closely
ຢ່າງເຂັ້ມງວດ *adv* sternly
ຢ່າງດັ່ງຊັດ *adj* resounding
ຢ່າງດັ່ງຊັດເຈນ *adv* obviously
ຢ່າງໃດກໍ່ຕາມ *c* however, nonetheless
ຢ່າງໂດດເດັ່ນ *adv* notably
ຢ່າງເຕັມໃຈ *adv* willingly
ຢ່າງເຕັມທີ່ *adv* fully
ຢ່າງແທ້ຈິງ *adv* virtually, indeed
ຢ່າງບັນບ້າ *adv* madly

ຢ່າງເປັນອິດສະຫຼະ *adj* free
ຢ່າງເມດຕາ *adj* merciful
ຢ່າງເລັກໜ້ອຍ *adv* slightly
ຢ່າງໄວ *adj* speedy
ຢ່າງເໝາະສົມ *adv* properly
ຢ່າງກ້າຫານ *adv* bravely
ຢ່າງກະທັນຫັນ *adv* abruptly
ຢ່າງກວ້າງຂວາງ *adv* widely
ຢ່າງຂີ້ຢ້ານ *adv* cowardly
ຢ່າງຂົມຂື່ນ *adv* bitterly
ຢ່າງຄັກແນ່ *adv* surely
ຢ່າງຄາດຫວັງໄວ້ *adv* hopefully
ຢ່າງຄົບຖ້ວນ *adv* completely
ຢ່າງຄ່ອຍງົບໆາງ *adv* lightly
ຢ່າງຄອບຄຸມ *adv* inclusive
ຢ່າງງ່າຍໆ *adv* plainly
ຢ່າງຈິງໃຈ *adv* purposely
ຢ່າງຈົບງາມດີ *adv* nicely
ຢ່າງຈຳກັດ *adv* narrowly
ຢ່າງສຸກສະບາຍ *n* combustible
ຢ່າງສຸກສະບາຍ *adj* comfortable
ຢ່າງສູງ *adv* highly
ຢ່າງສຽງດັງ *adv* loudly
ຢ່າງສຳຄັນທີ່ສຸດ *adv* chiefly
ຢ່າງຊ້າໆ *adv* slowly
ຢ່າງຊື່ໆ *adj* naive
ຢ່າງຊຳນານ *adj* proficient
ຢ່າງຍຸດຕິທຳ *adv* justly
ຢ່າງດຽວ *n* single
ຢ່າງດຸຮ້າຍ *adj* ferocious
ຢ່າງຕັ້ງໃບຕົ້ງມາ *adv* frankly
ຢ່າງຕະຫຼົກ *adj* comical
ຢ່າງຕະຫຼົກ *adv* jokingly

ຢ່າງຕ່ຳຕ້ອຍ *adv* humbly
ຢ່າງທີ່ຮູ້ເທົ່າທັນ *adv* knowingly
ຢ່າງທະນົງ *adv* proudly
ຢ່າງທຳມະຊາດ *adv* naturally
ຢ່າງບໍ່ເຕັມໃຈ *adv* reluctantly
ຢ່າງບໍ່ດີ *adj* abusive
ຢ່າງບໍ່ດີ *adv* poorly
ຢ່າງບໍ່ມີປະໂຫຍດ *adv* vainly
ຢ່າງບໍ່ຢຸດຢ່ອນ *adv* nonstop
ຢ່າງບໍ່ໜ້າສົງໃສ *adv* undoubtedly
ຢ່າງປະຍັດ *adv* sparingly
ຢ່າງປະທ້ວງ *adj* remarkable
ຢ່າງພິເສດ *adv* extra
ຢ່າງພູມເພືອຍ *adj* lavish
ຢ່າງມີຄວາມສຸກ *adv* joyfully
ຢ່າງມີສິດທຳ *adj* moral
ຢ່າງມີຊື່ສຽງ *adv* reputedly
ຢ່າງມີອຳນາດຫຼາຍ *adj* mighty
ຍັ້ງຢືນ *v* prove
ຢ່າງລູກຜູ້ຊາຍ *adj* manly
ຢ່າງລັບໆ *adv* secretly
ຢ່າງລວງງ *adj* plain
ຢ່າງຫຼາຍ *adj* lots
ຢ່າງຫຼວງຫຼາຍ *adv* exceedingly
ຢ່າງຫຼອກລວງ *adj* deceptive
ຢ່າງຫຍໍ້ໆ *adv* briefly
ຢ່າງໜ້ອຍ *n* minimum
ຢ່າງອັບອາຍ *adj* shameless
ຢ່າງອ່ອນງ *adv* softly
ຢ່າງຮັກແພງ *adj* cordial
ຢ່າງຮຸນແຮງ *adv* harshly
ຢ່າງຮຽບຮ້ອຍ *adv* neatly
ຢ່າງຮິບຮ້ອນ *adv* hastily

ຢ່າງຮ່ວມກັນ *adv* mutually	ຢາສູບ *n* cigarette
ຢາເສັ້ນ *n* tobacco	ຢາຍໃຫ້ *v* give out, allot
ຢາແຊນ *n* penicillin	ຢຸດ *v* stop, cease, halt
ຢາເສບຕິດ *n* narcotic	ຢຽດ *v* stretch
ຢູ່ຕິດກັບ *v* border on	ຢຸດໂດຍທັນທີ *v* break off
ຢູ່ທີ່ນີ້ *adv* here	ຢັດເບາະ *v* pad
ຢູ່ທາງທິດເໜືອ *adj* northern	ຢືດເວລາ *v* defer
ຢູ່ທາງຫຼັງ *adv* backwards	ຢຸດນິ້ງ *v* stagnate
ຢ້ານ *adj* afraid	ຢຸດພັກຜ່ອນ *v* rest
ຢູ່ນິ້ງໆ *v* stagnate	ຢຽດອອກໃຫ້ຊື່ *v* straighten out
ຢູ່ນຳກັນ *v* coexist	ຢາຕ້ານເຊື້ອ *n* antibiotic
ຢາເມັດ *n* pill	ຢາຖອນພິດ *n* antidote
ຢູ່ລຸ່ມ *pre* under	ຢືນ *v* stand
ຢູ່ລະຫວ່າງ *pre* between	ຢືນການ *adj* adamant
ຢູ່ຫ້ອງ *adj* next door	ຢືນຂຶ້ນ *v* stand up
ຢູ່ອາໃສ *v* inhabit	ຢືນຢັນ *v* ratify, affirm
ຢູ່ຮ່ວມກັນ *v* coexist	ຢຽບ *v* tread
ຢິກ *v* nip	ຢິບຊີ *n* gypsy
ຢາກໄດ້ *v* yearn	ຢິບຕາ *v* blink
ຢາກໄດ້ *v* acquire	ຢັບຢັ້ງ *adj* creepy
ຢາກ້ອນ *n* pill	ຢັບຢັ້ງ *v* dissuade
ຢາກດື່ມນ້ຳ *adj* thirsty	ຢຽບຢຳ *v* invade
ຢາກອ້ອນວອນ *v* crave	ຢາບຳລຸງກຳລັງ *n* dope
ຢາກຮູ້ຢາກເຫັນ *adj* curious	ຢາຝິ່ນ *n* opium, poison
ຢາກຮູ້ວ່າ *v* wonder	ຢາມ *v* visit
ຢາຂ້າແມງໄມ້ *n* pesticide	ຢືມ *v* borrow
ຢາຂີ້ເຜິ້ງ *n* balm, ointment	ຢາມ່ອງ *n* balm
ຢາງ *n* rubber	ຢາລະງັບກິ່ນຕົວ *n* deodorant
ຢາງໄມ້ *n* sap	ຢ່ອນໄວ້ *v* drop in
ຢາງປູທາງ *n* tar	ຢອກລໍ້ *v* tease
ຢາງລົບ *n* eraser	ຢອງໄວ້ *v* lay
ຢາງໝາກຕອຍ *n* asphalt	ຢອດ *n* drip
ຢາສັກ *n* shot	ຢອດນ້ຳມັນ *v* grease

ยอดยັ້ງม adj prime
ยอดลົງ v drip

ວ

ແລະ c and
ເລົ່າ v narrate, tell
ເລົ້າເຂົ້າ n barn
ເລົ່າໂດยລະອຽດ v detail
ເລົ້າໂລມ v caress
ເລັ່ງໃຫ້ເກີດໄວຂຶ້ນ v precipitate
ເລັ່ງຄວາມໄວ v accelerate
ເລັ່ງດ່ວນ adj urgent
ເລີ່ມສະແດງ v strike up
ເລີ່ມຕົ້ນ v begin, start
ເລີ່ມຕົ້ນຂຶ້ນ v originate
ເລື່ອງ n dossier, item
ເລື່ອງໂສກ n tragedy
ເລື່ອງຄວາມຮັກ n romance
ເລື່ອງຕົວະ n rubbish
ເລື່ອງຕະຫຼົກ n joke
ເລື່ອງທາງເພດ n sexuality
ເລື່ອງລາວ n tale, version
ເລື່ອງໜ້າອາຍ n scandal
ເລື່ອย n saw
ເລື້ອຍ adj incessant
ເລື້ອຍໆ adv always, often
ເລື່ອນໄປ v call off, put off
ເລື່ອນຊັ້ນ v promote
ເລິກ adj deep

ເລີກ v quit
ເລິກເຊິ່ງ adj profound
ເລັກນ້ອຍໆ adj trivial
ເລັກໜ້ອຍ n little bit
ເລັກນ້ອย adj petty
ເລີກລົ້ມ v disband
ເລິກລັບ adj mysterious
ເລິກທຼາຍ adj bottomless
ເລັກໜ້ອຍ adj minor
ໄລເຄື່ອງ v rinse
ເລີດວິ adj de luxe
ໄລ່ຕາມ v pursue
ແລ່ນ v run
ແລ່ນເຂົ້າມາ v run into
ແລ່ນໄວກວ່າ v outrun
ແລ່ນໃຫ້ຊ້າລົງ v slow down
ແລ່ນເຮືອ v navigate
ແລ່ນເຮືອໃບ v sail
ແລ່ນຂຶ້ນ v run up
ແລ່ນສະເກັດ v skate
ແລ່ນສະກີ v ski
ແລ່ນບ່າ v pace
ແລ່ນໜີ v run away
ເລັບສັດ n claw
ເລັບຕີນ n toenail
ເລັບມື n fingernail
ເລັບມ້າ n hoof
ແລ້ວ adv then, already
ເລ່ຫຼຽ່ม n guile
ໄລ່ໜີ v chase away
ເລື້ອ v creep
ເລືອກ v choose, select
ເລືອກຄົນທີສິບ v decimate

ເລືອກຕັ້ງໃໝ່	v reelect
ເລືອດ	n blood
ເລືອດຈາງ	n anemia
ເລືອດອອກ	v bleed
ເລືອນລາງ	v blur
ໄລ່ອອກ	v eject, evict, expel
ໂລກ	n world, earth
ເລກ	n arithmetic
ໂລກຂາດເຫຼົ້າບໍ່ໄດ້	n alcoholism
ເລກສູນ	n zero
ແລກປ່ຽນ	v exchange
ເລກຫານ	n division
ເລຂາຄະນິດ	n geometry
ເລຂານຸການ	n secretary
ໂລງ	n casket
ໄລຍະເບັນໄມ່	n mileage
ໄລຍະເວລາ	n duration
ໄລຍະກວ້າງ	n scope
ໄລຍະທີ່ລັບໄດ້	n reach
ໄລຍະທາງຫ່າງໄກ	n distance
ແລນ	n lane
ໂລບມາກ	v covet
ເລວຊາມ	adj degrading
ໂລຫະ	n metal
ໂລຫະທາດ	n mineral
ໂລຫະປະສົມ	n alloy, bronze
ວີ້	v hide
ລັກພາຕົວ	v abduct
ລ້າງ	v wash
ລ້ຽງ	v bring up, raise
ວ້າງ	adj bleak
ວິ້ງເຄີຍ	adj used to
ວຽງໄບ	v elude
ລ້າງສະໝອງ	v brainwash
ລ່ຽງ	v rear
ລ້ຽງດູ	v adopt, nurture
ລ້ຽງດູເດັກ	v foster
ລ້າງມົນທິນ	v purge
ລ້າສະໄໝ	adj antiquated
ລ່າສຸດ	adj latest
ລ່າສັດ	v hunt
ລ້າຊ້າ	adj belated
ລ້ານ	n million
ລີ້ນ	n tongue
ລຸ້ນ	n batch
ລິ້ນ	v shed
ລີ້ນສູບ	n valve
ລິ້ນຊັກ	n drawer
ລົ້ນມື	adj swamped
ລະເບີດ	n blast, detonate
ລະເບີດໃສ່ທັນທີ	v burst into
ລະເບີດລູກນ້ອຍ	n grenade
ລະເບີດອອກ	v burst
ລົ້ມເຈັບ	n breakdown
ລ່າມໂສ້	v chain
ລະເມີດ	v violate
ລະເມີດສິດ	v encroach
ລົ້ມເລີກ	v relinquish
ລຸ່ມນ້ຳ	n basin, watershed
ລຸ້ມລົງ	v lapse
ລົ້ມລະລາຍ	adj bankrupt
ລິເລີ່ມ	v initiate
ລະເລີຍ	v overlook
ລີ້ລັບ	adj undercover
ລະເລຍ	adj negligent
ລ້ຽວ	n detour, turn

ລະເວັ້ນ v abstain, refrain
ລາກ v haul, tow, drag
ລັກ v plunder, steal
ລູກເຂຍ n son-in-law
ລັກເຄື່ອງເລັກຫນ້ອຍ v pilfer
ລັກໂຈມຕີ v ambush
ລູກເຕົ໋າ n dice
ລູກໃພ້ n daughter-in-law
ລາກ່ອນ e bye
ລຸກຂຶ້ນ v rise, arise
ລູກຄ້າ n client, customer
ລູກຄ້າທັງຫມົດ n clientele
ລູກງົວ n calf
ລູກສິດ n disciple
ລັກສະນະ n manner, aspect
ລັກສະນະຂອງພໍ່ adj fatherly
ລັກສະນະທ້ອງໃບ n contour
ລັກສະນະພາຍນອກ n guise
ລູກສາວ n daughter
ລູກສອນ n dart
ລູກຊິ້ນ n meatball
ລູກຊາຍ n son, boyhood
ລູກຕຸ້ມ n pendulum
ລູກທະນູ n arrow
ລູກນ້ອງ n henchman
ລູກນອກສົມລົດ n bastard
ລູກປືນ n gunshot, lead
ລັກພາຕົວ v kidnap
ລັກຟັງ v eavesdrop
ລູກລ້ຽງ (ຜູ້ຊາຍ) n stepson
ລູກລ້ຽງ (ຜູ້ຍິງ) n stepdaughter
ລູກລະເບີດ n bomb
ລົກລັບ adj hermetic, occult

ລູກລ້ຳ v intrude
ລູກຫຼານ n offspring
ລູກຫນ້າ n arrow, harpoon
ລູກຫນີ້ n debtor
ລູກຮັບບງານຈ້າງ n employee
ລາຄາ n price
ລາຄ່າ n value
ລາຄາແພງ adj expensive
ລະຄັງ n bell
ລິຂະສິດ n copyright
ລະຄາຍເຄືອງ v irritate
ລາຄາຕົກ v slump
ລາຄາຖືກ adj cheap
ລະຄອນເພງ n opera
ລະຄອນສັດ n circus
ລະຄອນສຽງສີ n revue
ລະຄອນຕະຫລົກ n comedy, farce
ລາງ n portent
ລົງໂທດ v penalize
ລິງໂຕໃຫຍ່ n gorilla
ລະງັບໄວ້ v adjourn
ລົງໃບລຸ່ມ v go down
ລັງເລ adj ambivalent
ລັງເລໃຈ adj hesitant
ລັງເລໃຈ v hesitate
ລັງກຽດ v detest, loathe
ລົງຂ່າວ v publish
ລົງຄະແນນສຽງ v vote
ລົງຈາກຫຼັງມ້າ v dismount
ລັງສີ n ray, radiation
ລົງສະຫມັກ v apply for
ລົງຊື່ v check in
ລິງຊິມແປນຊີ n chimpanzee

ລົງຕ່າງ v bleach
ລົງທ້າຍ v end up
ລົງທຶນ v invest
ລົງທະບຽນ v register
ລາງບອກເຫດ n omen
ລົງມາ v descend
ລົງມື v embark
ລົງມາສູ່ v get down to
ລົງລຸ່ມ adv down
ລົງລາຍການ v list
ລົງລາຍລະອຽດ v itemize
ລົງລົດ v get off
ລາງລົດໄຟ n rail
ລາງວັນ n prize, reward
ລາງວັນໂລຊະນະ n trophy
ລົງວັນທິ v date
ລະຍະເວລາ n span
ລາຍເຊັນ n signature
ລາຍໄດ້ n revenue
ລາຍໄດ້ n income
ລາຍໄຕມາດ adj quarterly
ລາຍການ n item, list
ລາຍງານ n statement
ລາຍຊື່ປື້ມ n bibliography
ລາຍຍາວ n stripe
ລາຍຕາ adj dizzy
ລາຍມື n fingerprint
ລາຍລະອຽດ n detail
ລິດ n liter, litre
ລົດ n auto
ລັດ n state
ລະດູໃບໄມ້ຫຼົ່ນ n autumn
ລະດູການ n season

ລັດເຊຍ n Russia
ລົດໂດຍສານ n cab
ລົດຫັກກະຕິ n tractor
ລະດັບ v level
ລະດັບອະວຸໂສ n seniority
ລົດໄຟ n train
ລົດໄຟໃຕ້ດິນ n subway
ລົດເມ n bus
ລະດູຫນາວ n winter
ລະດູຮ້ອນ n summer
ລົດໂຮງຫມໍ n ambulance
ລົດຖວງ adj humble
ລົດຄ່າ v depreciate
ລົດຄຸນຄ່າ v demean
ລົດຈັກ n motorcycle
ລົດຈັກ ຫຼື ລົດຖີບ n bike
ລົດສະຍາ v envy
ລົດສະຫມີ adj glorious
ລົດຊັ້ນ v demote
ລາດຊະການ n reign
ລົດຊາດ n flavor, taste
ລົດຍົນ n automobile, car
ລົດຕູ້ n van
ລັດຖະການ n affair
ລັດຖັງ n tank
ລັດຖະສະພາ n parliament
ລັດຖະທຳມະນູນ n constitution
ລົດຖີບ n bicycle
ລັດຖະປະຫານ n coup
ລັດຖະມົນຕີ n minister
ລັດທິ n doctrine
ລັດທິ n creed
ລັດທິເຊື້ອຊາດ n racism

ລັດທິກໍ່ການຮ້າຍ n terrorism
ລົດບັນທຸກ n truck
ລົດບັນທຸກສົບ n hearse
ລົດບັນທຸກພ່ວງ n tow truck
ລົດພ່ວງ n trailer
ລົດມ້າ n coach
ລົດມ້າເຊົ່າ v hack
ລົດລາຄາ v discount
ລົດລາງ n streetcar
ລົດລົງ v reduce, deduct
ລົດລົງເລື້ອຍໆ v wane
ລະຖິ້ມ v discard, forsake
ລານ n patio, courtyard
ລຽນແຖວ n queue, rank
ລຽນແບບ v imitate
ລານເຮືອບິນ n airfield
ລານຍົນ n airfield
ລານນາ n farmyard
ລົນນະລົງ v campaign
ລານບ້ານ n courtyard
ລົບ v delete
ລູບ v fondle
ລັບ adj clandestine
ລະບຸ v designate
ລະບຽງ n balcony
ລະບາຍສີ v color
ລະບາຍນ້ຳ n drainage
ລະບົບ n system
ລະບຽບ n procedure
ລະບຽບການ n protocol
ລະບົບສັງຄົມນິຍົມ n socialism
ລະບຽບລັດ n red tape
ລົບກວນ v annoy, bug

ລົບລ້າງ v abolish, annul
ລະບອບ n regime
ລະບອບອັກຄິປະ n anarchy
ລົບອອກ v eliminate
ລາພັກ v leave
ລືມ v forget
ລົມ v wind, chat
ລາມົກ adj obscene
ລະມັດລະວັງ adj careful
ລະມັດລະວັງ adv gingerly
ລົມເຢັນ n breeze
ລົມເລືອນ adj oblivious
ລົມແຮງ adj windy
ລົມແຮງເປັນບາດ n gust
ລົມບ້າຫມູ n cyclone
ລົມພະຍຸ n gale, tempest
ລົມພາຍຸຣິຣິແຄນ n hurricane
ລົມພັດ n blow, puff
ລົມອ່ອນ n breeze
ລຸລຸກ v miscarry, abort
ລະລາຍ v dissolve, melt
ລາວ (ຜູ້ຍິງ) pro she
ລະວັງ v beware, heed
ລາວເອງ (ຜູ້ຍິງ) pro herself
ລ່ວງໄປ v elapse
ລ່ວງເວລາ adv overtime
ລ່ວງລ້ຳເຂດແດນ v trespass
ລ່ວງຫນ້າ v advance
ລາວຜູ້ຊາຍ pro he
ລາວຜູ້ຍິງ adj her
ລະຫັດ n code
ລະຫັດໄປສະນີ n zip code
ລະຫັດຜ່ານ n password

ລະຫວ່າງ _pre_ during, among
ລະອາຍໃຈ _adj_ ashamed
ລ້ອມ _v_ cordon off
ລ້ອມໂຈມຕີ _v_ siege
ລ້ອມໄວ _v_ besiege
ລ້ອມວົງ _v_ encircle
ລວງ _adj_ unrealistic
ລວງຕາ _v_ delude
ລວງຕາ _adj_ unreal
ລວດລາຍ _n_ texture
ລວນລາມ _v_ molest
ລວມ _adj_ bound
ລວມກັບ _v_ combine
ລວມພວກ _n_ bunch
ລອຍລອຍ _adv_ afloat
ລອກ _v_ peel
ລອກໜັງ _v_ skin
ລອງໃຈ _v_ try
ລອຍນ້ຳ _v_ swim
ລອຍຢູ່ໜ້ານ້ຳ _v_ float
ລອດຊີວິດ _v_ survive
ລອບຂ້າ _n_ assassin
ລອບຄອບ _adj_ prudent
ລົດຂົນ _n_ cart
ລ້ຳຄ່າ _adj_ precious
ລໍ້ໃຈ _v_ seduce, lure
ລໍ້ໃຈ _adj_ tempting
ລຳໄສ້ _n_ intestine
ລຳໄສ້ໃຫຍ່ _n_ colon
ລຳແສງ _n_ beam
ລຳໂພງ _n_ loudspeaker
ລໍ້ໃຫ້ເຮັດຊົ່ວ _v_ tempt
ລໍ້ລຸກ _n_ trolley

ລຳດັບ _n_ series
ລຳດັບຊັ້ນ _n_ grade
ລຳຕົ້ນ _n_ trunk
ລຳຕົວ _n_ torso
ລໍ້ນັ່ງ _n_ wheelchair
ລຳບາກ _v_ afflict
ລໍ້ລວນ _v_ tease
ລໍ້ລວງ _v_ lure
ລຳອຽງ _n_ bias

ວ

ໄວ _adj_ fast, rapid
ແວະ _v_ stop by
ໄວງ _v_ hurry up
ເວົ້າ _n_ envoy
ເວົ້າ _v_ say, speak
ເວົ້າເກີນລົງ _v_ exaggerate
ເວົ້າແຊກ _v_ break in
ເວົ້າເປີດເຜີຍ _adj_ outspoken
ເວົ້າກະຕຸກກະຕັກ _v_ jerk, stutter
ເວົ້າຂີ້ຄຸຍ _v_ boast
ເວົ້າຂວັນ _v_ gossip
ເວົ້າຈຸມເຈືອ _adj_ nitpicking
ເວົ້າຊ້ຳ _v_ reiterate
ເວົ້າຕູ່ໝິ່ນ _v_ blaspheme
ເວົ້ານອກເລື່ອງ _v_ digress
ເວົ້າບໍ່ໄດ້ _v_ choke
ເວົ້າບໍ່ໄດ້ _adj_ speechless
ເວົ້າບໍ່ຊັດເຈນ _v_ slur

ເວົ້າລົມ v talk	ໄວໜຸ່ມ n teenager
ເວົ້າຫຼາຍ adj talkative	ໄວໜຸ່ມສາວ n youth
ເວົ້າຫາບຄາຍ adj brusque	ວິເຄາະ v analyze
ເວົ້າອວດ v boast	ວ່າງ່າຍ adj docile
ເວົ້າອອກມາ v utter	ວິໃຈ v analyze
ເວົ້າອົ້ແອ້ v babble	ວິເສດ adj fancy, gorgeous
ໄວ້ໃຈ v confide	ວຸ້ຍວາຍ adj chaotic
ໄວ້ໃຈໄດ້ adj dependable	ວຸ້ນວາຍ v intervene, meddle
ໄວ້ໃຈບໍ່ໄດ້ adj unreliable	ວຸ້ນວາຍໃຈ adj distraught
ເວັ້ນແຕ່ c unless	ວາເນິ n wafer
ໄວເດັກ n childhood	ວ່າວ n kite
ແວ່ນ n mirror	ວຽກຄ້າງຄາ n backlog
ແວ່ນຕາ n eyeglasses	ວຽກງານ n work, activity
ເວັບໄຊທ໌ n web site	ວັກຊິນ n vaccine
ໄວແລກລຸ້ນ n puberty	ວຽກທີ່ໜ້າເບື່ອ n chore
ໄວໂອລິນ n violin	ວຽກບ້ານ n housework
ໄວຍະກອນ n grammar	ວິກຜົມປອມ n hairpiece
ໄວຍາຍສຽງດັງ adj boisterous	ວັກຫຍໍ້ງ n paragraph
ເວດມົນ n spell	ວາງ v paste, set
ແວດລ້ອມ n circumstance	ວົງແຂນ n embrace
ເວທີ n arena	ວົງໂຄຈອນ n cycle
ເວທີສະແດງ n stage	ວາງເດີມພັນ v stake
ເວທີສຳລັບເທດ n pulpit	ວາງແຜນ v concoct, plot
ໄວຣັສ n virus	ວົງໄພບູນ n dynasty
ເວລາ n time	ວົງເວັບ n parenthesis
ເວລາໃດ adv when	ວາງໄວ້ຂ້າງ v put aside
ໄວລຸ້ນ n adolescence	ວາງການ v plan
ເວລາໃດອະດິດ adv once	ວົງຈອນ n circuit
ເວລາສຳຄັນ n moment	ວາງສະແດງ v exhibit
ເວລາຕາເວັນຕົກ n sundown	ວົງດົນຕຣີ n band
ເວລາທີ່ຮ້ອນສຸດ n wave	ວົງດົນຕຣີໃຫຍ່ n orchestra
ເວລາຫວ່າງ n interval	ວົງຕຸລິຍາງ n symphony
ແວວຕາ n gleam	ວົງມົນ n circle

ວາງຢາແຮງ v drug
ວາງຢາພິດ v poison
ວົງລໍ້ດຶງ n pulley
ວາງອຸບາຍ adj intriguing
ວາງຮາກຖານ v base
ວິຈານ v criticize
ວິຈານ adj critical
ວິຊາ n course
ວິຊາເຄມີ n chemistry
ວິຊາໂລກຈິດ n psychiatry
ວິຊາກ່ຽວກັບສັດ n zoology
ວິຊາການເມືອງ n politics
ວິຊາຊ່າງໄມ້ n carpentry
ວິຊາພືກສາສາດ n botany
ວິຊາພະຍາດຍິງ n gynecology
ວິຊາຮຽນ n discipline
ວັດ n abbey, church
ວັດແທກ v gauge, measure
ວັດແມ່ຍາວ n convent
ວັດຈະນານຸກົມ n dictionary
ວັດຖຸ n matter
ວັດຖຸນິຍົມ n materialism
ວັດທ໌ n watt
ວັດທະນະທຳ n culture
ວິຕົກ adj deranged
ວິຕາມິນ n vitamin
ວິທີ n method
ວິທີແກ້ບັນຫາ n solution
ວິທີການ n ploy
ວິທີການໂຕ້ຕອບ n ammunition
ວິທະຍຸ n radio
ວິທະຍາໄລ n college
ວິທະຍາສາດ n science

ວິທີທາງ n way
ວິທີທາງເຂົ້າ n way in
ວິທີທາງສົ່ງສິນຄ້າ n pipeline
ວິທີປຸງ n recipe
ວັນເກີດ n birthday
ວັນເສົາ n Saturday
ວັນເຮັດການ adj weekday
ວັນກ່ອນວັນທີ່ສຳຄັນ n eve
ວັນຄົບຮອບ n anniversary
ວັນຈັນ n Monday
ວັນສຸກ n Friday
ວິນຍານ n spirit, soul
ວັນທີ n date
ວັນທິດ n Sunday
ວັນນະຍຸດ n accent
ວັນພຸດ n Wednesday
ວັນພະຫັດ n Thursday
ວັນອັງຄານ n Tuesday
ວະລີ n phrase
ວາລະສານ n journal, magazine
ວິວັດ v evolve
ວິຫານ n chapel
ວ່ອງໄວ adj brisk, quick
ວ່ອງໄວ adv speedily
ວອກແວກ v wobble

ຫ

ໃຫ້ແສງສະຫວ່າງ v illuminate
ໃຫ້ເຊົ່າ v lease, let
ໃຫ້ໄຫຼ v drift
ໃຫ້ໄປ v let go
ໃຫ້ເປັນບະກັນ v gage
ໃຫ້ເລືອກໄດ້ adj optional
ໃຫ້ເຫດຜົນ v reason
ເຫື່ອ n sweat
ເຫຼືອເຊື່ອ adj fabulous
ເຫຼືອຕາໄປເບິ່ງ v glance
ເຫຼືອຢູ່ v remain
ເຫື່ອອອກ v perspire, sweat
ໃຫ້ການ v depose, plead
ໃຫ້ການວ່າ c providing that
ໃຫ້ກັບ pre close to
ໃຫ້ກຳເນີດ v breed, kindle
ໃຫ້ກຳລັງໃຈ v encourage
ໃຫ້ຂັບອອກໄປ v let out
ໃຫ້ຄວາມສະດວກ v accommodate
ໃຫ້ຄວາມຮູ້ v enlighten
ໃຫ້ຄຳແນະນຳ n counsel
ແຫ້ງ adj dried
ແຫ້ງ v dry
ແຫ້ງແລ້ງ adj dried, barren
ແຫ່ງກະສັດ adj royal
ແຫ່ງການທູດ adj diplomatic
ແຫ່ງສາສະໜາ adj religious
ແຫ່ງຊາດ adj national
ແຫ່ງຊົນນະບົດ adj rustic

ແຫ່ງບ້ານ adj domestic
ແຫ່ງມະນຸດ adj human
ໃຫ້ສັນຍານ n signal
ໄຫຼຊຶມອອກ v exude
ເຫືອດໄປ v evaporate
ເຫັດ n mushroom
ເຫັນ v see
ແຫັກ v gnaw, nibble
ເຫັນ v behold
ເຫັນແກ່ຕົວ adj selfish
ເຫັນໃຈ v sympathize
ເຫັນໃຈຄົນອື່ນ adj genial
ເຫັນແວບໆ n glimpse
ເຫັນຄຸນຄ່າ v appreciate
ເຫັນດ v assent
ເຫັນດີນຳ v approve
ເຫັນດ້ວຍ adj favorable
ເຫັນວ່າ v deem
ເຫີນຫ່າງ adj aloof
ໄຫຼບ່າ v flood, inundate
ໃຫ້ບໍລິການ v service
ໃຫ້ຜົນ v yield
ໃຫ້ຜົນດີກວ່າ v outperform
ໃຫ້ພອນ v bless
ແຫຼມ n peninsula
ແຫຼມ adj sharp, pointed
ໃຫ້ຢືມ v lend, loan
ໄຫຼລົ້ນ v overflow
ໃຫ້ລາຄາ v bid
ໃຫ້ລົງ v let down
ໃຫ້ລາງວັນ v recompense
ໃຫ້ອະໄພ v condone
ເຫືອກ n palate

ใຫ້ອำนาດ v authorize
ใຫ້ร่มเງົา v overshadow
ແຫຼງ n puncture
ເຫງົານອນ n doze
ເຫງົານອນ adj drowsy
ເຫງຶກຫງາກ adj clumsy
ใຫຍ່ adj big, roomy
ใຫຍ່ໂຕ adj huge
ใຫຍ່ແບບເກະກະ adj bulky
ใຫຍ່ເຫຶອເກີນ adj tremendous
ແໝຍ່ใຫ້ກະດູມ n tickle
ເຫຍື່ອ n bait, prey
ເຫຍື່ອຫຸ້ມຈຸລັງ n membrane
ใຫຍ່ຂຶ້ນ v grow up
ใຫຍ່ຂຶ້ນເຕັມຕົວ n grown-up
ใຫຍ່ພິລຶກ adj gigantic
ใຫຍ່ມະຫາສານ adj colossal
ເຫຍືອກใສ່ນ້ຳ v mug
ເຫດການ n event, incident
ເຫດບັງເອີນ n hazard
ເຫດຜົນ n reason
ໂຫດຮ້າຍ adj atrocious, brutal
ໂຫນ້ອຍ n keg
ແຫບ ແລະ ຫ້າງ adv gravely
ໂຫຣາສາດ n astrology
ໂຫວ v quake
ເຫວ n chasm, cavern
ແຫວນ n ring
ຫ້າ adj five
ຫ່າງ adj aloof
ຫ່າງໄກ adj distant, remote
ຫ່າງໄກ adv far, further
ຫາໄດ້ adj available

ห่าน n goose
หุ่น n miniature
ຫັ້ນ adv there
หุ่นที่ใช้มือ n puppet
ห่านຫຼາຍໂຕ n geese
ຫ່າຝົນ n shower
ຫ້າມ v prohibit
ຫ້າມປາມ v dissuade
ຫ້າມລໍ້ v brake
ຫຸ້ມຫໍ່ v envelop
ຫຸ້ມຫໍ່ດ້ວຍນ້ຳກ້ອນ n frost
ຫ້າວ adj harsh
ຫິວ adj hungry
ຫ່ຽວ v atrophy, wrinkle
ຫ່ຽວແຫ້ງ v wither
ຫ້າວຫັນ adj active
ຫູກ n loom
ຫົກ adj six
ຫັກງ່າຍ adj fragile, brittle
ຫົກສິບ adj sixty
ຫັກບັນຊີ n debit
ຫັກລົບ v deduct
ຫັກລົບ adj deductible
ຫັກຫຼັງ v betray, cross
ຫົກຫນາ adj dumb
ຫາກໍ່ແຕ່ງງານ adj newlywed
ຫາງ n tail
ຫົງ n swan
ຫຸງ v boil
ຫາງເສືອເຮືອ n rudder
ຫົງທຶບຫ່ານຕົວຜູ້ n cob
ຫາຍາກ adj rare
ຫາຍາກ adv rarely

ຫາຍໃຈເຂົ້າ v inhale
ຫາຍໃຈສຽງຫວິດ v wheeze
ຫາຍໃຈບໍ່ອອກ v asphyxiate
ຫາຍໃຈຫອບ v smother
ຫາຍໃຈຫອບ adj stifling
ຫາຍະນະ adj dire
ຫາຍໄປ v disappear
ຫົດ v retract
ຫົດຕົວ v dwindle, shrink
ຫັດຖະກຳ n handicap
ຫົດນ້ຳ v water
ຫົດຫູ່ v depress
ຫົດຫູ່ adj downcast
ຫາຕຳແຫນ່ງ v pinpoint
ຫານ v divide
ຫີນ n stone
ຫີນ ຊາພາຍ n saphire
ຫີນແຂງ n granite
ຫັນໃຈໃຫຍ່ v sigh
ຫັນໄປອາໃສ v resort
ຫີນເພັດພອຍ n jewelry store
ຫັນເຫ v veer
ຫີນແຣ່ n gravel, pebble
ຫີນກະດານ n slate
ຫັນກັບ v turn back
ຫັນຂຶ້ນ n upturn
ຫົນທາງ n route, street
ຫົນທາງວິດແລ່ນ n driveway
ຫີນປູນ n limestone
ຫີນອ່ອນ n marble
ຫີບ n box, baggage
ຫີບເດີນທາງ n luggage
ຫີບສົບ n casket, coffin

ຫາມາ v procure
ຫາມາໄດ້ v earn
ຫິມມະ n snow
ຫິມມະຕົກ v snow
ຫາວ v yawn
ຫົວ n head, comb
ຫົວ v laugh
ຫົວແຂງ adj stubborn
ຫົວເຄົ່າ n knee
ຫົວໃຈ n heart
ຫົວໃຈຢຸດເຕັ້ນ n cardiac arrest
ຫົວເມືອງຂຶ້ນ n colony
ຫົວເລື່ອງ n heading, topic
ຫົວໂລ້ນ adj bald
ຫົວເຮືອ n bow, prow
ຫົວກະໂຫຼກ n skull
ຫົວກະຫຼົດ n carrot
ຫົວຂວັນ v deride
ຫົວຂໍ້ຫຍ່ອຍ n subtitle
ຫົວຄິດ n comment
ຫົວຄ່ອຍໆ v chuckle
ຫົວສາຍແອວ n buckle
ຫົວສີດ n nozzle
ຫ້ວຍ n stream
ຫ້ວຍນ້ຳ n creek
ຫົວທຽນ n plug, spark plug
ຫົວນົມ n nipple
ຫົວນ້ຳ v thirst
ຫົວບິດປະຕູ n knob
ຫົວຜັກກາດ n parsnip
ຫົວຜັກກາດຂາວ n radish
ຫົວລ້ານ adj bald
ຫົວລູກປືນ n bullet

ຫົວໜ້າ *n* boss, chef
ຫົວໜ້າຄົນໃຊ້ *n* butler
ຫົວໜ້າຄົນງານ *n* foreman
ຫູໜວກ *adj* deaf
ຫຸອກລັບ *v* snare
ຫ້ອງ *n* room
ຫ້ອງເກັບເຄື່ອງ *n* stockroom
ຫ້ອງເຊົ່າ *v* lodge
ຫ້ອງເຕັ້ນລຳ *n* ballroom
ຫ້ອງໃຕ້ດິນ *n* cellar
ຫ້ອງໂຖງ *n* hallway, lobby
ຫ້ອງໄວ້ອາຫານ *n* pantry
ຫ້ອງໃຫຍ່ *n* saloon
ຫ້ອງການ *n* office
ຫ້ອງກິນເຂົ້າ *n* dining room
ຫ້ອງການໄປສະນີ *n* post office
ຫ້ອງກ້ອງຫຼັງຄາ *n* attic
ຫ້ອງກວ້າງ *n* hall
ຫ້ອງຂາຍປີ້ *n* box office
ຫ້ອງສະໝຸດ *n* library
ຫ້ອງຊຸດ *n* flat
ຫ້ອງດັບຈິດ *n* mortuary
ຫ້ອງທົດລອງ *n* lab
ຫ້ອງນ້ອຍ *n* closet
ຫ້ອງນ້ອຍໆ *n* cabin
ຫ້ອງນອນ *n* bedroom
ຫ້ອງນ້ຳ *n* bathroom, toilet
ຫ້ອງປະຊຸມ *n* auditorium
ຫ້ອງພັກ *n* chamber
ຫ້ອງຮຽນ *n* classroom
ຫ້ອງຮັບແຂກ *n* living room
ຫ້ອຍ *v* dangle, hang
ຫ້ອຍໄວ້ *v* hang up

ຫ້ອຍຢູ່ *v* hang on
ຫ້ອຍຢູ່ທົ່ວໄປ *v* hang around
ຫາງ *v* turn up
ຫາງຫຍັງ *v* fall back
ຫງຸດຫງິດ *adj* edgy, moody
ຫງອຍເຫງົາ *adj* lonesome
ຫຍ້າ *n* grass, hay
ຫຍຸ້ງ *adv* busily
ຫຍຸ້ງ *adj* complex
ຫຍຸ້ງໃຈ *adj* despondent
ຫຍຸ້ງຍາກ *adj* intricate
ຫຍໍ້ຫຍ້ການຄ້າ *n* trademark
ຫຍາບ *adj* coarse, rough
ຫຍິບ *v* stitch
ຫຍິບເຈ້ຍ *v* staple
ຫຍິບແສ່ວ *v* sew
ຫຍາບຄາຍ *n* indecency
ຫຍາບຄາຍ *adj* nasty, rude
ຫຍາບຊ້າ *adj* malignant
ຫຍ່ອນ *adj* slack
ຫຍໍ້ *v* abbreviate, brief
ຫຍ້ຳ *v* chew, maul
ຫຍໍ້ *adj* brief
ຫຍ້ຳກິນໄວ *v* gobble
ຫຍັ່ເຄື່ອງ *v* sum up
ຫຍ້ຳມີສຽງດັງ *v* munch
ຫວີ *n* hairbrush
ຫວ່າງ *adj* spare, vacant
ຫວ່າງເປົ່າ *adj* devoid, empty
ຫວ່າງເຫວກວ້າງ *n* canyon
ຫວັ່ນ *adj* dreaded
ຫວ່ານໄປ *v* scatter
ຫວ່ານເມັດ *v* sow

ຫວັ່ນໄຫວ adj afraid
ຫວັງເປັນຢ່າງຍິ່ງ v look forward
ຫວັງຜົນ v long for
ຫວາດກົວ adj dreaded
ຫວາດລະແວງ adj paranoid
ຫວານ adj sweet
ຫວານໃຈ n sweetheart
ຫວັ່ນໄຫວ adj apprehensive
ຫວຍ n raffle
ຫວນລະນຶກເຖິງ v recollect
ຫອກ n spear
ຫອຍ n snail
ຫອຍກາບ n clam
ຫອຍນາງລົມ n oyster
ຫອນ v whine, howl
ຫອນໄກ່ n comb
ຫອບແລ່ນ v gallop
ຫອມ adj fragrant
ຫອມ v kiss
ຫໍ່ n package, bale
ຫໍເບິ່ງດາວ n observatory
ຫໍ່ຫຸ້ມ v wrap up
ຫໍຄອຍ n tower
ຫໍປຣາສາດ n castle
ຫໍພັກ n dormitory
ຫໍພິພິດທະພັນ n museum
ຫໍລະຄັງ n belfry

ຫຼ

ໄຫຼ v flow
ເຫຼົາ v whittle
ເຫົ່າ v bark
ເຫຼົ້າ n liqueur
ເຫຼົ້າຂ້າວສາລີ n rum
ເຫຼົ້າເບຍ n beer
ເຫຼົ້າແວງ n wine
ເຫຼົ່ານີ້ adj these
ເຫຼົ້າບຣັ່ນດີ n brandy
ເຫຼື້ອມ adj brilliant
ເຫຼື້ອມ v shine
ເຫຼື້ອມໃສ v admire
ເຫຼື້ອມໃສທີ່ສຸດ adj fanatic
ເຫຼັກ n iron
ເຫຼັກໄຂຄວງ n screwdriver
ເຫຼັກກ້າ n steel
ເຫຼັກຄັດເຈ້ຍ n paperclip
ເຫຼັກຄີມ n tweezers
ເຫຼັກງັດ n lever, wedge
ເຫຼັກສະຫວ່ານ n bit
ເຫຼັກຫຍິບເຈ້ຍ n staple
ແຫຼ່ງກຳເນີດມາ n principle
ໄຫຼເປັນຍົດ v trickle
ຫຼາ n yard
ຫຼື c or
ຫຼິ້ນ v play
ຫຼົ້ນ v fall
ຫຼິ້ນໆ adj frivolous
ຫຼົ້ນເສຍ v lose
ຫຼົ້ນກະດານໂຕ້ຄື້ນ v surf

ຫຼິ້ນການພະນັນ v gamble
ຫຼິ້ນກີລາບ້າແຂງ v ice skate
ຫຼິ້ນຊ້ຳ n replay
ຫຼິ່ມ n wedge
ຫຼົ່ມ n pit
ຫຼົ່ມເຫວ v fall down
ຫຼ້າຫຼັງ pre behind
ຫຼັກ n anchor
ຫຼີກລ້ຽງ v avoid
ຫຼັກແຫຼ່ງ n basis
ຫຼັກແຫຼມ adj gifted
ຫຼັກກີໂລ n milestone
ຫຼັກການ n maxim, rule
ຫຼັກຄຳສອນ n doctrine
ຫຼັກສຳຄັນ n cornerstone
ຫຼັກຊັບສິນ n realty
ຫຼັກຖານ n basis, premise
ຫຼີກລ້ຽງ v shirk, sidestep
ຫຼີກລ່ຽງລັດ v get out
ຫຼາກຫຼາຍ adj assorted
ຫຼີກໜີ v avoid
ຫຼີກອອກຈາກ v shun
ຫຼັກຮົ້ວ n stake
ຫຼັງ n back
ຫຼັງໃຫຼ adj maniac
ຫຼັງກ່ອມ n hunchback
ຫຼັງຄາ n roof
ຫຼັງຄາກົ່ງ n dome
ຫຼັງຈາກ pre after
ຫຼັງບຸຊາ n altar
ຫຼັງລືມ adj oblivious
ຫ້າສິບ adj fifty
ຫ້າສິບຕໍ່ຫ້າສິບ adv fifty-fifty

ຫຼາຍ adj many, several
ຫຼາຍ adv much, very
ຫຼາຍເກີນໄປ adj redundant, superfluous
ຫຼາຍເທົ່າ adj multiple
ຫຼາຍລົບນັບບໍ່ໄດ້ adj incalculable
ຫຼາຍຍິ່ງຂຶ້ນ c even more
ຫຼາຍທີ່ສຸດ adj most
ຫຼາຍຫຼາຍ v diversify
ຫຼຸດລົງ v decrease
ຫຼານ n nephew
ຫຼຽນ n medal
ຫຼານສາວ n niece
ຫຸ້ນສ່ວນ n partner, share
ຫຼານຊາຍ n grandson
ຫຼົບໄພ v elude
ຫຼົບໄພ adj elusive
ຫຼົບງຽບງຽບ adj stealthy
ຫຼຸບຜັງສົບ n grave
ຫຼົບລ້ຽງ v evade
ຫຼົບຫຼີກ v avert, dodge
ຫຼົບໜີ v escape
ຫຼົມ v loose
ຫຼືວ່າ c whether
ຫຼວງຫຼາຍ adv lot
ຫຼວງຫຼາຍ adj numerous
ຫຼອກລວງ v cheat, dupe
ຫຼອກລວງເອົາ v trick
ຫຼອດສຽງ n larynx
ຫຼອດຢາ n capsule
ຫຼອດລົມ n windpipe
ຫຼອດອາຫານ n esophagus
ຫຼໍແບບ v mold

ຫຼ່ງຫຼາງ adj handsome

ຫນ

ເຫງົ່າ adj rotten
ແຫນ້ນ v compact, tight
ເຫນືອ pre upon, over
ຫນາ adj thick
ຫນີ v break free
ຫນູ n mouse, mice
ຫນ້າ n face
ຫນ້າ adj front
ຫນ້າໂກກ n grimace
ຫນ້າເສຍໃຈ adj deplorable
ຫນ້າເຊື່ອ adj convincing
ຫນ້າເຊື່ອຖື adj credible
ຫນ້າເບື່ອ adj dull, tedious
ຫນ້າເບື່ອຫນ່າຍ adj monotonous
ຫນ້າເຫຼືອງ adj pale
ຫນ້າເອິກ n bust
ຫນ້າກາກ n mask
ຫນ້າຂີ້ລຽດ adj odious, ugly
ຫນ້າຂາຍຫນ້າ adj shameful
ຫນຶ່ງ a a, an
ຫນຶ່ງ adj one
ຫນຶ້ງ n steam
ຫນຶ່ງໂຫຼ n dozen
ຫນຶ່ງກຳມື n handful
ຫນຶ່ງສ່ວນສີ່ n quarter
ຫນ້າຈໍ n screen
ຫນ້າສົງໃສ adj dubious

ຫນ້າສົງສານ adj pathetic, pitiful
ຫນີ້ສິນ n debt
ຫນ້າສົນໃຈ adj interesting
ຫນ້າສະເທືອນໃຈ adj regrettable
ຫນ້າສະຫຍອງ adj gruesome
ຫນ້າສົ້ງ adj heinous
ຫນ້າຊົມເຊີຍ adj admirable
ຫນ້າຍິນດີ v cheer
ຫນ້າດ້ານ adj cheeky
ຫນ້າຕາ n face
ຫນ້າຕົ້ນເຕັ້ນ adj hectic
ຫນ້າຕົ້ນຕົກໃຈ adj lurid
ຫນ້າຕົກໃຈ adj alarming
ຫນ້າຕະລຶງ adj riveting
ຫນ້າຕະຫຼຶກ v fool
ຫນ້າທີ່ n function
ຫນ້າທີ່ການ n duty
ຫນ້າບຸດບື້ງ adj grouchy
ຫນີໄປໂລດ v get away
ຫນ້າປະຫຼາດໃຈ adj astounding
ຫນ້າຜາ n cliff, precipice
ຫນ້າຜາກ n forehead
ຫນ້າພໍໃຈ adv fine
ຫນ້າພໍໃຈ adj satisfactory
ຫນຸ່ມ adj young
ຫນຸ່ມສາວ adj youthful
ຫນຸ່ມສາວ n adolescent
ຫນ້າຍ້ານ adj fearful
ຫນ້າຍ້ານກົວ adj dreadful
ຫນ້າລັງກຽດ adj repulsive
ຫນ້າລຳຄານ adj tiresome
ຫນາແຫນ້ນ adj dense
ຫນ້າອາຍ adj disgraceful

ໜ້າອັດສະຈັນ *adj* miraculous
ໜ້າຮັກ *adj* likable
ຫັກ *v* center
ຫັກ *adj* heavy
ຫັກແໜ້ນ *adj* forceful
ຫັງສັດ *n* leather
ຫັງສືຜ່ານແດນ *n* passport
ຫັງສືພິມ *n* newspaper
ຫັງຫົວ *n* scalp
ຫຍາບ *adv* grossly
ຫນູນາ *n* beaver
ຫວງໄກ່ *n* crop
ຫິບ *v* grab
ຫນາມ *n* thorn
ຫນາວ *adj* cold
ຫນວແໜ້ນ *adj* steady
ຫນາວຈັດ *v* freeze
ຫນາວສັ່ນ *n* chill
ຫນາວສັ່ນ *adj* chilly
ໜ່ວຍ *n* unit
ໜ່ວຍໂລກ *n* globe
ໜ່ວຍຄວາມຈຳ *n* memory
ໜ່ວຍງານ *n* agency
ໜ້ອຍທີ່ສຸດ *adj* less, least
ໜ້ອຍທີ່ສຸດ *adv* seldom
ຫນວດ *n* mustache
ຫນວດແມວ *n* whiskers
ຫນວດສັດ *n* tentacle
ຫນອງ *n* lake, pond
ໜໍ່ *v* sprout
ໜໍ່ໄມ້ *n* bamboo
ໜໍ່ໄມ້ຝລັ່ງ *n* asparagus

ຫມ

ໄຫມ *adj* ablaze
ໄຫມ *n* silk
ໃໝ່ *adj* new, afresh
ເໝົາ *v* charter
ເໝາະກັບຜູ້ຍິງ *adj* ladylike
ເໝາະສົມ *adv* appropriate
ເໝາະສົມກັບ *v* pertain
ໄຫມ້ໄດ້ງ່າຍ *adj* flammable
ໃໝ່ອ່ຽມ *adj* brand-new
ເໝືອນ *c* as
ເໝືອນກັນ *v* correspond
ເໝືອນກັນ *adj* identical
ເໝືອນກັນ *adv* too, also
ໄຫມຫຍິບ *n* thread
ຫມ *n* batch
ຫມາ *n* dog
ຫມູ *n* pig
ຫມາ ເກດຮນ *n* greyhound
ໝູ່ຄົນ *n* gang
ໝູ່ດາວ *n* galaxy
ຫມາໃນ *n* hyena
ໝັ້ນຄົງ *adj* consistent
ໝິ່ນປະໝາດ *v* defame
ໝູ່ບ້ານ *n* village
ໝູ່ບ້ານນ້ອຍໆ *n* hamlet
ຫມາໄລ່ເນື້ອ *n* hound
ຫມາກໄຂ່ຫຼັງ *n* kidney
ຫມາກເຊິຣິ *n* cherry

ໝາກເດັ່ນ n tomato
ໝາກແຄງ n measles
ໝາກແຕງ n cucumber
ໝາກແຕງໂມ n melon
ໝາກແຕງຫອມ n cantaloupe
ໝາກບັກເບິຕິ n blackberry
ໝາກໂບມ n apple
ໝາກເຜັດໃຫຍ່ n bell pepper
ໝາກໂມ n watermelon
ໝາກໄມ້ n fruit
ໝາກເຫັບ n hail
ໝາກເຫັບຕົກ v hail
ໝາກໂອກ n acorn
ໝາກກ້ຽງ n orange
ໝາກກ້ຽງເຫດ n pear
ໝາກກ້ຽງໃຫຍ່ n grapefruit
ໝາກກໍ່ n chestnut, nut
ໝາກຄາຍ n peach
ໝັກດອງ v ferment
ໝາກຖົ່ວ n bean, lentil
ໝາກຖົ່ວສັ້ນ n pea
ໝາກຖົ່ວດິນ n peanut
ໝາກນັດ n pineapple
ໝາກນາວ n lemon
ໝາກບານ n ball, football
ໝາກບຸມເບ້ົາ n balloon
ໝາກພ້າວ n coconut
ໝາກພິກໄທ n pepper
ໝາກພັບ n plum
ໝາກພິວາ n pomegranate
ໝາກພຣຸນ n prune
ໝາກຣຸກ n chess
ໝາກຫວິດ n whistle

ໝາກອຶ n pumpkin
ໝາກອາງຸ່ນ n grape
ໝາກຣຸກໂຕມ້າ n knight
ໝາຈອກ n fox
ໝາຍເກາະ n warrant
ໝາຍໄວ້ n mark
ໝາຍຈຸດ n comma, dot
ໝາຍສານ n subpoena
ໝາຍຕິນກາ n cross
ໝົດ v run out
ໝົດ adj whole
ໝັດ n louse
ໝຸດເກາະ n linchpin
ໝັດໄຟ n spark
ໝົດສະຕິ n coma
ໝົດຫວັງ adj hopeless
ໝົດອາຍຸ v expire
ໝູຕອນ n hog
ໝູນ v rotate, swivel
ໝັນ adj zealous
ໝູນໂທລະສັບ v dial
ໝານ້ອຍ n puppy
ໝູນຂຶ້ນ v wind up
ໝູນວຽນ v whirl
ໝາປ່າ n wolf
ໝູປ່າ n boar
ໝວກ n cap, hat
ໝວກກົມ n beret
ໝວກທະຫານມ້າ n cavalry
ໝວດ n category
ໝວດກັນບ່ອກ n helmet
ໝວດໝູ່ n category
ໝອກ n fog

ໝອກບາງ	n mist
ໝອກບາງໆ	n haze
ໝອນ	n pillow
ໝອບລົງ	v crouch
ໝໍ້	n pot
ໝໍ້ກະທະຫັ້ງ	n saucepan
ໝໍ້ຂາງ	n pan, frying pan
ໝໍ້ຊາ	n teapot
ໝໍ້ອົບ	n casserole

ອ

ເອ	a a
ໄອ	n cough
ເອາະ	n stew
ເອົາ	v get
ເອົາໃຈ	n fuss
ເອົາໃຈໃສ	adj considerate
ເອົາໃຈໃສ່	adj caring
ເອົາໃຈຍາກ	adj choosy
ເອົາໃສ່	v put
ເອົາໃສ່ແທນ	v replace
ເອົາໃສ່ກັນ	n piece
ເອົາໃສໃສ່	adj mindful
ເອົາໃສ່ລົດ	v load
ເອົາແຕ່ໃຈ	adj overbearing
ເອົາເປັນຕົວຢ່າງ	v exemplify
ເອົາໄປສົ່ງຄືນ	v take back
ເອົາໃຫ້	v give
ເອົາກັບຄືນໄປ	v bring back
ເອົາຂຶ້ນຝັ່ງ	v disembark
ເອົາຄືນ	v recover, regain
ເອົາຄືນ	v recoup
ເອົາສົ່ງຄືນ	v give back
ເອົາຊະນະ	v overcome
ເອົາຕັ້ງຢູ່	v locate
ເອົາຕົວມາ	v summon
ເອີ້ນ	v call
ເອີ້ນຄືນ	v recall
ເອົານໍ້າກ້ອນອອກ	v defrost
ເອົານໍ້າສາດໃສ່	v splash
ເອົາຜ້າຄຸມອອກ	v unveil
ເອົາມືລົງ	v hand down
ເອື້ອຍລ້ຽງ	n stepsister
ເອື້ອຍເຫຼີນ້ອງໄພ້	n sister-in-law
ເອື້ອຍເຫຼີນ້ອງສາວ	n sister
ເອີ້ອມ	v belch, burp
ເອົາອອກ	v dislodge
ເອົາອອກໄປ	v take away
ເອິກ	n chest, breast
ແອັກກະດູກ	n bone marrow
ເອເຄີ	n acre
ເອຍ້ອງ	v adorn
ເອັນ	n ligament
ເອີຣົບ	n Europe
ໂອ້ລົມ	v chat
ໂອ້ອວດ	v brag, flaunt
ໂອ້ອວດ	adj ostentatious
ເອກະສານ	n document
ເອກະສານສຳຄັນ	n archive
ໂອກາດ	n opportunity
ເອກະພົດ	adj singular
ເອກະລັກ	n identity

ໂອຍະການ *n* attorney	ອ່ານ *v* read
ແອນ *v* lean back	ອື່ນ *adv* else
ໂອນ *v* transfer	ອຸ່ນ *adj* warm
ໂອນເຂົ້າຫາກັນ *v* converge	ອື່ນ *adj* another
ໂອນຊາ *n* swing	ອື່ນໆ *adj* other
ເອນຫຼັງ *v* recline	ອ່ານໃຫ້ຂຽນ *v* spell
ໂອນອຽງ *v* lean	ອ່ານອອກໄດ້ *adj* legible
ແອບເບິ່ງ *v* peep	ອ່າວ *n* bay, gulf
ແອບແຝງ *adj* covert	ອະເວລິ *n* abyss
ແອບໃຫ້ດັ້ງ *v* accustom	ອະໄວຍະວະ *n* organ
ແອບລັກ *v* snitch	ອີກ *adv* again, afresh
ແອບຫຼັບ *v* doze	ອັກເສບຄໍ *n* angina
ແອວ *n* waist	ອັກເສບປອດ *n* pneumonia
ແອອັດ *adj* congested	ອັກເສບຫຼອດປອດ *n* bronchitis
ແອອັດເກີນໄປ *adj* overcrowded	ອາກາດ *n* air
ແອອັດຫຼາຍ *adj* crowded	ອີກເທື່ອໜຶ່ງ *adv* anew
ອາ *n* aunt	ອາການເປັນລົມ *n* faint
ອູ່ *n* cradle	ອາການກະຕຸກ *n* spasm
ອ່າງ *n* urn	ອາການຈຸກສຽບ *n* colic
ອ້າງ *v* show off	ອາການສັ່ນກົວ *n* shudder
ອ່າງໃຫຍ່ *n* tub	ອາການທ້ອງຜູກ *n* constipation
ອ້າງສິດ *v* assert	ອາການບາດເຈັບ *n* injury
ອຸ້ງຕີນ *n* paw	ອາການປັ່ນທ້ອງ *n* nausea
ອ່າງນ້ຳ *n* reservoir, basin	ອາການຫູຕິງ *n* deafness
ອຸ້ງມື *n* paw	ອັກກະຕັນຍູ *adj* ungrateful
ອ້າງວ້າງ *adj* bleak	ອັກກອກຣ໌ດີອົງ *n* accordion
ອ້າງອີງ *v* quote	ອັກສອນຄວບ *n* diphthong
ອ້າງອີງເຖິງ *v* refer to	ອົກຊີແຈນ *n* oxygen
ອູ່ສ້ອມເຮືອ *n* shipyard	ອີກດ້ວຍ *adv* as
ອາໄສແຮງມ້າ *adj* hydraulic	ອາຄາດ *adj* vindictive
ອາໄສຢູ່ *v* reside, dwell	ອະຄະຕິ *n* bias
ອ້າຍລ້ຽງ *n* stepbrother	ອາຄານ *n* building
ອ້າຍຫຼືນ້ອງຊາຍ *n* brother	ອາຄົມ *n* sorcery

ອງ adj diagonal
ອັງກິດ n Britain
ອົງສາ n degree
ອາງອາບນ້ຳ n bathtub
ອາຈານ n instructor
ອາຈົມ n crap
ອາສາສະມັກ n volunteer
ອາຊິບ n career
ອາຍ v shame
ອາຍ adj ashamed
ອາຍຸ n age
ອັດ v refrain
ອັດ v shut
ອັດເຂົ້າໄປ v squeeze in
ອັດເຂົ້າແຮງ v slam
ອັດໃຈ v curb
ອຸດົມສົມບຸນ adj abundant
ອຸດົມຮັ່ງມີ v abound
ອັດແໜ້ນ v compact
ອາດເອື້ອມ v aspire
ອາດຈະ v may
ອາດຈະ adv may-be
ອິດສາ adj envious, jealous
ອິດສາ v envy
ອິດສະຫຼະ v free
ອິດສະຫຼະ adj loose
ອິດສະຫຼະພາບ n freedom
ອຸດສະຫະກຳ n industry
ອາດຊະຍາກອນ n felon
ອາດຊະຍາກຳ n crime
ອັດຕາ n rate
ອັດຕະໂນມັດ adj automatic
ອັດຕາສ່ວນ n ratio

ອັດຕາພາສີຂາເຂົ້າ n tariff
ອັດຫະຍາໄສ n courtesy
ອົດທົນ v endure, bear
ອົດທົນ adj patient
ອົດທົນໄດ້ adj bearable
ອົດທົນຕ v stand for
ອົດຢາກອາຫານ v starve
ອຸດໜຸນ v support
ອົດອັດ adj uncomfortable
ອົດອອມ adj austere
ອາຕົມ n atom
ອະທິການບໍດີ n dean, rector
ອາທິດ n week
ອຸທິດ v devote
ອຸທິດໃຫ້ v dedicate
ອະທິບາຍ v explain, justify
ອະທິປະໄຕ adj sovereign
ອະທິປະໄຕ n sovereignty
ອຸທອນ v appeal
ອະນຸໂລມ v comply, infer
ອັບເຂ່ຍຂີ້ກອກຢາ n ashtray
ອັນໄຂກະປ໋ອງ n can opener
ອະນາຄົດ n future
ອະນາຈັກ n kingdom
ອະນຸສາວະລີ n monument
ອັນໃສ່ຫູຟັງ n earphones
ອະນຸຍາດ v permit
ອະນຸຍາດໃຫ້ v allow
ອານັດ n mandate
ອັນໃດອັນໜຶ່ງ adj either
ອະນຸພາກ n particle
ອະນຸມັດ v affirm, ratify
ອັນຄອບຕະກຽງ n lampshade

ອົນຊິ *n* organism
ອັນດຽວ *adj* sole, unique
ອັນຕະພານ *n* hooligan
ອັນຕະລາຍ *n* danger, harm
ອຸນະພູມ *n* temperature
ອານມ້າ *adj* harmless
ອັນອື່ນ *adj* another
ອົບ *v* roast, bake
ອົບເຊີຍ *n* cinnamon
ອຸບາຍ *n* ruse, plot
ອຸບາດ *adj* sinister
ອາບແດດ *v* bask
ອຸບັດຕິເຫດ *n* accident
ອາບນ້ຳ *v* bathe
ອັບປີ *adj* sinister
ອົບພະຍົບ *v* emigrate
ອົບອຸ່ນ *adj* tepid, warm
ອົບອຸ່ນຫຼາຍ *adj* fervent
ອົບຮົມ *adj* receptive
ອຸປະກອນ *n* device, equipment
ອຸປະກອນປ້ອງກັນ *n* guard
ອຸປະສັກ *n* hitch, obstacle
ອຸປະຖຳ *v* patronize
ອຸປະນິດໃສ *n* trait
ອຸໂມງ *n* cave, tunnel
ອາລຸນຮຸ່ງ *n* dawn
ອາລົມ *n* emotion, mood
ອະລູມິນຽມ *n* aluminum
ອາລົມບໍ່ດີ *adj* grumpy
ອາລົມຮ້າຍ *n* bile
ອາລົມຮຸນແຮງ *n* ardor
ອາວ *n* uncle
ອະວຸໂສ *adj* senior

ອະວະກາດ *n* space
ອາວຸດ *n* munitions
ອາວຸດຕ່າງໆ *n* weapon
ອາຫານ *n* food
ອາຫານເຊົ້າ *n* breakfast
ອາຫານຄ່ຳ *n* supper
ອາຫານທ່ຽງ *n* lunch
ອາຫານທະເລ *n* seafood
ອ່ອນ *adj* soft, mild
ອ່ອນໂຍນ *adj* lenient, pliable
ອ່ອນແຮງ *adj* feeble, weak
ອ່ອນແຮງ *v* languish
ອ່ອນກຳລັງ *v* languish
ອ່ອນຄືຂົນສັດ *adj* furry
ອ່ອນຕໍ່ໂລກ *adj* childish
ອ່ອນນ້ອມ *adj* submissive
ອ້ອນວອນ *v* beseech
ອ່ອນຫວານ *adj* gentle, tender
ອ້ອມ *v* bypass
ອ້ອມລ້ອມ *v* surround
ອວຍໄຊ *v* toast
ອວຍພອນ *v* sanctify
ອວດຄວາມຮູ້ *adj* pedantic
ອວດ *adj* conceited
ອວດດີ *adj* insolent
ອວດອົ່ງ *adj* vain
ອອກ *adv* off
ອອກເດີນທາງ *v* set off
ອອກເດີນທາງໄປ *v* set out
ອອກໄປ *v* come out
ອອກໄປທາງນອກ *v* go out
ອອກກົດໝາຍ *v* legislate
ອອກກຳລັງກາຍ *v* exercise

ອອກຄຳສັ່ງ v decree
ອອກຈາກລະບົບ v log off
ອອກສຽງ v pronounce
ອອກດອກ v blossom
ອອກມາ v emerge
ອອກຫນໍ່ n bud
ອອກອຸບາຍ n maneuver
ອ່ອຍໃຈ v coax
ອອນສ໌ n ounce
ອ້ແອ້ v loiter
ອຳນາດ n authority
ອຳນາດແມ່ເຫຼັກ n magnetism
ອຳນາດກະສັດ n royalty
ອຳນາດຫຼາຍ adj potent
ອຳມະຫິດ adj cruel

ຮ

ໂຮ v yell
ແຮ່ n ore
ໄຮ້ເຫດຜົນ adj illogical
ແຮ້ງ n vulture
ເຮັດ v do, make
ໄຮ້ດຽງສາ adj green, innocent
ເຮັດແທນ v make up for
ເຮັດເປັນກອງ v heap, pile
ເຮັດເປັນຈຸດ v spot
ເຮັດເປັນຕາງະເຫຼັກ adj fool
ເຮັດເປັນລະຄອນ v dramatize
ເຮັດເປັນຮູບຕ່າງໆ v shape

ເຮັດໃຫ້ v dispatch
ເຮັດໃຫ້ເຂົ້າໃຈຜິດ v misjudge
ເຮັດໃຫ້ເຂັ້ມຂົ້ນ v concentrate
ເຮັດໃຫ້ແຂງແຮງ v harden
ເຮັດໃຫ້ແຂງແກ່ນ v toughen
ເຮັດໃຫ້ຄົດ v sprain
ເຮັດໃຫ້ເຈັບ v hurt
ເຮັດໃຫ້ເຈັບປ່ວຍ v sicken
ເຮັດໃຫ້ເຈັບປວດ adj painful
ເຮັດໃຫ້ເຈັບປວດ n pang
ເຮັດໃຫ້ແຈ່ມແຈ້ງ v clarify
ເຮັດໃຫ້ເຈືອຈາງ v water down
ເຮັດໃຫ້ໃຈຮ້າຍ v infuriate
ເຮັດໃຫ້ສົ້ອມເສຍ v tarnish
ເຮັດໃຫ້ໂສກເສົ້າ v sadden
ເຮັດໃຫ້ເສຍ v waste
ເຮັດໃຫ້ເສຍໂສມ v deface
ເຮັດໃຫ້ເສຍຍົດ v humiliate
ເຮັດໃຫ້ເສຍຫາຍ v damage
ເຮັດໃຫ້ເສຍຮູບຕ່າງໆ v deform
ເຮັດໃຫ້ເຊື້ອ v stun
ເຮັດໃຫ້ແຍກກັນ v space out
ເຮັດໃຫ້ໄດ້ຮັບ v subject
ເຮັດໃຫ້ຕົ້ນບ່ຽນ v flush
ເຮັດໃຫ້ແຕກແຍກ v disrupt
ເຮັດໃຫ້ເທົ່າກັນ v balance
ເຮັດໃຫ້ເນົ່າເປື່ອຍ v corrupt, rot
ເຮັດໃຫ້ແນ່ໃຈ v convince
ເຮັດໃຫ້ນຶກເຫັນ v visualize
ເຮັດໃຫ້ເບື່ອໜ່າຍ v bore
ເຮັດໃຫ້ເປົ່າ v vacate
ເຮັດໃຫ້ເປື້ອນ v blot, soil
ເຮັດໃຫ້ເປັນໄປໄດ້ v enable

ເຮັດໃຫ້ເປັນກຸ່ມ v cluster
ເຮັດໃຫ້ເປັນກາງ v neutralize
ເຮັດໃຫ້ເປັນພິດ v pollute
ເຮັດໃຫ້ເປັນລ່ອຍ v paralyze
ເຮັດໃຫ້ເປັນຮູ v perforate
ເຮັດໃຫ້ເພິ່ມຂຶ້ນ v escalate
ເຮັດໃຫ້ເຟົ້ງ adj bloated
ເຮັດໃຫ້ເມື່ອຍ adj gruelling
ເຮັດໃຫ້ໂມໂຫ v enrage
ເຮັດໃຫ້ເຢັນ adj cooling
ເຮັດໃຫ້ເຢັນ v refrigerate
ເຮັດໃຫ້ເຢັນລົງ v cool down
ເຮັດໃຫ້ເລິກ v deepen
ເຮັດໃຫ້ເລວລາມ v degrade
ເຮັດໃຫ້ໄວ v quicken
ເຮັດໃຫ້ແຫ້ງ v dehydrate
ເຮັດໃຫ້ແຫ້ງ adj dry
ເຮັດໃຫ້ເຫີນຫ່າງ adj estranged
ເຮັດໃຫ້ໃຫຍ່ v magnify
ເຮັດໃຫ້ເໝັນ v stink
ເຮັດໃຫ້ເໝັນຄາວ adj stinking
ເຮັດໃຫ້ກ້ຽງ v smooth
ເຮັດໃຫ້ກ້າວໜ້າ v progress
ເຮັດໃຫ້ກະຈາຍ v dissipate
ເຮັດໃຫ້ກະດຸມ v tickle
ເຮັດໃຫ້ກະຕືລືລົ້ນ v enthuse
ເຮັດໃຫ້ກຳເນີດ v procreate
ເຮັດໃຫ້ຂຸ້ນ v condense
ເຮັດໃຫ້ຂົມຂື່ນ v embitter
ເຮັດໃຫ້ເຊື່ອງ v tame
ເຮັດໃຫ້ຄືກັນ v assimilate
ເຮັດໃຫ້ຄິດເຖິງ v preoccupy
ເຮັດໃຫ້ຄັນ v itch

ເຮັດໃຫ້ຄົນມັກ v ingratiate
ເຮັດໃຫ້ງ່າຍຂຶ້ນ v facilitate
ເຮັດໃຫ້ງ່າຍດາຍ v simplify
ເຮັດໃຫ້ງົງ v astound, daze
ເຮັດໃຫ້ງົງ adj puzzling
ເຮັດໃຫ້ງົງງັນ v bewilder
ເຮັດໃຫ້ງົງງໍ້ v amaze
ເຮັດໃຫ້ງາມ v beautify
ເຮັດໃຫ້ຈືດ v dilute
ເຮັດໃຫ້ຈັບບັນຍາ v baffle
ເຮັດໃຫ້ຈ່ອຍລົງ v attenuate
ເຮັດໃຫ້ສ່ຽງໄພ v jeopardize
ເຮັດໃຫ້ສັ້ນ v shorten
ເຮັດໃຫ້ສິ້ນສຸດ v end
ເຮັດໃຫ້ສຸກ v mellow; ripen
ເຮັດໃຫ້ສັກກະປົກ v mess up
ເຮັດໃຫ້ສັກສິດ v consecrate
ເຮັດໃຫ້ສູງຂຶ້ນ v heighten, freshen
ເຮັດໃຫ້ສະບາຍ v ease
ເຮັດໃຫ້ສະບາຍໃຈ v chill out, soothe
ເຮັດໃຫ້ສັບສົນ v complicate
ເຮັດໃຫ້ສະຫງົບ v pacify
ເຮັດໃຫ້ສະຫງົບລົງ v appease
ເຮັດໃຫ້ສະອາດ v cleanse
ເຮັດໃຫ້ສຳເລັດ v accomplish
ເຮັດໃຫ້ສັດເຈນ v attest
ເຮັດໃຫ້ຊຸດໂຊມ v deteriorate
ເຮັດໃຫ້ຍືດອອກໄປ v extend
ເຮັດໃຫ້ດີ adj perfect
ເຮັດໃຫ້ດີຂຶ້ນ v enhance
ເຮັດໃຫ້ຕົກ v startle
ເຮັດໃຫ້ຕົກເຕັ້ນ v surprise

ເຮັດໃຫ້ຕົກໃຈ v frighten
ເຮັດໃຫ້ຕິດໃຈ v enthrall
ເຮັດໃຫ້ຕາບອດ v blind
ເຮັດໃຫ້ຕາມົວ v dazzle
ເຮັດໃຫ້ຕ່ຳລົງ v debase
ເຮັດໃຫ້ຖືກຕ້ອງ v rectify
ເຮັດໃຫ້ທໍ້ໃຈ v discourage
ເຮັດໃຫ້ທັນສະໄໝ v modernize
ເຮັດໃຫ້ນ້ອຍລົງ v diminish
ເຮັດໃຫ້ບາດເຈັບ v wound
ເຮັດໃຫ້ບໍ່ສະບາຍ v perturb
ເຮັດໃຫ້ບໍ່ພໍໃຈ adj discontent
ເຮັດໃຫ້ບໍ່ພໍໃຈ v displease
ເຮັດໃຫ້ບໍ່ມີໄພ v defuse
ເຮັດໃຫ້ບໍ່ມີຄ່າ v nullify
ເຮັດໃຫ້ບໍລິສຸດ v purify
ເຮັດໃຫ້ບຽກ v moisten
ເຮັດໃຫ້ບະເກີດຂຶ້ນ v evoke
ເຮັດໃຫ້ບັກກະຕິ v normalize
ເຮັດໃຫ້ບຽກຊຸ່ມ v dampen
ເຮັດໃຫ້ບະທັບໃຈ v impress
ເຮັດໃຫ້ບະຫຼາດໃຈ v astonish
ເຮັດໃຫ້ຜິດຮູບ v distort
ເຮັດໃຫ້ພົ້ນກັນ v intertwine
ເຮັດໃຫ້ພິການ v mutilate
ເຮັດໃຫ້ພໍໃຈ v satisfy
ເຮັດໃຫ້ມີເຫດຜົນ v validate
ເຮັດໃຫ້ມືດ v darken
ເຮັດໃຫ້ມີຕຳນິ v blemish
ເຮັດໃຫ້ມີນູນຂຶ້ນ v emboss
ເຮັດໃຫ້ມຶນງາ v deaden
ເຮັດໃຫ້ມຶນງາ adj numb
ເຮັດໃຫ້ມີຜົນ v implement

ເຮັດໃຫ້ມ່ວນຊື່ນ v entertain
ເຮັດໃຫ້ມໍລະນະ adj doomed
ເຮັດໃຫ້ຢ້ານ v appall, scare
ເຮັດໃຫ້ຢ້ານກົວ v daunt
ເຮັດໃຫ້ຢຸດນິ້ງ adj deadlock
ເຮັດໃຫ້ລົ້ມລະລາຍ v bankrupt
ເຮັດໃຫ້ລວບ v mangle
ເຮັດໃຫ້ຫຼົງໃຫຼ v enchant
ເຮັດໃຫ້ຫຼົງສະເໜ່ v bewitch
ເຮັດໃຫ້ຫຼົງທາງ v astray
ເຮັດໃຫ້ຫຸດລົງ v bring down
ເຮັດໃຫ້ຫົດຫູ່ adj depressing
ເຮັດໃຫ້ຫູຫນວກ v deafen
ເຮັດໃຫ້ຫຍຸບລົງ v deflate
ເຮັດໃຫ້ຫວ່າງເປົ່າ v empty
ເຮັດໃຫ້ຫວາດກົວ v deter, terrify
ເຮັດໃຫ້ຫວາດກົວ adj terrifying
ເຮັດໃຫ້ຫວານ v sweeten
ເຮັດໃຫ້ຫນາ v thicken
ເຮັດໃຫ້ຫນ້າແດງ v blush
ເຮັດໃຫ້ຫມົດ v quench
ເຮັດໃຫ້ຫມົດສິ້ນ v deplete
ເຮັດໃຫ້ອຸ່ນ v warm up
ເຮັດໃຫ້ອຸກໃຈ n worry
ເຮັດໃຫ້ອຶດອັດ v stifle
ເຮັດໃຫ້ອຶດອັດໃຈ v embarrass
ເຮັດໃຫ້ອັນຕະລາຍ v harm
ເຮັດໃຫ້ອັບອາຍ v mortify
ເຮັດໃຫ້ອ່ອນ v soften
ເຮັດໃຫ້ອ່ອນແອ v impair
ເຮັດໃຫ້ອ່ອນລົງ v weaken
ເຮັດໃຫ້ຮູ້ສຶກສົດຊື່ນ adj cheerful
ເຮັດໃຫ້ຮູ້ສຶກສັບສົນ v confound

ເຮັດໃຫ້ຮຸນແຮງຂຶ້ນ v intensify	ເຮັດຣອຍໄວ້ v earmark
ເຮັດໃຫ້ຮ້ອນ v heat	ແຮ່ທາດ n ore
ເຮັດໃຫ້ຮ້ອນຈັດ v scald	ແຮ້ວ n snare, trap
ເຮັດໃໝ່ v remake	ໄຮ່ໝາກອາງຸ່ນ n vineyard
ເຮັດເອົາຄະແນນ v score	ເຮືອ n boat
ເຮັດຄືເດັກນ້ອຍ adj juvenile	ເຮືອແຕກ n shipwreck
ເຮັດຄືນ v reproduce	ເຮືອໃບ n sailboat
ເຮັດຄືນໃໝ່ v redo	ເຮືອໃບທ່ຽວ n yacht
ເຮັດຄືນອີກ v repeat	ເຮືອຂ້າມຟາກ n ferry
ເຮັດຄືວ່າບໍ່ສຳຄັນ v trivialize	ເຮືອນ n home
ເຮັດຄວາມຜິດ v mistake	ເຮືອນໃຫຍ່ n mansion
ເຮັດສົດໆ adv impromptu	ເຮືອນຄົວ n kitchen
ເຮັດສະຫງົບລົງ v placate	ເຮືອນທະຫານ n barracks
ເຮັດສຳເລັດ v achieve	ເຮືອນພັກຢູ່ເທິງພູ n chalet
ເຮັດຊົ້ວ v perpetrate	ເຮືອບິນ n aeroplane, airplane
ເຮັດຊ້ຳ v duplicate	ເຮືອບັນທຸກ n barge
ເຮັດດ້ວຍໄມ້ adj wooden	ເຮືອພາຍນ້ອຍ n canoe
ເຮັດຕະຫຼົກ v joke, ridicule	ເຮືອຣົບບູຮານ n frigate
ເຮັດຕໍ່ໄປ v go on	ແຮກເລີ້ມ adv primarily
ເຮັດທັນ v catch up	ໂຮງເຂົ້າຈີ່ n bakery
ເຮັດບາບ v sin	ແຮງໃຝ adj potential
ເຮັດບໍ່ຖືກຕ້ອງ v malpractice	ໂຮງເຮັດເຫຼົ້າອາງຸ່ນ n winery
ເຮັດຜິດ v err, miss	ໂຮງແຮມ n hotel
ເຮັດຜິດກົດໝາຍ adj delinquent	ໂຮງແຮມນ້ອຍ n inn
ເຮັດຜິດພາດ v botch	ໂຮງກັ່ນ n refinery
ເຮັດມີໄດ້ v handle	ແຮງກະຕຸ້ນ n impulse, urge
ເຮັດຢູ່ບ້ານ adj homemade	ໂຮງຂ້າສັດ n shambles
ໄຮໂດຣເຈນ n hydrogen	ໂຮງຂາຍເຫຼົ້າ n tavern
ເຮັດວຽກ v work	ແຮງຄົນ n manpower
ເຮັດວຽກຫຼາຍ v toil	ໂຮງງານ n factory
ເຮັດຫຼາຍເກີນ v run over	ໂຮງງານຕົ້ມເຫຼົ້າ n brewery
ເຮັດຫຼາຍເກີນໄປ v overdo	ໂຮງສີ n mill
ເຮັດຮ່ວມກັນ v concur	ແຮງດັນໄຟຟ້າ n voltage

ໂຮງລ້ຽງເດັກ n nursery
ໂຮງລະຄອນ n theater
ໂຮງໝໍ n hospital
ໂຮງໝໍນ້ອຍ n clinic
ໂຮງອາຫານ n cafeteria
ໂຮງຮຽນ n school
ໂຮງຮຽນແລະທີ່ດິນ n premises
ແຮມເບີຣ໌ເກີຣ໌ n hamburger
ໂຮມກັນ n bunch
ເຮລິຄົບເຕີຣ໌ n helicopter
ເຮຮາ adj hilarious
ຮູ n hole
ຮ່າງ v outline
ຮ່າງໄວ້ v draft
ຮຸ່ງເຮືອງ v glow
ຮຸ່ງເຮືອງ adj prosperous
ຮຸ້ງກິນນ້ຳ n rainbow
ຮ່າງພາບ v sketch
ຮັ່ງມີ adj rich, wealthy
ຮູ້ຈັກ v acquaint, know
ຮູ້ຈັດຄິດໄລ່ adj rational
ຮູ້ສຶກ v feel
ຮູ້ສຶກຕົວ adj self-concious
ຮູ້ສະຫງາດ v exploit
ຮູ້ສອງພາສາ adj bilingual
ຮ້າຍແຮງ adj grave
ຮ້າຍແຮງເຖິງຕາຍ adj lethal
ຮ້າຍກາດ adj dire, satanic
ຮ້າຍກາດ v nag
ຮ້າຍດ່າ v chide
ຮື້ຖອນ v raze
ຮ້ານ n grandstand
ຮ້ານຂາຍເກີບ n shoestore

ຮ້ານຂາຍປື້ມ n bookstore
ຮ້ານຂາຍຢາ n pharmacy
ຮ້ານຄ້າ n shop, store
ຮຸ້ນສ່ວນ n stock
ຮ້ານຄັບພະສິນຄ້າ n mall
ຮ້ານນ້ອຍ n stall
ຮ້ານນ້ອຍງ n booth
ຮູ້ບຸນຄຸນ adj grateful
ຮົ້ວ n fence
ຮົ່ວໄຫຼ v leak
ຮູ້ຫງາຍ v exploit
ຮາກ v throw up, vomit
ຮັກ adj affectionate, fond
ຮັກ v love
ຮາກແຂ້ວ n fang
ຮູກະດຸມ n buttonhole
ຮິກໃບທິ່ວ v mess around
ຮິກເຮື້ອ n weed
ຮຽກຄືນ v reclaim
ຮັກສາ v protect, cure
ຮັກສາໄວ້ v maintain
ຮູກຖູ v scrub
ຮາກຖານ n base
ຮຸກຮານ v ravage
ຮຽກຮ້ອງ v claim
ຮູກຳແພງ n loophole
ຮູຂຸມ n pore
ຮາງ n chute
ຮັງໄຂ່ n ovary
ຮາງໃສ່ຫຍ້າ n manger
ຮັງນົກ n nest
ຮັງເຜິ້ງ n beehive
ຮາງວິນ n gutter

ຮັດເຂັ້ມ v tighten	ຮູບມົນ n sphere
ຮີດເຄື່ອງ v iron, press	ຮັບມໍລະດົກ v inherit
ຮູດັງ n nostril	ຮູບຫຸ່ນເຊີດ n dummy
ຮາດແວຣ໌ n hardware	ຮູບຫ້າຫຼ່ຽມ n pentagon
ຮັດແໜ້ນ v clinch	ຮັບໜ້າທີ່ເພີ່ມ v take over
ຮັດກຸມ adj compact, concise	ຮັບຮູ້ adj aware
ຮັດຄໍ v strangle	ຮູບຮ່າງ n figure, shape
ຮຽນ v study, learn	ຮູບຮ່າງໜ້າຕາ n semblance
ຮຸນແຮງ adj drastic, harsh	ຮຽບຮຽງ v compile
ຮັບ v accept, avail	ຮຽບຮ້ອຍ adj decent
ຮັບ v admit, receive	ຮີບຮ້ອນ v hasten
ຮູບເງົາ n movie, cinema	ຮີບຮ້ອນ adj hasty
ຮູບໂສມ n looks	ຮັບຮອງ v endorse, accept
ຮັບໃຊ້ v minister, serve	ຮັບຮອງເອົາ v sanction
ຮູບແຕ້ມ n art	ຮີມ n brim, rim, verge
ຮູບແບບ n format, type	ຮີມສົບ n brink
ຮັບເປັນລູກ n adoption	ຮີມປາກ n lip
ຮີບເລັ່ງ v hasten	ຮຸຮາ adj plush
ຮີບເລັ່ງ adj hasty	ຮາວ n bar
ຮິບໂຮມ v assemble	ຮາວຂັ້ນໃດ n handrail
ຮູບຄົນ n portrait	ຮ່ວມ v conjugate
ຮູບຈະຕຸລັດ n square	ຮ່ວມເຂົ້າ v enter
ຮູບຈວຍ n cone	ຮ່ວມເຂົ້າກັນ v unite
ຮູບຈຳລອງ n effigy	ຮ່ວມກັນ v ally, affiliate
ຮູບສີ່ຫຼ່ຽມມົນທົນ n cube	ຮ່ວມກັນເປັນກຸ່ມ v incorporate
ຮູບສາມຫຼ່ຽມ n triangle	ຮ່ວມມື v collaborate
ຮູບຊົງ n form	ຮ່ວມມືກັນ v connive
ຮັບຊາບ adj aware	ຮ້ອງ v yell, bark
ຮູບຖ່າຍ n photo	ຮ້ອງໃສ່ v chase away
ຮູບບຸຊາ n icon	ຮ້ອງໄຫ n furrow
ຮູບປັ້ນ n statue	ຮ້ອງເພງ v sing
ຮັບປະກັນ v guarantee	ຮ້ອງໄຫ້ v weep, cry
ຮູບພາບ n picture, image	ຮ້ອງໄຫ້ adj tearful

ຮ້ອງໃຫ້ຄໍາຄວນ v wail
ຮ້ອງໃຫ້ສະອຶກສະອື້ນ v sob
ຮ້ອງໂຮ v clamor
ຮ້ອງແຮງ v shout
ຮ້ອງຂໍ v appeal
ຮ້ອງຄາງ v groan
ຮ້ອງສັ່ນ v scream
ຮ້ອງສຽງແຫຼມ v shriek
ຮ້ອງສຽງກິດ v screech
ຮ້ອງຕະໂກນໃສ່ v cry out
ຮ່ອງນໍ້າ n channel
ຮ້ອງອຸທານ v exclaim
ຮ່ອງຮອຍ n clue, suspicion
ຮ້ອຍ adj hundred
ຮ້ອຍເຂັມ v thread
ຮ້ອຍປີ n century
ຮ້ອນ adj hot
ຮ້ອນເຮົ້າ adj ardent
ຮ້ອນອົບເອົ້າ adj torrid
ຮ່ອມ n aisle, alley
ຮ່ອມ v sift
ຮ່ອມພູ n gorge, valley
ຮວບຮວມ v aggregate
ຮວມ v compound
ຮວມເຂົ້າດ້ວຍກັນ v merge
ຮວມເຖິງ v comprehend

ຮວມເປັນໜຶ່ງ v consolidate
ຮວມກຸ່ມ v pool
ຮວມກັນ v compound
ຮວມກັນເປັນກຸ່ມ n cluster
ຮວມຍອດໄດ້ v amount to
ຮວມຕົວ v aggregate
ຮອຍ n trail
ຮອຍແຂ້ວ n dent
ຮອຍແຍກ n cleft
ຮອຍແຕກ n crack, slit
ຮອຍເປື້ອນ n blot, stain
ຮອຍກັດ n bite
ຮອຍຂູດ n graze, scratch
ຮອຍຊໍ້າ n bruise
ຮອຍຕີນ n footprint, track
ຮອຍຜ່າຕັດ n incision
ຮອຍພັບ n crease, pleat
ຮອຍຟັນ n slash
ຮອຍມົນທິນ v defile
ຮອຍຫ່ຽວ n wrinkle
ຮອຍຫຍິບ n stitch
ຮອດກໍານົດ adj due
ຮອບ n period
ຮອບຄອບ adj cautious
ຮອບພັນປີ n millennium
ຮໍໂມນ n hormone

Order & Contact Information

Word to Word® Dictionaries

Item	Language	ISBN13
Word to Word®		
500X	Albanian	9780933146495
820X	Amharic	9780933146594
650X	Arabic	9780933146419
700X	Bengali	9780933146303
705X	Burmese	9780933146501
710X	Cambodian	9780933146402
715X	Chinese	9780933146228
520X	Czech	9780933146624
857X	Dari	9781946986603
660X	Farsi	9780933146334
530X	French	9780933146365
535X	German	9780933146938
664X	Georgian	9781946986627
540X	Greek	9780933146600
720X	Gujarati	9780933146983
545X	Haitian Creole	9780933146235
665X	Hebrew	9780933146587
725X	Hindi	9780933146310
728X	Hmong	9780933146532
551X	Hungarian	9780933146679
555X	Italian	9780933146518

Item	Language	ISBN13
730X	Japanese	9780933146426
735X	Korean	9780933146976
740X	Laotian	9780933146549
753X	Malayalam	9781946986610
755X	Nepali	9780933146617
760X	Pashto	9780933146341
575X	Polish	9780933146648
580X	Portuguese	9780933146945
765X	Punjabi	9780933146327
585X	Romanian	9780933146914
590X	Russian	9780933146921
830X	Somali	9780933146525
600X	Spanish	9780933146990
835X	Swahili	9780933146556
770X	Tagalog	9780933146372
780X	Thai	9780933146358
615X	Turkish	9780933146952
620X	Ukrainian	9780933146259
790X	Urdu	9780933146396
848X	Uzbek	9781946986696
795X	Vietnamese	9780933146969
5-895X	Word to Word® Class Set	

State Approved • Testing Dictionaries

All editions are two-way: English>Language / Language>English.
More languages in planning and production.

Word to Word® Dictionaries

Item	Language	ISBN13
\multicolumn{3}{c}{Word to Word® with Subject Vocab}		
653X	Arabic	9780933146563
703X	Bengali	9781946986061
718X	Chinese	9780933146570
533X	French	9780933146693
548X	Haitian Creole	9780933146709
583X	Portuguese	9781946986092
593X	Russian	9781946986078
603X	Spanish	9780933146723
793X	Urdu	9781946986085
798X	Vietnamese	9780933146686
5-105X	Word to Word® Subject Class Set	

Subject Vocabulary dictionaries include additional math, science and social studies vocabulary. Approximately 2400 math terms, 4400 science terms, and 1700 social studies terms.

Subject vocabulary terms are translated one-way, English>Language.

WordtoWord.com - Discounts + eBooks

Special Online Pricing: Special tiered discount pricing based on quantity for online orders. Simple and fast.

eBooks: eBook versions of the Word to Word® series are available via web app or mobile app on Android and IOS. eBooks can be downloaded for offline use within the App.

Bulk eBook orders for school districts are available. Simple, private student access to eBooks, no student information necessary. Email us to learn more and request sample ebook.

support@wordtoword.com

wordtoword.com

(951) 296-2445

*For **eBook** versions add "e" to Item number:*
*(Print Spanish) 600X → **600Xe** (eBook Spanish)*

Order & Contact Us

Bilingual Dictionaries, Inc. is committed to providing quality bilingual materials and great service. Contact us by phone or email for a quote today:

Phone: 951-296-2445

Fax: 951-296-9911

Mail: PO Box 1154, Murrieta, CA 92562

Email: support@bilingualdictionaries.com

Visit our website to download our current catalog-order form, view our products and shop online.

BilingualDictionaries.com

WordtoWord.com

Amazon.com/WordtoWord

Special Dedication & Thanks

Bilingual Dictionaries, Inc. would like to thank all the teachers from various districts across the country for their useful input and great suggestions in creating a Word to Word® standard. We encourage all students and teachers using our bilingual learning materials to give us feedback. Please send your questions or comments via email.
support@bilingualdictionaries.com